대즈환

In the Shadows of the American Century:

The Rise and Decline of US Global Power by Alfred W. McCoy

Copyright © 2017 by Alfred W. McCoy

대전환

앨프리드 맥코이
Alfred McCoy
지음

홍지영
옮김

2030 미국 몰락 시나리오

미국의 힘과 나의 삶

내가 살아온 내내 미국은 전쟁 중이었다. 단기전, 장기전, 세계대전, 냉전, 비밀작전, 마약과의 전쟁, 테러와의 전쟁…. 이름과 적은 다르지만 늘 전쟁이 이어졌다. 이 전쟁들이 다른 대륙, 머나먼 타국에서 벌어졌기에 미국인이 끔찍한 폭격의 공포나 피난의 고초를 직접 겪지는 않았지만, 그럼에도 불구하고 전쟁은 일상 아래에 항시 도사리고 있었다. 내게 그것은 2차 세계대전 참전 용사였던 아버지와 그 친구들의 폭음과 우울증, 아버지를 비롯하여 내가 성장하며 알고 지낸 남자들 대부분이 종사했던 방위산업, 우리 가족을 계속 따라다닌 정부의 감시, 나의 대학 시절에 미국의 정치적·사회적 분열을 초래한 격렬한 반전 시위, 그리고 2001년에 시작되어 여전히 끝날 기미가 보이지 않는 테러와의 전쟁으로 형상화되었다.

나는 '미국의 세기'가 본격적으로 시작된 1945년에 태어났다. 이후 70년간 패권을 수호하고 확장하기 위한 전쟁이 미국이라는 나라의 성격을, 다시 말해 미국 정치와 정부의 우선순위, 그리고 미국인의 사고방식을 결정했다. 미국의 이상이 고대 아테네처럼 시민과 동맹 도시국가의 자부심을 고취하여 세계를 통치하려는 꿈에 닿아 있었다면, 현실은 아이들을 전쟁 도구로 기르고 그로 인한 고통은 외면한 스파르타에 가까웠다. 온 세상을 제패하려는 욕망은 미국을 잇따른 전쟁으로 끌고 갔다. 글로벌 팍스 아메리카나Pax Americana, 즉 미국이 주도하는 세계질서를 향한 집요한 야심이야말로 미국의 성격을 결정한 가장 주요한 요소다.

미국은 전쟁에 나가 싸운 수많은 개인의 희생을 바탕으로 안보를 확보했을 뿐만 아니라 전대미문의 힘과 번영을 손에 쥐었다. 2차 세계대전이 끝났을 때 지구상의 선진국 가운데 피폐해지지 않은 나라는 미국이 유일했다. 인류 최대의 전쟁을 거치며 미국은 세계 산업 생산의 절반 이상을 책임지게 되었고 원자재 소비를 주도하게 되었으며 가장 강력한 통화를 보유한 경제 대국으로 도약했다. 또한 전 세계에 군사기지를 설치한 군사 대국으로 부상했다. 1991년 냉전의 종식과 함께 소련이 붕괴하자 미국은 세계 유일의 초강대국으로 남았다.

내가 속한 미국의 전후 베이비붐 세대는, 비록 전쟁과 제국이라는 그늘 안에서 살지언정 우수한 교육 제도, 훌륭한 의료 서비스, 저렴한 생필품을 이용하며 상대적으로 안전한 사회에서 성장하는 특권을 누렸다. 이 가운데 공짜로 얻은 것은 없었다. 미국은 5,000만 명이 목숨을 잃은 세계대전을 통해 패권을 획득했다. 냉전 시대에는 외국 정치에 은밀히 개입하고, 전 세계의 수백 개 군사기지에 군대를 보내고, 국내의 반대 의견을 철저하게 탄압하면서 패권을 유지했다. 냉전이 끝나고 채 사반세기가 지나기도 전에 미국이 다져놓은 각종 사회계약이 부식되었다. 워싱턴이 공격적으로 추진한 글로벌 경제 체제로 인해 '공동의 번영을 위한 공동의 희생'이라는 기존의 합의가 깨어지고 소득 격차가 심화되었다.

7학년 때 역사가가 되기로 결심한 나는 미국과 세계의 관계를 이해하고, 국가 권력의 작동법과 이 나라가 전 세계를 조정하는 방법을 세밀하게 관찰하며 성장할 수 있었다.

운 좋게도 나는 군인, 엔지니어, 그리고 훗날 정부 고위 관리를 배출한 중산층 가정이 모인 도시에서 자랐다. 나는 미래의 지도자를 육성하는 학교에 다니면서 권력의 정점에 설 사람의 인격과 세계관이 형성되는 과정을 직접 관찰했다. 1960년대에 5년간 다닌 코네티컷주 켄트의 작은 사립 기숙학교는 호된 기합과 엄격한 교육을 통해 소년을 국가에 봉사하는 인재로 길러냈다. 그곳에서 만난 한 동급생의 아버지는 해군 수중폭파대(네이비실Navy SEALs의 전신)를 창설한 드레이퍼 코프먼Draper Kauffman 제독(그 또한 1929년에 이 학교를 졸업했다)이었다. 나의 졸업식 날 축사를 읽어준 인물은 미래에 미국 국무부 장관이 되는 사이러스 밴스Cyrus Vance(1935년 졸업)였으며, 훗날 영국 정보기관 MI6의 국장을 지내는 리처드 디어러브Richard Dearlove(1963년 졸업)는 나의 한 학년 선배였다. 수많은 동문이 나중에 미국 중앙정보국CIA에서 일했다. 학교는 미국의 동부 엘리트 집단이 신봉한 제국주의 통치 이념에 따라 운영되었다. 일요일마다 영국 성공회 고교회파의 예배가 열렸고, 예배가 끝난 뒤에는 교회 종탑에서 영국식 전조타종change ringing(5~12개의 종을 수학적 순서에 따라 울리는 영국 성공회의 타종 방식-옮긴이)이 몇 시간씩 울려 퍼졌다. 교실마다 '잉글리시스피킹유니온English-Speaking Union'(영국의 교육 단체-옮긴이)을 통해 입학한 영국인 교환 학생이 한두 명씩 있었다. 교과 과정은 라틴어와 고대 그리스어가 필수인 영국 기숙학교의 방식을 그대로 따랐다. 학교 조정팀은 '헨리로열 레가타Henley Royal Regatta'(매년 영국 런던 근교의 템스강에서 열리는 조정 경기-옮긴이)에 참가했다. 모든 활동은 세계를 함께 지배할 미국과 영국 엘리트 집단의 문화적 공감대를 쌓기 위해서라는 이유였다.

집과 학교에서는 비판은 시민의 권리일 뿐 아니라 의무라고 가르쳤다. 따라서 나는 관찰하고 분석하고, 또 뭔가 공유할 만한 일이 있으면 글로 쓰고 때로는 비판하는 것을 나의 역할로 삼았다. 미국은 교묘한 방식으로 전 세계에 패권을 행사한다. 내가 미국을 전 세계의 패권국으로 이끈, 그리고 지금 미국의 쇠퇴를 재촉하고 있는 지정학적 역학 관계를 이해하기까지는 수년의 공부와 그보다 더 오랜 경험이 필요했다.

나의 부모님은 1944년 6월 아버지가 웨스트포인트 육군사관 학교를 졸업하자마자 결혼식을 올렸다. 그해 12월, 제89사단 소속의 아버지가 유럽으로 파병되었을 때 나는 어머니 배 속에 있었다. 아버지는 포병 관측장교로 모젤과 라인란트 공세의 최전선에서 싸웠다. 아버지의 부대는 독일 본토에서 최초로 유대인 수용소를 해방시켰다. 2차 세계대전에 참전한 군인이 대개 그렇듯 아버지 또한 살면서 전쟁의 기억을 입 밖으로 꺼내지 않았다. 딱 한 번, 내가 그 의미를 이해할 만큼 자랐을 때, 라인강을 도하하던 날 함께 싸운 보병 중대원 200명을 잃었다고 스치듯 이야기했을 뿐이다.

나는 미국이 사상 유례 없는 강력한 패권국으로 부상하기 시작한 2차 세계대전 막바지에 태어났다. 아버지를 따라 여기저기로 옮겨 다니며 성장한 어린 시절에 전쟁은 늘 우리 가족과 함께했다. 아버지는 2차 세계대전과 한국전쟁에 모두 참전했고, 아버지가 돌아온 후 우리는 오클라호마주 포트실 기지에 딸린 허름한 관사에서 살았다. 한참 후 아버지가 진급하면서 연병장 건너편의 가로수가 늘어선 쾌적한 숙소로 이사했다. 그곳에서 나는 전쟁 포로로 생을 마감한 아파치족 지도자 제로니모Geronimo의 묘지를 방문한 적이 있다. 1880년대, 제로니모가 붙잡히면서 길고 길었던 '인디언전쟁Indian wars'이 마침내 종식되었다. 나는 5살 때 그의 무덤 표석에 기어올라가 땅속에 잠든 위대한 지도자를 생각하면서 역사에 처음 흥미를 갖게 되었다.

1950년 6월 태평양 너머 한반도에서 전쟁이 발발했다. 몇 달 뒤 아버지는 파병을 나갔고 나와 어머니는 외조부모와 함께 살기 위해 플로리다로 이사했다. 1학년 때 나의 침실 벽에는 한국 지도가 붙어 있었다. 지도 위에는 아버지의 부대가 이동한 궤적을 따라 은색 별자리가 표시되었다. 나는 그때 처음으로 다른 나라의 존재를 알게 되었다. 아직도 생생히 기억나는 어느 날 아침, 잠에서 깼는데 아버지가 마치 마법처럼 집에 돌아와 계셨다. 부모님은 나에게 오늘은 학교에 가지 않아도 된다고 말씀하셨다. 나는 아버지와 함께 후덥지근한 복도에 앉아 일제 카메라로 찍은 머나먼 땅을 구경했다. 곡사포 포대와 눈 속에 친 천막 사진들 사이로 들판에 쪼그려 앉은 한국 여인의 모습이 눈에 들어왔다. 아버지는 사진 속 돌무더기를 가리키며 "저 사람의 집이야"라고 설명해주셨다. 이 사진은 내게 전쟁의 이미지로 생생하게 각인되었다.

★ 여인과 잔해, 한국, 1951년(사진 제공: 앨프리드 M. 맥코이 주니어)

우리는 아버지를 따라 포트실로 복귀했다. 아버지는 여러 직무 외에도 포병훈련장 통제관을 맡고 있었다. 7살 때 하루는 아버지가 나를 야간 훈련에 데려가셨다. 조명탄이 기묘한 꼬리를 그리며 낙하하는 가운데, 아버지가 전화기에 대고 신호를 내릴 때마다 저 멀리 언덕의 탱크와 트럭을 향해 포탄이 불을 뿜었다. 훈련장의 밤을 밝힌 화염이 미국의 강력한 힘을 상징하는 것처럼 느껴졌다.

아버지는 퇴역 후 전자공학 엔지니어로 전직했다. 우리는 아버지가 뉴욕시 인근 롱아일랜드 소재의 스페리자이로스코프Sperry Gyroscope와 보스턴 근교의 레이시언Raytheon, 그리고 로스앤젤레스의 에어로스페이스사Aerospace Co. 같은 방위산업체로 이직할 때마다 이사를 다녔다. 어느 동네로 가든 이웃은 우리와 비슷했다. 아버지는 퇴역 군인, 어머니는 평범한 가정주부, 두세 명의 아이들, 개, 작은 집, 모기지 대출, 자가용, 동네 교회, 붐비는 학교⋯. 그리고 스카우트 활동도 빼놓을 수 없다. 초등학교 시절에는 모든 것이 근사했다. 다들 큰 부자는 아니지만 행복해 보였다. 아버지들은 좋은 직장을 다녔다. 아프면 의사가 집으로 찾아왔고, 학교 식당의 음식도 맛있었다. 7살과 11살 생일에는 새 자전거를 선물 받았다. 동네에는 항상 같이 놀 친구들이 있었다. 안전은 너무나 당연한 것이었기에 단 한 번도 사고를 걱정해본 적이 없다. 그 시절을 돌이켜 보면 마치 미국이 전쟁 이상의 승리를 거둔 것만 같았다.

1950년대 중반, 부모님은 보스턴 교외 서드베리에 집을 사셨고, 얼마 지나지 않아 옆집에 카첸바크Katzenbach 가족이 이사왔다. 나보다 1살 많은 래리Larry는 곧 나의 가장 친한 친구가 되었다(그와의 우정은 평생 지속된다). 마틸다Matilda는 내 여동생의 소꿉친구가 되었다. 래리의 어머니 모드 카첸바크Maude Katzenbach는 내 어머니의 말벗이자 막역한 친구가 되었다. 우리가 서로 다른 지역으로 이사한 후에도 두 분은 50년 가까이 소식을 주고받았다. 무엇보다도 그들은 전쟁에 나간 군인의 아내로서 겪은 고통을 공유했다.

래리의 아버지인 에드 카첸바크Ed Katzenbach도 2차 세계대전 참전 용사였다. 그는 4년간 해군 장교로 복무하며 일본이 점령한 태평양 섬에 19회나 상륙했다.[1] 나의 아버지는 매일 레이시언사의 연구소로 출근하여 미사일 방어용 레이더를 설계했다. 래리의 아버지는 매일 아침 보스턴행 통근 열차를 타고 그가 방위 연구 계획의 책임자로 일하는 하버드대학으로 출근하여 미군의 군사 전략을 수립했다.

카첸바크 가족과 우리 가족은 비슷한 것처럼 보였지만 미묘하게 달랐다. 그들은 미국 상류층의 분위기를 풍겼다. 에드는 프린스턴대학을 졸업했다. 그의 부친은 뉴저지 주정부의 법무장관이었고, 그의 삼촌은 뉴저지주 대법원 판사였다.[2] 그들은 큰 부자는 아니었지만, 메인주(호수와 연못이 많고 육지의 85퍼센트가 삼림으로 뒤덮여 관광 명소로 유명하다-옮긴이)에 낚시용 별장을 세낼 정도는 되었다. 내가 13살이 되던 해 봄에 카첸바크 가족이 나를 낚시여행에 함께 데려갔다. 눈이 쌓인 숲속을 걷고 난로에 넣을 장작을 패고 물속이 훤히 보이는 호수에서 질릴 때까지 송어를 낚은 기억을 잊을 수 없다.

에드 카첸바크는 내게 항상 엷은 미소를 보여주었지만, 실은 이 시기에 심각한 우울증을 앓으며 심리적 압박에 시달리고 있었다. 그게 그의 자리를 노리는 야심 찬 동료 헨리 키신저Henry Kissinger 때문이었다는 사실을 나중에야 알았다. 술에 취해 아내와 말다툼을 한 날이면 그는 지하실에 틀어박혀 벽에 제식 권총을 쏘아대곤 했다. 존 F. 케네디John F. Kennedy가 대통령으로 당선된 후 에드는 국방부 교육 담당 부차관보로 임명되었고, 카첸바크 가족은 워싱턴으로 이사했다. 로버트 케네디Robert Kennedy 법무부 장관 밑에서 일했던 그의 동생 니컬러스Nicholas는 1963년 앨라배마대학에서 흑인 입학 거부 논란이 벌어졌을 때 대학 계단에서 주지사 조지 월리스 George Wallace에 맞선 일로 유명해진 인물이다. 고등학생 때 여름방학을 맞아 래리를 만나러 워싱턴으로 간 나는 저녁 식탁에서 카첸바크 형제의 백악관 생활을 들을 수 있었다. 래리의 사촌들은 백악관에서 열리는 파티에 초대받았고, 래리가 다니는 사립 시드웰프렌즈스쿨에는 대사와 각료의 자제가 다닌다고 했다.

2년 후 우리 가족은 로스앤젤레스로 이사했다. 일리노이공과대학에서 고급 공학을 전공한 나의 아버지는 군산복합 세계에서 승진 가도를 달렸다. 그는 에어로스페이스사가 세계 최초의 글로벌 위성통신망을 개발하기 위해 5억 달러를 투입한 '국방통신위성시스템Defense Communications Satellite System' 프로젝트의 수석 엔지니어가 되었다. 이제 우리는 병영 관사와는 비교할 수 없을 정도로 화려한 퍼시픽팰리세이드에서 로널드 레이건Ronald Reagan과 이웃하며 살았다. 1966년 플로리다주 케이프커내버럴에서 8기의 위성을 실은 타이탄 III-C 로켓을 발사하던 날, 에어로스페이스의 엔지니어들은 우리 집 거실에 모여 뉴스를 기다렸다. 그중 한 명이 케이프커내버럴에서 도착한 전보에 담긴 발사 성공 소식을 전하자 거실은 마티니에 흠뻑 취한 환호성으로 가득 찼다.[3] 세월이 흘러 내가 미국의 패권에 관한 글을 쓰면서 드론, 위성, 우주전쟁 같은 난해한 항공우주 기술에 관심을 기울이게 된 것은 내가 살아온 환경의 자연스러운 결과다.

성공의 이면에는 어둠이 도사리고 있었다. 아버지가 두 차례의 전쟁에서 입은 상처는 우리가 생각했던 것보다 훨씬 깊었다. 로스앤젤레스로 이사한 첫해에 아버지는 술과 도박에 빠져 집안을 파산으로 몰아넣었다. 어머니에게 이혼을 요구하고 집을 나간 아버지는 얼마 후 사고로 세상을 떠났다. 그때 그의 나이는 45세였다. 한편 니컬러스 카첸바크는 린든 존슨Lyndon Johnson 행정부에서 법무부 장관을 지낸 후 IBM에서 승승장구했다. 그러나 에드 카첸바크는 우울증, 이혼, 자살 충동으로 고통받았고, 베트남전쟁이라는 도덕적·전략적 수렁에서 희생된 수많은 병사를 보며 "헤어날 수 없는 절망"에 빠졌다. 55세 되던 해, 그는 제식 권총을 지하실 벽 대신 자신에게 겨눴다.[4] 이 사건으로 깊은 상처를 받은 나의 친구 래리는 『뉴욕타임스New York Times』에 소네트를 실었다.[5]

> 3월. 밖에선 때늦은 눈발이 흩날린다.
> 눈 녹은 자리에 드러난 상처를 감싸려는 듯
> 바퀴 자국과 발자국으로 깊이 팬 질척한 땅.
> 나는 날 선 기억을 달래줄 차를 따른다.
> 2년 전 3월, 전화를 걸어 얘기를 나눴다.
> 그가 무슨 생각을 하는지 알았지만 그저 희망을, 책을,
> 메인의 송어 낚시를 이야기했다. 나는 농담을 던졌다.
> "우리 낚시하러 가요. 송어들이 미끼를 물려고 덤빌 거예요."
> 그의 삶은 결코 미끼를 물지 않는 물고기였다.
> 그해 봄 자살한 그는 말했다. "글쎄다.
> 그만 들어가. 고맙다." 눈이 내 상처도 덮어주기를.

에드 카첸바크와 나의 아버지 같은 사례는 드물지 않다. 아버

지들은 대부분 술에 의존했다. 1950년대에 우리 집에서 열린 파티에 초대된 퇴역 군인들은 맥주나 와인이 아니라 버번 위스키와 보드카를 네댓 잔씩 비웠다. 어머니들은 한 세대의 퇴역 군인이 죄다 술에 절어 사는 모습이 전혀 이상하지 않다는 듯 행동했다. 전쟁의 트라우마로 고통받는 아버지들로 인해 가족은 멍들어갔다. 2차 세계대전 직후에 발표된 연구에 따르면, 60일 연속으로 전투에 투입된 병사의 98퍼센트는 외상후스트레스장애(실제 증상이 발생하고부터 한참 뒤에 이 병명이 붙었다)에 취약했다.[6]

보이지 않는 전쟁의 상처가 누구보다 똑똑하고 강했던 아버지를 서서히 무너뜨리는 것을 지켜본 나는 워싱턴의 패권욕에는 커다란 대가가 뒤따른다는 사실을 절감했다. 베트남전쟁이 발발했을 때 다수의 젊은이가 아버지 세대의 경험을 되풀이하고 싶어 하지 않은 것은 당연한 결과다.

베트남전이 악화일로로 치닫던 1968년, 컬럼비아대학 졸업반에 재학 중이던 나는 대학 점거 시위에 동참했다. 진압 경찰에게 두들겨 맞은 후 맨해튼의 악명 높은 교도소에서 보낸 하룻밤은 잊지 못할 기억이다.

이듬해 버클리대학에서 아시아 연구 석사 과정을 밟고 있을 때는 최루탄, 진압 경찰, 주 방위군이 캠퍼스를 유린한 민중공원 시위를 경험했다. 일본 중세문학 수업을 마치고 나오는데, 검은색 가죽옷으로 무장한 샌프란시스코 경찰이 한쪽 무릎을 세우고 앉더니 내 다리에 여러 발의 버드샷(새 등 작은 동물을 사냥할 때 사용하는 탄환-옮긴이)을 박아 넣었다. 나는 운이 좋은 편이었다. 더 크고 치명적인 벅샷(중형 동물을 사냥할 때 사용하는 탄알-옮긴이)에 맞은 한 명은 눈이 멀었고, 다른 한 명은 사망했다.

그해 가을 나는 박사 과정을 위해 예일대학에 진학했으나, 당시 아이비리그는 고고한 상아탑이 아니었다. 법무부는 블랙팬서당Black Panther Party의 리더 바비 실Bobby Seale을 살인 혐의로 기소했고, 뉴헤이븐그린 공원을 가득 메운 노동절 시위로 대학 캠퍼스가 일주일 동안 폐쇄되었다. 같은 시기에 닉슨Richard Nixon 대통령은 캄보디아 침략을 명령했고, 학생 시위로 인해 미국 전역의 수백 개 대학이 학기 내내 문을 닫았다.

이 격랑 속에서 나의 연구 방향은 일본에서 동남아시아로, 그리고 당시 벌어지고 있던 베트남전쟁으로 옮겨갔다. 내가 징집을 어떻게 해결했는지 궁금하신가? 예일대학에서 보낸 첫 학기에, 정확히는 1969년 12월 1일에 징병자 선발을 위한 추첨이 열렸다. 100번째까지 뽑힌 날짜에 태어난 사람은 징병이 확실했고, 200번째 이후는 면제될 소지가 다분했다. 그리고 이 추첨에서 내 생일인 6월 8일은 제일 마지막, 즉 366번째(윤년을 잊지 말자)로 뽑혔다. 고등학교 때 전기 프라이팬을 경품으로 받은 것을 제외하면(나는 이것을 아직도 갖고 있다. 여전히 잘 작동한다) 이때의 징병 면제가 평생 유일하게 당첨된 복권이다. 1960년대 특유의 복잡한 도덕적 계산 끝에 나는 나름대로 베트남전쟁에 관해 고민하고 글을 쓰면서 전쟁의 종식을 위해 노력하기로 결심했다.

캄보디아 사태로 캠퍼스 시위가 한창이던 1970년 봄, 예일대학 대학원에서 동남아시아사 전공자 소모임에 참여한 나는 인도차이나에서 전략적 곤궁에 빠진 미국이 남베트남으로 향하는 적의 수송로를 차단하기 위해 곧 라오스를 침공할 것임을 깨달았다.

그리하여 반전 시위가 전국 대학을 휩쓰는 동안 우리는 도서관에 틀어박혀 라오스에 관한 소론집을 퇴고하며 다가올 침공을 준비했다.[7] 책이 출간되고 몇 달이 지난 후, 책의 내용 가운데 라오스의 아편 재배를 다룬 글에 흥미를 느낀 하퍼앤드로 출판사 편집자 엘리자베스 자캅Elizabeth Jakab이 뉴욕에서 전화를 걸어왔다. 베트남에 파병된 미군 장병 사이에서 전염병처럼 확산된 헤로인 중독의 역사를 써달라는 요청이었다.

　나는 다시 예일대학 스털링도서관 열람실에 틀어박혔다. 동남아시아 아편 무역에 관한 식민지 시대의 기록은 이야기가 막 흥미로워지기 시작하는 1950년대에서 끝났다. 나는 더 많은 자료를 찾기 위해 도서관 밖으로 나가 몇 건의 인터뷰를 진행했고, 머지않아 지구를 한 바퀴 도는 여정에 올랐다. 가장 먼저 은퇴한 CIA 요원들을 만나기 위해 미국 대륙을 가로질렀다. 그런 다음에는 마약 밀매단을 조사하기 위해 홍콩으로 향했다. 이후 미군 병사를 상대로 하는 헤로인 밀거래를 조사하기 위해 당시 남베트남의 수도였던 사이공으로 향했고, CIA와 아편 군벌 및 양귀비를 재배하는 게릴라 집단의 유착을 조사하기 위해 라오스의 산악 지방을 찾았다. 마지막으로 나는 1차 인도차이나전쟁 중 성행했던 프랑스의 아편 밀매를 조사하기 위해 파리로 가서 은퇴한 프랑스 정보요원들을 인터뷰했다.

　남베트남에 파병된 미군 병사에게 헤로인을 공급한 마약 밀매는 단순한 범죄 집단의 소행이 아니었다. 일단 아편이 라오스 산악 부족의 양귀비밭을 떠난 다음에는 밀수의 모든 단계에 당국이 관여했다. CIA가 운영하는 에어아메리카 항공사의 헬리콥터가 산악 부족 마을에서 생아편을 신고 나왔다. 미국의 긴밀한 협력자인 라오스 정부군 사령관이 세계 최대 규모의 헤로인 공장을 운영했는데, 그는 내게 아편 거래 장부를 거리낌 없이 보여줄 정도로 마약 밀매의 파급 효과에 무관심했다. 사이공의 몇몇 장성급 인사도 마약 사업에 연루되어 있었다. 1,000명의 베트남전쟁 참전 군인을 대상으로 한 백악관의 조사에 따르면, 1971년경에는 남베트남에 주둔한 미군의 34퍼센트가 헤로인을 일상적으로 사용하는 지경에 이르렀다.[8]

대학에서는 이런 사실을 전혀 배운 바가 없었다. 범죄와 비밀 작전이 공존하는 지하세계를 연구할 모델 자체가 존재하지 않았다. 사이공 공항에 도착하여 비행기에서 내리자마자 열대의 뜨거운 공기가 온몸을 강타했다. 400만 명이 사는 복잡한 도시 한가운데에서, 나는 거대한 비밀을 파헤치는 작업을 도와줄 인맥도, 단서도 없이 막막한 처지였다. 매일 새로운 문제가 나를 기다리고 있었다. 어디에서부터 실마리를 찾아야 할지, 무엇을 조사해야 할지, 무엇보다도 어떤 질문으로 시작해야 할지 알 수 없었다.

그러던 어느 날, 나는 그동안의 역사 공부가 내게 어떤 사실을 가르쳐주었음을 깨달았다. 정보원들에게 현재 상황에 대한 질문을 던지는 대신, 아편 무역이 합법이던 프랑스 식민지 시절의 마약 유통 구조를 파헤치기 시작했다. 역사와 기록을 따라 내려오다 마약이 불법화된 오늘날에 이르렀을 때, 나는 과거의 기본 틀에 현재의 관련자 이름을 찾아 넣는 방식으로 퍼즐을 완성했다. 요컨대 나는 이후 40년간 CIA와 마약왕의 유착, CIA가 개발하여 타국에 전파한 심리적 고문, 갈수록 확대되는 미국 정부의 사찰 등 앞으로 대외 정책을 분석할 때 매우 유용하게 사용하게 될 역사적 접근법을 확립한 것이다.

오지에서 범죄 조직의 일원이나 군벌을 만나고 다닌 몇 개월 동안 딱 한 번 아주 심각한 위험에 처했다. 라오스 산속에 자리 잡은 몽Hmong족 부락에서 아편을 재배하는 농부들에게 아편이 CIA 헬리콥터로 수송되는 과정을 들은 날이다. 인터뷰를 마치고 가파른 비탈을 내려가는데 갑자기 발치에 총알이 빗발쳤다. 매복하고 있던 CIA 용병의 덫에 빠진 것이다. 마을 촌장이 만일을 대비해 딸려 보낸 다섯 명의 몽족 민병대가 엄호 사격을 가하는 동안, 사진기자 존 에버링엄John Everingham과 나는 억새 수풀 아래에 납작 엎드려 필사적으로 진흙밭을 기어 나왔다. 몽족 병사가 아니었다면 내 연구는 거기에서 중단되었을 것이고, 목숨도 부지하지 못했을 것이다.

6개월 후, 나는 4만 8,000킬로미터의 여정을 마치고 뉴헤이븐으로 귀환했다. CIA와 마약 군벌의 유착을 조사하러 떠난 길에서 나는 미국 패권의 맨 얼굴을 보았다. 하지만 배움은 이제 시작에 불과했다.

집에 틀어박혀 논문을 쓰기 시작한 지 몇 주 지나지 않았을 때 양복 차림의 덩치 큰 중년 남자가 나를 찾아왔다. 그는 자신을 마약단속국 요원 톰 트리포디Tom Tripodi라고 소개했다. 그는 마약단속국이 내가 하는 일에 우려를 품고 있으며, 내가 어떤 내용을 쓰고 있는지 조사하기 위해 자신을 파견했다고 털어놓았다. 나는 그에게 책의 초안 몇 장을 보여주었다. 그는 잠시 거실로 가서 원고를 읽어본 뒤 다시 나타나서 말했다. "꽤 좋군요. 체계가 제대로 잡혀 있소." 그러더니 내용이 애매한 부분이 몇 군데 있다며 자신이 수정 작업을 도와주겠다고 했다.

톰은 나의 첫 번째 독자였다. 나중에 나는 완성된 초고를 통째로 그에게 건네주었다. 그는 셔츠 소매를 걷어붙이고 어깨걸이 권총집을 찬 채 흔들의자에 앉아 여백에 수정 사항을 휘갈기다가 커피를 홀짝이며 흥미로운 얘기를 들려주곤 했다. 뉴저지의 마피아 보스 '베이온 조Bayonne Joe' 지카렐리Zicarelli가 피델 카스트로Fidel Castro 정권을 전복시키겠다며 동네 총 가게에서 소총 1,000정을 구매하려 했던 사건이라든지, 한 CIA 비밀요원이 휴가를 맞아 귀국했을 때 동네 마트에서 살인 사건이 발생하는 불상사가 일어나지 않도록 늘 누군가 붙어 다니며 감시했던 이야기 등이었다. 특히 마약단속국이 뉴욕시로 헤로인을 들여오는 코르시카 범죄단을 보호하던 프랑스 정보요원을 체포한 일화가 흥미로웠다. 그가 들려준 이야기 중 일부는 출처를 밝히지 않은 채 나의 책 『동남아시아 헤로인의 정치학The Politics of Heroin in Southeast Asia』에 등장한다. 그 밖에도 CIA를 위해 플로리다에서 쿠바 망명자들을 훈련시키고, 이후 마약단속국에서 시칠리아 마약 조직을 수사한 비밀요원과의 대화는 나에게 미국의 비밀작전을 제대로 가르쳐준 심화 학습이자 1 대 1 특별 지도나 다름없었다.[9]

1972년 여름, 원고를 출판사에 넘긴 나는 의회에서 증언하기 위해 워싱턴으로 향했다. 그때 돌연 편집자가 전화를 걸어와 하퍼앤드로 출판사의 대표 및 부대표와 면담을 해야 하니 뉴욕으로 와 달라고 했다. 세인트패트릭 대성당의 첨탑이 내다보이는 임원실에서 나는 출판사 명예대표 캐스 캔필드Cass Canfield Sr.가 CIA 기획부(실제로는 비밀공작 담당) 부국장보 코드 마이어 주니어Cord Meyer Jr.의 방문을 받았다는 얘기를 전해 들었다. 캔필드는 CIA 전 국장 앨런 델레스Allen Dulles와 매우 가깝게 지낼 정도로 첩보계에 인맥이 두터운 인물이었다. 마이어는 내 책이 국가안보에 위협을 초래한다고 비난하며, 오랜 친구이기도 한 캔필드에게 책을 조용히 사장시켜 달라고 부탁했다.[10]

마이어는 CIA 고위 관리였을 뿐만 아니라 탄탄한 인맥과 미국 학계 구석구석에 정보원을 심어놓고 있었다. 그는 1942년에 예일대학을 졸업한 후 태평양 해병대 장교로 복무하면서『애틀랜틱먼슬리Atlantic Monthly』에 실린 감동적인 전쟁 특보를 썼다. 이후에는 미국 대표단의 일원으로 유엔 헌장을 작성하는 임무를 맡았다. 첩보계의 대부인 앨런 델레스가 손수 스카우트한 마이어는 1951년 CIA에 합류했고, 곧 CIA 작전을 보조한다는 명분으로 미국 주요 신문에 가짜 뉴스를 심는 '흉내지빠귀 작전Operation Mockingbird'을 비롯한 비밀공작 및 프로파간다 활동을 주도하는 국제조직부 International Organizations Division를 책임졌다.[11] 내부 사정을 아는 이가 알려준 바에 따르면 CIA는 뉴욕의 모든 주요 출판사에 정보원을 심어놓았으며, 그들은 내가 쓴 원고를 한 장도 빠짐없이 갖고 있었다.

뉴욕의 부유한 가문에서 태어난 마이어는 상류 엘리트 사회에서 활동하면서 미국 산림청 초대 청장이자 펜실베이니아주 주지사를 지낸 기퍼드 핀쇼Gifford Pinchot의 질녀 메리 핀쇼Mary Pinchot와 결혼했다. 핀쇼는 대단한 미인으로, 훗날 케네디 대통령의 정부가 되어 비밀리에 백악관을 수십 차례나 방문했다. 1964년 그녀가 워싱턴 운하 인근에서 피살된 채 발견된 날, 또 한 명의 예일대학 동문이자 CIA 방첩부장인 제임스 지저스 앵글턴James Jesus Angleton은 그녀의 집에 잠입해 그녀가 쓴 일기를 빼돌리려다 실패했다. 훗날 메리의 동생 토니Toni와 그녀의 남편인 『워싱턴포스트Washington Post』 편집장 벤 브래들리Ben Bradlee가 일기를 발견하여 앵글턴에게 전달했고, 일기는 CIA에 의해 폐기되었다.[12]

마이어는 캔필드와 함께 뉴욕의 『사교계 명사록Social Register』에 이름을 올리고 있었고, 이 사실은 내 책을 사장시키라는 압력에 무게를 더했다. 마이어는 한때 진보적 이상주의자였지만, 1972년 여름 하퍼앤드로 출판사 사무실을 방문했을 무렵에는 20년간 CIA에서 일하면서 자신과 생각이 다른 사람을 편집증적으로 불신하고, 적의에 찬 태도로 자기 생각을 막무가내로 밀어붙이는 사람으로 변해 있었다.[13] 첫 책의 출간을 앞둔 26세의 대학원생이 CIA에서 일하는 미디어 조작의 대가와 벌이는 대결은 공정한 싸움과는 거리가 멀었다. 나는 내 책이 영영 빛을 보지 못하게 될까봐 걱정했다.

캔필드는 책을 사장시키라는 마이어의 요청은 용케 거절했지만, 대신 CIA가 출간 전에 원고를 검열하는 것을 허용했다. 나는 가만히 앉아서 CIA의 처분을 기다리는 대신, 당시 『뉴욕타임스』의 탐사보도 기자였던 시모어 허시Seymour Hersh에게 사정을 알렸다. CIA 본부에서 내 원고를 가져가려고 사람을 보낸 날 허시는 하퍼앤드로 출판사의 사무실을 허리케인처럼 휩쓸고 다녔고, 곧 CIA의 검열 시도를 폭로한 기사가 『뉴욕타임스』 1면을 장식했다.[14] 다른 주요 언론사의 보도도 잇따랐다. 여론의 뭇매를 맞은 CIA는 하퍼앤드로 출판사에 설득력 없는 변명으로 가득 찬 논평을 전달했고, 나의 책은 무사히 출간되었다.

나는 이때 또 다른 중요한 교훈을 얻었다. 헌법이 보장하는 언론의 자유로 세계에서 가장 강력한 첩보기관을 견제할 수 있다는 사실이다. 마이어도 같은 교훈을 얻은 것으로 보인다. 『워싱턴포스트』에 실린 그의 부고에 따르면 마이어는 CIA 비밀작전의 총책임자 자리에 오를 것으로 기대되었으나, 책 검열 논란 이후 출셋길이 막혔다. 그는 런던으로 전출된 뒤 조용히 조기 퇴직했다.[15]

마이어와 CIA는 패배에 익숙하지 않았다. 공공의 장에서 패한 그들은 그늘로 물러나, 털어봤자 먼지도 안 나는 대학원생의 삶을 샅샅이 조사하고 보복에 착수했다. 이후 몇 달간 보건교육복지부 소속 연방 공무원이 예일대로 찾아와 나의 대학원 연구비를 조사했다. 국세청은 빈곤층에 가까운 나의 소득을 감사했다. 수년 후 집단소송 과정에서 알게 된 사실이지만, 이때 FBI는 내 집 전화를 도청했다. 논란이 한창이던 1972년 8월, FBI 요원들은 지난 2년간 나에 관해 수집한 파일을 참조하고 신원이 공개되지 않은 정보 제공자 다수를 면담하여 '맥코이에 관한 수사'를 실시했다. 그들은 나의 집안, 교육, 대학 시절의 반전운동 경력 등을 상세히 적은 11쪽짜리 보고서를 작성했다고 FBI 국장에게 보고했다.[16] 4년 동안 한 번도 만난 적 없는 대학 동창(그는 군 정보기관에서 일하고 있었다)이 느닷없이 학교 안 서점에서 책을 살펴보던 내 앞에 나타난 것도 그 무렵이다. 내가 쓴 책에 대한 서평이 『뉴욕타임스 북리뷰 New York Times Book Review』 1면을 장식한 바로 그 주에는 예일대학 역사학과에서 내게 학사경고를 날렸다. 남은 한 학기 동안 1년 치 과정을 완료하지 못하면 제적될 것이라고 했다.[17]

그 시절 CIA와 예일대학의 유착은 깊고 넓었다. 예일대학의 레지던셜칼리지(옥스퍼드나 케임브리지 같은 영국 대학을 본뜬 기숙 대학 제도-옮긴이)는 첩보계로 스카우트할 만한 학생을 물색했으며, CIA 국장 포터 고스Porter Goss가 그렇게 발탁된 대표적인 예다. 코드 마이어와 제임스 앵글턴 등 예일대 출신이 CIA 고위직을 차지하고 있었다. 만일 나의 지도교수가 독일에서 온 객원교수가 아니었다면, 그래서 이 은밀한 네트워크에 발을 담근 이였다면 학사경고는 퇴학 조치로 이어졌을 것이다. 그랬다면 내 글의 신뢰성도 큰 타격을 입었을 것이다. 나는 민주주의 체제인 미국에서조차 정보 기관이 개인의 삶에 얼마나 깊숙이 개입할 수 있는지 절감했다. 내 책을 출간한 출판사, 내가 다닌 대학원, 내가 낸 세금, 집 전화, 심지어 친구에 이르기까지 내 삶의 모든 영역이 그들의 손아귀에 있었다.

이 어려운 시기에 의회 외교위원회 소속의 오그던 리드Ogden Reid 뉴욕주 하원의원이 내게 전화를 걸어 라오스의 아편 밀매 상황을 조사할 조사관을 파견한다고 전했다. 하지만 CIA가 한발 빨랐다. 그들은 예전에 내 연구를 도와주었던 몽족 촌장을 납치해 한 비행장으로 연행했다. 그곳에서 CIA 심문관은 그에게 내게 제공한 정보를 모두 부인하라고 협박했다. 겁을 먹은 촌장은 감히 그들을 거역하지 못했다.[18]

비록 첫 번째 전투는 미디어 공세를 동원한 나의 승리로 끝났지만 CIA는 장기전에서 이기고 있었다. CIA는 내 정보원의 입을 틀어막은 뒤 자신들은 인도차이나 마약 밀매에 관여한 바가 없다고 의회를 설득하는 데 성공했다. 3년 후 유명한 상원 처치위원회 Church Committee가 CIA 암살 사건 청문회를 열었을 때, 의회는 어떤 요원도 헤로인 밀매에 가담한 바가 없다는 CIA의 주장을 수용했다. 처치위원회 보고서는 "CIA가 마약 밀매에 관련된 것으로 알려지거나 연루된 것으로 의심받는 사람"을 "현지 정보원으로 이용한 부분은 비판해 마땅하다"라고 결론 내리며 내가 제기한 의혹을 사실로 확인해주었다. 그러나 상원은 CIA 감찰관조차 마약왕들과 손잡음으로써 제기된 "특정한 딜레마"라고 칭했던, CIA가 마약 밀매 활동에 연루되었음을 증명하는 핵심 측면에 대해 어떠한 해결책이나 개혁도 요구하지 않았다.[19] 1970년대 중반에 접어들면서 미국 국내로의 마약 유입이 둔화되고 마약 중독자 수도 감소하자 헤로인은 도심 빈민가의 문제로 축소되었고, 언론도 더 이상 이 문제를 다루지 않았다. 마약 문제는 1980년대 후반 미국의 여러 도시에서 크랙 코카인(코카인 분말을 물에 푼 뒤 고체 형태로 굳혀 태워서 흡입하는 방식으로 중독성이 더 크다-옮긴이)이 전염병처럼 번질 때까지 세간의 관심에서 멀어졌다.

나는 우연한 계기로 남다른 시도를 하면서 학자 경력을 시작했다. 1970년대에 대부분의 전문가는 마치 지난 200년의 글로벌화가 없었던 일인 양, 외부의 영향을 받지 않은 토착 사회를 '현장 연구'하기 위해 해외로 나갔다. 그에 반해 나는 모든 제국에서 가장 중요한 요소라고 할 현지 협력자와 종주국 관리의 상호작용에 초점을 맞췄다. 미국 밖으로 나가서야 미국 패권의 근원을 제대로 이해할 수 있었던 것은 인생의 작은 아이러니다.

마약 밀매를 조사하면서 구축한 분석적 접근법은 부지불식간에 나를 미국 패권에 관한 연구로 이끌었다. 수십 년간 외교 동맹, CIA 개입, 군사 기술, 무역, 고문, 글로벌 감시 체계를 연구하며 수집한 조각이 쌓이면서 서서히 미국이 주도하는 글로벌 헤게모니의 성격과 그 패권의 보전 또는 쇠퇴에 영향을 미치는 힘의 작용을 망라하는 큰 그림이 떠올랐다. 타국에 위력을 행사한 경험이 미국 패권을 구성하는 여러 속성에 미친 영향을 연구하면서 워싱턴이 지난 100년간 세계의 지배자로 부상하는 과정에 놀라운 연속성이 존재한다는 사실을 깨달았다. 예를 들어 워싱턴이 감시에 의존하는 경향은 1900년경 필리핀 식민지에서 처음 발견된다. CIA의 비밀작전과 고문은 1950년대 냉전의 도래와 함께 등장했다. 워싱턴이 보유한 항공우주 기술의 상당 부분은 1960년대 베트남전쟁에서 처음 시험되었다.

냉전 시대에는 미국이 가진 제국성을 연구하기 쉽지 않았다. 수십 년간 지속된 이념적 제약으로 인해 대부분의 학자는 이 분야에 대한 언급을 꺼렸다. 나 또한 1991년 냉전이 끝나고 나서야 그동안 역사상 가장 강력한 '제국'인 미국의 부상을 연구했다는 사실을 자인할 수 있었다. 미국은 지배권이 전 세계에 미치는 최초의 제국일 뿐만 아니라 지난 200년간 존재한 제국 중 제대로 연구되지 않은 유일한 나라이기도 하다. 공산권에서 미국을 폄하할 때 마르크스주의 용어인 '제국주의자imperialist'를 사용한 탓에, 냉전 모드가 작동하는 이 나라에서 역사학자들은 '미국 예외주의American exceptionalism'를 지지했다. 그 안에서 미국은 세계의 리더이고 강대국일지는 몰라도 절대로 제국은 아니었다. 진짜 제국은 오직 적국인 소련뿐이었다.

미국의 대외 정책에 토를 달지 말라는 노골적 압력이 존재한 냉전 시대에는 학계에서도 비판의 목소리를 듣기 어려웠다. 얼마 남지 않은 마르크스주의 역사학 교수들은 모든 정치 조직 가운데 가장 복잡하고 다면적인 제국을 좁고 따분한 경제적 인과 관계에 국한했다. 이에 반해 윌리엄 애플먼 윌리엄스William Appleman Williams 가 이끄는 소규모의 '위스콘신 학파' 역사학자들은 미국 외교사에 대한 다각적 비평을 발전시켰다. 1960년대의 수많은 대학원생처럼 나도 윌리엄스의 기념비적 저서 『미국 외교의 비극The Tragedy of American Diplomacy』을 탐독했다. 그 책은 너덜너덜해진 채로 아직도 내 서가에 꽂혀 있다. 하지만 주요 동양학자들이 불순분자로 몰릴까 봐 걱정하며 몸을 사린 냉전 시대에는 그의 접근법을 내 연구에 적용할 길이 보이지 않았다.

1970년대에 역사를 전공하는 대학원생이었던 나는 내 연구 주제를 이론화하기는커녕 제 이름으로 부르기조차 힘든 난관에 봉착했다. 다행히 예일대학 대학원은 여전히 제국사를 활발히 연구하는 영국의 대학과 긴밀한 관계를 맺고 있었다. 이를 통해 나는 미국에서는 접근할 수 없는 분야의 뒷문으로 들어갔다. 예일대학에서 보낸 첫해에 나는 훗날 세계적인 제국경제사가이자 옥스퍼드대학 역사학 교수인 데이비드 필드하우스David Fieldhouse로부터 '비교 제국주의' 수업을 들었으며, 런던정치경제대학의 이언 니시Ian Nish 교수로부터 영국제국이 동아시아에서 펼친 외교에 대해 배웠다.[20]

두 사람 모두 박식하고 흥미로운 가르침을 준 스승이지만, 특히 필드하우스는 개인적 일화까지 곁들이며 제국의 개념을 생생하게 가르쳐주었다. 그러나 베트남전쟁에 반대하여 모인 참여동양학자위원회Committee of Concerned Asian Scholars가 주최한 대학원생 학회에 '반제국주의'라는 주제가 제안되었을 때, 나는 이 단체의 조직 위원을 맡고 있었음에도 불구하고 강한 거부감을 느꼈다. 냉전이라는 현실 속에서 내 연구 분야는 그 이름부터 불쾌한 정치적 멸칭이 되었다.

베트남에서 미군 전투병 철수가 완료되고 전쟁이 마무리되면서 나는 다시 학자의 길을 걷는 데 전념했다. 대학원 졸업 요건을 채우기 위해 밤낮없이 뛴 다음, 1973년 가을 현장 연구를 수행하러 필리핀으로 향했다. 이후 3년간 나는 필리핀 중부에서 현지어를 배우면서 이 나라의 사회사를 연구하는 데 몰두했다. 공교롭게도 반세기 가까이 미국의 식민 지배를 받은 필리핀은 지구상에서 유일하게 '미국제국' 연구를 학문으로 진지하게 고려하는 사회였고, 유일하게 이것이 논란을 부르지 않는 나라였다.

돌이켜 보면 필리핀을 선택한 것은 운이 좋았다. 이후 40년간 그곳 사람들은 미국과 필리핀의 길고 복잡한 관계에 관해 많은 이야기를 들려주었다. 그들은 내 질문의 무지함을 일깨워주고, 알아야 하는 사실인지조차 모르고 있었던 권력의 양상에 눈을 뜨게 해주었다.

내 박사 학위 논문은 2차 세계대전이 미국 식민지인 필리핀에 미친 영향—나는 이 주제가 순수하게 학문의 영역에 속한 내용이라고 생각했다—을 다뤘다. 그런데 필리핀에서 연구를 시작한 지 몇 달 지나지 않아 페르디난드 마르코스Ferdinand Marcos 대통령이 계엄령을 선포하고 14년간 이어질 군사독재를 시작했다. 그는 갈수록 심해지는 권력에 대한 집착을 정당화하기 위해 일제에 항거하며 영웅적 게릴라 활동을 벌인 전적을 내세우면서, 자신이 국가적 난국을 헤쳐 나갈 지도자라고 주장했다. 10년 후 코라손 아키노Corazon Aquino와 경합을 벌인 대통령 선거에서도 그는 같은 논리를 펼쳤다. 1985년 말 필리핀 대통령 선거전이 한창일 때 나는 호주의 한 대학에서 안식년을 받은 상태였다. 2차 세계대전을 주제로 쓴 학위 논문을 책으로 내기 위해 워싱턴의 국립문서기록관리청을 뒤지던 나는 해묵은 미국 육군 서류 뭉치에서 마르코스의 전시 무용담이 거짓임을 폭로하는 문건을 발견했다. 나의 발견은 필리핀에서 역사적 대선(선거 후 민주화운동이 일어나 독재 정권이 무너졌다-옮긴이)이 벌어지기 2주 전에『뉴욕타임스』와『필리핀데일리인콰이어러Philippine Daily Inquirer』 1면에 보도되었다.[21]

분노한 100만 명의 마닐라 시민이 거리로 몰려나왔고, 결국 마르코스는 하와이로 망명했다. 나는 이 사건을 다룬 HBO TV 드라마의 자문역으로 필리핀을 방문했다가 대규모 민중 봉기가 CIA의 보이지 않는 손이 작용한 실패한 군사 쿠데타에 의해 촉발되었음을 알게 되었다.

이것은 미국이 휘두르는 은밀한 권력의 또 다른 차원을 보여주는 놀라운 이야기였다. 1986년 2월 마르코스가 대규모 부정 선거를 통해 대통령으로 재선된 지 몇 주 후, 국방부 장관을 비롯하여 체제에 불만을 품은 일단의 군인이 쿠데타를 모의했다. 며칠 후 이들 중 두 명이 미국 국방정보국 요원으로 알려진 미국 대사관 무관 빅터 래피얼Victor Raphael 소령으로부터 긴급한 연락을 받았다. 필리핀군 장교의 증언에 따르면 래피얼은 "미국 정부 최고위급에서 내려온" 메시지를 전했다. 첫째, 미국 정부는 "어떤 위헌적 움직임도 인정하거나 지지하지 않을 것이며, 둘째, 타당한 정당방위로 어쩔 수 없이 조치를 취해야 할 경우 미국은 이를 이해할 것"이라는 내용이었다. 반란 수뇌부는 이 메시지를 긍정의 신호로 잘못 해석하고 계획대로 쿠데타를 실행했다. 쿠데타 직전에 CIA 마닐라 지부장 노버트 개릿Norbert Garrett은 마르코스의 경호를 책임지는 파비안 베르Fabian Ver 장군에게 쿠데타에 대비해 대통령궁의 보안을 강화하라고 경고했다. 수 시간 뒤 대통령궁 경호대는 비상 경계에 돌입했다. 이로써 쿠데타는 실패했지만, 이 사건은 '피플 파워people power' 혁명으로 명명된 대규모 민중 봉기의 계기가 되었다.[22]

그들로부터 미국에 배신당한 이야기를 들으면서 나는 CIA가 매사에—결과와 무관하게—최소한의 폭력으로 미국의 영향력을 극대화하는 공작을 폈다는 사실에 깊은 인상을 받았다. 또한 나는 냉전 시대에 CIA가 비밀공작을 통해 미국의 대리인들을 통제하고 워싱턴의 지배권을 유지한 방식을 직접 엿볼 수 있었다.

래피얼 소령은 내가 마닐라 언론에 그의 이름을 공개한 뒤 얼마 지나지 않아 신생 민주정부의 전복을 꾀하는 장교 집단을 지지한 혐의로 귀국 조치되었다. 그로부터 20년이 흐른 2006년, 나는 퇴임하는 마닐라 주재 미국 대사가 주최하는 브리핑 자리에서 당시 미국 국무부 정보조사국 선임 분석가로 활동하던 빅터 래피얼과 마주 앉았다. 우리는 점잖게 굴어야 한다는 외교 의례에 따라 과거사를 언급하지 않았다.

나는 아무 거리낌 없이 인터뷰에 응했던 필리핀군 장교들에 대해 뭔가 꺼림칙한 느낌을 떨치기 어려웠다. 세계 언론은 그들을 포악한 독재자를 끌어내린 영웅 취급했다. 한 대령의 사무실 밖에 놓여 있던 피라냐 수조 때문이었는지 아니면 이상할 정도로 자꾸

'피blood'를 언급하는 다른 대령 때문이었는지는 알 수 없으나, 뭔가 개운치 않은 느낌을 받은 나는 그들의 복무 기록을 조사했다. 1년의 조사 끝에 나는 그들 대부분이 야전에서 복무한 적이 없다는 사실을 발견했다. 그들은 마르코스 정권하에서 반체제 인사로 의심되는 사람을 잡아들여 미국으로부터 전수받은 정교한 고문 기술을 자행한 안보 부서 출신이었다.

이후 10년간 그들이 대여섯 번의 쿠데타를 시도하는 사이에 고문 희생자를 추적한 나는 고문 가해자와 피해자의 관계가 일종의 거래 성격을 띤다는 사실을 알게 되었다. 희생자가 끔찍한 심리적 고통에 시달릴수록 가해자는 무소불위의 힘을 손에 넣었다. 마르코스의 권력을 유지하기 위해 성직자와 교수를 폐인으로 만들면서 정권의 자의식은 상상을 초월할 정도로 비대해졌다. 제복을 입은 국가 공복의 탈을 벗어 던진 그들은 니체의 초인처럼 국가의 주인 행세를 했다.

이 발견은 필리핀에서 커다란 관심을 불러일으켰다. 하지만 냉전 및 고문에 관한 논란이 종식된 미국에서는 1999년에 출간된 내 연구서가 별다른 관심을 끌지 못했다.[23] 필리핀과 라틴아메리카에서 사용한 고문 기술이 매우 흡사하다는 사실을 밝힌 추가 연구는 CIA가 전 세계 우방국의 정보기관에 고문 기술을 전수했음을 시사했지만 이 또한 1년 뒤 케이프타운에서 열린 세계인권컨퍼런스에서 거의 주목받지 못했다. 아시아, 아프리카, 라틴아메리카에서 온 활동가들은 가해자를 법의 심판대에 올리는 데 더 열중했다. 아쉽기는 했지만 이제 이 끔찍한 주제를 뒤로하고 다른 주제를 연구할 수 있다는 생각에 나는 안도의 한숨을 쉬었다.

2004년 4월 CBS가 이라크 아부그라이브 교도소의 미군 병사들이 이라크인 수감자를 학대하는 사진을 보도하면서 나는 이 참혹한 주제에 대한 연구를 재개하지 않을 수 없었다. 양팔에 전기선이 연결된 채 후드를 덮어 쓰고 상자 위에 서 있는 이라크인 수감자의 사진에서 나는 CIA가 냉전 시대에 개발한 심리적 고문 체계를 똑똑히 목격했다. 후드는 감각을 박탈하는 장치이고, 팔을 양쪽으로 뻗게 한 것은 신체에 고통을 가하기 위해서였다. 며칠 후 나는 『보스턴글로브Boston Globe』에 기고한 글에 이렇게 썼다. "아부그라이브 교도소 사진은 단순한 잔혹 행위나 군기 문란이 아니라, 지난 50년간 미국 정보공동체 내부에 암처럼 퍼진 CIA 고문 기술을 극명하게 보여준다. 1950년부터 1962년까지 CIA는 강압적 심문 기법을 극비리에 연구했으며, 그 결과 신체 고문이 아니라 '노터치' 고문이라는 이름이 어울리는 심리적 고문을 개발했다."[24]

고문은 나를 놓아주지 않았고, 나는 심리적 고문 기법을 전 세계에 전파한 CIA를 다룬 『고문의 문제A Question of Torture』를 쓰게 되었다.[25] 부시 행정부는 아부그라이브 사태의 원인을 일부 병사의 탈선으로 돌리는 보고서를 잇달아 내놓았다. 이를 정면으로 반박하는 나의 분석은 CIA가 폭력적인 고문을 조직적으로 시행했다고 결론을 내린 2014년 12월 상원 정보위원회 보고서에 의해 입증되었다. 나의 역사적 접근법은 지난 50년간 이어진 고문 제도가 9·11 이후 아부그라이브와 다른 곳에서도 계속되었음을 밝혔다. 이 사실을 밝히는 데 든 비용은 연구 조교의 인건비 수천 달러 정도였다. 10년 후 상원은 4,000만 달러를 들여 600만 쪽의 CIA 기밀 보고서를 검토한 끝에 비슷한—조금 더 상세하고 확정적인—결론

에 도달했다.[26]

미국에서 고문 공방이 계속되는 가운데, 필리핀 정보기관에 관한 내 연구는 점차 군대에서 경찰로, 대외 국방에서 국내 안보로 초점을 옮기며 '감시의 역할'에 집중했다. 1898년 이후 미국이 필리핀을 식민지화하던 시기의 문서를 검토하던 나는 뜻밖의 사실을 발견했다. 필리핀인들의 완강한 저항을 꺾기 위해 미국은 세계 최초로 감시국가 체제를 현실에 구축했다. 졸저『미국제국의 치안 Policing America's Empire』에서 자세히 설명했듯이, 1900년경 마닐라에 주둔한 미국 육군 정보부 지휘관 랠프 밴 디먼Ralph Van Deman 대위는 필리핀 평정 과정에서 얻은 교훈을 바탕으로 1차 세계대전 때 미국 최초의 국내 안보기관을 설립하여 '미국 군사정보의 아버지'가 되었다.[27]

밴 디먼은 1929년 육군 소장으로 퇴역한 뒤에도 반체제 인사로 의심되는 인물에 대한 정보 25만 건을 수집하여 군대, FBI, 공화당 보수파와 공유했다. 리처드 닉슨은 캘리포니아 주의원 선거에서 상대 후보를 중상모략하는 데 이 정보를 사용했다. 밴 디먼은 1940년 미국 국내 방첩 활동을 FBI가 전담하기로 결정한 비공개 회담에서 육군을 대표했다. 이 합의를 계기로 광범위한 사찰과 협박, 허위 정보, 폭력을 수반한 불법 공작으로 실제 또는 상상 속의 반체제 인사를 일망타진하는 데 몰두한 존 에드거 후버J. Edgar Hoover FBI 국장의 30년 치세가 시작되었다.[28]

FBI가 저지른 월권행위에 대한 기억은 베트남전쟁 이후 불어온 개혁 바람에 대부분 씻겼지만, 2001년 9월 11일이 촉발한 '테러와의 전쟁'은 국가안전보장국National Security Agency(NSA)이 과거에는 상상도 하기 힘든 규모의 감시 활동을 재개하는 계기가 되었다. 2009년 11월 『톰디스패치TomDispatch』에 쓴 글에서 나는 다시 한 번 미국 패권의 주변부에서 시험된 강압적 수단이 "약간만 수정하면 미국을 감시국가로 바꿀 수 있는 기술적 틀"을 구축하기 위해 국내로 역수입되고 있다고 지적했다. 1898년 필리핀 평정 과정에서 이후 1차 세계대전 기간에 미국에 도입될 국내 감시 기법이 개발되었듯이, 아프가니스탄과 이라크에서 전쟁을 치르면서 등장한 정교한 생체 인식 및 사이버 감시 기술은 디지털 감시국가를 현실화하여 미국 민주주의의 성격을 근본적으로 바꿔놓을 수 있다.[29]

그로부터 4년 후 에드워드 스노든Edward Snowden이 유출한 NSA 비밀문서는 '약간의 수정'이 이미 이루어진 지 오래이며, 디지털 감시국가가 한 세기의 잉태 기간을 거쳐 마침내 현실이 되었음을 만천하에 폭로했다. 1차 세계대전 당시 밴 디먼이 지휘하는 부대원 1,700명과 35만 명의 시민 자경단은 독일계 미국인 가운데 스파이로 의심되는 사람들에 대한 치밀한 감시를 수행했다(나의 할아버지도 감시 대상이었다. 그들은 할아버지의 개인 물품 보관함에서 독일어로 적힌 수상한 편지를 훔쳤는데, 편지의 내용은 그의 어머니가 아들이 보초를 설 때 신을 양말을 떠서 보낸다는 이야기였다). 1950년대에 후버의 FBI 요원들은 수천 대의 전화를 도청하고, 반체제 인사로 의심되는 인물을 밀착 감시했다. 반핵 활동가이자 『사이언티픽아메리칸Scientific American』의 발행인이며 내 어머니의 사촌인 제라드 피엘Gerard Piel도 감시 대상이었다. 그리고 이제 인터넷 시대를 맞아 NSA는 광섬유 케이블로 이루어진 인터넷망에 수백 개의 감청 도구를 심어 전 세계 수천만 명의 사생활을 감시할 수 있게 되었다.

감시는 결코 무해하지 않았다. 고문이나 감시 같은 민감한 주제를 연구한다는 이유로 나는 2013년에 또 국세청 감사 대상에 오르고, 공항에서 미국 교통안전청Transportation Security Administration에 의해 몸수색을 당하고, 위스콘신대학 매디슨캠퍼스의 내 연구실 전화가 도청을 당했다. 국가의 감시는 우리가 생각하는 것보다 훨씬 오래전부터 미국 정치의 필수불가결한 요소였다. 감시는 개인의 프라이버시를 제물로 삼아 미국이 21세기에도 글로벌 헤게모니를 유지할 수 있게 해주는 막강한 무기로 자리 잡았다.

수십 년에 걸쳐 미국의 패권을 연구한 끝에 나는 마침내 이 모든 것을 망라하는 미국이라는 독특한 글로벌 제국의 형태를 고찰할 준비가 되었다. 1991년 냉전의 종식과 함께 제국이라는 용어를 둘러싼 불온한 색채는 자취를 감추었지만, 대부분의 미국 외교사 전문가는 여전히 과거의 틀에 갇혀서 미국이 제국이라는 사실을 부인했다. 1990년대 초에 이 나라를 제국의 틀로 분석하려는 최초의 시도는 주류 역사학자가 아니라 문화론 또는 탈식민주의 연구를 수행하는 소수의 인문학자가 주도했다.[30] 2001년 9·11 테러와 2003년 이라크 침공 이후 미국 패권의 쇠퇴가 거론되면서 제국 개념이 비로소 다양한 정치 성향의 정책 전문가들에게 수용되었다. 그럼에도 불구하고 제국적 패권의 본질을 다룬 역사, 특히 비교사 연구는 거의 전무하다. 세계 지배의 정점에 선 역사상 가장 강력한 제국, 오늘날 흔히 '세계 유일의 초강대국'이라 불리는 미국은 연구가 절대적으로 부족한 제국이라고 해도 과언이 아니다.

이 격차를 해소하기 위해, 냉전 시대에도 비판적 시각을 견지했던 위스콘신대학 매디슨캠퍼스의 몇몇 역사학자가 모여 미국을 세계 제국 비교사에 포함시키기 위한 '전환기의 제국Empires in Transition' 프로젝트를 시작했다. 2004년에 시작된 작은 그룹은 4개 대륙 140명의 학자 네트워크로 빠르게 성장했고, 우리는 일련의 국제 컨퍼런스에 참석하면서 미국 패권의 성쇠를 마지막 장으로 하는 두 권의 논문집을 출간했다.[31]

　미국이 패권국으로 부상한 지난 120년간의 여정은 끝없는 전쟁에 의해 촉발된 3단계 과정으로 압축할 수 있다. 첫째, 미국은 미국스페인전쟁 이후 1898년부터 1935년까지 카리브해와 태평양 지역의 식민지를 지배하면서 짧지만 커다란 변화를 경험했고, 둘째, 2차 세계대전 후 지배적인 강대국으로 급부상하여 수십 년간 세계적인 영향력을 행사했으며, 마지막으로 사이버 전쟁, 우주 전쟁, 무역협정, 군사동맹의 조합을 통해 21세기에도 계속해서 헤게모니를 유지하고자 한다. 미국스페인전쟁에서 냉전의 종식에 이르기까지 한 세기 동안 워싱턴은 앞서간 고대 및 근현대 제국의 특징이 뒤섞인 독특한 형태의 글로벌 거버넌스를 발달시켰다. 즉 우방과 동맹을 형성할 때는 아테네를, 세계 전역에 파병한 군대로 패권을 유지할 때는 로마를, 문화·상업·동맹을 통합하여 전 세계에 포괄적 체계를 구축할 때는 영국제국을 닮았다.

　이와 함께 집요한 기술 혁신은 미국에 독특한 차원을 더했다. 워싱턴은 육해공군의 군사적 우위를 추구했을 뿐만 아니라 과학과 산업을 융합하여 패권 행사를 위한 새로운 장을 열었다. 냉전 기간에 CIA와 NSA가 주도하는 미국 정보공동체는 전 세계적 힘의 투사를 위한 유연하고 정교한 도구로 탈바꿈했다. 공산권을 겨냥한 CIA의 시도는 중국, 러시아, 베트남에서 처참하게 실패했지만, 쿠데타와 은밀한 개입을 통해 아시아와 아프리카에서 우후죽순처럼 솟은 신생 국가를 교묘하게 조종하는 데에는 훨씬 성공적이었다. 냉전의 막이 내릴 무렵, 비밀공작은 전력 투사의 핵심 도구로 자리 잡아 내가 '비밀작전의 지하세계covert netherworld'라고 이름 붙인 제4의 전장을 구성했다.

또한 이 시기에 워싱턴은 세계 최초의 글로벌 통신위성 시스템을 이용하여 소련과 우주 경쟁을 벌이면서 패권에 또 하나의 차원을 더했다. 이후 수십 년간 워싱턴은 무인기 군단을 동원하여 성층권과 외기권을 군사화하면서 우주를 세력 확장의 장이자 분쟁 가능성이 내재된 제5의 전장으로 만들었다.

마지막으로 전 세계를 연결한 인터넷 광케이블망 덕분에 NSA는 무선 신호 감청에서 해저 케이블 감청으로 초점을 전환하여 감시와 사이버 전쟁을 전개할 수 있게 되었다. 21세기의 여명에 6대 전장(기존의 육해공 전장과 항공우주·사이버 공간·비밀작전의 지하세계로 구성된 3대 비밀 전장)을 총망라하는 '전방위 지배full-spectrum dominance'를 확보하려는 워싱턴의 노력은 막대한 힘을 가진 안보국가의 탄생으로 이어졌다. 이것은 경제적 영향력의 감소에도 불구하고 워싱턴이 계속 패권을 유지하기 위한 비장의 무기다.

1941년 2월 『라이프매거진Life Magazine』 논설에서 발행인 헨리 루스Henry Luce가 선포한 '미국의 세기American Century'는 최근까지만 해도 100주년을 성대하게 기념할 것이 확실해 보였다. 루스는 미국의 2차 세계대전 참전 전야에 이렇게 썼다. "미국이 극적으로 세계 무대에 등장하게 된 지금, 우리는 무엇보다도 미국에 걸맞은 비전, 미국인이 열정적으로 살고 일하고 싸우도록 자부심을 심어주는 세계적 강대국이라는 비전을 추구하고 현실화해야 할 것이다."[32] 이후 50년간 미국은 공산권을 제외한 세계 대부분의 지역을 문화적 매력과 은밀한 조작, 유연한 외교와 노골적 무력, 막대한 원조와 집요한 이익 추구를 조합해 지배하면서 포부를 실현했다.

1990년대 초 소련이 붕괴한 후 워싱턴에 도전할 강대국은 더 이상 존재하지 않는 듯했다. 미국이 감히 누구도 도전장을 내밀지 못하는 무적의 거인처럼 세상을 활보하는 가운데, 워싱턴의 정책 결정자들은 역사의 종말이 도래했으며 미국식 민주주의가 인류의 최종 정부 형태라고 믿게 되었다.[33] 그러나 불과 10년 만에 이 거창한 역사의 종말론은 자취를 감추었고, 역사의 바퀴는 맹렬한 기세로 계속 돌아가고 있다. 미국제국이 종말을 향해 가는 21세기에 패권의 향방을 결정할 워싱턴과 베이징의 새로운 갈등이 불현듯 가시화되었다.

9·11 테러의 충격과 뒤이어 아프가니스탄과 이라크에서 전쟁이 벌어지는 장면을 지켜보며 미국의 패권이 한계에 도달했다는 인식이 확산되었다. 미국 국가정보위원회는 2012년 상세 보고서에서 다음과 같이 경고했다. "2030년경이면 어떤 나라도 (…) 패권을 독점하지 못할 것이며 (…) 1750년 이래 부상한 서방 중심의 역사는 대체로 역전될 것이다. 아시아는 GDP, 인구, 군사비 지출, 기술 투자에 기반한 글로벌 파워에서 북미와 유럽의 총합을 능가할 것이다. 중국은 2030년이 되기 전에 미국을 제치고 세계 최대의 경제 대국으로 등극할 것이다."[34] 예상이 실현된다면 미국의 세기가 시작될 때 태어난 베이비붐 세대는 생전에 미국 세기의 종말을 목격하게 될 것이다.

2014년, 지난 20년간 가파른 경제 성장을 이룬 중국이 워싱턴의 패권에 도전하려는 야심을 드러내기 시작했다. 중국의 계획은 유럽과 아시아를 장차 글로벌 경제의 중핵으로 부상할 '세계섬 World Island'으로 묶는 대규모 기반 시설에 투자하는 동시에 남중국해에 군사기지를 건설하여 광대한 유라시아 대륙을 둘러싼 미군의 포위망에 구멍을 내는 것이다. 펜타곤은 군사 패권을 순순히 넘겨주길 거부하면서 아시아로 일부 전략 자원을 이동시키고, 새로 개발한 비밀 병기를 투입하는 것으로 중국의 도전에 대응했다.[35]

무수한 예측불허의 요인이 언제든 전략을 실패로 돌릴 수 있다. 강력한 신흥 세력의 등장으로 세계사의 궤도가 급변하는 사태가 얼마든지 벌어질 수 있다. 현재의 추세를 미래에 그대로 투사하는 것은 헛수고나 다름없다. 어떤 방법론도 세계 제국을 구성하는 수많은 요소를 총망라할 수 없으며, 이러한 거대 조직체들이 상호작용하며 끊임없이 변화하는 상황을 예측하기란 그보다 훨씬 더 어렵다.[36]

그럼에도 21세기의 초입에 이미 몇 가지 주요 트렌드가 선명하게 드러나고 있다. 미국 패권의 첫 반세기가 강력한 국민 결속과 초당적 외교 정책에 의해 뒷받침되었다면, 이제는 패권의 점진적 상실로 분열된 사회를 안정적으로 유지해야 하는 도전에 직면했다. 냉전 종식 후 사반세기가 흐르는 동안 대외 정책에 대한 기존의 초당적 합의는 뿌리 깊은 당파 분열로 대체되었다. 민주당의 빌 클린턴Bill Clinton과 버락 오바마Barack Obama는 다자주의와 외교로 워싱턴의 세계 리더십을 유지하고자 했던 반면, 공화당의 조지 W. 부시George W. Bush와 도널드 트럼프Donald Trump는 미국의 위상이 추락하고 있다는 인식에 대한 애국적 반작용으로 일방적 행동과 군사적 해결을 선택했다. 미국의 대외 정책이 갈지자를 그리면서 우방은 등을 돌리고 패권의 쇠퇴는 가속화되고 있다.

미국 헤게모니의 종말을 고하는 중대한 변화가 이미 시작되었다는 사실은 의심의 여지가 없다. 미국 국가정보위원회의 예측을 믿는다면, 1941년에 한없이 낙관적으로 선포된 미국의 세기는 채 100년이 지나기 전에 종말을 맞이할 것이다. 세계 유일의 초강대국으로 사반세기를 보낸 미국은 자국의 지배에 계속해서 도전할 수단과 투지를 가진 적수를 마주하고 있다. 설사 베이징이 경제 둔화나 국내 소요로 주춤한다 하더라도 10여 개의 강대국이 다극적 세계의 여러 축을 차지할 것이다.

향후 세계 권력의 변화를 지켜보면서 우리는 미국제국의 전환기가 지난 두 세기의 역사적 사건 가운데 무엇과 유사하게 전개될지 목도하게 될 것이다. 19세기 초 나폴레옹Napoleon의 제1제정을 무너뜨린 글로벌 전쟁, 1차 세계대전 이후 오스트리아-헝가리제국과 오스만제국을 분할한 강대국 외교, 추축국의 몰락을 가져온 2차 세계대전, 1950년대 런던에서 워싱턴으로 패권을 옮겨온 조용한 합의, 또는 1990년대 소비에트의 붕괴를 불러온 대규모 시위 가운데 어떤 사건이 되풀이될지 두고 볼 일이다.

점진적 쇠퇴든 격렬한 폭발이든 힘의 균형이 깨지는 상황은 예의주시해야 할 중요한 문제다. 내가 지난 50년간 배운 모든 것을 종합해 볼 때 한 가지는 확실하다. 이 전환기는 거의 모든 미국인의 삶에 영향을 미치는 매우 고통스러운 과정일 것이다. 다가올 시대에 우리는 변화를 주의 깊게 살펴야 한다.

1부

미국제국의
이해

1장

세계섬과 미국의 부상

아무리 위대한 제국도 지리적 숙명으로부터 자유로울 수 없다. 하지만 워싱턴에서는 이 상식이 통하지 않는다. 미국의 정치, 안보, 외교 정책을 담당하는 엘리트 집단은 지난 500년간 세계 제국의 운명을 좌우해온 지정학의 기본 원리를 계속 외면하고 있다. 그 결과 70년간 워싱턴이 추구해온 세계 지배 전략의 기초를 잠식하는 유라시아 대륙의 급격한 지각 변동이 의미하는 바를 놓치고 있다.

워싱턴 내부에서 '지혜'로 통용되는 주장을 보면 그 편협한 세계관에 놀라지 않을 수 없다. 소프트 파워soft power 개념의 주창자로 유명한 정치학자 조지프 나이Joseph Nye Jr.를 예로 들어보자. 2015년, 그는 미국이 군사적·경제적·문화적으로 타의 추종을 불허하는 지위를 유지할 방법을 나열하면서 그 어떤 내부의 문제나 외부 세력도 미국을 위협할 수 없다고 주장했다. 급성장하는 중국 경제를 거론하며 '중국의 세기'를 전망하는 견해에 대해서는 부정적

이유를 줄줄이 읊으며 반박했다. 중국의 1인당 국민소득이 미국을 "따라잡으려면(과연 그럴 수 있을지조차 확실치 않지만) 수십 년이 걸릴 것"이며 중국의 정책은 근시안적으로 "주변 지역에 집중"되어 있다고 했다. 그리고 중국은 "전 세계적 전투력 투사 역량을 개발하지 못했"으며 무엇보다도 "아시아 내부 세력 균형의 제약을 받기 때문에 미국에 비해 지정학적으로 불리한 입장"이라고 주장했다. 한마디로 말해 어느 강대국보다 더 많은 우방, 전함, 전투기, 미사일, 자금, 블록버스터 영화를 보유한 미국의 승리가 당연하다는 것이다(이 점에서 그의 견해는 워싱턴의 생각을 그대로 반영한다).[1]

조지프 나이가 틀에 박힌 미국 패권주의에서 벗어나지 못했다면, 헨리 키신저는 『세계질서World Order』라는 두툼한 최신작에서 니체적 관점을 채택했다. 나이를 잊고 왕성하게 활동하는 키신저는 지구 정치global politics가 권력 의지를 가진 위대한 지도자들에 의해 좌우된다고 설명한다. 이런 관점에서 보면 시어도어 루스벨트Theodore Roosevelt 대통령은 유럽 외교의 대가 샤를 드 탈레랑Charles de Talleyrand과 메테르니히Prince Metternich의 전통을 이어받아 "미국이 아시아 태평양 지역의 균형 유지자 역할"을 담당하게 만든 대담한 선지자이다. 반면 민족자결이라는 이상을 추구한 우드로 윌슨Woodrow Wilson은 지정학적 관점을 인지하지 못했으며, 프랭클린 루스벨트Franklin Roosevelt는 인도적 세상의 실현이라는 비전을 좇느라 스탈린Joseph Stalin의 냉혹한 세계 전략을 꿰뚫어보지 못했다. 반면 해리 트루먼Harry Truman은 국론 분열을 극복하고 "미국이 새로운 세계질서를 수립하도록" 이끌었으며, 뒤를 이은 12명의 대통령은 현명하게도 이 정책을 고수했다. 그중 가장 "용감한" 대통령은

"품위와 신념"의 지도자 조지 W. 부시로, 이라크를 중동에서 가장 억압적인 나라에서 다당제 민주주의 국가로 변모시키고자 했던 그의 단호한 시도는 시리아와 이란의 "수단과 방법을 가리지 않는" 방해가 아니었다면 결실을 보았을 것이다. 이런 식의 분석에는 지정학이 고려될 여지가 없었다. 키신저에게 외교는 전적으로 왕, 대통령, 총리 같은 정치 지도자의 작품이다.[2] 미국의 헤게모니가 눈에 띄게 약해지고 세계 권력에 지각 변동이 일어나고 있는 오늘날, 키신저의 분석은 워싱턴의 엘리트들에게 달콤한 위안을 줄 것이다.

어쩌면 그들은 다시 기본으로 돌아가야 하지 않을까? 지금부터는 100년 전 잘 알려지지 않은 영국 지리학회지에 발표된 글을 통해 현대 지정학의 근간을 살피고자 한다.

≣ 지정학의 창시자 핼퍼드 매킨더

1904년 1월 런던의 어느 추운 저녁, 런던정치경제대학 학장인 핼퍼드 매킨더Halford Mackinder는 「역사의 지리적 추축The Geographical Pivot of History」이라는 대담한 제목의 글을 발표하여 왕립지리학회에 모인 청중을 매료시켰다. 학회장에 따르면 그는 "이 방에서 열린 강연 가운데 가장 탁월한 견해"를 피력했다.[3]

매킨더는 세계 패권의 미래가 당시 대부분의 영국인이 생각하듯 해상 운송로의 통제가 아니라, 그가 '유로아시아Euro-Asia(유라시아)'라고 명명한 광대한 땅덩어리를 통제하는 일에 달려 있다고 말했다. 아프리카, 아시아, 유럽을 따로 떨어진 대륙이 아니라 하나의 덩어리이자 '세계섬'으로 보는 새로운 시각이었다. 그에 따르면 페르시아만에서 시베리아해까지 6,500킬로미터에 달하는 세계섬의 넓고 깊은 '심장 지역heartland'은 동유럽의 '주변 지역rimland' 또는 대륙을 둘러싼 해양 '주변부marginal'를 통해서만 통제할 수 있다(매킨더가 '내부 또는 주변부 초승달 지대'라 칭한 지역의 중요성을 강조한 스파이크먼N.J. Spykman이 이 지역에 '림랜드'라는 이름을 붙였다-옮긴이).[4]

매킨더는 16세기에 아프리카 희망봉을 돌아 인도로 가는 항로를 발견한 기독교 세계가 그때까지 그들의 생존을 위협했던 유라시아 대륙 세력을 포위할 수 있는 기동력을 확보했다고 설명한다.[5] 확장된 기동성 덕분에 유럽의 해양인들은 이후 4세기에 걸쳐 아프리카와 아시아의 육지인들보다 우위에 설 수 있었다.[6]

하지만 거대한 유라시아 대륙의 '심장 지역', 페르시아만에서 러시아의 광활한 스텝steppe과 시베리아 삼림 지대를 가로지르는 '추축 지대pivot area'는 여전히 미래의 패권국에게 아르키메데스의 지렛목처럼 중요한 지역이었다. 매킨더는 훗날 "심장 지역을 지배하는 자가 세계섬을 지배하고, 세계섬을 지배하는 자가 세계를 지배한다"라고 말했다. 지구상 육지 면적의 거의 60퍼센트를 차지하는 이 광활한 섬 너머에는 대양과 외딴 "더 작은 섬들"로 이루어진 부수적인 반구, 즉 호주, 그린란드, 그리고 아메리카 대륙이 존재한다.[7]

매킨더는 빅토리아 시대(1837~1901년) 초반에 수에즈 운하가 개통되고 증기선이 출현하면서 "대륙 세력land power에 비해 해양 세력sea power의 기동성이 증가"하였으나, 이제는 철도가 "스텝 지대에서 더 큰 가능성을 열어줄 것"이라고 예견했다. 그는 청중들에게 모스크바에서 블라디보스토크를 잇는 시베리아 횡단철도의 거침없는 전진을 이야기하며, 장차 대륙 횡단철도가 해상 운송보다 저렴해져서 지정학적 힘의 중심이 내륙으로 이동할 것이라고 예상했다. 때가 무르익어 '추축 지대 국가pivot state'인 러시아가 독일이나 또 다른 대륙 세력과 손잡고 "유라시아의 주변부로 확장"하여 "대륙의 방대한 자원을 함대 구축에 투입한다면 세계 제국이 등장할 것"이라는 예측이었다.[8]

매킨더가 옥스퍼드대학 교수 출신다운 난해한 문장과 고전을 인용한 문구로 점철된 발표를 한 2시간 동안 청중은 그가 굉장한 정보를 공유하고 있다는 사실을 깨달았다. 몇몇은 강연 후에 남아 토론을 벌였다. 옥스퍼드대학 최초의 군사사軍事史 교수를 지낸 스펜서 윌킨슨Spenser Wilkinson은 영국과 일본의 해군력이 "대륙의 … 분열된 세력 간의 균형"을 유지하는 역할을 계속할 것이라고 주장하면서, "러시아의 새로운 팽창"은 설득력이 없다고 반박했다.[9]

한 청중이 새로 발명된 교통수단인 항공기를 포함한 다른 요인도 고려해야 하지 않느냐고 지적하자 매킨더는 이렇게 대답했다. "나의 목표는 이 나라 또는 저 나라가 득세하리라는 전망이 아니라 어떤 정치적 세력 균형에도 적용할 수 있는 지리학 공식을 수립하는 것입니다." 매킨더는 특정 사건을 논하는 대신 지리와 패권 사이의 인과 관계를 정의하는 일반론을 도출했다. 그는 세계의 미래가 영국이나 일본처럼 해양 주변부에서 활동하는 해양 세력과 그들이 봉쇄하고자 하는 유라시아 심장 지역의 팽창하는 내부

세력 사이의 "권력 균형을 유지하는 데 달려 있다"고 역설했다.[10]

매킨더는 그해 4월 『지리학 저널Geographical Journal』에 발표한 논문에서 유라시아 대륙을 중앙에 배치하고 메르카토르 도법보다 지구를 좀 더 아래로 기울여 새로 그린, 더 나아가 재개념화한 지도를 선보였다. 이 지도는 아프리카, 아시아, 유럽이 하나의 거대한 '세계섬'이라는 점을 시각적으로 보여줄 뿐만 아니라 그린란드와 아메리카 대륙을 주변부로 축소시켰다.[11] 유럽이 중심에 놓인 지도에 익숙한 이들에게 매킨더 지도는 신선하게 다가왔다. 하지만 아메리카 대륙을 지도 중앙에 배치하고 유라시아 대륙은 반으로 갈라 양쪽 가장자리로 밀어낸 지도에 익숙한 미국인에게 매킨더 지도는 충격으로 다가왔을 것이다.[12]

매킨더는 이후 수십 년간 영국의 대외 정책에 영향을 미치게 될 세계관을 구체화했으며, 단 한 차례의 강연을 통해 어떻게 지리가 민족, 국가, 제국의 운명을 결정짓는지 연구하는 '지정학'을 창시했다.[13]

런던의 그날 밤은 100년도 더 지난 과거이다. 당시 영국은 빅토리아 여왕Queen Victoria의 죽음을 추모하고 있었고, 미국 대통령은 시어도어 루스벨트였다. 장기간에 걸친 미국의 잔혹한 필리핀 식민지 평정이 마침내 마무리되었고 헨리 포드Henry Ford가 디트로이트에 자동차 공장을 열고 최고시속 45킬로미터로 달릴 수 있는 모델 A 생산에 돌입한 때였다. 한 달 전에는 라이트 형제의 플라이어Flyer 1호가 인류 최초로 하늘을, 정확히는 36.5미터 상공을 비행했다.

그러나 핼퍼드 매킨더 경이 남긴 유산은 이후 110년간 두 차례의 세계대전과 냉전, 미국이 아시아(한국과 베트남)에서 벌인 전

매킨더의 세계섬 지도, 1904

쟁과 두 번의 페르시아만 전쟁, 그리고 끝이 보이지 않는 아프가니스탄 점령 등 세계의 주요 분쟁을 유발한 지정학적 역학 관계를 이해하는 데 놀랍도록 정확한 렌즈를 제공한다. 이제 우리가 고려할 문제는 이것이다. 매킨더의 지정학은 지난 세기뿐 아니라 앞으로 다가올 반세기를 이해하는 데 어떤 길잡이가 되어줄 수 있을까?

≣ 브리타니아, 바다를 지배하다

1511년 포르투갈의 말라카 점령부터 1922년 워싱턴 군축회의까지 400년 이상 지속된 해양 세력의 시대에 강대국은 런던과 도쿄를 잇는 2만 4,000킬로미터의 항로 위에서 유라시아 세계섬의 패권을 장악하고자 경쟁했다. 이때 가장 강력한 무기는 범선에서 맨오브워men-of-war(돛 달린 군함), 전함, 잠수함, 항공모함으로 이어진 배였다. 육군이 만주나 프랑스의 진흙탕에서 엄청난 사상자를 내며 고전하는 사이 제국의 해군은 유유히 바다를 누비며 연안과 대륙을 공략했다.

영국제국의 힘이 정점에 달했던 1900년경 영국 해군은 300척의 주력함과 북대서양을 면한 스코틀랜드에서 지중해의 몰타와 수에즈를 거쳐 봄베이(지금의 뭄바이), 싱가포르, 홍콩에 이르는 30개의 요새로 세계섬을 둘러싼 바다를 지배했다. 로마제국이 지중해를 '메어 노스트룸mare nostrum(우리의 바다)'으로 만들었듯 영국제국도 인도 북서변경주에 육군 진지를 구축하여 페르시아와 오스만제국이 페르시아만에 해군 기지를 건설하는 것을 차단하고 인도양을 영국의 영해로 만들었다. 영국은 매킨더가 "유럽에서 동인도제도로 가는 육상 통로"라고 부른 전략 요충지이자 세계섬의 심장 지역으로 가는 관문인 아라비아반도와 메소포타미아의 통제권도 손에 넣었다. 지정학적 관점에서 19세기는 "심장 지역 대부분을 차지하고 … 동인도제도의 내륙 관문을 두드리는" 러시아와 "북서부로부터 가해진 위협에 맞서기 위해 인도의 해양 관문을 통과해 내륙으로 전진하는" 영국이 경쟁하는, 이른바 '그레이트 게임Great Game'의 시대였다. 다시 말해 매킨더는 현대는 대륙 세력과 해양 세력이 대립하는 시대라고 결론 내렸다.[14]

영국 대 프랑스, 이후 영국 대 독일의 치열한 대립은 유럽 열강의 군비 경쟁에 불을 붙여 비용을 감당할 수 없는 수준에 이르게 했다. 1805년 트라팔가 해전에서 나폴레옹의 해군과 맞붙은 넬슨Horatio Nelson 제독의 기함 빅토리호HMS Victory는 오크나무로 제작한 3,500톤의 선체에 사거리가 370미터가 채 안 되는 42파운드(약

19킬로그램) 활강포를 장착하고 9노트(시속 16.6킬로미터)로 항해했다.

한 세기가 지나 1906년 영국이 진수한 전함 드레드노트호 HMS Dreadnought는 30센티미터 두께의 강철로 제작한 선체의 무게만 2만 톤에 달했고, 증기 터빈 엔진을 장착하여 21노트(시속 38.9킬로미터)의 쾌속 항진이 가능했으며, 기계화된 12인치 함포는 850파운드(약 386킬로그램)의 포탄을 20킬로미터 거리까지 속사했다. 이 거대한 군함을 구축하는 데 든 비용은 180만 파운드, 오늘날로 치면 거의 3억 달러에 해당한다. 이어진 10년간 세계 열강은 너나 할 것 없이 국고를 쏟아부어 파괴적이고 값비싼 함대를 구축했다.

기술 우위와 전 지구적 투사력, 그리고 미국, 일본과 맺은 해군 동맹을 바탕으로 영국제국의 패권은 1815년부터 1914년까지 100년간 위세를 떨쳤다. 그러나 해군 군비 경쟁의 가속화와 유럽 열강의 대립, 그리고 치열한 해외 식민지 경쟁으로 얼룩진 글로벌 체제는 결국 내부로부터 붕괴하여 1차 세계대전으로 이어졌고, 1918년 전쟁이 끝날 때까지 1,600만 명의 사망자를 내는 참상을 빚었다.

저명한 제국사가 폴 케네디Paul Kennedy가 말했듯이, 우리는 동유럽에서 동아시아로 이어지는 '주변 지역'을 차지하기 위해 두 차례의 세계대전이 벌어진 "20세기에 매킨더의 이론이 현실화되는 것을 목격했다."[15] 실제로 1차 세계대전은 "대륙 세력과 해양 세력 간의 맞대결"이었다.[16] 전쟁이 끝난 1918년, 해양 세력(영국, 미국, 일본)은 러시아에서 발발한 혁명을 '심장 지역' 안에 묶어놓기 위해 아르한겔스크, 흑해, 시베리아로 해군을 파견했다.

매킨더의 사상이 2차 세계대전의 향방에 미친 영향은 상상을 초월한다. 아돌프 히틀러Adolf Hitler는 매킨더의 영향을 받은 독일의 지정학 이론을 바탕으로 러시아의 심장 지역에 '지배 민족' 독일인을 위한 레벤스라움lebensraum(생활권)을 건설하는 망상에 제3제국의 사활을 걸었다.

전간기에 핼퍼드 경의 저작은 레벤스라움의 대표적인 지지자이자 『지정학보Zeitschrift für Geopolitik』를 창간한 독일 지리학자 카를 하우스호퍼Karl Haushofer에게 영향을 미쳤다. 바바리아 육군에서 복무하다 1919년 육군 소장으로 예편한 하우스호퍼는 1차 세계대전에서 독일의 패배를 가져온 전략적 실수가 재발하는 것을 방지하기 위해 지리학을 공부했다. 훗날 그는 뮌헨대학 교수로 부임했고, 아돌프 히틀러의 참모가 되었으며, 제자였던 루돌프 헤스Rudolf Hess 총통대리의 핵심 협력자로 활약했다. "공간은 단지 힘의 매개일 뿐만 아니라 힘 그 자체"라고 주장한 하우스호퍼는 40권의 저서, 400편의 글, 셀 수 없이 많은 강연, 그리고 히틀러를 포함한 나치 고위 관료들과의 잦은 만남을 통해 레벤스라움 사상을 전파했다. 그의 가르침은 한 뉘른베르크 전범재판 조사관의 말처럼 "거대한 대륙 세력으로 거듭나 해양 세력 영국이 감히 넘볼 수 없는 독일을 건설한다는 비전"을 고취했다. 요컨대 하우스호퍼는 심장 지역(러시아에 독일을 더한)을 지배하는 세력이 세계를 지배할 것이라고 주장했다. 노련한 지정학자인 그의 아들 알브레히트 하우스호퍼Albrecht Haushofer는 베를린대학의 정치지리학 교수로 재임하면서 "나치 외교관 양성소"를 운영하여 이 사상을 제3제국의 심장부에 심었다.[17]

2차 세계대전 발발 전야에 카를 하우스호퍼는 대륙-해양 세력 갈등의 중심축이 태평양으로 이동했음에 주목했다. 그는 『태평양의 지정학Geopolitik des Pazifischen Ozeans』에 이렇게 썼다. "유라시아는 여전히 중구난방으로 분열되어 있다. 이곳에는 통일된 지정학적 정책이 존재하지 않는다. 이제 가장 큰 해양 공간인 태평양과 두 번째로 큰 대륙 공간인 미국이 만나 대결을 앞두고 있다."[18]

1942년 히틀러는 100만 명의 병사, 1만 문의 포, 500대의 탱크를 투입하여 스탈린그라드에서 볼가강을 돌파하고 러시아의 심장 지역으로 진격하라고 명령했다. 동유럽을 가로질러 세계섬의 추축 지대를 점령하려 한 헛된 시도는 결과적으로 85만 명의 제3 제국군을 희생시켰다. 독일의 러시아 침공에 경악한 알브레히트는 영국과 강화를 시도했고, 히틀러 암살 시도에 가담한 후 알프스로 피신했다가 체포되었다. 감옥에서 지낸 몇 달간 알브레히트는 바다 깊숙이 묻혀 있던 지정학적 권력 게임이라는 악귀를 "아버지가 세상에 풀어놓았다"고 통탄하는 구슬프고 은유적인 시를 지었다. 그는 베를린이 연합군에 함락된 날 나치 친위대에 의해 총살당했다. 몇 달 후, 전범으로 기소될 처지가 된 카를 하우스호퍼는 그의 유대인 부인과 함께 동반 자살했다.[19]

매킨더의 논문이 발표되고 한 세기가 흐른 후, 또 다른 영국의 제국사가 존 다윈John Darwin은 권위 있는 연구서 『티무르 사후After Tamerlane』에서 2차 세계대전 후 미국이 사상 최초로 유라시아 양단의 전략적 축점을 동시에 통제하는 강대국이 되어 유례가 없는 거대한 임페리움으로 변모했다고 말했다. 중국과 러시아의 세력 확장이 협력의 기폭제가 될 것을 두려워한 미국은 서유럽과 일본 등 광범위한 지역에 군사기지를 확보했다. 이 축점을 기점으로 유라

시아를 휘감는 군사기지를 구축한 워싱턴은 냉전에서 지정학적 우위를 점했다.[20]

≡ 미국의 지정학 전략

1945년 나치 독일과 일본제국으로부터 세계섬의 양단을 넘겨받은 미국은 이후 70년간 군사력을 바탕으로 중국과 러시아를 유라시아 대륙의 심장 지역에 가둔 채 5개 대륙을 누비며 자원을 취하고 물건을 팔면서 전대미문의 힘을 부렸다. 이런 관점에서 볼 때 오늘날 불거지고 있는 베이징과 워싱턴의 갈등은 수백 년간 계속된 해양 세력 대 대륙 세력의 유라시아 대륙 지배권 쟁탈전(스페인 대 오스만제국, 영국제국 대 러시아, 미국 대 제3제국, 그리고 미국 대 소련)의 연장선상에 있다.

실제로 2차 세계대전이 끝나기 2년 전인 1943년, 80대의 매킨더는 미국의 유력한 평론지『포린어페어스Foreign Affairs』에 그의 마지막 에세이「둥근 세계와 평화 달성The Round World and the Winning of the Peace」을 발표했다. 그는 대전략grand strategy을 추구하는 미국을 향해 세계적 항공 대국으로 발돋움하겠다는 포부조차도 국제 지정학의 기본 원칙을 바꿀 수는 없다고 상기시키며 이렇게 경고했다. "만일 소련이 이 전쟁에서 독일을 물리치고 승자로 부상한다면 지상 최고의 천연 요새"를 장악한 세계 최강의 대륙 세력으로 등극할 것이다.[21]

미국 전쟁부는 수십 년간 워싱턴의 골칫거리였던 방어 문제를 해결하기 위해 종전 후에 태평양 연안을 따라 군사기지를 배치하는 계획을 수립하고 있었다. 1890년에 미국을 태평양의 강국으로 만들고자 했던 해군 전략가 앨프리드 머핸Alfred Mahan의 비전을 계승한 워싱턴은 필리핀에 기지를 건설하고 그곳을 쿠바에서 파나마운하와 진주만을 거쳐 마닐라만까지 길게 뻗은 방어선의 거점으로 삼았다. 그러나 1차 세계대전 종전 후 베르사유조약에 의해 마리아나제도와 미크로네시아가 일본의 수중에 떨어졌다. 갑자기 일본 해군이 태평양 한가운데에서 길목을 막는 형세가 되었고, 미국의 필리핀 방어는 전략적으로 불가능해졌다. 이 지정학적 현실은 미국이 2차 세계대전에 참전한 직후 벌어진 바탄 전투Battle of Bataan에서 더글러스 맥아더Douglas MacArthur 장군의 군대가 치욕스러운 패배를 당하는 결과를 가져왔다(이후 필리핀은 완전히 일본제국의 수중에 들어갔다-옮긴이).[22]

폭격기의 항속거리가 개전 당시 1,770킬로미터(B-17)에서 5,150킬로미터(B-29)로 늘어남에 따라, 1943년 워싱턴의 전쟁부는 종전 후 필리핀에 2개의 전략폭격 부대(루손 폭격타격대와 민다나오 폭격타격대)를 배치하고 26개의 군사기지로 필리핀군도를 완전히 둘러싼다는 계획을 세웠다. 미군의 보호를 받지 못하게 될 것을 우려한, 그리고 전후 재건을 위한 원조가 절실했던 마닐라 정부는 1947년에 군사기지 23개를 99년간 어떠한 제한도 없이 사용하는 조건으로 미국에 조차했다.[23]

광대한 유라시아를 좌우에서 공략하는 전략에 따라 필리핀의 미군기지는 일본열도를 따라 늘어선 수십 개의 기지와 함께 대륙 동쪽의 보루 역할을 했다. 한편 유럽의 미군은 대륙 서쪽의 축점을 점거했다. 일본에서 오키나와를 거쳐 필리핀까지 3,000킬로미터에 걸친 군사기지를 확보한 워싱턴은 태평양 연안을 북미 대륙을 방어하고 유라시아 대륙을 통제하는 지정학적 거점으로 삼았다.[24]

팍스 아메리카나를 건설하는 과정에서 대륙 세력인 소련을 억제하는 중요한 역할이 미국 해군에게 부여되었다. 미국의 함대는 처음에는 영국을 보조하고, 이후 그 자리를 대체하면서 유라시아 대륙을 포위했다. 1946년 이탈리아 나폴리에 주둔한 제6함대는 대서양과 지중해를, 1947년 필리핀 수비크만에 주둔한 제7함대는 서태평양을, 그리고 1995년부터 바레인에 주둔하고 있는 제5함대는 걸프만을 담당했다.[25]

그다음으로 미국의 외교관들이 북대서양조약기구(NATO, 1949년), 중동조약기구(METO, 1955년), 동남아시아조약기구(SEATO, 1954년)를 결성하여 대륙 포위망을 한 겹 더했다. 이 가운데 북대서양조약기구는 28개국이 가입한 기구로 성장하여 유럽 안 미군기지를 지탱하는 가장 든든한 동맹으로 자리 잡았다(2017년 6월 몬테네그로의 가입으로 회원국은 총 29개국으로 늘어났다-옮긴이). 반면 동남아시아조약기구는 회원국이 동남아시아 2개국을 포함하여 총 8개국밖에 되지 않았고, 그마저도 베트남전쟁 이후 급속히 붕괴했다. 이후 미국이 주도하는 강력한 다자 협정이 부재한 아시아에서 워싱턴의 입지는 태평양 연안국과 맺은 4개의 양자 협정, 즉 호주 및 뉴질랜드와의 태평양안전보장조약(앤저스 ANZUS 조약, 1951년), 필리핀상호방위조약(1951년), 미일안전보장조약(1951년), 그리고 한미상호방위조약(1953년)에 달려 있었다.

또한 워싱턴은 지정학적 입지를 확고히 다지기 위해 독일의 람슈타인 공군기지, 필리핀의 수비크만 해군기지, 그리고 일본에 지은 다수의 미군기지 등 세계섬 양단에 거대한 군사기지를 건설했다. 람슈타인 기지 건설은 1952년 완공까지 5년간 27만 명을 투입한 유럽 최대의 공사였다.[26] 1952년부터 미 해군은 1억 7,000만 달러를 투입하여 수비크만에 제7함대의 모항을 건설했다. 이곳에 항공모함을 위한 대형 부두, 비행장 활주로, 그리고 1만 5,000명의 필리핀인 노동자를 고용해 지은 거대한 정비 도크 등이 들어섰다. 인근에 지은 클라크필드 공군기지는 제13공군이 주둔하는 시설로 폭격기 200대를 수용할 수 있는 크기다. 그 안에는 컬럼비아구(워싱턴D.C.)보다 2배나 넓은 폭격 훈련장이 딸려 있었다.[27]

미국은 전후 일본에 군정청을 설치하고 열도 북부의 미사와 공군기지부터 중부 도쿄 부근의 요코타 공군기지, 요코스카 해군기지를 거쳐 남부의 이와쿠니 해병대 항공기지와 사세보 해군기지까지, 일본제국군이 쓰던 군사기지를 점령하거나 새로 짓는 방식으로 100개가 넘는 군사 시설을 확보했다. 그중 오키나와섬에 가장 많은 주일 미군이 배치되었다. 현재도 섬 전체 면적의 약 20퍼센트를 미군 시설이 점유한다. 미국은 1955년까지 주로 중국과 소련 공산권을 봉쇄하는 목적으로 36개국에 450개의 군사 기지를 건설했으며, 그 위치는 매킨더의 유라시아 대륙 주변 지역과 놀랍도록 일치한다.[28]

세계섬 양단을 장악한 미국에 대한 소련의 도전이 한반도에서 벌어진 열전(1950~53년)과 베를린의 전쟁 위기(1961년)에서 차단된 후, 분쟁의 무대는 지중해 동쪽에서 남중국해까지 8,000 킬로미터에 걸쳐 뻗은 유라시아 대륙의 험준한 남단으로 옮겨갔다. 높이 8킬로미터, 폭 3,000킬로미터의 육중한 히말라야 장벽을 따라 난 통로 지대에서 냉전 시대의 가장 치열한 전투(1961~75년 라오스와 베트남, 1978~92년 아프가니스탄)가 벌어졌다. 막대한 양의 석유가 매장된 페르시아만은 워싱턴의 세계섬 장악을 위한 요충지가 되었으며, 이후 40년간 공공연하고 은밀한 개입이 벌어진 투쟁의 장이 되었다. 1979년 이란혁명으로 미국이 걸프 지역의 전략적 요지를 잃은 뒤 워싱턴은 줄곧 이 지역에서 지정학적 영향력을 재구축하기 위해 수단과 방법을 가리지 않았다. 1980년대에 레이건 정권은 이란과 적대 관계인 이라크의 사담 후세인Saddam Hussein 정권을 지원하는 동시에 소련의 아프가니스탄 점령에 대항하는 반군단체 무자헤딘Mujahedin에 무기를 제공했다. 이때 지미 카터Jimmy Carter 대통령의 국가안보보좌관인 즈비그뉴 브레진스키Zbigniew Brzezinski가 오늘날까지도 제대로 이해받지 못하는 지정학적 기민함을 발휘하여 소련에 승리할 전략을 내놓았다. 폴란드 귀족 출신의 망명자이자 매킨더의 이론을 공부한 브레진스키는 1979년 카터 대통령을 설득하여 사이클론 작전Operation Cyclone을 전개했다. 1980년대 말에 이르면 이 작전에 투입된 예산이 연간 5억 달러에 달했다.[29] 사이클론 작전의 목표는 무슬림 무장 단체를 동원하여 소련의 취약점인 중앙아시아를 공격함으로써 소련의 심장 지역 깊숙이 급진적 이슬람의 쐐기를 박아넣고 아프가니스탄에서 붉은군대를 밀어내는 동시에 동유럽을 모스크바의 세력권에서 분리하는 것이었다. "우리는 소련이 [아프가니스탄에] 개입하도록 압박을 가하지 않았습니다." 1998년 브레진스키는 냉전 시대에 자신이 선보인 지정학적 신의 한 수를 설명했다. "하지만 우리는 그들이 개입할 확률을 의도적으로 높였지요. … 그 비밀작전은 훌륭한 아이디어였습니다. 소련을 아프가니스탄이라는 덫으로 유인했으니까요."[30]

냉전에서 미국이 거둔 눈부신 승리도 세계섬의 지정학적 기본 원리를 바꾸지는 못했다. 따라서 1989년 베를린 장벽이 무너지고 도래한 새 시대에 워싱턴이 가장 먼저 감행한 해외 침략은 사담 후세인의 쿠웨이트 점령을 구실 삼아 페르시아만에서 다시 우위를 점하려는 시도였다.

2003년 미국이 다시 이라크를 침공했을 때, 역사가 폴 케네디는 매킨더의 100년 전 논문을 다시 꺼내어 이 군사적 재난을 설명했다. "현재 유라시아 주변 지역에 배치된 수십만 명의 미군 병력으로 볼 때 워싱턴은 '역사의 지리적 추축'을 통제하라는 매킨더의 경고를 심각하게 받아들이고 있는 것으로 보인다."[31] 하지만 그로부터 채 10년도 지나지 않아 이라크전쟁은 대담한 지정학적 전략이 아니라 소련의 심장 지역을 공격하기로 한 독일의 파멸적 결정에 더 가까워 보였다. 이후 아프가니스탄과 이라크 전역으로 확산된 미군기지는 마치 영국제국이 북서변경주에 주둔지를 건설했듯이 유라시아 심장 지역의 가장자리에 거점을 마련하려는 미국의 제국주의적 시도를 가시적으로 보여주었다.

워싱턴은 지상군의 일부를 무인 항공기로 대체해 효율을 높였다. 2011년경 미 공군과 CIA는 60개의 무인 항공기 기지로 유라시아 대륙을 둘러쌌다. 이 무렵 헬파이어Hellfire 미사일과 GBU-

30 폭탄으로 무장한 리퍼Reaper 드론의 항속거리는 1,850킬로미터에 달했는데, 이는 드론으로 아프리카와 아시아 거의 전 지역을 공격할 수 있다는 의미였다.[32] 펜타곤도 광대한 주변부 순찰을 위해 고해상도 카메라를 장착하고 1만 4,000킬로미터의 항속거리를 가진 정찰용 무인기 글로벌호크Global Hawk 99대를 도입하는 데 100억 달러를 쏟아부었다.[33]

워싱턴은 해외 주둔군을 작고 분산된 기지와 드론을 핵심으로 하는 보다 민첩한 형태로 재편성하면서 유라시아 대륙의 통제권을 새로 다졌다. 러시아의 우크라이나 급습에는 최소한의 대응만 하던 오바마 행정부는 러시아 잠수함이 북대서양에 출몰하자 민감하게 반응했다. 모스크바가 현대화된 공격 잠수함 45대의 작전 지역을 북극권 너머로 확장하자 워싱턴은 아이슬란드의 군사기지를 부활시키고 기존에 53척으로 구성된 함대에 버지니아급 잠수함 9대를 새로 추가하는 등 '해저 군사력' 보강을 위해 81억 달러의 예산을 배정했다. 해군 작전부장 존 M. 리처드슨John M. Richardson 제독은 "다시 한 번 강대국 경쟁의 시대가 도래"했다고 선언했다.[34] 그뿐만 아니라 오바마 대통령은 재임 기간 8년간 중동에서 아시아 연안 지역으로 (지지부진한) 지정학적 회귀를 추진하면서 이 지역에 군사기지와 전략군을 늘렸다. 이 모든 조치는 중국 견제가 목적이다.

미국의 패권이 사반세기 만에 처음으로 심각한 도전에 직면 했는데도 대부분의 미국인은 현 상황을 제대로 인식하지 못하고 있다. 2016년 미국 대선 토론에서 무역 협정에 대한 비판이 거셌 고 중동도 일부 언급되었지만, 아시아나 세계 속 미국의 위상에 대 한 논의는 극히 드물었다. 유라시아에서 오랫동안 미국의 지정학 적 우위를 보장했던 전략적 동맹의 중요성에 무관심한 도널드 트 럼프는 일본 정부가 주일 미군의 주둔 비용을 "100퍼센트 부담"해 야 한다고 거듭 고집했고, "북대서양조약기구의 동맹국이 방위비 를 추가로 부담"하여 "미국에 대한 의무를 다할 때만" 미국은 그들 을 러시아의 공격으로부터 지켜줄 것이라고 말하며 유권자의 환 심을 샀다.[35] 역사학자 윌리엄 애플먼 윌리엄스는 이러한 미국 중 심적이고 근시안적인 시각은 "대단한 착각"이며, "제국의 비용을 치르지 않고 스스로 제국임을 인정하지 않으면서 제국의 혜택은 누릴 수 있을 것이라는 편리한 믿음"이라고 지적한 바 있다.[36]

제국에 대한 미국인의 뿌리 깊고 완고한 이중적 태도는 냉전 을 거치며 팽배해졌지만, 그 시작은 미국이 세계 무대에 처음 발을 들였던 1890년대까지 거슬러 올라간다. 한 세기가 넘도록 미국인 들은 미국이 패권국으로 부상했다는 사실을 쉬이 받아들이지 못 했다. 역사상 가장 위대한 제국으로 우뚝 선 나라의 국민은 국경 너머로 힘을 행사하는 문제를 두고 수 세대에 걸쳐 심각하게 대립 했다.

1898년 미국스페인전쟁에서 승리한 미국이 잔혹하기 그

지없는 필리핀 식민지화에 돌입하면서, 미국반제동맹American Anti-Imperialist League이 제국주의 침략을 강하게 비판하는 주요 지식인들의 호응을 얻었다. 미국이 고립주의를 고수할지, 아니면 팽창주의를 선택할지가 1900년 대선의 주요 이슈였다. 당대 가장 사랑받던 미국 작가 마크 트웨인Mark Twain은 필리핀 정복이 "미국의 명예를 실추시키고 미국의 얼굴에 먹칠했다"라고 비판하면서, 미국 국기 올드 글로리Old Glory의 "흰 줄을 검게 덧칠하고 별 대신 해골과 뼈"를 그려넣는 것이 더 어울린다고 말했다.[37] 예일대학의 저명한 사회학자 윌리엄 그레이엄 섬너William Graham Sumner는 이렇게 경고했다. "제국주의는 민주 사회의 자유를 축소하고 통제를 요구하기 마련이다. … 더 강력하고 복잡한 정부기구가 필요해질 것이며 … 군국주의가 세를 얻을 것이다."[38]

그로부터 100년이 흐른 후에도 미국 지식인들은 제국 문제를 고민하고 있지만, 이번에는 정복의 대가가 아니라 제국의 몰락이 가져올 여파에 관한 걱정이 주를 이뤘다. 2010년 혹독한 경제 위기 속에서 버락 오바마는 대통령 연두교서를 통해 미국의 패권이 심각한 도전에 직면했다고 경고했다. "중국은 지체 없이 경제를 혁신하고 있습니다. 독일과 인도도 마찬가지입니다. … 그들은 1등이 되기 위해 뛰고 있습니다." 그런 다음 그는 "미국이 2등으로 전락하는 것을 용납하지 않겠습니다"라고 선언하여 여야 의원들로부터 큰 박수를 받았다.[39] 며칠 후 조 바이든Joe Biden 부통령도 "우리 경제가 강하게 유지되는 한 미국은 계속해서 가장 크고 중요한 영향력을 행사하는 나라로 남을 것"이라고 단언하면서, 무너진 유럽 제국들과의 비교를 거부했다.[40]

논평가들이 주로 로마나 영국제국을 예로 들며 미국이 세계에 대한 '의무'를 저버려서는 안 된다고 경고하는 가운데,[41] 신보수주의 역사가 로버트 케이건Robert Kagan은 타의 추종을 불허하는 군사적, 외교적, 경제적 영향력을 가진 미국은 "쇠퇴기에 접어든 1900년경의 영국과 판이하게 다르다"라고 주장했다. 그는 미국의 패권이 "향후 20년간 내리막길을 걸을지 아니면 두 세기 더 지속될지" 결정하는 것은 오직 미국뿐이라고 주장했다.[42]

제국은 미국 정치 담론에서 골치 아픈 단어임에 틀림없다. 따라서 먼저 제국의 의미를 명확히 규정할 필요가 있다. 제국은 강대국이 직접 통치(식민지)나 간접적(군사적, 경제적, 문화적) 영향력 행사를 통해 다른 이들의 운명에 지배력을 행사하는 글로벌 거버넌스의 한 형태다. 제국, 연합(블록), 코먼웰스commonwealth 등의 패권은 지난 4000년간 존속했고 앞으로도 한동안 지속될 것이다. 많은 제국이 피지배국을 악랄하게 통치했고, 동시에 피지배국에 일정 정도의 발전을 가져다주었다. 이는 부인할 수도, 바꿀 수도 없는 역사적 사실이다. 하버드대학 역사학 교수 니얼 퍼거슨Niall Ferguson은 역사상 70개의 제국이 존재했다고 말한 뒤 이렇게 꼬집었다. "아직도 미국 '예외주의'를 주장하는 사람들에게 제국을 연구하는 역사가는 이렇게 대꾸할 수밖에 없다. 미국은 나머지 69개 제국만큼 예외적이라고."[43]

지난 반세기 동안 미국의 외교 관계를 연구한 역사가들은 거의 예외 없이 '미국 예외주의', 즉 이 은혜로운 나라가 유일하게 제국의 저주로부터 자유롭다는 주장을 강력히 지지했다. 공산주의와 사상적으로 대립했던 냉전 시절에 영향력 있는 주류 역사가 집단은 미국이 유럽처럼 계급 갈등, 권위주의 정부, 제국의 길을 걷는 대신 "다른 이들이 본받아야 할 자유의 표상"이 되었다고 주장했다.[44] 미국의 대표적인 외교사가 리처드 레오폴드Richard W. Leopold는 다음과 같은 이유를 들어 식민 지배가 미국에 미친 장기적 영향은 미미하다고 주장했다.

① 미국은 몇 개의 섬(푸에르토리코, 필리핀) 정복을 제외하면 그 이상의 영토 확장은 추구하지 않았다.
② 해외 영토를 관장하는 각료급 부서가 없었기 때문에 식민 지배는 일시적 사업이었다고 볼 수 있다.
③ 식민지 섬의 방어를 위해 국방비 지출을 늘리지 않았다.[45]

반면 1950년대에 윌리엄 애플먼 윌리엄스와 동료 프레드 하비 해링턴Fred Harvey Harrington이 이끄는 위스콘신 학파의 외교사가들은 워싱턴의 패권 장악을 바라보는 대안적 시각을 제공했다. 윌리엄스는 그의 유명한 『미국 외교의 비극』에서 미국의 "세력 확장을 위한 전략과 전술을 두고 1898~1901년에 광범위한 논의가 벌어졌으며", 이 과정에서 "전통적인 식민지 정책에 반대하고, 대신 미국의 우세한 경제력을 이용하여 … 세계의 모든 저개발 지역을 지배하는 열린 문 정책을 추진"하기로 합의했다고 설명했다. 실제로 이 "전형적인 비식민주의적 제국 확장 전략은 … 이후 반세기 동안 미국 대외 정책의 기본 방침으로 자리 잡았고", 워싱턴은 비공식적 비즈니스 제국이 되려고 집요하게 노력했다.[46] 미국의 세력 확장은 종종 갈등을 불러왔다. 윌리엄스는 2차 세계대전 직후 동

유럽 지역의 시장을 탐낸 워싱턴이 소련과 충돌하면서 촉발된 냉전을 가장 중요한 사례로 들었다.[47]

위스콘신 학파의 다른 저명한 학자들도 연구 결과를 내놓았다. 특히 월터 레이퍼버Walter LaFeber는 19세기 후반 미국의 팽창을 다룬 『새로운 제국The New Empire』에서 해외 정복의 사회적, 경제적 동기와 카리브해 및 태평양 지역의 식민 지배가 가져온 결과를 탐색했다.[48] 윌리엄스는 위스콘신대학의 학생·시위가 절정에 달했던 1968년에 보다 조용한 삶을 위해 오리건대학으로 적을 옮겼지만, 그의 평론은 계속해서 반향을 일으켰다. 그의 제자들(코넬대학의 레이퍼버, 러트거스 뉴저지주립대학의 로이드 가드너Lloyd Gardner, 그리고 위스콘신대학의 토머스 맥코믹Thomas McCormick)은 이후 40년간 현직에 머무르면서 미국의 제국적 의도와 야심을 연구하기 위해 긴밀히 협력했다.[49]

미국의 힘을 다시 정의한 위스콘신 학파의 수정주의 견해는 베트남전쟁 기간에 열렬한 호응을 얻었으나, 이후 맹렬한 공격을 받았다. 냉전에서 워싱턴이 담당한 역할에 대한 비판뿐 아니라 미국 경제력의 확장을 제국주의적 현상으로 해석한 시각도 신랄한 비판의 대상이 되었다. 아서 슐레진저Arthur M. Schlesinger Jr.는 위스콘신 학파의 주장을 "터무니없다"라고 일축했고, 어니스트 메이Ernest R. May는 "과거의 유물"로 치부했다.[50]

소련이 붕괴한 후 사반세기가 흐르는 동안 애국적 격정이 차츰 가라앉으면서, 역사학을 비롯한 여러 분야에서 사상 유례가 없는 초강대국 미국의 대두를 직시하기 시작했다. 이제 비판자와 옹호자를 막론하고 미국 분석가들은 미국을 대입할 역사적 모델을 찾기 위해 애썼다. 어떤 이들은 고대 로마의 임페리움imperium('하나의 세력에 의해 강제되는 지배'라는 의미)을 차용했고 다른 이들은 고대 그리스어에서 나온 헤게모니hegemony('단지 무력에 의한 제압이 아니라 합의와 협력에 기반한' 세계질서라는 의미[51])를 선호했다. 최근 전문가 및 학자들의 견해는 워싱턴을 중앙집권화된 제국의 사령부로 보는 임페리움 학파와 미국을 자발적 동맹국들을 이끄는 맹주로 보는 헤게모니 학파, 그리고 미국이 제국 시절의 영국처럼 막강한 군사력을 사용하여 자유와 문명을 수호해야 한다고 믿는 보수 집단으로 나뉜다.

임페리움 학파의 비평가 찰머스 존슨Chalmers Johnson은 미국은 전 세계로 보낸 군대와 700개 이상의 군사기지 형태로 구현된 "물리적으로 존재하는 군사 제국"이라고 말했다.[52] 앤드루 바세비치 Andrew J. Bacevich는 윌리엄스의 '열린 문 제국주의'에 대한 비판을 상기하며, 냉전과 테러와의 전쟁은 모두 "미국이 지배하는 열린 세계, 통합된 세계를 건설하기 위한 프로젝트"였다고 주장했다.[53]

제국이라는 개념을 긍정적 의미로 사용한 니얼 퍼거슨은 미국을 군사력으로 자유무역과 문명화된 세계질서를 유지한 '자유주의적 제국' 영국의 후계자로 보았다.[54] 퍼거슨은 만일 미국이 세계 패권국 자리에서 물러난다면 세계는 "무정부 상태의 새로운 암흑 시대, 몰락하는 제국과 종교적 광신주의의 시대, 세계의 잊힌 지역에서 약탈이 만연하고 경제가 침체되고 문명이 소수의 요새화된 도시로 후퇴하는 시대"로 빠져들 것이라고 경고했다.[55]

1980년대의 경제 위기 속에서 지난 500년간의 제국 흥망사를 조망한 역사가 폴 케네디는 증가하는 군사 개입과 감소하는 경제 자원 사이의 불균형이 "유일한 초강대국"의 미래를 위협하고 있다고 경고했다.[56] 그러나 이후 미국 경제가 15년간 꾸준한 성장세를 보이자, 2002년에는 "무리한 제국 확장"의 치명적 위협에서 벗어났다고 결론 내렸다. 테러와의 전쟁이 시작될 때 미국의 국방비 지출은 국내총생산GDP의 3퍼센트에 불과했으나 이는 전 세계 군사비 지출액의 40퍼센트에 달했다. 미국의 군사력은 "밤낮을 가리지 않고 이착륙하는 최첨단 항공기" 70대를 싣고 오대양을 끊임없이 순찰하는 10여 척의 초노급super-dreadnought 전함에서 극명하게 드러난다. 보통 항공모함은 순양함, 구축함, 공격 잠수함, 그리고 세계 어느 곳이든 상륙할 만반의 준비를 갖춘 3,000명의 해병을 실어 나를 수륙양용함정 등 총 14척의 호위를 받는다. 케네디는 500년의 제국사를 검토한 후 다음과 같이 말한다. "역사상 이 정도 힘의 차이가 존재한 적은 없다. 팍스 브리타니카 운영에는 큰돈이 들지 않았다. … 샤를마뉴Charlemagne의 제국은 서유럽을 지배했을 따름이다. 로마제국은 그보다 더 멀리 뻗어 나갔지만 같은 시기에 페르시아라는 또 다른 위대한 제국이 존재했고, 중국 대륙에도 커다란 제국이 존재했다. 따라서 역사상 미국과 비교할 수 있는 대상은 전무하다." 케네디는 무기, 금융, 사회기반시설, 연구 분야에서 미국의 우위가 너무나 압도적이어서 "유럽과 중국이 미국에 뒤처지는 자신의 처지를 개탄해봤자 아무 소용이 없다"고 으스댔다.[57]

2003년 이라크 침공 직전, 정치 논평가 마이클 이그나티에프 Michael Ignatieff는 『뉴욕타임스매거진New York Times Magazine』 표지를 장식한 기사에서 미국의 글로벌 패권을 "엠파이어 라이트empire lite, 세계 최강의 군사력으로 자유시장, 인권, 민주주의의 미덕을 수호하는 글로벌 헤게모니"라고 칭송했다.[58] 하버드대학 역사학 교수 찰스 메이어Charles Maier도 "미국은 … 단지 군사력이나 CIA를 통해서가 아니라 미국 외교협회Council on Foreign Relations … 같은 기구"및 세계 각국의 정상을 "자주 만나면서 제국적 영향력을 행사한다"라고 긍정적으로 평가했다. '패권국의 정치 리더십'에 찬사를 바치는 이들의 관점에서 볼 때 워싱턴은 자발적 동맹국 연합을 이끄는 헤게모니적 제국이다. 다만 메이어는 미래를 예측하면서 "둘 또는 여러 나라가 패권 경쟁을 벌이게 되더라도 나는 미국이 그 경쟁 후보 중 하나로 남는 것이 유익할 것이라고 믿는다"라고 다소 아쉬운 듯 인정했다.[59]

헤게모니와 임페리움 사이에는 워싱턴이 누리는 패권의 적나라한 현실을 수용하는 보수 학파가 존재한다. 전쟁사가 맥스 부트Max Boot는 이렇게 말했다. "지난 세기에 미국 제국주의는 세계에서 가장 강력한 선의 세력이었다. 미국은 공산주의와 나치즘의 거대 악을 무찌르고, 탈레반과 세르비아 인종청소 같은 국지적 악에 맞서 싸웠다."[60] 그는 "제국 중심부의 민주주의와 자본주의 국가들로 이루어진 가족"을 보호하기 위해 워싱턴은 "실패 국가, 범죄 국가, 또는 약육강식이 판치는" 불안정한 제국의 주변부에서 벌어질 수많은 전쟁에 대비해야 한다고 주장했다.[61] 조지 W. 부시 행정부에서 국무부 고문을 지낸 신보수주의자 엘리엇 코언Eliot Cohen 역시 "제국의 시대가 끝나고 미국 헤게모니의 시대가 열렸다"라고 주장하면서, 글로벌 거버넌스의 성공을 위해 꼭 필요한 동맹국 연합을 구성하려면 "미국 정치가는 제국의 역사가 주는 교훈과 시사

점을 무시해서는 안 된다"라고 말했다.[62]

　요컨대 정치 평론가들은 오늘날 미국의 초강대국 지위를 묘사하는 데 가장 적절한 단어가 제국이라는 사실에 동의하고 있다. 냉전이 막을 내릴 무렵에는 윌리엄스의 비판자이자 대통령 특별 보좌관을 지낸 탁월한 진보 계열 역사학자 아서 슐레진저조차도 미국의 제국성을 인정했다. "누가 미국 '제국'의 존재를 의심하겠는가? 식민 제국이 아니라 비공식적 제국의 형태이기는 하지만, 이 불행한 행성 전역에 미국의 군대, 함선, 항공기, 군사기지, 지방 총독, 현지 협조자를 비롯한 제국의 도구가 차고 넘치지 않는가."[63]

　마침내 전 세계 군사력의 절반과 부의 상당 부분을 통제하는 나라를 '제국'이라고 부를 수 있게 되었다.[64] 우파 맥스 부트부터 중도파 바세비치에 이르기까지 미국의 대외 정책을 연구하는 저명한 학자들 사이에 놀라운 합의가 형성된 이상 미국이 제국이냐 아니냐는 더 이상 논란거리가 아니다. 이제 문제는 워싱턴이 세계적 지배권을 고수하거나 포기하는 최선의 방법을 찾는 일이다.[65]

　수십 년간의 해묵은 논쟁에서 한 걸음 물러나 바라보면 정작 미국 패권을 분석하는 데 들인 시간은 별로 없다는 사실을 깨닫게 된다. 극소수 예외를 제외하면 모든 정치 평론가들은 미국이 세계 패권국으로 부상하는 데 중요하게 작동했고, 또 어쩌면 앞으로 미국의 쇠퇴에 결정적 역할을 하게 될 지정학을 염두에 두고 있지 않은 듯하다.

　워싱턴이 70년 만에 처음으로 심각한 도전에 직면한 지금, 우리는 다음과 같은 질문을 던져야 한다. 미국제국의 성격은 무엇인가? 미국이 제국으로 부상하는 동안 어떤 속성을 획득했으며 어떤 방식으로 패권을 행사했는가? 그리고 무엇이 미국의 쇠퇴를 촉발할 것인가?

쉽게 답할 수 있는 질문이 아니다. 제국은 가장 규정하기 힘들고, 복잡하고 강력한 동시에 많은 경우 놀랍도록 취약한 구조를 가진 모순된 통치 형태다. 전성기에는 라이벌을 궤멸시키고 종속국을 제압하지만, 사실 그 힘은 침식에 매우 취약하다. 제국은 국방을 위해 해외에서 위험한 군사 작전을 전개하고 그곳에 군대를 주둔시키는 일에 어마어마한 비용이 쓴다. 근대 이래 모든 제국은 타국에 지배권을 행사한다는 점에서 동일했다. 그러나 힘과 정책을 행사하는 방식은 제국마다 달랐다.

지난 500년간 제국은 대륙 또는 해상 세력권을 넓히며 성장했다. 인접국을 차례로 정복하면서 뻗어 나간 대륙의 제국(유럽의 합스부르크왕가, 인도의 무굴제국, 중국, 러시아, 그리고 1867년 이전의 미국)은 대부분 중앙집권적 단일 체제로 제국 전체를 통치했다. 반면 해양의 제국(영국, 네덜란드, 스페인, 나폴레옹 시대 이후의 프랑스, 그리고 1898년 이후의 미국)은 멀리 떨어진 해외 영토를 통치하기 위해 식민지, 보호령, 자치령, 위임통치령, 신탁통치령, 점령지, 또는 동맹이라 불리는 대리 정권을 세워 권력을 분산했다.[66]

1500년 이래 유럽의 해외 확장은 매 세기마다 새로운 층을 더했고, 19세기 말에 이르러 대여섯 개 열강이 아프리카와 아시아 대륙을 분할 지배하기에 이르렀다.[67] 그러나 4세기 동안 확장을 거듭하며 세계 인구의 절반을 지배한 유럽 열강의 해외 식민지가 불과 사반세기 만에 지구상에서 자취를 감추면서 1947년과 1975년 사이에 100여 개의 신생 국가가 탄생했다. 현존하는 전체 주권국가의 절반이 넘는 숫자다.

2차 세계대전 종전 후 미국이 본격적인 세계 무대의 주역으로 부상하는 20년 동안 영국 식민지의 인구는 7억 명에서 500만 명으로 급감했다.[68] 워싱턴은 크고 작은 전쟁으로 촉발된 3단계의 과정을 거쳐 패권국으로 부상했다. 먼저 1898년 미국스페인전쟁을 치르며 최초로 세계 무대에 진출하여 대서양에서 서태평양까지 1만 6,000킬로미터에 걸쳐 뻗은 열대섬을 손에 넣었고, 이들을 식민 통치하는 과정에서 커다란 내부 변화를 경험했다. 그다음으로 2차 세계대전 후 유럽 열강이 몰락하는 동안 소련과 냉전을 벌이며 빠르게 패권국으로 부상했다. 마지막으로 워싱턴은 테러와의 전쟁에서 획득한 기술을 바탕으로 사이버 전쟁, 우주 전쟁, 무역협정, 군사동맹을 융합하여 21세기에도 세계 유일의 초강대국 지위를 유지하고자 부단히 노력하고 있다.

☰ 열대섬 제국

미국스페인전쟁은 대규모 전쟁은 아니었지만 파급력은 광범위하고 장기적이었다. 전쟁 기간은 3개월, 미군 전사자는 345명에 불과했으나, 이 전쟁 이후 미국은 고립주의를 고수하던 나라에서 섬들로 이루어진 해외 영토가 국경 너머로 1만 1,500킬로미터나 뻗은 식민 제국으로 변모했다. 드문드문 흩어진 섬을 통치하기 위해서는 기동력을 갖춘 육군과 대양해군이 필요했고, 식민 통치는 연방정부의 현대화를 촉진하는 계기가 되었다.

스페인이 쿠바 독립혁명을 무자비하게 진압한 후 미국과 스페인 사이의 외교적 긴장이 3년간 이어지던 1898년 2월, 아바나 Havana에 정박해 있던 미국 전함 메인호USS Maine가 격침되면서 미국 전역에 불어닥친 애국적 광풍이 전쟁을 촉발했다. 15주간 지속된 전쟁에서 미국 해군의 현대식 함대는 쿠바와 필리핀에서 스페인의 구식 함대를 침몰시켰다. 당시 미국의 상비군은 2만 8,000명에 불과했기에 전쟁에 필요한 22만 명의 병력을 확보하기 위해 주방위군과 지원병이 동원되었다. 쿠바에서 벌어진 전투는 치열했고, 산티아고 전투에서는 1,400명의 미군 사상자가 발생했다. 반면 미군이 필리핀에 도착했을 때는 이미 필리핀혁명군이 마닐라에서 스페인 군대를 포위하고 있었기 때문에 수도 함락은 사실상 개선행진이나 다름없었다. 그러나 이 손쉬운 승리 뒤로 4년에 걸친 힘겨운 필리핀 평정이 이어졌다. 신생 필리핀공화국을 굴복시키고 그곳에 미국 식민 통치 체제를 수립하기 위해 총 7만 5,000명의 병력이 동원되었다.

1898년 하와이 합병과 1903년 파나마 운하 획득으로 미국은 별안간 북회귀선을 따라 지구를 반 바퀴 돌며 이어지는 열대섬 식민지를 보유하게 되었다. 워싱턴은 운하 지대, 푸에르토리코, 필리핀 식민지에서 독특한 제국주의 통치 방식을 발전시켰다.

제국적 위엄을 과시한 유럽 열강과 달리 미국은 유연한 민관 연합체를 통해 이질적 섬들로 구성된 제국을 다스렸다. 워싱턴은 유럽처럼 식민지 부처를 따로 마련하지 않고, 전쟁부 산하에 소규모 식민국을 설치해 해외 영토를 관리하면서 실제 통치는 마닐라와 산후안(푸에르토리코 수도)의 대리 정부에 위탁했다. 미국의 해외 영토는 영국의 옥스퍼드대학이나 네덜란드 레이던대학에서 양성된 전문 식민 통치 관료 집단 대신 자문위원이나 하청업자, 그리고 식민지 정책의 기틀을 마련한 도시 설계자 대니얼 버넘Daniel Burnham과 산림학자 기퍼드 핀쇼Gifford Pinchot 같은 전문가들이 운영했다. 1898년 마닐라 함락 후 채 몇 년도 지나지 않아 미국 식민 정부는 (A로 시작하는) 농업경제학에서 (Z로 시작하는) 동물학에 이르기까지 온갖 분야의 자문위원을 동원했다.[69]

어디에나 존재하지만 눈에 보이지 않는 독특한 미국식 제국 체제는 1899년부터 1909년까지 전쟁부 장관과 국무장관을 역임한 변호사 엘리후 루트Elihu Root가 설계했다. 뉴욕의 기업 변호사 사무실과 워싱턴의 연방정부를 오가는 '현인wise man'의 원형이라 할 수 있는 루트는 정부의 핵심 요소를 재편하여 제국 통치 시스템을 공식화했다. 그는 훗날 카네기국제평화기금Carnegie Endowment for International Peace 대표(1910~25년)와 미국 외교협회 창립자(1921년)로서 민관 네트워크 수립에 공헌했다. 화이트홀Whitehall(영국 행정부)과 케도르세Quai d'Orsay(프랑스 외무성)로 대표되는 유럽의 내각 및 공무원의 폐쇄적 정책 입안 방식과 달리, 워싱턴의 대외 정책은 "정당, 이익 집단, 견고한 관료 집단, 언론이 벌이는 무한 경쟁"을 통해 합의에 도달하는 "황제 없는 제국" 안에서 결정되었다.[70]

열대섬 식민지 경영자들은 연방정부의 관료제 발달에 중요한 영향을 미치게 될 치안, 공중보건, 국방 분야의 실험을 수행했다. 약한 정부 형태의 느슨한 행정기구였던 1898년 이전의 미국은 이곳에서 진행된 혁신과 현대화를 수용할 여지가 충분했다.[71] 시민권을 가진 시민이 아니라 피지배민을 다스리는 식민지는 자연환경을 통제하고 토착민을 탄압하면서 국가 권력을 완성하는 실험의 장이 되었다. 이때 이루어진 거버넌스와 환경 관리 분야의 중요한 혁신은 미국 연방정부가 가진 권한을 확장시켰다.[72]

필리핀인들의 완강한 저항에 부닥친 새로운 식민 지배 체제는 미국의 정보 기술과 스페인의 치안 유지 방식을 결합하여 막강한 힘을 가진 필리핀경찰군Philippine Constabulary을 창설했으며, 이를 통해 무력 항쟁과 정치적 반대 세력을 천천히 질식시킨 광범위한 사찰을 시행했다. 경찰군에서 활동했던 몇몇 핵심 인사는 1차 세계대전 때 사찰 기법을 미국 국내에 도입하여 안보기구 창설의 본보기로 삼았다.

미국 제국주의 체제의 가장 위대한 업적으로 남을 파나마 운하 건설을 위해 미국은 토목공학과 공중보건 분야에서 불가능에 가까운 도전에 직면했다. 수에즈 운하의 4배에 달하는 굴착 작업이 필요했던 파나마 운하 공사는 그 당시 세계에서 가장 비싼 토목 프로젝트였다. 운하는 부정기 화물선부터 거대한 전함에 이르기까지 각종 선박이 대서양과 태평양을 오갈 수 있게 해주는 인공 호수, 전동 견인차, 정밀한 수문을 갖추고 이후 100년간 아무 사고도 없이 완벽하게 작동했다. 앞서 이 프로젝트에 도전했던 프랑스를 괴롭힌 황열병을 퇴치하기 위해 미국 관리들은 비 온 뒤 생긴 물웅덩이를 모두 제거하여 모기의 번식을 막았다. 이 과정에서 축적된 공중보건 지식은 이후 미국 남부에 군사기지를 지을 때 적용되었고, 훗날 질병통제예방센터Centers for Disease Control and Prevention 설립에 기여했다.[73]

콜레라, 말라리아, 황열병을 정복한 과학자들은 미국의 새로운 영웅으로 떠올랐다. 아바나에서 황열병이 모기를 통해 전파된다는 사실을 밝혀낸 월터 리드Walter Reed, 쿠바와 파나마에서 같은 문제를 극복한 윌리엄 고거스William Gorgas, 그리고 마닐라에서 콜레라를 박멸한 빅터 헤이저Victor Heiser가 대표적인 예다.[74] 실제로 산티아고데쿠바Santiago de Cuba를 "오물과 굶주림에 시달리는 피폐한 도시"에서 "청결하고 건강하고 질서정연한 도시"로 변신시킨 레너드 우드Leonard Wood는 일개 지방 사령부의 군의관에서 쿠바의 군정청장(총독)이자 대통령 후보로 떠올랐다.[75]

제국은 군대를 완전히 재조직했다. 지구의 절반을 누비는 육해군 합동 작전과 장기간 이어진 필리핀 평정은 군 조직과 사령부 전반에 큰 영향을 미쳤다. 미국이 건국된 이래 국방은 소규모 정규군과 민병대의 몫이었다. 그러나 해외 식민지 정복은 군사적 현실을 바꿔놓았다. 이 시기에 전쟁부 장관으로 재임한 엘리후 루트는 합동참모부를 신설하고 현대식 육군대학을 설립하는 동시에 모든 장교를 대상으로 전문 훈련을 실시하는 등 군제 개혁을 단행했다. 그 결과 국경 방어에서 해외 출병으로 임무를 바꾼 현대식 제국군이 탄생했다.

제국은 미국의 동부 해안을 따라 늘어선 항구 방어 시설 너머로 세력권을 확장하면서 국방의 개념을 새로 썼다. 1890년에 제정된 해군법에 따라 최초로 대규모의 현대화가 이루어질 때까지 미국 해군은 오로지 방어용 "단거리 어뢰정" 및 "연안 전함"만 보유하고 있었다.[76] 당시 의회는 군함의 연료(석탄) 적재량을 규제하여 항속거리를 제약했다. 얼마 후 워싱턴은 해외 영토를 방어하기 위해 전함의 항속거리 제한을 없애고, 1906년에는 "가장 강력하고 가장 멀리 가는 전함"을 건조하기 시작했다. 시어도어 루스벨트 대통령은 강대국으로 떠오른 미국의 힘을 널리 과시하고자 16척의 전함으로 구성된 '백색 함대Great White Fleet'를 구축하여 "모든 대양을 항해"하고 "모든 대륙에 상륙"하도록 했다. 루스벨트의 말처럼 그들은 "최초로 세계 일주를 완수한 전투 함대"가 되었다. 그로부터 4년 만에 미국은 기존 연안 전함의 3배 규모에 달하는 펜실베이니아함USS Pennsylvania을 포함하여 39척의 드레드노트급 전함을 건조하는 위용을 떨쳤다.[77]

제국은 미국의 방어선을 대서양과 태평양으로 확대했다. 미국 역사상 처음으로 국경 너머로 지속적인 군사력 투사가 요구되었다. 워싱턴은 1907년부터 예산을 투입하여 진주만을 요새화했는데, 이는 오랫동안 이어질 알래스카-하와이-카리브해 방어선 구축의 시작을 알린 사건이다. 1914년 마침내 파나마 운하가 개통되자 우드로 윌슨 대통령은 카리브해와 중앙아메리카 지역의 군사 개입(1912~33년 니카라과, 1914년 베라크루스, 1915~34년 아이티, 그리고 1916~24년 도미니카공화국)을 가속화하면서 미국 남쪽 국경의 안보를 확보했다. 1920년경 미국은 쿠바 관타나모의 해군기지, 푸에르토리코의 육군기지, 파나마 운하 입구의 포병대, 하와이 진주만의 태평양함대 모항, 마닐라만의 아시아함대 모항(그리고 근처 클라크필드의 육군기지)에 이르기까지 지구를 반 바퀴 돌며 군사기지를 확보하고 병력을 영구히 주둔시켰다.

2차 세계대전과 냉전을 거치며 압도적인 힘을 가진 강대국이 된 미국은 소련과 세기의 대결을 벌였다. 미국이 단기간에 영광스러운 승리를 만끽한 미국스페인전쟁과 달리 2차 세계대전은 5,000만 명 이상이 목숨을 잃은 전 지구적 재앙이었다. 유라시아 대륙을 상당 부분 지배했던 추축국이 일시에 붕괴했고, 유럽의 제국주의 열강은 힘을 잃었다. 1,600만 명의 병력을 동원하고 전시 생산 체제를 가동한 미국은 전화가 휩쓸고 지나간 잿더미에서 초강대국으로 부상했다. 미국 해군이 전 세계의 바다를 지배했고, 미국 육군은 아시아와 유럽의 상당 지역을 점령했으며, 미국 경제는 단연 세계 최대 규모였다.

종전 후 상황은 미국의 패권을 강화하는 데 일조했다. 비록 소비에트가 동유럽에서 10여 개의 위성국가를 획득하고 중국이 공산혁명을 거쳐 서방 세계에 문을 걸어 잠그게 되지만, 전후 탈식민지화는 세계 인구의 절반을 미국의 세력권으로 흡수할 기회를 제공했다. 쇠락하는 열강의 과거 식민지는 미국 세력권의 기반이 되었고, 워싱턴은 최소한의 병력을 놀라운 속도로 투입하여 4대륙의 헤게모니를 장악했다. 영국제국은 가파른 내리막길을 내려가며 신생 패권국에 본보기를 남겼다.

영국은 절정기인 1900년경에 하드 파워와 소프트 파워의 효과적인 조합, 즉 함포와 문화적 매력으로 제국을 운영했다. 영국은 38억 파운드 규모의 막대한 대외 투자, 다른 주권국과의 무역 조약, 그리고 금본위제 및 파운드화를 통해 세계 경제를 주도했다.

외국어에 능통한 영국 외교관들은 프랑스, 일본, 러시아, 미국 등 다른 강대국과 우호 협정을 맺고, 비공식 식민지였던 중국, 페르시아 등으로부터 통상권을 확보하는 데 능했다.[78] 또한 노련한 식민 관료들은 말레이 술탄에서 아프리카 추장에 이르는 식민지 지배층을 협력자로 포섭했다. 이를 통해 영국은 최소한의 군대로 지구의 4분의 1을 통치했다. 영국 외교는 영어, 영국 국교회, 스포츠(크리켓, 럭비, 축구, 테니스), 그리고 매스미디어(로이터 통신이나 『타임스』 등의 언론과 BBC 라디오)가 제공하는 문화적 매력의 덕을 톡톡히 보았다.

영국 해군은 지브롤터에서 수에즈 운하를 거쳐 말라카에 이르기까지 전 세계 바다의 요충지를 틀어쥐고 있었다.[79] 혁신적 영국 기업들은 진정한 의미에서 세계 최초의 전함과 탱크, 그리고 다양한 현대식 무기를 제조했다. 상비군 규모가 9만 9,000명에 불과하고 국방에 국내총생산의 2.5퍼센트만 쓰던 그들이 최소한의 병력으로 내는 효과는 가히 놀라운 수준이었다.[80]

영국은 식민지 통치를 도와줄 현지 협력자가 필요했다. '종속국 지배층subordinate elites'은 제국의 부상에 필수불가결한 요소로, 이들의 배신은 제국의 붕괴를 촉발할 수 있다. '제국과 자유Imperium et Libertas'라는 모순된 목표를 내세운 영국은 1942년 『런던타임스London Times』의 보도처럼 필연적으로 "자기 붕괴적 체제"의 길을 걷게 된다.[81] 역사학자 로널드 로빈슨Ronald Robinson은 영국의 제국주의 통치는 "식민 통치자들이 더 이상 토착민의 협력을 얻지 못할 때" 종말을 맞이할 것이며 "협력이 비협력으로 역전될 때 탈식민지화 시기가 결정된다"는 유명한 말을 남겼다.[82] 식민지 지배층의 지지는 200년간 영국제국의 확장을 지탱했으며, 훗날 그들이 저항하자 제국은 20년 만에 급속하게 후퇴했다.

1945년 이후 패권국의 길을 걸은 미국도 영국제국과 비슷한 자산을 보유했다. 워싱턴은 영국 식민성에 해당하는 정부기관을 만들지 않고 제국과의 유사성도 전면 부인했지만, 실제로는 강력한 관료기구를 빠르게 조직했다.

군사적으로 워싱턴은 핵무기를 잠시나마 독점했고, 역사상 전례가 없는 막강한 해군을 보유했다. 이 군사력은 유럽에서 일본에 이르는 우방과 맺은 동맹, 1947년의 미주상호원조조약(리우조약)으로 확보한 비공식 라틴아메리카 식민지, 그리고 수많은 신생국과 원만한 관계를 맺는 데 유용했던 반식민주의 대외 정책에 의해 뒷받침되었다. 모든 힘의 기반은 압도적인 경제력이었다. 2차 세계대전 때 미국이 담당했던 "민주주의의 무기고" 역할은 국내 산업을 급성장시켰다. 또한 전투가 본토 밖에서 치러졌기에 국내 기간시설에 아무런 피해도 입지 않았고, 사망자도 다른 참전국에 비해 적은 40만 명에 그쳤다(독일은 700만 명, 중국은 1,000만 명, 소련은 2,400만 명). 경쟁 공업국들이 역사상 최대의 전쟁으로 피폐해진 가운데 미국은 "거인처럼 서서 전후 세계를 주름잡았다." 이 시기에 미국의 경제 규모는 세계 총생산의 35퍼센트, 전 세계 제조업 생산의 절반을 차지했다.[83]

종전 이후 미국은 특권적 지위를 이용하여 1945년 국제연합United Nations(UN)과 국제통화기금International Monetary Fund(IMF), 그리고 1947년 세계무역기구World Trade Organization(WTO)의 전신인 관세무역일반협정General Agreement on Tariffs and Trade(GATT) 등의 상설 국제기구를

설립하면서 새로운 세계질서 수립에 총력을 기울였다.[84] 워싱턴은 국가 간의 분쟁을 법의 지배로 해결하려는 의지를 다지며 뉘른베르크와 도쿄에서 추축국 전범을 심판하는 국제 군사재판을 열었다. 또한 네덜란드 헤이그에 국제사법재판소를 설립하여 국제법에 따라 국가 간 분쟁을 해소할 권한을 부여하고 UN 안전보장이사회가 이를 집행하도록 했다.[85] 워싱턴은 런던의 경제 리더십을 대체하기 위해 1944년 브레튼우즈에서 44개 연합국 대표가 참석한 국제통화금융회의를 열고 국제통화기금과 세계은행을 통해 미국이 세계 경제를 주도하는 체제를 수립했다. 하지만 이토록 이례적으로 국제주의를 표방했음에도 불구하고 미국의 임페리움은 과거 영국과 유럽 제국들의 기본 속성을 고스란히 드러냈다. 이후 워싱턴은 "다국적 기구, 동맹, 특별한 관계, 종속국"에 기반한 "자유주의적 성격의 위계질서"를 구축했다.[86]

　냉전이 시작된 지 10년 만에 워싱턴은 헤게모니 유지를 위한 강력한 4단계의 기구, 즉 군사·외교·경제·비밀 기구를 구축했다. 그 중심은 수백 개의 해외 군사기지와 가공할 핵무기, 엄청난 규모의 공군과 해군, 그리고 종속국 군대로 이루어진 막강한 군사력이다. 세계를 새 질서에 포섭하기 위한 당근은 긴밀한 양국 관계, 다자 동맹, 경제 원조, 그리고 문화적 설득의 형태로 구현된 활발한 범세계 외교였다. 미국 안에서 오래전부터 공공 부문이 민간 부문의 발전을 이끌었듯이, 미국 공공 부문의 해외 진출은 미국의 다국적 기업에 수익을 안겨주는 통상조약과 안보조약을 촉진했다. 미국 패권에 독특함, 심지어 독창적 차원을 더한 것은 비밀스러운 제4의 기구였다. 미국 국가안전보장국의 글로벌 감시 체계와 5개 대류에서 선거를 조작하고 쿠데타를 지원하고 필요할 경우 대리군을 동원했던 CIA 비밀작전이 대표적이다. 실제로 미국의 글로벌 헤게모니가 이전의 제국과 다른 부분이 바로 비밀공작이다.

군사력은 미국이 제국으로 대두하던 초기부터 패권의 근간을 이뤘다. 2차 세계대전 때 미군이 해외에 운영한 3,000개소의 군사시설은 전후 동원 해제 과정에서 90개소로 급격히 축소되었다. 하지만 1940년대 말 냉전이 시작되자 워싱턴은 서반구 방어에 치중하려던 계획을 보류하고 수백 개의 해외 군사기지 확보에 열을 올렸다.[87] 지정학적 측면에서 볼 때 워싱턴은 지난 1000년간 끊임없는 투쟁이 벌어졌던 "유라시아 대륙의 양단"을 최초로 통제하면서 역사상 가장 강력한 제국이 될 수 있었다.[88] 1958년, 미국은 260만 명 규모의 현역 병력으로 300개의 해외 군사시설(그중 다수가 영국에서 동남아시아를 거쳐 일본까지 이어지며 유라시아 대륙을 둘러싸고 있었다)을 유지했다. 해군은 746척의 전함을 비롯한 2,650척의 선박과 7,195대의 전투기를, 공군은 1만 5,000대에 육박하는 폭격기, 전투기, 운송기를 보유했다.[89]

여기에 더해 펜타곤은 1960년에 "앞으로 수십 년간 전략적 억지력을 발휘할 무적의" 핵무기 3각 체계를 구축했다. 1959년 항공모함 조지 워싱턴호USS George Washington를 진수하는 동시에, 폴라리스 핵미사일을 16대씩 장착한 5척의 핵잠수함이 심해를 끊임없이 순찰했다. 세계 최초의 원자력 항공모함 엔터프라이즈호USS Enterprise를 포함하여 미국 해군의 공격항모 14척은 모두 핵공격 능력을 갖췄다. 한편 1960년 전략공군사령부Strategic Air Command는 항속거리 6,400킬로미터의 B-52 전략폭격기 600대를 비롯하여 핵

탄두를 탑재할 수 있는 중거리 및 장거리 폭격기 1,700대를 보유
했다. 또한 공군은 핵탄두를 1만 킬로미터 떨어진 목표 지점까지
운반할 수 있는 아틀라스 미사일과 타이탄 탄도 미사일을 개발했
다.[90]

하드 파워에 대한 반발을 누그러뜨리기 위해 워싱턴은 전 세
계를 대상으로 미국의 소리Voice of America(1942년)와 자유유럽방송
Radio Free Europe(1949년) 서비스를 시작하고, 할리우드 영화산업의 인
기를 적극 활용했다. 미국산 장편 영화와 스포츠(농구와 야구), 뉴스
매체(신문, 영화, 라디오)의 힘은 과거 영국의 영향력을 능가했다.

영미 양국의 국제 체제는 모두 자유무역, 자유시장, 공해의 자
유를 바탕으로 한 '자유주의 세계질서'를 장려했다.[91] 1935년, 워
싱턴은 필리핀이 독립할 수 있는 길을 열어주면서 식민지에서 진
행한 짧은 실험을 종료했다. 이후 워싱턴의 글로벌 헤게모니는 중
국, 페르시아 등에 대한 영국의 비공식적 식민 지배와 비슷한 양상
을 띠었다.[92] 영국 외교관들이 동맹을 통해 경쟁국 프랑스와 독일
의 영향력을 유럽 대륙 안에 국한시키는 데 능했듯이, 워싱턴은 유
라시아 대륙을 가로지르는 다자 동맹을 통해 소련과 중국을 철의
장막 안에 가뒀다.

한편 런던과 워싱턴이 패권을 행사한 방식에는 상당한 차이
점이 존재한다. 1961년에 총 10권으로 이루어진 인류문명사 시
리즈를 완성한 아널드 토인비Arnold Toynbee는 미국이 영국과 구별되
는 특징으로 두 가지를 언급했다. 첫째는 엄청난 수의 해외 군사기
지이고, 둘째는 우방에 대한 넉넉한 경제 원조다. 힘이 약한 우방
의 주권을 존중하고 오직 공동 안보를 위해 군대가 주둔할 작은 땅

만 요구한 로마의 관습을 모방하여, 미국은 영토를 점령하는 대신 다른 나라 영토에 수백 개의 군사기지를 설치하는 협정을 맺었다. 미국이 획득한 해외 해군기지는 1898년 5~6개에서 1954년 300개로 늘어났고, 1988년에는 거의 800개로 증가했다. 토인비는 미국은 "세력권에 속한 나라를 경제적으로 착취하는 대신 원조하여 위상을 과시"하는, "제국사에 유례가 없는" 정책을 도입했다고 평가했다.[93] 실제로 2차 세계대전이 끝난 뒤 미 국무부는 유럽 재건을 위한 마셜 플랜Marshall Plan을 집행할 경제협조처를 시작으로 여러 부서를 신설하고, 1961년 이후에는 국제개발처를 통해 더 넓은 지역으로 원조 범위를 확대했다.

탈식민지화에 속도가 붙은 1950년대에 드와이트 아이젠하워Dwight Eisenhower 행정부는 세계 각국의 지도자(독재자, 왕족, 그리고 말 잘 듣는 민주 지도자) 네트워크와 공조하여 패권을 행사하는 새로운 체제를 구축해야 했다. 그 결과 제국주의 지배의 거점은 셀 수 없이 많은 식민지에서 100여 개의 신생 국가 수도로 옮겨갔다. 아이젠하워 대통령은 2차 세계대전 때 연합군을 지휘한 경험을 바탕으로 안보기구를 강화했다. 워싱턴은 이미 1947년에 국가안전보장법에 따라 국방부, 공군부, 국가안전보장회의National Security Council(NSC), CIA를 신설했다. 비밀 정보 수집signals intelligence(SIGINT) 부문의 개혁은 1951년 NSA 설립으로 이어져 미국의 은밀한 권력 기구를 완성했다. 아이젠하워 시절에 확장된 NSC는 빠르게 변화하는 세계를 주시하고 대외 정책을 수립하기 위해 매주 회의를 가지면서 냉전기 아이젠하워 정부의 사령부이자 두뇌 역할을 했다. 이와 동시에 CIA는 종속국 지배층을 통한 대리 통치 체계를 굳건히

하는 기동타격대 역할을 담당했다. 노련한 국제주의자 앨런 덜레스가 CIA의 수장을, 존 포스터 덜레스John Foster Dulles가 국무장관을 맡으면서 정보기관은 미국의 팽창 정책을 견인하는 기구로 자리잡았다.

CIA가 소비에트 블록 침투(처참하게 실패했다)에서 아시아, 아프리카, 라틴아메리카의 신생국 통제(대성공을 거뒀다)로 초점을 옮긴 후, 아이젠하워는 임기 8년 동안 48개국을 대상으로 한 170건의 비밀공작을 승인했다. 공작은 워싱턴이 명목상 주권국가로 이루어진 전후 세계에서 과거처럼 제국주의적 지배권을 행사하기 위해 선호하는 방법이 되었다. 선진 공업 국가에서 CIA는 선거 자금, 문화적 설득, 그리고 미디어 조작을 통해 동맹 세력을 구축했고, "수백만 달러에 달하는 CIA의 비밀 지원금"을 받은 이탈리아 기독교민주당, 프랑스 사회당, 그리고 무엇보다도 일본 집권 자민당과 장기적 협력 관계를 수립했다. 한편 개발도상국에서는 1953년 이란부터 1960년 콩고와 라오스에 이르기까지 여러 쿠데타를 기획하여 말 잘 듣는 지도자를 권좌에 앉혔다. 이 밖에도 CIA는 해외 내부안보계획Overseas Internal Security Program을 통해 10여 개 국가에 비밀경찰을 창설하고 1958년에만 25개국에서 경찰 50만 4,000명을 훈련시키는 등 억압적 지배 체제를 강화했다.[94]

냉전 시대에 미국은 남미에서는 군사 독재자를, 중동에서는 군주를, 그리고 아시아에서는 때로는 민주 지도자를 때로는 독재자를 지지했다. 1954년에 작성한 1급 기밀 자료에 따르면 CIA는 남미가 "무책임하고 극단적인 민족주의와 미국의 영향력을 벗어나는" 방향으로 나아가는 상황을 막기 위해 "미국의 오랜 관습인 '페어플레이'를 재고해야 한다"라고 제안했다. 워싱턴은 이후 40년간 미국의 지배를 이끈 논리에 따라 민주주의 원칙을 조용히 뒷전으로 밀어두고 믿을 만한 친미 지도자들을 지원하는 현실 정치 정책을 추진했다. 카네기멜런대학에서 펴낸 연구 결과에 따르면, 1946년부터 2000년까지 미소 양국은 비밀 자금과 미디어 허위 정보를 이용하여 다른 나라 선거에 117번이나 개입했는데, 이는 같은 기간에 전 세계에서 열린 전국 단위 선거의 11퍼센트에 해당한다. 이 중 미국의 개입은 이탈리아에서 8번, 일본에서 5번, 그리고 칠레와 니카라과에서 열린 다수의 선거를 포함해 총 81건에 달한다.[95]

미국은 아시아, 라틴아메리카, 중동에 군사 원조를 해 군부를 키웠다. 동시에 2차 세계대전 후 사반세기 동안 70개국에 군사 고문을 파견하여 30만 명 이상의 군인을 훈련시켰고, 이를 통해 전 세계 신생국의 엘리트 집단과 돈독한 관계를 맺었다. 1968년에 "라틴아메리카 군사 정권이 미국에 이익"을 준다고 확신한 CIA는 11개 남미 국가의 우파 지도자들에게 기밀정보, 비자금, 군사 원조를 제공했다. 워싱턴은 말 안 듣는 민정을 제거하고 콩고민주공화국의 모부투 세세 세코Mobutu Sese Seko 대령, 인도네시아의 수하르토Suharto 장군, 칠레의 아우구스토 피노체트Augusto Pinochet 장군 등 친미 군인이 집권하도록 도왔다. CIA 터키 지부장의 말처럼, CIA는 친미파가 아닌 모든 중동 무슬림 지도자를 "합법적으로 승인된 CIA 정치 공작의 대상"으로 삼았다. 이로 인해 1958년부터 1975년까지 전 세계 주권국의 4분의 1에서 쿠데타가 성공을 거두었다.[96]

경제 호황으로 여러 산업 강국이 빠르게 성장하면서, 미국이 세계 총생산에서 차지하는 비율은 1950년대의 50퍼센트(추산)에서 1999년의 25퍼센트로 하락했다.[97] 그럼에도 불구하고 냉전이 막을 내릴 무렵 미국의 다국적기업은 여전히 세계 경제의 엔진이었고, 미국 발명가들이 특허 분야를 선도했으며, 미국 과학자들이 노벨상을 휩쓸었다.[98]

경제와 과학의 힘을 바탕으로 당시 미군은 700개 이상의 해외 군사기지, 1,763대의 공군 제트 전투기, 1,000개가 넘는 탄도 미사일, 15개의 핵항모 전단을 포함한 해군 선박 600척, 그리고 이 모든 것을 연결하는 세계 유일의 글로벌 통신위성 시스템을 보유했다.[99] 1991년 미국이 단 한 발의 총알도 쏘지 않았음에도 소비에트가 붕괴한 사건은 이 전략이 성공적이었음을 증명한다. 하지만 이 무렵 미국은 국방비로 국내총생산의 5.2퍼센트를 소비하고 있었다. 영국의 전성기 시절의 2배가 넘는 수치다.[100]

≣ 미국의 세기 유지 전략

2차 세계대전과 냉전이 미국을 핵무기를 보유한 초강대국으로 탈바꿈시켰듯이, 테러와의 전쟁은 우주 및 사이버 공간과 로봇 공학 분야에서 패권을 유지할 신기술 개발을 촉진했다. 오늘날 미군은 육해공을 넘어 미래 전쟁으로 활동 범위를 넓혔다.

2001년 9·11 테러 이후 디지털 감시, 생체 인식 기술, 민첩한 항공 작전으로 정보 인프라를 확장한 워싱턴은 아시아와 아프리카를 누비며 테러리스트들을 추적했다. 테러와의 전쟁이 시작되고 10년이 지난 2010년, 『워싱턴포스트』가 실시한 조사에 따르면 85만 4,000명의 인원, 263개의 안보 조직, 3,000개가 넘는 정보 부서를 거느린 미국의 정보공동체는 입법부·사법부·행정부에 이은 진정한 '제4의 권부'로 자리 잡았다.[101]

이 놀라운 통계는 역사상 가장 거대하고 위험한 비밀공작 기구의 겉핥기에 불과했다. 2013년 에드워드 스노든이 공개한 NSA 내부 문서에 따르면 미국의 16개 정보기관은 10만 7,035명의 직원을 고용하고, 전체 국방 예산의 10퍼센트에 해당하는 526억 달러의 '검은 예산black budget'을 확보했다.[102] NSA는 하늘을 감시하고 해저 케이블에 침투하여 수백, 수천만 명의 인터넷과 통신 사용 내역을 사찰하면서 지구상 모든 나라의 지도자가 비밀리에 주고 받는 통화까지 가로챘다. 또한 CIA와 그 내부의 특수활동부Special Activities Division는 준군사적 비밀작전에 펜타곤 특수작전사령부Special Operations Command의 최정예 특수부대(육군 레인저, 해군 네이비실, 공군 에어코만도) 6만 9,000명과 무기를 동원할 수 있었다.[103] 막강한 작전 능력에 더해 CIA는 2004년부터 2016년까지 파키스탄과 예멘에 580번 출격하여 최소한 3,080명의 사망자를 낸 프레데터 드론과 리퍼 드론 30대를 운용했다.[104] 1950년대에 미국 글로벌 헤게모니의 독특한 특징이었던 비밀공작은 이후 패권 유지를 위한 매우 중요한, 심지어 가장 중요한 요소가 되었다.

2002년 조지 W. 부시 대통령은 NSA에 국내 통신망을 감시하라는 명령을 내렸다. 이후 NSA는 1급 기밀 '핀웨일Pinwale'데이터베이스를 구축하고 수천억 건의 전자 기록을 수집했다.[105] 2009년, 메릴랜드주 포트미드에 본부를 두고, 텍사스주 래크랜드 공군기지에 사이버전쟁센터를 운영하는 사이버사령부Cyber Command(CYBERCOM)가 창설되면서 디지털 감청은 '사이버 전쟁'으로 확장되었다.[106] 그로부터 2년 후 펜타곤은 기존의 육해공 전장 외에 사이버 공간을 수비(군이 보유한 700만 대의 컴퓨터)와 공격(사이버 전사의 공격 작전 투입) '작전 영역'으로 선포했다.[107] 워싱턴의 가공할 역량은 2006년부터 2010년까지 이란의 원자력 시설에 컴퓨터 악성 코드를 침투시켜 원심분리기의 20퍼센트를 손상시킨 작전에서 만천하에 드러났다. 4년 후, 미사일 방어 체계의 붕괴를 우려한 오바마 대통령은 북한의 미사일 프로그램에 대항하는 '발사 교란left of launch'을 지시하여 북한 로켓이 "폭발하고, 궤도를 벗어나고, 공중에서 산산조각이 나서 바다에 빠지도록" 만들었다.[108]

한편 외국을 평정하는 지난한 과정은 다시 한 번 정보 인프라 부문의 혁신을 촉발했다. 2003년부터 2011년까지의 이라크 점령은 생체 측정 감시와 디지털 전쟁이 혼합된 새로운 반란 진압 방식을 실험하는 장이었다. 생체 인식 기술은 팔루자Fallujah시에서 벌어진 치열한 전투가 끝나고 도시로 되돌아오는 주민 25만 명을 대상으로 미군 해병대가 사막 검문소에서 지문 채취 및 홍채 인식을 수행한 2004년에 처음 도입되었다.[109] 2008년 중반, 미 육군은 이라크인 100만 명의 지문과 망막 스캔 정보를 가진 웨스트버지니아주의 생체인식데이터센터를 인공위성으로 연결하여 바그다드 시민의 신원을 확인하기에 이르렀다.[110] 펜타곤은 2010년부터 아프가니스탄에서 미군 순찰대가 생체 측정 자동화 도구Biometric Automated Toolset(BAT), 즉 "상반신 사진, 지문, 망막 정보를 기록한 별도의 플러그인"이 설치된 노트북과 인공위성을 연결하여 즉시 신원

을 확인할 수 있도록 했다.[111]

베트남전쟁 때 시작되었다가 대부분 중단된 공격용 드론 개발에 다시 박차를 가하게 된 계기도 아프가니스탄전쟁이다. 1994년에 시제기로 개발된 프레데터 드론은 그해 발칸반도에서 정찰 활동을 시작했고, 2000년에는 CIA의 아프간 아이즈 작전Operation Afghan Eyes 때 실시간 감시 목적으로 개조되었으며, 2001년 10월에는 '탱크 킬러'로 불리는 헬파이어 미사일로 무장하고 아프가니스탄 칸다하르Kandahar 공격 작전에 투입되었다.[112] 2008년 7월, 미 공군은 실시간 데이터 센서와 공대지 미사일 14발을 탑재한 채 16시간 동안 비행할 수 있는 MQ-9 리퍼 드론을 작전에 투입했다.[113]

2004년에서 2010년 사이에 미군이 운용하는 무인 항공기의 총 비행시간은 71시간에서 25만 시간으로 급증했다.[114] 1994년에 무기는 물론 GPS(위성항법시스템)조차 없이 비행하던 드론은 이제 1.5킬로미터 상공에서 지표면의 흔적을 되짚어 적군 벙커의 위치를 알아낼 수 있을 만큼 강력한 센서를 장착한 가공할 무기로 발전했다.[115] 2011년, 미 공군은 드론 군단의 규모를 4배 확대하여 총 536대의 무인기를 확보할 계획을 세우고, 날개의 폭이 39.9미터에 달하는 거대한 글로벌호크부터 사람이 손으로 던져 이륙시키는 1.5미터 너비의 RQ-11 레이븐Raven에 이르기까지 각종 드론을 조종할 파일럿 350명(폭격기와 전투기 파일럿 훈련병을 모두 합한 것보다 더 많은 숫자)을 훈련시켰다.[116]

미 공군은 우주의 완전한 무기화가 차세대 전투의 핵심이라고 판단했다. 2004년 공군 전략 분석에 따르면 우주 자산은 "정보 우위를 확보하는 데 결정적으로 중요"했다.[117] 2년 후 미 공군은 아프가니스탄의 경험을 바탕으로 '전장 공간 인식Battlespace Awareness' 전략을 개발했다. 얼마 지나지 않아 펜타곤도 우주에서 군사 작전을 수행할 우주합동기능구성사령부Joint Functional Component Command for Space를 창설했다.[118] 2010년과 2012년에는 X-37B 궤도시험선Orbital Test Vehicle의 시험비행이 실시되었으며, 이 무인 우주선은 400킬로미터 상공을 15개월 동안 성공적으로 비행하며 임무를 완수했다.[119] 뿐만 아니라 미 국방부는 플랫폼 전반의 정보 통합을 이루고자 2004년 미국 국립지리정보국National Geospatial-Intelligence Agency을 특급 비밀기관으로 확장 개편했다. 가장 최근에 정보공동체의 구성원이 된 국립지리정보국은 워싱턴 D.C. 지역에서 세 번째로 큰(건설에만 20억 달러가 들었다) 연방정부 건물을 본부로 두고 1만 6,000명의 직원을 동원하여 정찰기, 드론, 궤도위성으로부터 쏟아져 들어오는 감시 데이터를 처리하고 있다.[120]

2020년경에 미국의 첨단 정보관리 체제가 본격적으로 가동되고 중국도 우주와 사이버 공간에서 미국에 도전할 준비를 완료하면, 새로운 전장에서 국제 분쟁이 일어날 가능성이 커질 것이다. 2010년 펜타곤 연구 보고서에 따르면, 중국은 인민해방군의 "군사력 투사" 능력을 향상시키는 데 초점을 맞춘 포괄적 변화를 시작했다. 세계에서 "가장 활발하게 지상형 탄도 및 크루즈 미사일 프로그램"을 개발하고 있는 베이징은 "미국 본토를 포함하여 세계 대부분의 지역에 핵전력"을 겨눌 수 있다. 그뿐만 아니라 펜타곤은 "인민해방군이 서태평양에서 미국의 항공모함을 포함한 선박을 공격할 수 있을" 것이라고 말했다. 중국은 "현대 전장의 모든 차원에서 정보 스펙트럼"을 장악할 계획을 세우고 우주와 사이버 공간에서 미국의 지배권에 도전하고 있다. 2010년 중반에 이미 인공위성 5기를 운용하며 창정 5호 로켓을 개발 중인(2016년 11월 첫 발사에 성공했다-옮긴이) 중국은 2020년까지 총 35기의 위성으로 구성된 명령·통제·통신 위성 네트워크를 완성한다는 목표로 워싱턴이 반세기 동안 독점해온 우주에 발을 들였다.[121]

2007년 중국이 지대공 미사일로 자국 위성을 명중시키는 데 성공하면서 미국 위성 시스템의 취약성이 여실히 드러났다.[122] 2015년, "사이버 공격 위험의 증가"를 우려한 미 해군사관학교는 1990년대에 공군이 GPS 인공위성 24기를 발사한 이래 처음으로 천문항해술 강좌를 다시 개설하고 생도들에게 태양, 달, 별의 고도를 측정해 현재 위치를 구하는 육분의 사용법을 가르쳤다. 해군사관학교 항해과의 라이언 로저스Ryan Rogers 소령은 이렇게 말했다. "컴퓨터 덕분에 천문항법을 배울 필요가 없어졌습니다. 문제는 컴퓨터가 고장 나면 대안이 없다는 거죠."[123]

2003년 유인 우주선 발사, 2008년 우주 유영, 2011년 우주 도킹에 성공한 중국은 2020년까지 우주 정거장을 건설하기 위한 단계를 밟고 있다. 이때가 되면 중국은 유인 우주 정거장을 보유한 유일한 강대국이 된다.[124] 얼마 지나지 않아 베이징과 워싱턴의 우주 전쟁 가능성이 현실화될 것이다.

21세기의 첫 20년간 진행된 거침없는 군사 기술의 진전은 육해공과 우주, 사이버 공간 등 5대 전장에서 분쟁이 일어날 가능성을 키웠다. 남중국해의 군사기지를 두고 벌어지는 베이징과 워싱턴의 전형적인 제국주의 패권 경쟁으로 긴장이 고조되고 있는 오늘날에도, 100년 전 핼퍼드 매킨더 경이 창시한 지정학은 여전히 결정적인 요소로 남아 있다. 열대섬 식민지를 지배하며 강대국으로 부상한 50년, 그리고 2차 세계대전 후 패권국으로 세계를 호령한 70년의 세월 끝에 워싱턴은 이제 미국 세기의 종말을 야기할 수 있는 여러 도전에 직면했다.

2장

우리 편 개자식들: 미국과 독재자

역사의 우연이라 할 법한 사건이 잇달아 터지면서 미국 패권의 구조가 만천하에 드러났다. 2010년 11월부터 2011년 1월까지 위키리크스WikiLeaks는 그들이 입수한 미국 국무부 외교 전문 중 일부를 세계 주요 언론에 폭로했다. 외교 전문은 수많은 나라의 지도자에 대한 악의적 내용으로 점철되어 있었다. 그로부터 불과 몇 주 후 중동에서 민주화 시위가 봇물처럼 터졌다. 앞선 폭로로 약점이 낱낱이 공개된 중동 독재자의 다수는 미국의 긴밀한 협력자였다.

별안간 워싱턴에 충성하는 독재자, 왕족, 군복을 입은 폭력배가 미국의 종속국을 통치하는 세계질서가 드러났다. 2011년 9월 위키리크스가 전 세계 미국 대사관·영사관 274곳의 비밀 외교 전문 25만 1,287건을 전부 공개하면서 정황이 더욱 분명해졌다. 지난 반세기 동안 미국의 대외 정책을 지탱한 논리가 마침내 수면 위로 떠올랐다.[1]

CIA는 왜 냉전이 한창이던 1965년에 인도네시아의 수카르노Achmed Sukarno를 실각시키는 위험을 감수했을까? 남베트남 사이공의 미국 대사관은 왜 1963년 가톨릭계 독재자 응오딘지엠Ngô Đình Diệm의 암살을 방조했을까? 그 답은 이들이 워싱턴에 순종하지 않았고, 순종하지 않는 협력자는 더 이상 쓸모가 없기 때문이다.

2011년에 워싱턴이 민주화 시위에 나선 수백만 이집트 국민의 바람을 무시하고 호스니 무바라크Hosni Mubarak 대통령을 지지한 이유, 그리고 후임으로 무바라크 치하에서 정보부 국장을 지내며 카이로의 악명 높은 고문 시설을 운영한 (또한 그곳을 미국에 빌려준) 오마르 술레이만Omar Suleiman을 (적어도 초기에는) 지지한 이유는 무엇이었을까? 워싱턴은 왜 민주주의 원칙에 어긋나는 선택을 하였나? 이번에도 답은 두 사람이 워싱턴의 이익을 우선으로 삼고 미국에게 중요한 아랍 국가인 이집트를 안정시킬 수 있는 노련한 정치인이라 믿었기 때문이다.[2]

북아프리카의 튀니지와 이집트에서 아라비아반도의 바레인과 예멘까지, 민주화 시위는 미국이 중동에서 힘을 행사하는 데 꼭 필요한 하수인들을 일거에 몰아낼 기세로 번졌다. 미국뿐만 아니라 근대 이래 모든 제국은 충직한 대리자를 두고 그에게 제국의 패권을 각 지역에서 구체화하는 역할을 맡겼다. 이런 상황에서 대리 지배층이 동요하고 반발하고 자신의 생각을 주장하는 순간, 제국은 붕괴하기 시작했다.

1989년 동유럽을 휩쓴 '벨벳혁명'이 소비에트의 종말을 고했듯이, 2011년 중동에서 불현듯 일어나 많은 희생을 치르며 맹렬히 번져나간 '재스민혁명'은 결과적으로 미국의 쇠퇴를 촉발한 사건으로 역사에 기록될 것이다.

≣ 군사 독재와 손잡다

종속국 지배층의 중요성을 이해하려면 백악관이 '반미 친공' 정서의 확산을 막는 데 필사적이었던 냉전 초기로 거슬러 올라가야 한다.

1954년 12월, 전 세계를 휩쓰는 민족주의의 격랑을 잠재울 대책을 마련하기 위해 백악관에 국가안전보장회의가 소집되었다. 아시아와 아프리카에서 유럽 열강의 제국주의 체제가 새로 독립한 신생 국가로 교체되고 있었고, 워싱턴이 판단하기에 그중 다수는 "공산주의 세력의 체제 전복 시도"에 취약했다. 라틴아메리카에서는 갈수록 악화되는 도시 빈곤과 농촌 토지 집중화의 반작용으로 좌파가 세를 불렸다. 워싱턴의 실세 조지 험프리George Humphrey 재무장관은 국가안전보장회의에서 "서반구에서 공산주의를 뿌리 뽑기" 위해 "민주주의에 그만 집착하고" 대신 "친미 정책을 추진하는 우파 독재 정권을 지원해야 한다"라고 말했다. 그러자 아이젠하워가 전략적 식견을 번득이며 "우리 편 개자식들Son of bitches이면 용납하겠다는 것이냐"라고 물었다. 재무장관은 그 말에 동의하면서 "대외적으로 어떤 사상과 이상주의를 표방하든, 우리끼리는 보다 현실적이고 실리적인 태도로 임해야 한다"라고 말했다.[3]

이것은 기억할 만한 순간이다. 방금 전 미국 대통령은 향후 50년간 추진할 세계 지배 전략을 천명했다. 미국은 민주주의 원칙을 보류하고 신뢰할 수 있는 우리 편 지도자라면 물불을 가리지 않고 지원하면서, 많은 경우 자국보다 워싱턴의 이익을 우선시하는 지도자 네트워크를 구축했다. 그리고 이것을 미국의 지배력을 키우고 세계의 향방을 좌우하는 지렛대로 삼았다.

1958년 이라크, 파키스탄, 태국에서 벌어진 군사 쿠데타는 미국 국가안전보장회의가 제3세계 군부에 주목하는 계기가 되었다. 1959년에 열린 한 회의에서 관료들은 "낙후된 미개발국에 적어도 최소한의 군사 지원"을 해줘서 "군부가 보수주의 체제를 공고히 하도록 돕는 것이 바람직하다"는 주장에 동의했다. CIA 국장 앨런 덜레스는 미국이 영향력을 행사할 기회를 극대화하기 위해 "저개발국에서 새롭게 부상하는 군사 지도자 및 파벌과 적절한 관계를 맺을 수 있도록 우리 측 주재 무관과 군사고문단을 신중하게 구성해야 한다"라고 강조했다. 아이젠하워 대통령은 CIA의 제안을 단호히 지지하면서 "아시아와 아프리카 저개발국에서 군부가 정권을 장악하는 추세는 앞으로도 계속될 것이 거의 확실"하므로 "잠재적 군부 지도자들이 소련이 아니라 서방을 지향하게 만드는 것"이 중요하다고 덧붙였다. 신흥국의 장교들을 미국으로 데려와 훈련시킨다면 그곳의 "발전 과정에서 등장하는 개혁 세력을 관리"하기 용이할 것이라는 제안도 나왔다.[4] 다시 말해 아이젠하워 행정부는 각국의 군사 정권을 지원하여 공산주의의 방어벽으로 삼는 전략을 세웠다.

워싱턴은 전 세계에 막대한 군사 원조를 지원하면서 미국 고문과 각국 장교 사이에 끈끈한 유대를 형성했다. 종속국 지배층이 충분히 '종속적'이지 않다고 판단할 경우 미국 고문단은 쿠데타로 정권을 장악할 만한 인물을 새로 점찍었다.

민정 대통령이 반기를 들면 CIA는 믿을 만한 군인에게 쿠데타를 사주하기도 했다. 21세기가 되어서도 종속국 군부에 대한 미국의 신뢰는 계속 커졌다. 예를 들어 워싱턴이 이집트 군부에 지급하는 군사 원조금은 매년 13억 달러에 달했으나, 경제 원조금은 2억 5,000만~5억 달러 사이에 머물렀다. 카이로에서 벌어진 시위가 무바라크 정권을 흔들던 2011년 1월, "30년간의 투자가 결실을 맺었다. 미국 장군들 … 정보기관 요원들은 함께 훈련한 이집트 장교들에게 조용히 전화를 걸어" 군부가 (곧 군사 쿠데타에 자리를 내어주게 될) 민간 정권으로의 "평화로운 이양"을 지지하도록 설득하는 데 성공했다.[5]

또한 워싱턴은 아랍 왕족을 선호했던 영국제국의 선례를 따라 1950년대부터 샤(이란), 술탄(아부다비, 오만), 아미르(바레인, 쿠웨이트, 카타르, 두바이), 왕(사우디아라비아, 요르단, 모로코)들과 돈독한 관계를 맺었다. 워싱턴은 군사동맹, 무기 제공, CIA의 안보 지원, 자본 도피처, 그리고 특권층 자녀를 미국 교육기관이나 국방부가 관리하는 국제학교에 입학시키는 등 다양한 특혜를 제공하면서 중동의 지배층을 회유했다.[6]

각지의 통치자들과 맺은 거미줄 같은 인맥을 통해 세계 지배권을 확보한 패권국은 미국이 처음이 아니다. 18~19세기에 바다를 지배한 영국도 식민지 사회를 통제할 현지 협력자가 필요했다. 그것이 인구 4,000만 명의 작은 섬나라가 세계 인구의 4분의 1에 달하는 4억 명을 통치하는 유일한 방법이었다.

1850년부터 1950년까지 영국은 피지섬 추장과 말레이반도의 술탄부터 인도의 마하라자와 아프리카의 아미르에 이르기까지 각양각색의 현지 지배층과 손잡고 식민지를 통치했다. 동시에 영국은 황제(베이징에서 이스탄불까지), 왕(방콕에서 카이로까지), 대통령(부에노스아이레스에서 카라카스까지)을 망라하는 종속국 지배층을 통해 더 넓은 '비공식 제국'을 거느렸다. 비공식 식민지의 규모가 정점에 달한 1880년경에는 인도와 아프리카의 공식 식민지보다 라틴아메리카, 중동, 중국 내 비공식 식민지의 인구가 더 많았다. 다시 말해 제국의 지배 구조를 지탱한 것은 소수의 충성스러운 현지 지배층이다.[7]

1815년에서 1914년까지 영국이 세계를 지배한 100년 동안, 타조 깃털 모자를 쓴 총독과 카키색 반바지를 입은 식민지 관리 등 자부심 강한 제국의 대리인이 아프리카와 아시아의 방대한 지역을 보호령 또는 직접 통치하는 형태로 다스렸다. 뒤이은 미국 패권의 시대에 워싱턴은 쇠락한 유럽의 식민지에서 탄생한 신생국 대통령과 총리들에게 외교관, CIA 지부장, 군사 고문 등을 파견하여 영향력을 행사했다.

급속한 탈식민지화의 시대가 냉전과 겹치면서 양대 초강대국은 신생국 지도자들을 조종하기 위해 정보기관에 의지했다. 소련의 국가보안위원회KGB와 그 수하 조직(동독의 슈타지Stasi, 루마니아의 세쿠리타테Securitate 등)은 동유럽 14개 위성국의 체제 순응을 강제하는 한편 제3세계 동맹국을 확보하며 미국과 경쟁했다. 같은 시기에 미국의 CIA는 4개 대륙에서 각국 지도자들의 충성심을 감시하며 반발하는 지도자를 통제하고, 때로는 그들을 갈아치우는 일에 쿠데타, 뇌물, 비밀작전을 동원했다.

하지만 민족주의 열풍이 불던 시절에 지배 계급의 충성을 확보하는 것은 말처럼 쉬운 일이 아니었다. 많은 지도자들이 조국을 향한 뜨거운 애국심으로 나라를 이끌었고, 따라서 면밀한 감시가 필요했다. 이 상황을 유지하기 위해 CIA는 무리한 비밀작전을 거듭 시도했다. 그중 일부는 냉전 시대의 대형 사고로 이어졌다.

미국은 대리인이나 꼭두각시 외에도 자국의 (그리고 자신의) 이익을 추구하는 지도자들과도 손잡았다. 미국의 힘이 정점에 달한, 따라서 미국의 지배권에 의심할 여지가 없던 1950년대에도 워싱턴은 한국의 독재자 이승만이나 남베트남의 응오딘지엠처럼 고집 센 신생국의 리더를 앉혀놓고 힘겨운 협상을 벌여야 했다. 1960년대에 한국 대통령 박정희는 베트남전 파병의 대가로 수십억 달러를 받아내기도 했다. 그 대가로 미국은 무엇보다 절실했던 지원군 5만 명을 얻었다(한국은 총 5회에 걸쳐 약 32만 명을 파견했으며, 평균 5만 명 수준의 병력을 유지했다-옮긴이).[8]

≋ 사이공의 우리 편과 '카불시장'

워싱턴이 손수 고른 사이공의 응오딘지엠, 카불의 하미드 카르자이Hamid Karzai와 맺은·관계를 살펴보면 종속국 지배층을 다루는 과정에서 미국이 직면했던 무수한 난관을 확인할 수 있다.

사이공의 응오딘지엠 독재 정권(1954~63년)은 워싱턴과 권위주의 지도자가 손잡았을 때의 파국을 교훈으로 남겼다. 냉전 초기부터 미국 사절단은 동맹국 지도자의 부패와 부정 선거에 눈을 감았을 때 발생하는 위험을 절감했다. 1954년 중반 미국이 남베트남에 개입하기 시작했을 때 이미 응오딘지엠의 한계가 명백했다. 미국과 유럽에서 수년간 망명한 그는 베트남인들에게 지지받지 못했다. 대신 그는 미국 민주당 상원의원 마이크 맨스필드Mike Mansfield와 존 F. 케네디 등의 후원을 받았고, 동남아시아에서 정치 공작의 대가로 명성을 떨친 CIA 요원 에드워드 랜스데일Edward Lansdale을 조력자로 두었다. 베트남 총리가 되기 위해 프랑스에서 귀국한 응오딘지엠은 공항에서 그를 몇 시간이나 기다린 환영 인파를 무시하고 곧장 검정색 리무진에 타 "방진을 이룬 경찰 오토바이"의 호위를 받으며 떠났다. 랜스데일에 따르면 이 장면을 보며 국민은 "실망했고, 불만이 싹텄다." 도심의 총리관저에 도착한 응오딘지엠은 그제야 "단호하게 행동하겠다"는 포부를 밝혔다.[9] 이렇게 출범한 정권은 집권 10년간 결코 국내의 지지층을 넓히지 못했다.

　길고 치열했던 1차 인도차이나 전쟁(1946~54년)이 프랑스의 패배로 막을 내린 직후의 혼란 속에서 랜스데일을 위시한 미국 파견단은 응오딘지엠 정권을 공고히 하기 위해 수단과 방법을 가리지 않았다. 1954년 11월, 미국 외교관들은 응오딘지엠의 정적인 베트남군 사령관을 파리로 쫓아내는 데 성공했다. 한편 랜스데일 팀은 베트남에 잔류한 프랑스군과 무장 사병을 상대로 비밀작전을 수행하여 응오딘지엠을 지원했다. 이 과정에서 1955년 4월 사이공에서 시가전이 벌어졌다. 그로부터 수개월 뒤 응오딘지엠은 랜스데일의 도움을 받아 국민투표에서 바오다이Bảo Đại 황제를 압도적으로 이기고 당선되었으며, 곧바로 신헌법을 반포하여 1000년간 지속된 베트남 황실을 폐지하고 베트남공화국의 대통령으로 취임했다.[10]

　워싱턴은 모든 원조금을 응오딘지엠에게 전달하여 그의 경쟁 세력을 지지하는 프랑스의 영향력을 제거하는 한편 군부와 관료 집단, 그리고 가톨릭계 국민으로 이루어진 소규모 지지 세력을 확보했다. 응오딘지엠은 불교 세력을 탄압하고, 프랑스군을 몰아낸 비엣민Việt Minh(베트남 독립동맹회) 참전용사들을 공격했다. 또한 그는 농촌 지역으로 자신의 지지 기반을 확대하는 효과를 가져왔을 토지 개혁을 거부했다. 미국 대사관이 토지 개혁을 재촉했지만 그는 계속 시간을 끌며 미국의 뜻을 거부했다. 자신이 마음대로 행동해도 워싱턴이 어쩌지 못할 것이라는 계산이었다. 수십 년 후 아프가니스탄 대통령이 된 하미드 카르자이와 마찬가지로, 응오딘지엠은 독자 정책을 추구하려는 굳은 의지를 드러내며, 만일 미국이 자신을 심하게 몰아붙인다면 정권이 무너질 것이라고 협박했다.

미국은 예외 없이 주장을 굽혔다. 그들의 우선순위는 베트콩Việt Cộng(남베트남 민족해방전선) 및 북베트남 정권과의 전쟁이었고, 그 과정에서 진정한 변화의 희망은 희생되었다. 남베트남에서 반란이 확산되자 워싱턴은 공산주의 세력과 맞선다는 명목으로 응오딘지엠의 손에 더 많은 무기를 쥐여주었다. 그러나 그는 자신의 손에 든 무기를 국민에게 휘둘렀다. 응오딘지엠 정권은 대통령의 동생인 응오딘뉴Ngô Đình Nhu를 통해 사이공의 마약 사업을 접수했으며, 비밀경찰, 감옥, 강제수용소를 운영하면서 반체제 인사로 의심되는 사람들을 잡아들였다.[11] 1963년 응오딘지엠이 축출되었을 때 수용소에 갇혀 있던 인원은 5만 명에 달했다.[12]

1960년에서 1963년까지 저항이 탄압을 낳고 탄압이 다시 저항을 키우는 악순환이 반복되었다. 도시에서는 승려들의 시위가 잇달았고 시골에서는 공산주의 세력의 반란이 번졌다. 베트콩 게릴라는 야음을 틈타 서서히 사이공을 포위하기 시작했고, 응오딘지엠 정권을 지지하던 마을 촌장 수천 명이 살해당했다.

위태로운 3년간 미군은 베트콩 소탕을 위해 가능한 모든 진압 전략을 동원했다. 기동력을 확보하기 위해 헬리콥터와 장갑차를 전투에 동원하고, 그린베레Green Berets(미 육군 특수부대)를 투입했으며, 지역 방어를 위해 민병대를 조직하고, 이론적으로 응오딘지엠 정권의 방위군이 통제하는 요새화된 '전략촌strategic hamlet'을 건설하여 800만 명의 농민을 수용했다. 그러나 이 중 어떤 것도 성과를 거두지 못했다. 애초에 무기를 든 농민에 불과했던 베트콩은 1963년에 이르러 농촌 지역의 절반을 장악한 게릴라군으로 성장했다. 반군의 성장에는 남베트남 출신의 북베트남 공산당 제1서기 레주언Lê Duẩn의 지원이 중요한 역할을 했다. 그는 충성스러운 핵심 당원들을 사이공 정권으로부터 보호했고, 베트남의 통일을 강력히 꿈꾸었다.[13]

1963년 6월 불승 틱꽝득Thích Quảng Đức이 사이공 거리에서 가부좌를 튼 채 온몸에 휘발유를 붓고 전신을 불태우는 모습이 언론에 보도되자 케네디 정권은 더 이상 사태를 좌시할 수 없게 되었다. 워싱턴은 무자비한 탄압에 대해 공식적으로 항의했고, 이에 응오딘지엠은 동생을 하노이로 보내 공산주의 북베트남과 연립정부를 구성하겠다며 미국을 협박했다.[14]

위기 상황에서 새로 임명된 미국 대사 헨리 캐벗 로지Henry Cabot Lodge는 응오딘지엠 정권을 전복하는 CIA 쿠데타를 승인했다. 이후 몇 달간 랜스데일의 노련한 후임 뤼시앵 코녱Lucien Conein이 사이공의 장군들과 꾸준히 면담하면서 1963년 11월 1일에 거행될 치밀한 음모를 계획했다. 쿠데타군이 대통령궁으로 몰려들자 응오딘지엠과 응오딘뉴는 차이나타운의 은신처로 피했다. 안전한 출국을 보장한다는 약속을 믿고 은신처를 나선 응오딘지엠은 공항으로 향하는 차라고 생각하고 군 호송차에 올랐다. 호송차가 철도 건널목에 멈춰 섰을 때 함께 가던 군인이 응오딘지엠을 향해 총을 난사했고, 유혈이 낭자한 시체에 칼로 최후의 일격을 가했다.[15]

미국 대사 로지는 반란을 일으킨 장교들을 위해 축하연을 열고, 케네디 대통령에게 응오딘지엠의 몰락이 "전쟁의 조기 종결"을 불러올 것이라고 보고했다. 하지만 남베트남은 곧 새로운 쿠데타와 반쿠데타의 혼란 속으로 빠져들었다. 군부는 마비 상태였다. 이후 32개월 동안 사이공 정권은 9번 바뀌고 내각은 15주마다 교체되었으며, 누구든 예외 없이 무능하고 부패했다. 응오딘지엠 정권을 10년 동안 떠받치다 하루 만에 뒤엎은 미국의 힘과 위신은 사이공 정부의 생존과 뗄 수 없는 관계가 되어버린 듯했다. 워싱턴 '최고의 인재들'은 이대로 손을 뗄 수 없다고 확신했다. 그리하여 응오딘지엠 사망 2년 후 남베트남의 패색이 짙은 가운데, 미군 선발부대가 베트남에 도착했다. 이제 베트남전쟁은 '미국이 지원하는 전쟁'에서 '미국이 직접 참전한 전쟁'이 되었다.[16]

워싱턴은 전쟁을 안정적으로 이끌 수 있는 인물을 필사적으로 물색했고, 결국 응우옌반티에우Nguyễn Văn Thiệu 장군이 이끄는 군사정권을 인정하고 안도의 한숨을 내쉬었다. 하지만 미국의 원조로 권력을 잡은 응우옌반티에우 또한 지지 기반이 약했을 뿐만 아니라 그나마도 점차 잃어갔다.[17] 미국은 이번에도 위태로운 정권을 계속 지원했다. 1972년 이후 마침내 워싱턴이 원조를 삭감하고 미군을 철수시켰을 때, 응우옌반티에우는 군부가 자신에게 등을 돌렸음을 알게 되었다. 1975년 4월 사이공이 포위되자 응우옌반티에우는 망명을 결정했다. 그를 공항으로 호송했던 CIA 요원은 "위스키 냄새"가 풀풀 풍겼고 가방에서 "금괴 부딪히는 소리"가 났다고 전한다. 그로부터 일주일이 채 지나지 않아 남베트남군은 급속히 붕괴했다. 현대 군사軍史에 남을 압도적인 패배였다.[18]

베트남전쟁 중 미국은 자신들의 요구를 적극적으로 수용하는 동시에 농민의 지지를 확보하여 시골 지역에서 전쟁을 수행할 수 있는 사이공 정부가 필요했다. 하지만 이 두 가지 정치적 요구는 양립 불가능했다. 결국 미국은 권위주의적 군사 정권을 세우는 것으로 만족해야 했다. 응오딘지엠이나 응우옌반티에우의 대안으로 민주 진영을 지원했다가는 베트남 전체가 공산화될지도 모른다는 두려움이 컸다. 워싱턴은 패권을 위해 민주주의 원칙을 희생시켰고, 결과적으로 둘 중 어느 쪽도 얻지 못했다.

냉전 종식 후 찾아온 유동적이고 다극화된 세계에서, 전쟁으로 피폐해진 일부 우방국과 미국의 관계는 마치 베트남에서의 악몽이 재현된 듯했다. 아프가니스탄 대통령 하미드 카르자이의 사례를 보자. 의존성과 독립성을 번갈아 전시했던 그는 유럽 열강이 쇠퇴하기 시작한 이래 미국이 아시아, 아프리카, 라틴아메리카에서 후원한 모든 독재자의 전형과 같았다. 2001년 10월 CIA가 아프가니스탄 군벌을 동원하여 근본주의 탈레반 정부를 전복시키면서 수도 카불과 차기 아프간 지도자 선택권이 워싱턴의 수중에 떨어졌다. 이 혼란 속에서 파키스탄에서 망명 중이던 카르자이가 소수의 추종자를 이끌고 파슈툰Pashtun족을 규합하여 반란을 도모하기 위해 아프가니스탄 남부로 떠났다. 이것은 터무니없는 시도로 드러났다. 그들은 탈레반의 집요한 추격을 받았으며, "단 한 사람의 주민도 힘을 보태기 위해 나서지 않았다." 결국 미군 네이비실이 출동해 그를 죽음으로부터 구했다.[19]

아프가니스탄을 통치할 믿을 만한 대리인이 절실했던 부시 행정부는 카르자이를 대통령에 앉히기 위해 "뇌물, 비밀 거래, 강압 정책"을 동원했다. 그들은 아프가니스탄에서 선거를 여는 대신 독일 본의 페테르스베르크 호텔에서 열린 정파회의에 참석한 외국 외교관과 아프가니스탄 종족 대표를 회유해 카르자이를 과도 정부 수반으로 임명했다. 아프가니스탄을 150년 이상 다스린 왕가의 존경받는 군주 무함마드 자히르 샤Mohammed Zahir Shah가 국가수반의 의무를 수행하겠다는 의사를 밝히자 미국 대사는 그를 망명 길로 내몰았다. 이런 식으로 부시 행정부는 카르자이의 경쟁자를 모두 제거했다(카르자이는 국내 협력자를 신뢰하지 않았기 때문에 집권 후 몇 달간 미군 보안대에 자신의 경호를 맡겼다).[20]

카르자이 정권은 부패와 무능의 늪으로 달려갔다. 2002년에서 2015년까지 미국이 아프가니스탄에 쏟아부은 경제 원조금 1,140억 달러 가운데 오직 일부만이 농촌 지역으로 전달되었다.[21] 2009년, 국제투명성기구Transparency International는 아프가니스탄을 전 세계에서 두 번째로 부패한 국가로 꼽았다.[22]

2009년 8월에 열린 대통령 선거는 아프가니스탄의 '진전'을 의심케 하는 지표였다. '군벌파'로 불린 카르자이 진영에는 2001년 수천 명의 수감자를 학살한 우즈벡족 군벌 압둘 도스툼Abdul

Dostum, 마약 및 인권 유린 문제에 연루된 전임 국방부 장관이자 부통령 후보 무함마드 파힘Muhammed Fahim, 전임 헬만드주 주지사로 2005년에 거주지에서 9톤의 마약이 나온 아크훈드자다Akhundzada, 그리고 대통령의 동생이자 남부 칸다하르시의 마약왕으로 유명한 아메드 왈리 카르자이Ahmed Wali Karzai가 포진했다. "카르자이 집안은 마약과 피로 얼룩졌습니다." 한 서방 정보요원이 아프간 대선 기간에 『뉴욕타임스』 인터뷰에서 한 말은 당시의 상황을 한마디로 설명한다.[23]

　　1차 투표에서 카르자이 연합은 과반수 확보를 위해 온갖 속임수를 동원했다. 유엔 선거민원위원회Electoral Complaints Commission는 두 달간의 재검표와 확인 작업 후 카르자이가 얻은 표 가운데 100만 표(28퍼센트) 이상이 부정표라고 발표했다.[24] 이 선거를 "예측 가능한 대형사고"로 정의한 유엔 부특사 피터 갤브레이스Peter Galbraith는 "부정 선거로 탈레반은 미국 및 아프간의 미국 협력자들과 전쟁을 시작한 지 8년 만에 가장 큰 승리를 거두게 됐다"고 말했다.[25]

　　갤브레이스는 곧 특사에서 해임되었고, 미국은 끓어오르는 부정 선거 논란을 진화해야 했다. 워싱턴이 타협안으로 제시한 결선 투표에서 야권 후보가 기권하면서 결국 카르자이가 당선되었다. 부정 선거 논란에 대한 대응으로 그는 선거민원위원회 위원 5명 중 유엔이 임명한 외국인 3명을 모두 아프간인으로 교체하려 했다.[26] 의회는 그의 제안을 거부했고, 그는 유엔은 아프간에 "꼭두각시 정부"가 들어서기를 원하며 부정 선거는 "외국이 대대적으로 개입한" 결과라고 독설을 퍼부었다.[27] 카르자이는 국회의원들에게 이렇게 말했다. "당신들과 국제 사회가 나를 계속 압박한다면 나는 탈레반에 가세해버릴 거요. 두고 보라고."[28]

워싱턴의 계속되는 개혁 요구에 카르자이는 공개적으로 반발했다. 2010년 3월 백악관 국가안보보좌관 제임스 존스James Jones 장군은 오바마 대통령이 카불에서 카르자이를 만나 "부패 척결과 마약 밀매 근절"에 최선을 다하도록 설득할 것이라고 밝혔다.[29] 하지만 이 계획마저 실패했고, 존스 장군은 오바마 대통령이 카불을 방문하는 동안 "[아프간] 장관들의 수준과 열의에 대체로 좋은 인상을 받았다"고 말하며 분위기를 무마했다.[30]

워싱턴은 엄청난 원조금을 퍼주고도 카르자이를 조종할 수 없었다. 카르자이는 워싱턴과의 불편한 관계를 다음과 같이 인상적으로 요약했다. "나는 아프가니스탄과 아프가니스탄의 이익을 대변하는 동시에, 미국에 협조하며 … 아프가니스탄의 이익을 추구할 것이다. 다시 말해 당신들이 미국의 꼭두각시를 찾고 있다면, 나의 대답은 '노'다. 당신들이 파트너를 찾고 있다면, 답은 '예스'다."[31]

사실상 워싱턴의 개혁 시도를 무력화한 카르자이는 이후 4년간 '카불시장'에 불과한 처지로 탈레반의 득세를 관망했다. 수도에서는 비대한 관료 조직에 발목 잡히고 시골에서는 지방 군벌과 마약왕의 카르텔에 가로막힌 정부는 반군의 자금줄이 된 양귀비 재배를 막지 못했고, 대체작물을 장려하는 데도 실패했다.

2014년 9월 부정선거 의혹으로 얼룩진 대선 끝에, 미국의 중재하에 연립정부가 구성되고 카르자이는 권좌에서 물러났다. 탈레반은 지속적인 공세를 벌여 시골 지역의 절반을 점령했다.[32] 카르자이는 조용히 은퇴생활을 하는 대신 대통령궁 근처 자택에서 계속 정치에 관여하면서, 『뉴욕타임스』가 보도했듯이 "배후에서 정권의 안정을 위협하고 국가적 위기 상황에서 기회를 엿보며 재집권을 노렸다." 수도에서 폭탄 테러가 이어지고 시골에서 탈레반 게릴라군이 전진하는 가운데, 카르자이는 카불에서 시위를 조장하고 지방에서는 군벌의 반발을 유도하면서 워싱턴의 새로운 협력자 아슈라프 가니Ashraf Ghani 대통령을 위협했다.[33] 1960년대의 사이공과 2002년 이후의 카불에서 워싱턴이 소위 종속국 지배층이라 부른 이들이 실은 놀랍도록 비종속적이라는 사실이 판명되었다. 그들은 허약하고 부패했을 뿐만 아니라 때로는 미국의 대외 정책을 심각한 위기에 빠뜨렸다.

≡ 중동 위기

카불에서 외교적 교착이 지속되는 가운데, 위키리크스 활동가들이 공개한 총 25만 1,000건의 외교 전문은 카르자이가 미국 대외 정책의 예외적 상황이 아님을 증명했다. 외교 전문은 워싱턴이 지난 반세기 동안 구축해온 대리 지배 체제에 대한 통제권을 잃어가고 있음을 가감 없이 드러냈다.

이스라엘 신문 『하아레츠Haaretz』의 기자 알루프 벤Aluf Benn은 위키리크스 문서를 읽으며 "미국제국의 몰락, 군사적·경제적 우위를 바탕으로 세계를 지배했던 초강대국의 쇠퇴"를 목도했다. "미국 대사들은 … 더 이상 세계 각국의 수도에서 '총독 나리'로 대접받지 못한다. … [대신 그들은] 주재국의 하소연을 질리도록 듣는 데 지쳤다."[34] 워싱턴의 영향력이 감소하면서 종속국 지도자들은 갈수록 비협조적으로 변하거나 권력을 잃어갔다. 특히 전략적으로 중요한 중동 지역에서 이런 경향이 강하게 나타났다.

1989년 베를린 장벽이 무너진 후, 모스크바는 발트해부터 중앙아시아에 위치한 수많은 위성국가를 빠른 속도로 상실했다. 한때 충성을 바치던 각국의 지배층은 자국민에 의해 축출되거나 스스로 소비에트라는 침몰선에서 뛰어내렸다. 냉전의 '승자'이자 곧 세계 '유일의 초강대국'으로 부상할 나라에 대한 충성심도 침식되기 시작했으나 그 속도는 훨씬 느렸다.

이후 20년간 진행된 글로벌화는 베이징, 뉴델리, 모스크바, 앙카라, 브라질리아 등의 신흥 강자로 구성된 다극 체제를 육성했으며, 동시에 초국적 기업권력 체제는 패권국에 대한 개발도상국의 의존을 감소시켰다. 각국 지배층에 대한 워싱턴의 영향력이 약화되면서 미국은 이슬람 원리주의, 유럽의 규제 체제, 중국의 국가자본주의, 그리고 라틴아메리카의 경제국가주의와 경쟁하는 처지가 되었다.

종속국 지배층을 통제하거나 새로운 지배층을 구성하려는 시도가 실패하기 시작한 것은 워싱턴의 영향력이 약화되고 있다는 반증이다. 2002년 눈엣가시인 베네수엘라의 우고 차베스Hugo Chávez 대통령을 축출하기 위한 쿠데타 시도, 2008년 조지아의 미하일 사카슈빌리Mikheil Saakashvili를 러시아로부터 분리하려는 시도, 그리고 2009년 이란에서 반미 노선을 추진해온 마흐무드 아흐마디네자드Mahmoud Ahmadinejad의 재선을 방해하려는 시도는 모두 실패했다.

2011년 초 북아프리카 및 페르시아만에서 친미 독재자에 저항하며 일어난 민주화운동은 워싱턴의 줄어든 힘을 적나라하게 드러냈다. 위키리크스 외교 전문에 따르면 튀니지의 제인 엘아비디네 벤 알리Zine El-Abidine Ben Ali 대통령은 오랫동안 이슬람급진주의 세력의 확산을 저지해왔다. 리비아의 무아마르 카다피Muammar Qaddafi는 "테러리즘과의 전쟁에서 든든한 파트너"였다. 호스니 무바라크는 이집트에서 급진적 무슬림형제단을 탄압했다. 예멘 대통령 알리 압둘라 살레Ali Abdullah Saleh는 미국이 자국 영토에서 테러리스트를 공격할 수 있도록 허용했다. 요르단 국왕 압둘라 2세 Abdullah II는 이스라엘의 핵심 지지자였다. 바레인의 하마드Hamad 국왕은 페르시아만에 미 해군 제5함대가 주둔할 항구를 제공했으며 "미국 정보공동체와의 관계를 무엇보다 중요하게" 여겼다.[35]

워싱턴의 이익을 충실히 섬긴 중동 친미 정권 치하에서 국민들은 수십 년간 부패와 압제에 시달렸다. 2005년 미국 국무부 장관 콘돌리자 라이스Condoleezza Rice는 카이로의 청중 앞에서 미국의 실패를 솔직하게 시인했다. "지난 60년간 미국은 중동에서 민주주의를 희생하는 대가로 안정을 추구했지만, 결국 얻지 못했습니다."[36]

다른 어떤 지역보다도 중동의 안정은 매우 중요한 문제다. 1차 세계대전 후 오스만제국의 영토를 분할한 유럽 열강은 지리적 편의를 기준으로 국경을 정했다. 이때 『뉴욕타임스』가 "오늘날까지도 정체성과 소속감의 주된 근원인 부족, 하위부족, 씨족, 오래된 사회질서가 얽히고설킨 매우 복잡한 태피스트리"라고 표현한 이 지역의 사회 구조는 전혀 고려하지 않았다. 1차 세계대전이 끝난 후 영국은 오스만제국의 3개 주에 속한 시아파, 수니파, 쿠르드족 주민을 인위적으로 통합하여 이라크라는 이름의 보호령을 만들고 급조한 왕을 지배자로 앉혔다. 프랑스도 오스만제국의 2개 주를 차지하고 알라위파, 드루즈파, 마론파 천주교도 등의 소수 종파를 통해 시리아와 레바논을 지배했다. 이탈리아는 1911년부터 1920년까지 북아프리카 연안을 따라 늘어선 여러 도시를 강탈하고 오랜 평정 작업을 거쳐 리비아라는 이름의 식민국가를 건설했다. 이처럼 복잡하게 꼬인 현대 아랍 세계 22개국 중 대부분이 분쟁과 사회 분열에 취약하다. 냉전 시대에 워싱턴은 큰 폭의 사회 변화를 지양하고 유럽 열강으로부터 물려받은 제국주의 시절의 사회 구조를 고수했다. 예를 들어 워싱턴은 프랑스가 남긴 유산인 종파 균형을 유지하기 위해 1958년과 1982년에 두 차례 레바논에 개입했으며, 영국이 육성해놓은 많은 군주들의 힘을 강화했고, 1971년에는 페르시아만과 그곳의 토후국들을 보호하기 위해 영국이 바레인에 건설한 해군기지를 인수했다.[37]

　미국의 중동 정책이 어떤 장단점을 갖고 있었든 2003~11년의 이라크 점령은 이라크는 물론 그렇지 않아도 정치적으로 불안한 중동 지역에 커다란 혼란을 야기했다. 2003년 3월에 미군의 침공이 시작된 지 3주 만에 바그다드가 함락되었다. 워싱턴이 임명한 이라크 최고행정관 폴 브레머L. Paul Bremer가 내린 일련의 결정은 "유해한" 것부터 "재앙을 초래하는 수준"까지 다양했다. 먼저 그는 여당인 바트당 당원 8만 5,000명을 해고하여 이라크 국민의 "즉각적 빈곤화"를 초래했다. 그런 다음 그는 소수파인 수니파가 장악하고 있던 이라크군을 해산시켜 "잘 훈련되고 무장한 … 수십만 명"이 미군의 통제에서 벗어나는 결과를 초래했다. 마지막으로 그의 지휘하에 있던 미군은 "이라크 전역에 흩어진 … 무기고와 탄약고를 계산에 넣지 않았다." 무기고는 "차례로 털렸고, 때로 다국적군은 이를 뻔히 보면서도 방관했다."[38]

『뉴욕타임스』의 표현의 빌리자면 누적된 "실책의 무게" 아래 미군이 이라크를 점령한 지 1년도 지나지 않아 맹렬한 역풍이 불었다. 강한 지도자를 물색하던 미국은 시아파 지도자 누리 알 말리키Nouri al-Maliki를 이라크의 대리 통치자로 낙점했다. 2006년부터 2014년까지 8년간 이어진 그의 부패하고 억압적인 정권은 2014년 6월 '이라크 시리아 이슬람국가ISIS'의 북부 이라크 공세로 막다른 궁지에 몰렸다. 미국은 10년 가까이 기갑부대, 포병대, 보병대, 특수부대까지 죄다 갖춘 현대적 이라크군을 구축하기 위해 250억 달러를 투입했다. 그러나 고작 5,000명의 수니파 게릴라가 일주일 만에 수십만 명의 (대부분 시아파) 이라크군을 궤멸시켰다. 그들은 수십억 달러어치의 최신형 무기를 포획하고, 이라크 영토의 3분의 1을 점령했다. 이후 미국이 이라크군을 재구축하여 도시를 탈환하기까지 2년이 걸렸으며, 그나마도 시아파 민병대와 쿠르드군 페쉬메르가Peshmerga 종파 민병대가 전투를 주로 담당했다.[39]

돌이켜 보면 워싱턴이 대리 통치자로 삼을 유능한 협력자를 확보하지 못한 상황이 이라크전쟁의 핵심 변수였다. 실패로 점철된 이라크 점령과 지하디스트의 저항이 불러온 충격은 곧 중동 전체로 퍼졌다.

2009년에 이르면 중동 전역에서 정치적 긴장이 고조되면서 워싱턴이 심어놓은 종속국 지배층을 위협했다. 튀니지 주재 미국 대사는 "벤 알리 대통령 … 정권은 튀니지 국민으로부터 유리"되어 "경찰력에 의존"하고 있으며, "측근의 부패가 날이 갈수록 심해지면서 체제의 안정이 갈수록 불확실해지고 있다"고 보고했다. 그럼에도 불구하고 대사는 워싱턴은 "공개 비판을 삼가"고 대신 "허심탄회한 고위급 대화를 자주 가져야 한다"라고 조언했다. 결국 그들은 18개월 후 민주화 시위가 정권을 무너뜨릴 때까지 아무런 개혁도 이끌어내지 못했다.[40]

마찬가지로 2008년 말 카이로의 미국 대사관은 "이집트 민주주의와 인권 활동이 … 질식사당하고 있다"고 우려하면서도, "미국과 이집트의 관계가 심각하게 약화될 경우 중동에서 미국의 이익은 실현되기 어려울 것"이라는 태도를 고수했다.[41] 몇 달 후 호스니 무바라크 대통령이 워싱턴을 방문했을 때 카이로 주재 미국 대사관은 백악관에 "전통적으로 우호 관계를 맺어온 이집트의 대통령을 따뜻하게 맞이하라"고 촉구했다.[42] 오바마 대통령은 그 조언에 따라 이집트 독재자를 "굳건한 동맹"이자 "중동에 안정을 가져오는 긍정적인 힘"이라고 추켜세웠다.[43] 18개월 후 무바라크의 하야를 요구하는 대규모 시위가 벌어졌을 때, 워싱턴은 이집트의 민주 개혁에 반대하며 무바라크의 "콘실리어리(마피아 참모)"이자 정보부 국장인 오마르 술레이만 장군을 지지했다. 대사관 외교 전문에 따르면 술레이만은 CIA와 "튼튼한 관계"를 맺고 있었다.[44]

2011년 초 대규모 시위대가 18일간 카이로의 타흐리르 광장을 점거했을 때, 『뉴욕타임스』는 무바라크의 충격적인 몰락과 그가 선택한 후계자 술레이만의 갑작스러운 축출이 "미국 영향력의 역사적 실추"를 상징한다고 논평했다. 실제로 '아랍의 봄' 이후, 워싱턴이 오랫동안 업신여겼던 이슬람주의 지도자들이 반미 정서에 편승해 이집트와 튀니지를 비롯하여 중동 각지에서 집권했다.[45] 막강한 힘을 가진 이집트 군부는 무함마드 무르시Mohamed Morsi가 이끄는 무슬림형제단 정권을 1년 남짓 허용하다가, 2013년 7월 압델 파타 엘시시Abdel Fattah el-Sisi가 주도한 쿠데타로 군사정권을 수립했다. 1년 후 치러진 대선에서 96퍼센트의 지지율로 승리하여 권력을 공고히 한 엘시시는 "절대 서방의 애완견 취급을 당하지 않겠다"는 결의를 확고히 했다. 게다가 무바라크 치하 30년간 매년 20억 달러 이상이었던 미국 원조가 2016년 말 12억 달러로 삭감되면서 미국의 영향력은 더욱 축소되었다.[46]

한편 이집트의 존경받는 야당 지도자 무함마드 엘바라데이Mohamed ElBaradei는 40년간 미국의 지배를 받으며 "생각하지도, 행동하지도 말라고 배우고, 계속해서 열등한 교육을 받은" 중동은 "인류나 과학에 아무 기여도 하지 못하는 실패 국가 집단"으로 남았다고 개탄했다.[47]

거대한 비공식 제국을 운용하는 워싱턴의 역량을 좀먹은 제국주의 병리는 위키리크스 외교 전문을 통해 잘 드러난다. 현대판 제국의 오만한 특사들은 "캐나다의 미국에 대한 고질적인 열등감"[48]과 "중동과 발칸반도를 향한 터키의 신오스만주의적 언동"[49]을 조롱하고, 리비아 독재자 카다피의 금발 간호사에 대한 집착, 파키스탄 대통령 아시프 알리 자르다리Asif Ali Zardari의 쿠데타에 대한 공포, 아프가니스탄 부대통령 아마드 지아 마수드Ahmad Zia Massoud가 횡령했다는 5,200만 달러 등 소위 동맹국의 결점을 헐뜯고 비방하는 데 여념이 없었다.[50]

뿐만 아니라 미 국무부는 전 세계 미국 대사관이 각국 지도자의 "건강 상태, 미국에 대한 견해, 군사훈련 내역, 인종(부족 그리고/또는 씨족) 정보 … 이메일 주소, 전화번호와 팩스번호, 지문, 얼굴 사진, DNA, 홍채 데이터 등 광범위한 신상정보와 생체정보"를 수집하는 제국의 경찰 역할을 하도록 종용했다.[51] 국무부는 약점으로 잡을 만한 정보의 중요성을 강조하면서 바레인 주재 대사관에 주요 왕자들에 관한 (이슬람 사회에서 문제가 될 만한) 상세한 정보—이를테면 "두 왕자와 관련된 민감한 정보가 있나? 술을 마시나? 마약을 하나?" 등의 질문—를 요구했다.[52]

≡ 후퇴의 전조

응오딘지엠과 카르자이의 사례에서 보듯 그때나 지금이나 워싱턴과 제3세계 독재자 사이의 동맹에는 자멸의 패턴이 내재되어 있다. 워싱턴과 자국민의 요구 사이에서 갈등하던 지도자들은 결국 어느 한쪽도 만족시키지 못했다. 정권에 대한 반발이 거세질수록 더욱 극심해지는 탄압과 부패는 많은 경우 정권 붕괴로 이어졌다. 이와 동시에 워싱턴은 동맹국 정권이 개혁을 진행하도록 강제할 수 없어 좌절과 절망에 빠졌다.

워싱턴과 독재자의 동맹에는 심각한 구조적 결함이 존재한다. 애초에 워싱턴은 고분고분 말을 잘 들을 인물을 종속국 지도자로 선택한다. 종속국 지도자는 정권을 획득하고 유지하는 데 강대국의 후원이 필수적이기에 워싱턴과 손을 잡는다. 정권을 잡은 종속국 지도자는 보잘것없는 정치자본을 총동원하여 워싱턴의 요구를 최우선시할 수밖에 없다. 정권이 미국의 눈치만 보다 대중의 지지를 확보하지 못한 결과, 응오딘지엠은 사이공 대통령궁에 고립되었고 카르자이는 카불에 갇혔다. 두 사람이 강력한 종주국의 요구와 국민의 요구 사이에서 진퇴양난에 빠진 사이 게릴라 세력이 베트남과 아프가니스탄의 시골 지역을 장악했다.

2차 세계대전 이래 미국이 직면한 심각한 대외 정책 위기 가운데 다수가 권위주의 정권과의 골치 아픈 관계로부터 유발되었다. 쿠바에서 혁명이 일어나 1959년 피델 카스트로가 이끄는 반란군이 수도 아바나에 입성하게 된 계기도 1950년대 워싱턴과 풀헨시오 바티스타Fulgencio Batista 장군의 밀월 관계였다. 이후 쿠바혁명은 케네디 행정부의 피그만 침공과 참담한 패배, 그리고 소련과 위태롭게 대립했던 미사일 위기로 이어졌다.

미국은 사반세기 동안 이란의 국왕 레자 샤 팔레비Reza Shah Pahlevi의 국제적 후견인 역할을 하면서 이란 경찰 및 군대에 막대한 양의 무기를 제공하고 팔레비를 페르시아만의 대리 통치자로 삼았다. 1979년 이란혁명이 일어나 팔레비 정권이 붕괴하자 워싱턴은 중동에서 교두보를 잃었다. 이후 워싱턴은 적대 노선으로 돌아선 이란과 잇따라 대립하며 중동에서 고전하고 있다.

중앙아메리카의 충성스러운 친미 우방 중 하나였던 니카라과의 아나스타시오 소모사 데바일레Anastasio Somoza Debayle 정권은 1979년 산디니스타혁명Sandinista revolution으로 붕괴했다. 새로 집권한 좌파 정부가 미국 대외 정책에 지장을 초래하자 CIA는 커다란 논란을 불러일으킬 비밀작전(콘트라 작전Operation Contra)을 전개했다가 추악한 이란-콘트라 스캔들이 드러나며 레이건 집권 2기를 어지럽혔다.

보다 최근인 2010년 4월에는 과거 키르기스소비에트사회주의공화국이었던 키르기스스탄에서 전투경찰이 시위 군중을 향해 발포해 77명의 목숨을 앗아갔음에도 불구하고 반정부 시위대가 수도 비슈케크를 장악하는 것을 막지 못했다. 워싱턴이 선택한 독재자 쿠르만벡 바키예프Kurmanbek Bakiyev 대통령은 궁을 탈출하여 해외로 도피했다. 5년 전 "남쪽에서 온 마상의 '노상강도 귀족들'을 배후로" 정권을 잡은 바키예프는 권력 남용과 횡령을 일삼으며 가족과 측근의 배를 불렸고, 심지어 아들이 소유한 회사가 미군 항공기에 연료를 공급하는 3억 1,500만 달러짜리 계약을 딸 수 있게 해달라며 펜타곤을 압박했다. 오바마 행정부는 아프가니스탄으로 출격하는 미군 전투기 기착지와 재급유 기지로 (옛 소비에트 공군기지인) 마나스를 사용할 권리를 보전하기 위해 바키예프의 비위를 맞춰야 했다. 2009년 7월 대선에서 바키예프의 "압도적 승리"를 끌어내기 위해 전투경찰이 야당을 무자비하게 탄압하는 와중에도 오바마 대통령은 그에게 서신을 보내 아프간전쟁에 협조해준 것에 감사를 표했다. 워싱턴이 뒤를 봐주는 이상 바키예프 정권의 폭주를 막을 길은 없었다.[53]

왜 이렇게 많은 동맹이 이토록 극적으로 붕괴하여 미국의 국론 분열과 정책 실패를 초래했을까? 2차 세계대전 이후 재편된 세계에서 워싱턴은 한편으로는 각국이 마치 완전한 독립국인 양 대우하면서 다른 한편으로는 미국의 경제적·군사적 원조에 크게 의존하고 있는 그들의 처지를 이용하는 모순된 정책을 추진해야 했다. 워싱턴은 위태로운 정권들과 한배를 탄 입장에서 자신들에게 필요한 개혁을 수용하도록 구슬리고 윽박질렀다. 그러나 과거 사이공에서 그랬고 지금 카불에서 그러하듯 워싱턴의 조언은 효과를 발휘하지 못했고, 종속국 협력자에 대한 지원을 축소(또는 차단)하지 못한 채 재앙을 키웠다.

패권국은 세계대전을 통해 한순간에 몰락하기도 하지만, 많은 경우 장기간 고통스러운 과정을 거친 끝에 몰락한다. 워싱턴의 중동 전쟁은 끝이 보이지 않고, 미국 정계는 당파적 교착에 빠졌으며, 미국 경제는 서서히 2위로 추락하고 있고, 필리핀을 비롯한 오랜 우방이 패권 경쟁국인 중국과 협력 체제를 수립하는 것으로도 모자라, 이제 설상가상으로 워싱턴은 중동에 심어놓은 충성스러운 대리자들까지 잃었다. 예를 들어 이집트 정권이 무바라크에서 엘시시 장군에게 넘어간 것은 한 독재자가 다른 독재자로 교체된 '현상 유지'로 비치기도 했지만, 새 정권이 중동의 다른 나라와 마찬가지로 미국과 거리를 두기로 결정하면서 미국의 영향력은 또다시 감소했다.

종속국 지배층 네트워크는 반세기 넘게 워싱턴이 놀라운 효율과 최소한의 병력으로 전 세계에 영향력을 행사할 수 있게 해준 토대였다. 오늘날 이 네트워크가 느슨해지고 충성스러운 협조자들이 이탈하면서 미국의 패권은 날로 약해지고 있다.

3 장

비밀공작의 지하세계

지난 30년간 세계는 미국을 패권국으로 부상시킨 비밀공작의 흔적을 엿볼 수 있는 충격적인 사건을 거듭 목도했다.

1986~87년, 레이건 행정부의 고위 관료 11명이 니카라과의 콘트라 반군에 자금을 대기 위해 금수 조치된 무기를 이란에 판매한 혐의로 유죄 판결을 받았다. CIA의 후원을 받은 반공 게릴라 집단 콘트라는 미국으로 코카인을 밀수하는 활동에도 연루되어 있었다.[1]

10년 후, CIA의 오랜 협력자이자 콩고민주공화국을 30년 남짓 통치하며 부정 축재를 일삼은 모부투 세세 세코 대통령이 수도 킨샤샤를 점령한 반군에 의해 축출당해 해외로 망명했다. 이후 '블러드 아이보리blood ivory(피 묻은 상아)'와 희소 광물을 밀수해 자금을 댄 내전이 10년간 이어지며 300~500만 명이 희생되었다.[2]

2011년 〈BBC 뉴스〉는 아프가니스탄 대통령 하미드 카르자이의 동생 아메드 왈리 카르자이 암살 사건을 보도하면서 그를 "공공연하게 마약 사업에 관여한 부패한 군벌"로 묘사했다. 미국 관리들은 이 사건의 조사를 꺼렸는데, 『뉴욕타임스』에 따르면 그가 중요한 CIA 조력자였기 때문이다.[3]

이상의 사건과 지난 반세기 동안 수없이 벌어진 유사한 사건들의 의미를 이해하기 위해서는 정보기관과 범죄 조직이 당대 정치에 커다란 영향력을 행사하는 비밀공작의 영역을 살펴봐야 한다. 이탈리아 로마의 악명 높은 마피아 보스 마시모 카르미나티Massimo Carminati는 이렇게 말했다. "산 자는 지상에, 죽은 자는 지하에, 그리고 우리는 그 중간에 존재한다."[4]

비밀공작covert operation과 지하세계netherworld라는 개념을 조합하면 근대 이후 제국의 형성에 주춧돌 역할을 한 여러 사건을 하나의 범주로 묶을 수 있다. 비밀공작의 지하세계는 역사적 사건을 액션 영화나 통속 소설의 홍수 속에서 건져내는 데 유용할 뿐 아니라 중요한 사건들이 음모론의 영역으로 정처 없이 떠내려가는 것을 막아준다. 이 개념을 통해 우리는 동시대 정치와 제국의 실제 작동 방식을 보다 입체적으로 분석할 수 있다. 베일에 싸인 현대사는 수백만 명의 죽음, 막대한 규모의 재정적 불법 행위, 그리고 마약 중독의 급속한 확산으로 얼룩져 있다. 비밀공작의 지하세계를 이해하는 것이 더없이 중요한 이유다.

육지와 바다는 고대부터 인류의 전장이었으며, 하늘에서 벌어진 전투는 1차 세계대전 때 처음 등장했다. 마침내 냉전 시대에 접어들며 비밀공작의 지하세계가 세계 열강의 분쟁 영역으로 부상했다. 북대서양조약기구와 바르샤바조약기구의 탱크가 철의 장막을 따라 대치하고, 잠수함대가 북대서양을 배회하고, 대륙 간 미사일이 발사 준비 상태로 대기하는 가운데, 미소 양국의 비밀정보기관인 CIA와 KGB는 전 세계에 정치적 영향력을 행사하고자 치열하게 경쟁했다. 육해공 전장에서 핵무기가 대치했다면, 비밀공작의 지하세계에서는 범죄 활동과 정치 협잡이 결합된 잔혹한 대리전이 벌어졌다.

냉전 시대 40년간 강대국(영국, 프랑스, 미국, 소련)은 거대한 조직과 막강한 권한을 보유한 정보기관을 운영하면서 비밀공작을 지정학적 권력 행사의 핵심 도구로 삼았다. 또한 모스크바와 워싱턴은 위성국가에 비밀경찰 제도를 도입하고 그들이 감금, 고문, 초법적 사형 등의 불법 탄압을 자행하도록 지원했다.

1945년 이후 유럽 열강의 해체 과정에서 미국과 소련, 그리고 양국의 주요 동맹국들은 제3세계의 신생 국가를 통제하기 위해 비밀공작을 전개했다. 이들은 자국 정보기관을 통해 종속국을 통제하면서 '포스트식민제국postcolonial empires'을 형성했다. 모스크바는 KGB를 이용하여 22개 주변 위성국을 속박했다. 파리는 '프랑사프리크Françafrique'(프랑스와 옛 아프리카 식민지 간의 '특별한' 관계-옮긴이)라 불리는 임페리움에 속한 서아프리카 14개국에 비밀요원을 파견했다. 런던은 제국의 질서정연한 후퇴를 주관하고 유럽과 아시아에서 공산주의 세력을 견제하기 위해 해외정보국에 의지했다. 워싱턴은 CIA를 투입하여 4개 대륙의 지배권을 다퉜다. 각국 정보기관은 세력 유지를 위해 쿠데타를 사주하고, 비밀리에 개입하고, 때로는 군벌, 반란군, 종속국 군대를 동원한 대리전을 벌이며 아시아와 아프리카를 황폐화시켰다.

　냉전이 절정에 달했을 때, 아이젠하워 대통령은 직접적인 군사 개입을 지양하면서 48개국에서 벌어지는 170건의 CIA 비밀공작을 승인했다. 이는 미국 전투력의 중심축이 재래식 군사 작전에서 비밀공작으로 이동했음을 의미한다.[5] 이탈리아에서 선거를 조작하고, 이란에서 국민의 지지를 받던 정권을 전복시키고, 인도네시아에서 공산주의자 100만 명을 학살하고, 과테말라에서 사회개혁가를 축출하고, 칠레에서 사회주의 정부를 무너뜨리는 등 수없이 많은 작전을 수행한 CIA 덕분에 워싱턴은 '자유 진영'에 자신의 의지를 관철시킬 수 있었다. 이렇게 정부가 비밀작전에 의존함에 따라 정보기관은 국가 권력의 가장자리에서 국제 정치의 중추 세력으로 탈바꿈했다.

　힘의 우위로 결과를 예상할 수 있는 재래식 군사 작전과 달리, 많은 경우 불완전한 정보를 바탕으로 소수의 비밀요원이 실행하는 비밀작전은 성공이 매우 어려울 뿐만 아니라 의도하지 않은 결과를 낳기 십상이다. 게다가 비밀작전이 범죄 조직과 엮여 지하세계가 성립되면서 실패 확률은 배가되었다. CIA의 니카라과 작전이 어떻게 희박한 확률에도 불구하고 성공할 수 있었는지, 그리고 아프가니스탄전쟁이 왜 이렇게 처참하게 실패했는지 설명하기 위해서는 먼저 은밀한 지하세계의 특징을 이해해야 한다.

≡ 지하세계의 성장

　지역 단위의 범죄나 비밀작전은 시대와 국가를 막론하고 존재했다. 그런데 이 눈에 보이지 않던 영역이 중요한 정치 공간으로 부상한 것은 현대 제국이 출현한 후의 일이다. 지난 세기에 유럽 열강과 미국은 강력한 경찰과 비밀기구를 구축하고 베일에 싸인 비밀공작의 지하세계에서 범죄 조직과 손잡았다.

　냉전의 종식과 함께 철의 장막이 급속도로 붕괴하면서 불법 밀매 활동의 장이 전 세계로 확장되었고, 그 결과 놀랍도록 광범위한 범죄 환경이 조성되었다. 1990년 말 유엔 조사단은 "고도로 중앙화된" 초국가적 범죄 조직이 무기, 마약, 사람, 멸종위기 동식물, 저작권 보호를 받는 상품을 밀매하기 위해 전 세계에 330만 명을 고용하고 있으며, 이들은 준군사 작전을 수행할 인적 네트워크를 갖추고 있다고 보고했다.[6]

　불법 사업을 벌이는 범죄 조직이 자신의 활동과 관련자, 수익 등을 숨길 수밖에 없듯이, 정보기관은 정치적 이유로 추적이 불가능한 자금, 가짜 신분, 비밀 수단을 동원한다. 양쪽 모두 합법 영역과 비밀 영역에 동시에 발을 들여놓고 번듯한 사업가와 조직 보스, 하급 외교관과 스파이 등의 중첩된 역할을 매끄럽게 해낸다. 한마디로 둘 다 문명사회의 테두리 밖에서 복잡한 작전을 수행하는—CIA 요원 뤼시엥 코넹의 표현에 따르면—"은밀한 기술clandestine arts"의 전문가이다.[7]

　20세기의 상당 기간 동안 비밀요원과 범죄자 사이의 협력, 더 나아가 동맹이 반복적으로 형성되었다. 1920년대에 공산주의 세력과 투쟁하면서 상하이 청방靑幇과 긴밀히 협력한 중국 국민당과 1960년대 정치적 격동기에 좌파 시위자들을 분쇄하기 위해 범죄 집단을 동원한 프랑스의 샤를 드골Charles De Gaulle 대통령의 사례에서 보듯, 세계 각국의 정보기관은 오래전부터 비밀작전을 수행할 때 마약상을 활용했다.[8] 코르시카 범죄 조직, 동남아시아의 중국 국민당 잔당, 라오스의 장군들, 아이티의 대령들, 온드라스의 밀수업자들, 그리고 아프간 군벌에 이르기까지 냉전 시대에 대한 이해가 깊어질수록 CIA에 봉사한 마약 밀매업자의 목록도 길어진다.

밀매는 비밀공작의 지하세계가 국가나 국제 사회의 통제로부터 벗어나 일정한 정치적 자율권을 행사할 수 있게 해주는 경제적 토대다. 20세기에 걸쳐 국가와 제국은 강제력을 바탕으로 도덕적 명분을 앞세운 금지 캠페인을 펼쳤지만, 밀거래를 억제하기는커녕 오히려 알코올, 마약, 도박 문제가 갈수록 심각해졌다. 2차 세계대전 후 프랑스와 필리핀에서 담배가 그러했듯이, 최근 수십 년 동안 아프리카의 다이아몬드, 희소 광물, 상아, 그리고 이라크 반군이 점령한 지역의 석유가 주요 밀수품이 되었다.[9]

그중에서도 마약 밀매는 규모, 범위, 중요성 등의 측면에서 타의 추종을 불허한다. 지난 두 세기를 거치며 세계 열강의 마약 정책은 아편의 자유무역을 장려하는 것에서 모든 마약 제품의 판매와 사용을 전면 금지하는 쪽으로 바뀌었다. 이 과정에서 아편과 코카인은 민간의 약재에서 엄청난 수익을 안겨주는 밀거래품으로 탈바꿈했다. 한 세기 이상 영국제국의 아편 무역에 휘말린 중국은 성인 남성 인구의 27퍼센트인 1,350만 명에 달하는 아편 중독자를 위해 1906년 3만 5,000톤의 아편을 생산하고 4,000톤을 추가로 수입했다.[10] 미국에서도 1인당 아편 소비량이 4배 늘고, 영국은 7배 늘어나는 등 서방에서도 아편 소비가 빠른 속도로 증가하며 마약의 끈질긴 생명력을 입증했다. 영국이 인도 아편의 중국 수출을 단계적으로 축소하기 시작한 1907년에 이르면 아편은 견고한 수요-공급망을 갖추고 어떠한 금지 시도에도 끄떡하지 않는 글로벌 상품이 되어 있었다.[11]

20세기 초에 강대국들은 기존의 정책을 180도 뒤집어 글로벌 마약 무역을 금지하는 계획에 착수했다.[12] 미국이 처음 세계 무대에 진출한 시어도어 루스벨트 대통령 시절, 그가 제일 먼저 추진한 외교 정책 중 하나는 1909년 상하이국제아편회의Shanghai Opium Conference를 개최하고 국제적 마약 금지 캠페인을 시작한 것이다. 이 회의는 각국 정부에 아편 수출 및 헤로인과 같은 파생물의 의료 외 사용을 금지하라고 촉구했으며, 해당 내용은 워싱턴의 주장에 따라 1912년 국제아편조약International Opium Convention에 포함되었다.[13]

1925년 국제연맹 협약이 마약을 금지하자 범죄 조직은 지하 시장을 장악하기 위해 빠르게 움직였다.[14] 1945년에 설립된 유엔은 국제연맹의 마약 금지 정책을 계승하여 1961년에 국제마약통제기구 설립, 1971년에 향정신성약물 금지, 2000년에는 초국가적 조직범죄 근절을 위한 '마약금지협약'을 채택했다.[15]

1970년대 초 리처드 닉슨 대통령은 '마약과의 전쟁'을 선포하여 미국뿐 아니라 지중해와 동남아시아의 마약 유통까지 근절하려는 노력을 기울였다. 하지만 그의 노력은 '금지함으로써 오히려 장려하게 되는' 역효과를 내고 말았다. 미국 내 헤로인 공급은 일시적으로 감소했지만, 잉여 물량이 나머지 5개 대륙으로 퍼져

나갔다.[16] 10년 후 로널드 레이건 대통령은 국내 마약 단속을 강화하는 동시에 남미에서 코카나무를 근절하는 정책으로 방향을 전환했다.[17] 하지만 마약 단속과 마약 생산지에서 벌인 비밀작전은 1972년 1,200톤이었던 아편 공급량을 2007년 8,870톤으로 7배 증가시키며 실패로 끝났다.[18]

냉전이 종식된 이래 계속 증가한 마약 밀거래는 5개 대륙의 범죄 조직, 반란군, 비밀작전 세력의 자금줄이 되었다. 철의 장막이 붕괴하며 글로벌 밀매를 가로막던 장벽이 제거되자 국제 사회는 갑자기 범죄자들이 활개 치며 세계의 안정을 위협하는 현실에 직면했다. 1988년 6월, 유엔 특별총회는 국제조직범죄방지협약Convention against Transnational Organized Crime을 채택하고 마약범죄사무국Office of Drugs and Crime을 꾸려 전 세계 1억 8,000만 명의 중독자(세계 성인 인구의 4.2퍼센트)를 상대로 전 세계 무역량의 8퍼센트에 해당하는(또는 글로벌 섬유산업 규모에 상당하는) 4,000억 달러 규모의 마약 밀매를 단속하고자 했다.[19] 10년 후 유엔은 마약 밀매가 3,220억 달러의 가치를 가진 "초국가적 범죄 중 가장 수익성 높은 사업"이 되었으며, 두 번째로 규모가 큰 인신매매의 10배에 달하는 수익을 내고 있다고 보고했다.[20] 아프가니스탄과 콜롬비아에서 볼 수 있듯이 지하세계가 대규모로 성장했을 때, 이 세계는 역사의 향방에 영향을 미칠 수 있는 자율성과 힘을 확보한다.

냉전 시대에 CIA가 중앙아메리카와 중앙아시아에서 수행한 두 건의 대형 비밀작전은 어두운 지하세계에서 벌어지는 정치·군사 작전의 복잡성을 적나라하게 보여준다. 1979년 소련군이 카불을 점령하고 좌파 산디니스타 게릴라군이 니카라과 수도 마나과에 입성하자, 백악관은 재래식 무기를 투입하는 대신 비밀작전으로 대응했다. 지미 카터 행정부(1977~81년) 시절에 시작되고 로널드 레이건 정권(1981~89년)이 더욱 적극적으로 추진한 비밀작전에서 CIA는 대리군(니카라과의 콘트라와 아프가니스탄의 무자헤딘)을 동원해 니카라과–온두라스 국경과 아프간–파키스탄 접경에 비밀공작의 지하세계가 형성되는 데 결정적 역할을 했다.

1980년대 초에 이미 콜롬비아 메데인의 코카인 카르텔은 온두라스를 장악하고 미국으로 마약을 실어 나르고 있었다.[21] 미국 마약단속국은 1981년 온두라스의 수도 테구시갈파에 지부를 열었다. 지부장 토머스 세페다Tomas Zepeda는 오래지 않아 온두라스 군부가 마약 거래에 연루되어 있음을 알게 되었다. 그러나 마약단속국은 1983년 6월 세페다와 아무런 상의도 없이 온두라스 지부를 폐쇄하고 그를 과테말라로 발령냈는데 "그가 그곳에서 담당한 업무의 70퍼센트는 여전히 온두라스 마약 문제였다."[22] 온두라스 지부의 폐쇄 이유를 묻자 또 다른 마약단속국 요원은 이렇게 답했다. "펜타곤은 우리가 자신들을 방해하고 있다고 말했습니다. 그들에게는 마약 단속보다 더 중요한 문제가 있었던 거죠."[23] 1980년대 말 미국 상원 소위원회의 조사를 통해 미 국무부가 온두라스의 친미 반란군에게 "인도주의적 지원"을 제공하기 위해 고용한 콘트라 관련사 4곳이 미국으로 코카인을 밀반입해 여러 도시에서 크랙(코카인의 일종)이 전염병처럼 퍼지게 만드는 데 한몫했다는 사실이 드러났다.[24]

콘트라 마약 밀수 논란은 얼마 지나지 않아 더 큰 이란-콘트라 스캔들에 묻혀버렸다. 한동안 대중의 기억 속에서 지워졌던 이 문제는 1996년 『산호세머큐리뉴스San Jose Mercury News』가 콘트라 코카인 밀수와 CIA, 그리고 로스앤젤레스 거리의 크랙 유통이 연관되어 있음을 밝히는 기사를 내면서 다시 한 번 격렬한 논란을 불러왔다. 『머큐리』지는 CIA를 마약 밀수범과 공범 취급했다는 이유로 집요한 비판에 시달렸지만, 이후 CIA 감찰관 프레더릭 히츠Frederick Hitz의 보고서를 통해 CIA가 중남미에서 밀수범과 결탁했음이 사실로 드러났다.[25]

기밀 보고서 및 CIA 고위 인사들의 인터뷰를 광범위하게 인용한 히츠 보고서 제2부는 CIA가 카리브해 지역 최대의 코카인 밀매업자와 맺은 협력 관계를 매우 상세히 설명한 48개의 문단을 담고 있으며(이후 해당 부분은 CIA 웹사이트에서 삭제되었다), CIA가 비밀공작의 지하세계에서 암약하는 세력들을 어떻게 관리했는지를 내부자의 시각에서 보여준다.[26] CIA는 콘트라 반군에 무기를 공급하기 위해(의회의 금수 조치로 인해 쉽지 않았다) 악명 높은 마약상 앨런 하이드Alan Hyde와 손잡고 온두라스 앞바다 베이제도에 위치한 그의 항만을 이용했다.[27]

중남미에서 활동하던 미국 정보기관은 CIA가 하이드와 손잡기 수년 전부터 그가 코카인 시장의 큰손임을 알고 있었다. 하이드는 1980년대에 어선단과 로아탄섬의 공장을 동원하여—미국 해양경비대의 말을 빌리자면—"베이제도에서 시작된 모든 범죄 활동의 대부"로 부상했다. 1984년 온두라스 수도 테구시갈파의 미국 대사관 주재 무관은 하이드가 "화이트골드(코카인) 거래로 큰 돈을 벌고 있다"고 보고했다.[28] 2년 후 미국 해양경비대는 하이드의 "범죄 조직"이 베이제도에서 "사우스플로리다로 향하는 어선"에 코카인을 실어 밀반입하고 있다고 보고했다. 하이드는 "콜롬비아의 마약왕 파블로 에스코바르Pablo Escobar를 위해" M/V보비M/V Bobby호의 선장 역할도 하고 있었다.[29] 1988년 3월 CIA 정보본부가 작성한 보고서 「온두라스: 마약 사업의 신흥 세력Honduras: Emerging Player in the Drug Trade」은 하이드가 베이제도에 위치한 코카인 가공 공장 2곳에서 사용할 화학약품을 밀반입하고 있다고 밝혔다.[30]

카리브해에서 CIA의 활동은 지형의 제약을 받았다. 콜롬비아와 멕시코만 사이의 주요 밀수 루트에 위치한 하이드의 근거지는 북쪽으로 코카인을 밀수할 때뿐 아니라 남쪽 온두라스-니카라과 국경을 따라 위치한 콘트라 기지로 향하는 무기를 옮겨 싣는 데도 좋은 위치였다.

CIA는 1987년부터 1989년까지 콘트라에 무기를 제공하기 위해 하이드와 협력했다. CIA 요원이 "하이드의 선박을 이용하여 물자를 운반하는 것이 항공편보다 더 경제적이고 안전하고 빠르다"라고 처음 제안한 때는 1987년 7월이다. CIA 본부의 중미태스크포스는 공식적으로는 하이드가 "마약 밀매업자와 관련되었을 수 있다"라고 경고하면서도 물자 운송 계획을 상부에서 허가할 때까지 마약상을 이용하는 방안에 동의했다.[31] 7월 14일, 본부는 현장 요원에게 "여러 기관에 마약 밀매 용의자로 알려진 대상과 우리의 관계가 일반에 공개될 위험이 크며, 그로 인해 작전이 전면 중단될 수도 있다"는 전보를 보냈다.[32]

2주 후, CIA 작전국장의 자문위원인 W. 조지 제임슨w. George Jameson은 "마약 밀매와 연관된 것으로 밝혀진 개인"과의 공조를 금지한 의회의 결정에도 불구하고 "앨런 하이드나 그의 회사가 기소되거나 조사를 받고 있다는 정보가 입수된 바 없고, 마약 밀수 혐의도 입증되지 않았으므로" 그와 함께 작전을 추진해도 문제가 없다고 중미 특별반장 앨런 피어스Alan Fiers에게 조언했다.[33]

1987년 8월 5일 앨런 피어스는 상관인 CIA 작전부국장 클레어 조지Clair George에게 비록 하이드가 "좋은 선택"은 아니지만 "현지 '작전 필요성'에 따라 그를 이용할 수밖에 없다"라고 보고했다. 클레어 조지는 하이드 문제를 CIA 부국장 로버트 게이츠Robert Gates와 의논하면서 "우리는 그를 이용해야 하는 입장이지만 동시에 그를 제거할 방법도 마련해야 한다"라고 말했다. 하이드 건에 대해 CIA 최상부의 승인이 떨어진 후, 조지는 8월 8일자 전보에서 하이드에게 "작전에 필요한 운송 서비스를 제공"받는 것을 허가하고 "작전 성공 후 모든 관계를 중단"하라고 지시했다.[34] 훗날 CIA 감찰관의 조사에서 피어스는 CIA 국장대행인 게이츠가 자신에게 하이드를 "매우 제한된 용도"로 사용하라고 구두 승인했다고 진술했다.[35]

한 CIA 요원에 따르면, 하이드와 동맹을 맺은 2년간 CIA 본부는 현장 요원들에게 하이드에 관해 "상충하는 신호"를 보냈다. 한 요원은 "피어스와 CIA 국장 윌리엄 케이시william Casey로부터 '임무를 완수하라'는 압력을 받았다"라고 기억했다. 한편 다른 관료들은 "의회 정보감독위원회가 조사에 착수할 경우 문제가 없도록" 만전을 기하라고 촉구했다.[36] 이렇게 모순적인 지시를 수행해야 했던 한 CIA 병참요원은 비밀요원과 범죄자 사이에 형성될 수 있는 친밀감을 드러내며 "하이드의 부하 중 일부가 배를 밀수에 동원했을 가능성은 있지만" "자신의 가까운 친구인 하이드의 마약 혐의는 사실일 리 없다"라고 주장했다.[37]

하이드가 "탬파/세인트피터스버그 지역에 연줄을 가진 항공 밀수 집단의 우두머리"라는 첩보를 입수했음에도 불구하고, 1988년 3월 CIA 본부는 그의 시설을 추가로 임대하는 작전을 승인했다.[38] 그러나 몇 개월 후 "하이드가 코카인 밀수에 관련되었다는 혐의가 계속 제기"되고, 특히 의회의 금수 조치로 인해 일시적으로 중단되었던 콘트라 게릴라 세력에 대한 무기 공급이 재개되면서 하이드의 저장 시설이 필요 없어진 CIA 본부는 대안을 찾기 시작했다. 하지만 현장 요원들은 하이드는 이 지역에서 유일하게 신뢰할 수 있는 "운송 메커니즘"이라고 주장하면서 그와의 공조를 그만두라는 본부의 요구를 거부했다.[39] 1989년 초 더 이상 콘트라에 무기를 공급할 필요가 없어진 CIA 본부는 마침내 현장 요원들에게 하이드와의 관계를 청산하라고 명령했다. 1990년 2월에 열린 니카라과 선거에서 산디니스타가 권력을 상실하기 1년 전의 일이다.[40]

비록 전략적 동맹 관계는 끝났지만, CIA는 그 후로도 4년간 마약 밀매 혐의를 조사하려는 온두라스와 미국 당국으로부터 하이드를 보호했다. 1993년 3월 CIA 내부 지시에 따르면 "앨런 하이드와 [CIA의] 관계가 문서로 남아 있고 기소 단계에서 문제가 될 수 있기" 때문에, "그에 대한 수사를 ⋯ 좌절시키는 것"이 CIA의 방침이었다.[41]

CIA는 1987년부터 1993년까지 크랙 코카인의 유통이 최고조에 달했던 시기에 비밀전쟁 지역에서 마약 단속반이 활동하지 못하도록 조치하여 마약 조직의 최고 거물을 보호했던 것으로 보인다. 한편 레이건 대통령은 CIA의 콘트라 작전을 강력히 지지하는 동시에 국내에서 마약 단속 활동 확대의 중요성을 강조하기 시작했다. 이 시기에 미국은 마약의 판매와 유통 외에 단순히 약물을 사용하는 개인도 무겁게 처벌했다. 단속이 강화되면서 미국 교도소 수감자는 1981년의 37만 명에서 1989년 71만 명으로 2배 가까이 증가했다. 그 후에도 레이건 시대에 제정된 마약법으로 인해 미국 내 수감자가 계속 증가하여 2008년에는 그 수가 230만 명에 달했다. 연방 교도소 수감자 중 절반 이상(53퍼센트)이 마약 사범이었다.[42]

대량 투옥은 심각한 참정권 박탈을 야기했다. 2016년 10월에 이르면 반세기 넘게 민주당에 투표해온 진보적 유권자 층인 미국 흑인의 8퍼센트에 달하는 610만 명이 투표권을 잃었다. 4개 주(플로리다, 켄터키, 테네시, 버지니아)에서는 흑인 인구의 20퍼센트 이상이 투표권을 박탈당했다. 이 감금 체제는 보수적인 시골 지역에 교도관과 수감자(유권자 수에 포함되지만 실제 투표권은 없다) 인구를 집중시켜 공화당 후보에게 극도로 유리한 현대판 '부패 선거구 rotten borough'를 탄생시켰다.[43] 이처럼 비밀작전과 국가 정책, 국내외를 넘나드는 비밀공작의 지하세계를 통해 레이건 정권은 국내의 정치 기반을 강화하는 데 성공했다.

비밀공작은 당파적, 외교 정책적 관점에서는 성공이었지만, 그로 인해 정치적 논란이 벌어지며 미국은 국론 분열이라는 값비싼 대가를 치러야 했다. 1986~87년에 시행된 이란-콘트라 스캔들 조사에서 레이건 행정부가 의회의 금수 조치를 위반하고 이란에 지대공 미사일을 판매한 뒤 그 수익금을 콘트라에 조달할 무기 구매에 이용했음이 드러났다. 세상을 떠들썩하게 한 의회 청문회 이후 국방부 장관 캐스퍼 와인버거Caspar Weinberger를 비롯한 14명의 고위 관리가 기소되고 그중 11명이 유죄 판결을 받았다. 그러나 그들이 항소심에서 무죄 판결을 받거나 대통령 사면을 받으면서 논란은 빠르게 잊혔다.[44]

그러다 1996년 8월 『산호세머큐리뉴스』가 '어둠의 동맹Dark Alliance'이라는 제목의 연재기사를 통해 "콘트라 반군이 운영하는 마약 네트워크가 콜롬비아 … 카르텔과 로스앤젤레스 흑인 거주 지역을 연결하는 통로를 열었다"고 보도하고, 사설에서 "CIA가 이 사실을 몰랐을 리 없다"고 비판하면서 사건이 다시 수면 위로 부상했다.[45] 9월 중순 『머큐리』지 기사가 실린 웹사이트의 일일 접속자 수가 100만 명을 돌파했고(『머큐리』는 인터넷에 기사를 게재한 최초의 신문사 중 하나다), 미국 흑인 사회는 분노로 들끓었다. 라디오 토론 프로그램에 전화를 건 흑인들은 CIA가 크랙을 이용하여 흑인 사회를 의도적으로 파괴(이는 『머큐리』지가 고발한 내용을 훨씬 넘어서는 주장이다)했다고 비난했다. 워싱턴에서는 연방의회 '유색인종 모임(블랙코커스Black Caucus)'이 수사를 요구했다.[46]

이 문제가 그해의 최대 쟁점으로 떠오르자 주류 매체가 CIA

편에 서서 논쟁에 뛰어들었다. 『워싱턴포스트』, 『뉴욕타임스』, 『로스앤젤레스타임스Los Angeles Times』는 『머큐리』지가 인종 갈등을 조장하고 있다고 비난했다.[47] 『머큐리』편집장이 사과문을 발표했고, 기사를 쓴 게리 웹Gary Webb 기자는 해고된 후 자살했다. 혼란이 계속되자 클린턴 행정부는 흑인 공동체와의 관계 개선을 위해 CIA 감찰관 히츠에게 실상을 조사하도록 명하지 않을 수 없었다(게리 웹은 머리에 두 발의 총상을 입고 사망한 채 발견되었다. 그의 이야기는 2014년 〈킬 더 메신저Kill the Messenger〉로 영화화되었다-옮긴이).

≋ 세계 유일의 초강대국을 이긴 분홍꽃

미국은 건국 이래 가장 오래 수행한 전쟁에서 패배 위기에 몰려 있다. 어떻게 이런 일이 벌어졌을까? 세계 유일의 초강대국이 10만 명의 최정예 부대를 투입하여 15년 이상 끊임없는 전투를 벌이면서 2,200명의 병사를 희생시키고, 군사 작전에 1조 달러가 넘는 돈을 쓰고,[48] 거기에 더해 1,000억 달러를 "국가 건설"[49]과 "재건"에 쏟아붓고, 35만 명의 현지 정규군을 모집하는 데 돈을 대고, 그들을 무장시키고 훈련시켰음에도 아프가니스탄을 평정하는 데 실패한 원인은 무엇일까? 아프가니스탄은 지금까지도 안정될 기미가 보이지 않으며, 미국 정부는 미군의 아프가니스탄 완전 철군 계획을 백지화하고 1만 명에 가까운 병력을 무기한 잔류시켰다.[50]

아프간전쟁이라는 문제의 근원을 파고들면 미국의 실패 뒤에 도사린 금세기 최대의 정책 모순이 모습을 드러낸다. 워싱턴이 보유한 막강한 군사력의 거침없는 전진을 가로막은 것은 다름 아닌 분홍색 양귀비꽃이다. 은유적인, 심지어 다소 과장된 표현으로 느낄지도 모르지만 양귀비는 정말로 비밀공작의 지하세계에서 패권을 행사하는 미국의 발을 묶고야 말았다.

미국이 아프가니스탄에 개입한 지난 40년간 워싱턴의 군사 작전은 오직 중앙아시아의 아편 밀매 카르텔과 충돌 없이 공존했을 때만 성공을 거뒀으며, 그렇지 않을 때는 어김없이 실패했다. 1979년 미국이 처음으로 아프가니스탄에 개입했을 때, 아프가니스탄 내 친미 세력은 갈수록 성장하는 마약 사업을 통해 소련에 대항할 자금을 확보했다.

2001년 아프가니스탄을 침공한 이래 15년이 지나도록 미군이 탈레반을 평정하지 못한 가장 큰 이유는 헤로인 밀매를 통제하지 못했기 때문이다. 2001년 180톤이었던 아프가니스탄의 아편 생산량은 5년간의 미군 점령 후 무려 8,200톤으로 증가했다. 봄마다 눈이 녹으면 분홍색 양귀비꽃이 들판을 덮었고, 양귀비 수확이 끝나면 탈레반의 금고가 가득 찼으며, 외딴 시골 마을에서 솟아난 10대 소년병들이 게릴라군에 합류했다.

지난 40년간의 비극적이고 격동적인 아프가니스탄 역사의 각 단계(1980년대의 비밀전쟁, 1990년대의 내전, 2001년 이후 점령)에서 아편은 이 나라의 운명을 결정하는 데 중요한 역할을 담당했다. 아프가니스탄의 독특한 생태계가 미국의 군사 기술과 만나 온통 육지로 둘러싸인 오지를 세계 최초의 진정한 마약 국가, 즉 불법 마약이 국가 경제와 정치적 선택을 좌우하고 분쟁의 결말을 결정하는 나라로 탈바꿈시킨 것은 역사의 가혹한 아이러니다. 장기간의 아프가니스탄 점령이 암울한 대단원을 향해 달려가면 워싱턴은 복잡한 지정학적 세력 구도가 미국의 패권을 갉아먹고 있다는 사실을 깨닫게 될 것이다.

1980년대에 아프가니스탄에서 소련군을 몰아내기 위해 CIA가 벌인 비밀전쟁은 아프간-파키스탄 국경의 무법 지대를 전 세계 헤로인 밀매의 중심으로 탈바꿈시켰다. 1986년 미국 국무부는 다음과 같이 보고했다. "아프가니스탄 부족 지역에는 경찰도, 법정도, 세금도 없다. 어떤 무기도 불법이 아니다. … 대마초와 아편이 버젓이 거래되고 있다."[51] 이 무렵 아프가니스탄 내부에서는 게릴라 활동이 이미 오랫동안 전개되고 있었다. 하지만 CIA는 저항 세력 지도자들과 연합하는 대신, 자신의 중요한 파트너인 파키스탄 정보부ISI 및 급성장하는 아편 밀거래 사업의 주역으로 부상한 아프가니스탄의 ISI 협력자들에 의존했다.[52]

CIA는 아프가니스탄의 아편 생산량이 1970년대의 연간 100톤가량에서 1991년 2,000톤으로 증가하는 동안 불법 거래를 묵인했다.[53] CIA의 비밀전쟁이 본격화되던 1979~80년에 아프간-파키스탄 국경을 따라 헤로인 공장이 줄지어 들어섰다. 이 지역은 곧 세계 최대 규모의 헤로인 제조지가 되었다. 1984년에는 이곳에서 생산된 헤로인이 미국 시장의 60퍼센트, 유럽 시장의 80퍼센트를 점유했다.[54] 1979년에 '0'(그렇다, 제로다)에 가까웠던 파키스탄 내 헤로인 중독자 수는 1980년 5,000명으로, 1985년에는 130만 명으로, 유엔이 "특히 충격적"이라 표현했을 정도로 폭증했다.[55]

1986년 미 국무부 보고서에 따르면 양귀비는 "큰 자본을 투자할 필요가 없고, 성장 속도가 빠르며, 운송과 매매가 쉬워 전쟁으로 피폐해진 나라에서 기르기 좋은 작물이다." 아프가니스탄의 기후는 이 온대성 작물에 더없이 적합하여, 아편 생산지로 유명한 동남아시아의 골든트라이앵글 지역보다 면적당 수확량이 2~3배 많았다.[56] CIA와 소련의 잔혹한 대리 전쟁으로 최소 300만 명의 난민이 발생하고 식량 생산이 어려워지자 아프간 농부들은 "어쩔 수 없이" "고수익"이 보장되는 양귀비 재배에 뛰어들었다. 미 국무부는 저항 세력이 "점령한 지역 주민들에게 생계 수단을 제공하고 무기 구매 자금을 마련하기 위해" 아편 재배와 밀매에 관여하고 있다고 보고했다.[57]

1980년대에는 무자혜딘 게릴라가 소련군 점령지를 탈취해 해방 지구를 형성하기 시작하면서, 아프간 저항 세력은 헬만드강 유역의 비옥한 곡창 지대를 비롯한 여러 지역에서 양귀비를 재배하는 농부들로부터 세금을 걷어 활동비를 마련했다.[58] 『뉴욕타임스』 보도에 따르면, CIA가 저항 세력에 제공한 무기를 실어 나르는 운송단은 때때로 "아프간 저항 세력을 지원하는 파키스탄과 미국 정보기관 요원의 승인을 받아" 아편을 가득 싣고 파키스탄으로 복귀하곤 했다.[59]

무자혜딘 반군은 아편을 북서변경주에서 활동하는 파키스탄 헤로인 제조업자들에게 판매했다. 이곳은 CIA와 밀접한 파즐 하크Fazle Haq 장군이 통치하는 비밀전쟁 지역으로, 1988년경 북서변경주 카이베르 지구에만 100~200개소의 헤로인 정제소가 존재했다고 추산된다.[60] 남쪽의 발루치스탄주 코히스탄 지구에서는 이슬람원리주의자이자 CIA가 아끼는 아프간 협력자 굴부딘 헤크마티아르Gulbuddin Hekmatyar가 6곳의 헤로인 정제소를 운영하면서 헬만드강 유역에서 생산된 아편의 대부분을 소화했다.[61] CIA가 보낸 무기를 상자째 국경으로 실어 나른 파키스탄 육군은 돌아가는 길에 헤로인을 항구와 공항으로 운반했으며, 그곳으로부터 헤로인이 세계 시장으로 퍼져나갔다.[62]

이 비밀작전이 마무리될 무렵인 1990년 5월, 『워싱턴포스트』는 헤크마티아르가 아프간 반군의 대표적인 헤로인 밀수꾼이라고 보도했다. 기사에 따르면 미국 당국이 오랫동안 헤크마티아르와 파키스탄 정보부의 헤로인 거래 조사를 거부한 주된 이유는 "마약 정책은 아프가니스탄에서 소련을 몰아내는 전쟁의 부차적인 문제였기 때문"이다.[63]

실제로 전 CIA 아프간 작전 책임자인 찰스 코건Charles Cogan은 1995년 인터뷰에서 속내를 드러냈다. "우리의 주된 임무는 소련군에 가능한 한 큰 피해를 입히는 것이었습니다. 마약 밀거래를 조사할 예산도, 시간도 없었어요. 그게 우리가 사과해야 할 일이라고 생각하지는 않습니다. … 마약이라는 후유증이 남긴 했죠. 하지만 목적은 달성했어요. 소련군이 아프가니스탄을 떠나지 않았습니까."[64]

장기적으로 이 '은밀한'(이라기엔 매우 공개적으로 문서화하고 과시했던) 개입은 영영 해결되지도, 해소되지도 않을 지정학적 불안정이라는 블랙홀을 남겼다. 몬순 지대의 북쪽 가장자리에 위치한 아프가니스탄은 미국의 최초 개입 시기에 겪은 사상 초유의 참화로부터 쉽사리 회복될 수 없었다. 헬만드강 유역 등 일부 관개 지역을 제외하면 반건조 기후(습윤 기후와 건조 기후의 중간으로, 연

강수량은 250~500밀리미터이며 강수량보다 증발량이 많은 기후-옮긴이)인 고산지대에서는 1979년 전쟁이 시작되었을 때 상당한 규모의 인구가 간신히 생활을 이어나가고 있었다. 1989년에서 1992년 사이 전쟁이 마무리되는 과정에서 워싱턴은 평화협정을 주선하지도, 재건 비용을 마련해주지도 않은 채 사실상 아프가니스탄을 방치했다.

워싱턴이 아프가니스탄에서 아프리카와 페르시아만의 다른 분쟁 지역으로 눈을 돌린 사이, 이미 150만 명이 죽고 300만 명의 난민이 발생하고 경제가 피폐해진 아프가니스탄은 극심한 내전에 휘말렸다. CIA의 지원을 받아 현대식 무기로 무장한 군벌들이 권력 투쟁을 벌이던 참혹한 시절에 아프간 농부들을 먹여 살릴 작물은 양귀비가 유일했다. 1980년대 비밀전쟁 시대에 20배 증가한 아편 수확량은 1990년대 내전 기간에 다시 2배 더 증가했다.[65]

아편 생산 증가는 20년간의 파괴적인 전쟁이 초래한 극심한 피해에 대한 반응으로 이해해야 한다.[66] 전쟁이 끝난 뒤 황폐해진 땅으로 돌아온 300만 명의 난민에게 밀보다 9배 많은 노동력이 필요한 양귀비 밭은 하늘이 내린 일자리였다.[67] 마약상들은 가난한 농부에게 그들의 연 수입의 절반에 해당하는 선금을 줄 수 있을 만큼 빠르게 자본을 축적했다. 오직 이 돈만이 아프간 농민의 생존을 보장했다.[68]

1992~94년 아프간 내전 초기에 지방 군벌은 무기와 아편을 총동원하여 권력 투쟁을 벌였다. 카불에 파슈툰족 정권이 들어서길 원했던 파키스탄은 정보국을 통해 아프가니스탄 내 대표적인 친파키스탄 인사인 헤크마티아르에게 무기와 자금을 지원했다.

이 무렵 분열된 연합정권에서 이름뿐인 총리를 맡고 있던 그는 카불을 점령하고자 2년간 잔인한 폭격을 가하여 도시를 폐허로 만들고 5만 명의 시민을 살해했다.[69] 그럼에도 불구하고 헤크마티아르가 카불을 함락하지 못하자, 파키스탄은 새로 부상한 탈레반을 지원하기 시작했다.

1996년에 카불을 점령하고 아프가니스탄 대부분의 지역에 대한 통제권을 장악한 탈레반 정권은 국민들에게 양귀비 재배를 장려하고 마약 밀매를 세원으로 삼았다.[70] 유엔 아편 실태조사에 따르면 탈레반 집권 초기 3년간 아프가니스탄의 아편 생산량은 전 세계 생산량의 75퍼센트에 해당하는 4,600톤으로 증가했다.[71]

2년째 가뭄이 이어지며 기아가 전국으로 확산되던 2000년 7월, 탈레반 정권은 느닷없이 양귀비 재배를 일체 금지했다.[72] 탈레반 정권의 마약 단속 책임자는 금지령이 "국제조약하의 의무"라고 설명했다. 1만 30개 마을에서 진행된 유엔 실태조사에서 탈레반의 금지령으로 인해 수확량이 전년 대비 94퍼센트 감소한 185톤에 그친 것으로 드러났다. 양귀비 경작지도 2000년의 8만 2,000헥타르에서 이듬해 8,000헥타르로 급감했다.[73]

2000년 9월, 탈레반 정권은 외교부 차관 압둘 라흐만 자히드Abdur Rahman Zahid가 이끄는 대표단을 뉴욕의 유엔본부로 파견하여 마약 금지 정책을 어필하고 외교적 인정을 구하고자 했다. 하지만 유엔은 탈레반 정권이 오사마 빈 라덴Osama bin Laden을 보호하고 있다는 이유로 오히려 추가 제재를 가했다.[74] 그에 반해 미국은 탈레반에 4,300만 달러의 인도주의적 지원을 제공했다. 2001년 5월에 지원 결정을 발표하면서 미 국무부 장관 콜린 파월Colin Powell은

"탈레반의 양귀비 재배 금지 결정을 환영"하면서도 "테러리즘 지원과 국제 인권 기준 위배, 특히 아프간 여성과 소녀들에 대한 부당한 대우"를 중단하라고 촉구했다.[75]

☰ 테러와의 전쟁: 2001~08년

9·11 이후 워싱턴은 지난 10년간 방치했던 아프가니스탄을 맹렬한 기세로 '재발견'했다. 테러 후 몇 주 지나지 않은 2001년 10월에 미국은 아프간을 폭격하고, 지방 군벌을 앞세워 침략을 감행했다. 탈레반 정권은 빠른 속도로 붕괴했다. 『뉴욕타임스』의 베테랑 기자인 R. W. 애플 주니어R. W. Apple Jr.의 말에 따르면, 붕괴 속도가 "너무나 갑작스럽고 예상 밖이어서 정부 관료나 전략 논평가가 … 그 이유를 제대로 설명하지 못"할 정도였다.[76] 비록 미군의 공습이 위력적이기는 했지만 많은 나라가 이보다 훨씬 더 심한 폭격을 당하고도 버텨내지 않았던가. 돌이켜 짐작컨대 아프가니스탄의 아편 금지령이 탈레반을 경제적으로 무력화시켰던 것으로 보인다.

지난 20년간 아프가니스탄은 점점 더 많은 자원(돈, 땅, 물, 노동력)을 아편과 헤로인 생산에 쏟아부었다. 아프가니스탄에서 농업은 곧 양귀비 재배를 의미하는 것이나 다름없었다. 정부가 거둬들이는 세금의 대부분과 수출로 벌어들이는 외화의 상당 부분이 마약에서 나왔다. 다수의 국민에게 일자리를 제공한 것도 마약 산업이다.

이런 상황에서 탈레반 정부의 갑작스러운 아편 근절 정책은 사회를 붕괴 직전으로 몰아간 경제적 자살 행위였다. 2001년 유엔 조사에 따르면 마약 금지령은 8만 명의 농부, 48만 명의 뜨내기 노동자, 그리고 수백만 명에 이르는 부양가족 등 "330만 명에게 심각한 손실을 초래했다." 아프가니스탄 전체 인구의 15퍼센트가 생계를 위협받았다는 얘기다.[77] 그해 5월 유엔 조사단은 "양귀비 재배 지역이 심상치 않은 상황"이라고 보고했다. "수많은 소농이 곤경에 처했고" 일자리를 잃은 뜨내기 노동자들은 "도시나 타국으로 떠나거나, 병사로 자원했다."[78] 농부들이 굶주림에 시달리며 길고 추운 겨울을 보내는 가운데 융자금을 갚기 위해 가축을 팔거나 딸을 내줘야 하는 처지가 되면서 "서방 군대가 지방 지배층과 지역민으로 하여금 탈레반 정권에 대항하여 반란을 일으키도록 종용하기 쉬운 환경이 조성되었다."[79]

미군의 무시무시한 폭격에 이어 각지의 군벌이 공격에 가세한 지 한 달 만에 탈레반의 방어선이 무너졌다. 탈레반의 가장 무자비한 사령관 중 하나인 물라 케이블Mullah Cable(철제 케이블로 된 채찍으로 포로를 고문하여 얻은 별명-옮긴이)은 카불 북동쪽 전선에서 4주간 미군의 공습을 방어한 후 자신이 "미국의 기술력을 과대평가했다"라며 웃었다. 그러던 어느 날 그의 부대에 미국 폭격기가 투하한 포탄이 떨어졌다. 현장을 목격한 물라는 충격에 빠졌다. "잘린 사지가 사방에 나뒹굴었다. 머리 없는 몸통과 잘려나간 팔, 익은 두피 조각과 벗겨진 살가죽이 여기저기 흩어져 있었다. 돌이 붉게 물들었고, 모래가 핏빛으로 변했다." 생존자는 없었다. 그날 밤, 전선에서 880명의 병사가 실종되었다는 소식을 듣고 물라는 자문했다. "이 무슨 상상도 하기 힘든 괴력인가?" 병사들이 단체로 탈영하고 있다는 소식을 들은 물라는 살아남은 부하를 모아놓고 말했다. "여기서 달아나라. 서로 연락하지 마라." 그는 목숨만 부지할 수 있다면 "영원히 정치에서 손을 떼겠다"고 다짐하고, 고향으로 돌아가는 수천 명의 탈레반 병사들을 따라 카불로 향했다. 한때 막강했던 탈레반군은 이대로 영영 끝장나버린 듯했다.[80]

그러나 미국의 또 다른 전략이 4년 후 탈레반이 부활할 수 있는 씨를 뿌렸다. 10월 내내 미군 폭격이 계속되는 동안, CIA는 기존의 반탈레반 군벌 동맹을 매수하기 위해 7,000만 달러의 현금을 아프가니스탄으로 들여왔다(조지 W. 부시 대통령은 이를 두고 사상 최대의 "바겐 세일"이라고 자화자찬했다).[81] CIA는 이 돈으로 북부동맹Northern Alliance을 지원했다.[82] 북부동맹은 탈레반 정권 시절부터 아프가니스탄 북동부 지역을 점령한 채 오랫동안 마약 밀거래를 주도했다. 또한 CIA는 카리브해에서 코카인 밀수업자 앨런 하이드와 손잡았던 것처럼, 아프가니스탄 남동부의 파키스탄 접경 지대에서 파슈툰족 신흥 군벌에게 손을 내밀었다. 이로써 양귀비 재배와 마약 밀무역이 재개될 기반이 마련되었다.[83]

카불과 여러 지방 도시를 함락시킨 CIA는 재빨리 연합군과 민간 관료들에게 통제권을 넘겼다. 그들이 벌인 부적절한 마약 단속 프로그램의 결과 헤로인 사업은 아프간 군벌을 거쳐 다시 탈레반 게릴라 손에 들어갔다.[84] 탈레반 세력이 전열을 가다듬기도 전에 아편 수확량은 3,400톤으로 급증했다. 2003년에는 불법 마약 사업이 아프가니스탄 국내총생산의 62퍼센트를 차지했다.[85] 그러나 미 국방부 장관 도널드 럼스펠드Donald Rumsfeld는 미군 점령이 시작된 후 몇 년간 마약 자금이 탈레반의 수중으로 들어가고 있다는 징후가 계속 나타나는데도 이를 일축했다. CIA와 군부도 "아프간 군벌의 마약 관련 활동을 눈감아줬다."[86]

2년 가까이 아편 통제는 영국에, 경찰 훈련은 독일에 일임했던 백악관은 2004년 말 CIA 보고서를 받았다. 마약 사업이 탈레반의 부활을 부채질하고 있다는 분석이었다. 부시 대통령의 지원을 받은 콜린 파월 국무부 장관은 콜롬비아에서 코카잎 재배를 근절하기 위해 시행 중이던 제초제 공중 살포 작전을 포함한 강력한 마약 퇴치 전략을 아프가니스탄에서도 실행하라고 촉구했다. 아프가니스탄 재무부 장관이던 아슈라프 가니는 이 계획이 "빈곤의 광범위한 확산"을 초래할 것이라며 반대했다.[87]

워싱턴은 어쩔 수 없이 다인 코퍼레이션 인터내셔널DynCorp International 등의 민간업체를 고용하여 마약 근절 작업을 수행할 아프간 팀을 훈련시켰다. 그러나 『뉴욕타임스』 특파원 칼로타 골Carlotta Gall에 의하면, 2005년 무렵 이 시도는 이미 "비웃음거리"가 되었다.[88] 2년 후 탈레반 반군과 양귀비 재배가 나란히 확산되자,[89] 미국 대사관은 제초제 공중 살포 작전을 수용하라고 카불 정부를 압박했다. 하미드 카르자이 대통령은 이를 거부했고, 이 중대한 문제는 미해결 상태로 남았다.[90]

2007년의 유엔 「아프가니스탄 아편 조사Afghanistan Opium Survey」는 아편의 연간 생산량이 24퍼센트 증가하여 사상 최고치인 8,200톤을 기록했다고 보고했다. 유엔 보고서가 탈레반 게릴라군이 "마약 경제로부터 무기, 병참, 급여 자금을 조달하기 시작했다"고 명시한 점은 주목할 만하다.[91] 2008년 미국평화연구소US Institute of Peace는 탈레반이 점령 지역 내 50개 헤로인 공장과 아프가니스탄 양귀비 밭의 98퍼센트를 장악했다고 보고했다. 그해 탈레반 반군은 아편 밀매 사업으로부터 4억 2,500만 달러의 '세금'을 거둬들인 것으로 알려졌으며, 추수철이 돌아올 때마다 시골 마을에서 젊은 병사를 모집할 자금이 확보되었다. 게릴라 병사는 300달러의 월급을 받았는데, 이는 농사를 지을 때와는 비교도 안 되는 큰돈이다.[92]

2008년 중순, 워싱턴이 반군 세력의 확산을 억제하기 위해 4,000명의 미군을 추가 파병하기로 결정하여 연합군 병력은 총 7만 명으로 증가했다.[93] 아편이 탈레반의 핵심 사업임을 인지한 연합군 사령부는 양귀비 재배 지역에 지역재건팀Provincial Reconstruction Teams을 파견하여 마약 근절 활동을 펼쳤는데, 마침 타이밍이 절묘했다. 2007년에 아편이 과잉 공급되면서 2001년에 킬로그램당 700달러에 달했던 가격이 60달러까지 폭락했다. 동시에 식량 부족으로 인해 밀이 처음으로 경쟁력 있는 작물이 되었다. 헬만드강과 낭가르하르주 같은 지역의 농부들이 해외 원조금을 받아 식량작물을 심으면서 아프가니스탄의 양귀비 경작 면적은 2007년 20만 헥타르에서 2년 후 12만 3,000헥타르로 축소되었다. 그럼에도 여전히 탈레반을 뒷받침하기에 충분한 규모다.[94]

한편 미국 재무부는 마약 근절 활동을 보조하기 위해 아프간위협 파이낸스팀Afghan Threat Finance Cell을 꾸리고 마약 밀매 집단에 대한 전략적 공격 임무를 맡은 전투부대에 60명의 분석가를 파견했다. 한 전직 국방부 분석가에 따르면, 문화적 배경지식이 부족한 민간 '인스턴트 전문가'들은 "소셜 네트워크 분석"과 "영향력 네

트워크 모형화" 등의 정량적 분석법을 사용하여 "하왈라 브로커
[시골 지역의 대부업자]를 반군의 중심 교점으로 지목"했고, 그러
면 미군 전투부대가 "타격 행동에 투입되어 문자 그대로 현지 하
왈라 사무소의 문을 박차고 들어가서 사업을 폐쇄했다." 이 작전
은 반란군의 금융 전산망을 일시적으로 마비시켰지만, 동시에 미
국은 하왈라 브로커에게 생계를 의존하던 마을 전체를 적으로 돌
리는 대가를 치러야 했다.[95] 이것은 미국이 자랑한 정교한 전술이
지역 패권 장악에 도움이 되기는커녕 오히려 참담한 결말을 재촉
하였음을 보여주는 수많은 사례 중 하나다.

≡ 아프가니스탄 개입: 2009~16년

2009년경 탈레반 반군 세력의 확장세가 걷잡을 수 없는 수
준에 이르자 새로 집권한 오바마 행정부는 아프간 주둔군을 10만
2,000명으로 늘리기로 결정했다. 수개월간의 병력 배치 작업 후,
2010년 2월 13일 새벽 헬만드주의 외딴 시골 도시 마르자에서 한
작전이 전개되었다. 여러 대의 헬기가 흙먼지를 일으키며 마을 외
곽에 착륙했고, 수백 명의 해병이 양귀비 밭을 가로질러 진흙벽 건
물로 달려갔다.[96] 병사들의 목표물은 탈레반 게릴라였지만, 실제
로는 세계 헤로인 밀무역의 수도를 공격하는 작전이었다. 전 세계
아편의 40퍼센트가 마르자 주변에서 재배되었고, 그중 상당량이
마르자에서 거래되었다.[97]

일주일 후 스탠리 맥크리스털Stanley McChrystal 장군이 아프가니

스탄 부통령 카림 칼릴리Karim Khalili와 함께 대게릴라 전술을 미디어에 공개하기 위해 마르자에 도착했다. 그는 기자들에게 새로운 전략이 마르자 같은 마을을 평정할 것으로 믿어 의심치 않는다고 말했다. 하지만 현지 아편 밀매업자들의 생각은 달랐다. 동네의 한 노인은 "만일 그들이 트랙터를 몰고 온다면 내 양귀비 밭을 갈아엎기 전에 나를 먼저 밟고 가야 할 것이다"라고 말하며 미국에 저항했다.[98]

2010년 3월, 사건의 전개를 지켜보던 나는 다가올 미국의 패배를 경고했다. "선택은 분명하다. 우리가 결과가 보장되지 않은 잔혹한 전쟁을 계속한다면 이 지역에 더 많은 피를 뿌리게 될 것이다. … 그게 아니라면 식량작물이 양귀비를 대체할 때까지 … 전쟁으로 황폐해진 과수원에 나무를 새로 심고 가축을 채워 넣고 농토를 일궈 갱생을 도울 수도 있다. 워싱턴의 정치인들이 알아들을 수 있도록 쉽게 말하면, 마약국가가 더 이상 마약국가가 아니게 될 때 우리는 비로소 그곳을 평정할 수 있다."[99]

오바마의 '증파' 결정은 곧 예정된 패배를 맛보았다. 2012년 말 『뉴욕타임스』는 탈레반 게릴라가 "미국이 주도하는 연합군이 퍼부을 수 있는 가장 큰 공격을 방어했다"고 보도했다.[100] 2014년 12월까지 모든 전투를 종료하겠다고 선언한 오바마 대통령의 약속을 지키기 위해 연합군 규모가 급속히 축소되는 가운데, 탈레반은 북쪽, 북동쪽, 남쪽 지방에서 대규모 반격을 개시하여 엄청난 수의 아프간 군인과 경찰을 사살했다.[101]

당시 아프가니스탄 특별감시관이었던 존 숍코John Sopko는 탈레반의 생존에 관한 설득력 있는 설명을 내놓았다. 지난 10년간

"마약 근절" 프로그램에 76억 달러라는 막대한 금액을 투입했지만 "우리는 어떤 기준으로 판단해도 실패했다고 볼 수밖에 없습니다. 아편 생산·재배는 증가하고 금지·근절은 감소했으며, 반군에 대한 자금 지원은 증가했고, 아프가니스탄 내 약물 중독과 남용은 유례없이 높은 수준입니다."[102]

실제로 2013년에 아프가니스탄의 양귀비 재배 면적은 사상 최고치인 20만 9,000헥타르를 기록했으며, 아편 수확량은 5,500톤에 달했다. 킬로그램당 가격은 2007년 60달러의 3배인 172달러까지 회복되었다.[103] 이 사업은 30억 달러의 불법 수입을 발생시켰고,[104] 탈레반은 이로부터 3억 2,000만 달러(추산)의 세금을 거둬들였다. 탈레반 전체 수입의 절반을 훌쩍 넘는 수치다.[105] 미국 대사관도 "반군은 마약 밀무역의 거의 모든 단계에서 수익을 얻는 횡재를 거두었다"라고 보고했다.[106]

2014년 양귀비 수확철에 유엔이 내놓은 새 보고서에 따르면 양귀비 재배 면적은 22만 4,000헥타르로 또 한 번 최고치를 경신했고, 생산량도 6,400톤으로 늘어났다.[107] 2015년 5월, 아프간에서 생산된 마약이 전 세계에 홍수처럼 범람한 것을 지켜본 특별감시관 솝코는, 이 상황을 미국인에게 익숙한 이미지를 동원하여 쉽게 설명했다. "아프가니스탄의 양귀비 재배 면적은 50만 에이커 또는 780제곱마일(2,000제곱킬로미터)가량 됩니다. 미식축구 경기장 40만 개를 합한 규모죠. 엔드 존(미식축구 경기장의 골라인과 엔드라인 사이의 터치다운 구역—옮긴이)까지 포함해서 말입니다."[108]

2015년 탈레반이 주도권을 손에 쥐었다.『뉴욕타임스』는 탈레반의 새로운 지도자 물라 아흐타르 만수르Mullah Akhtar Mansour를 두고 "마약 무역에 관여한 것으로 밝혀진 최초의 주요 지도자 중 한 명이며 … 이후 탈레반의 주요 아편세 징수자가 되어 엄청난 수익을 거두었다"라고 보도했다.[109] 만수르 휘하에서 진행된 첫 번째 대규모 군사 작전에서 그들은 아프가니스탄 북부 도시 쿤두즈를 2주간 점령했다. 쿤두즈는 "주요 아편 산지에서 타지키스탄 … 러시아와 유럽으로 아편을 운반하는 … 가장 수익성 좋은 루트"에 위치한 도시다.[110] 탈레반의 예상치 못한 성공에 경악한 워싱턴은 전투부대 철수 계획에 급제동을 걸어야 했다.[111]

2015년 10월 유엔이 아프가니스탄 북부의 지역 사무소를 급히 철수시키는 가운데 발표한 내용에 따르면, 탈레반은 아프가니스탄 영토의 절반을 장악했다. 여기에는 과거에는 탈레반이 활동하지 않던 지역도 다수 포함되었다.[112] 그로부터 한 달 내에 탈레반은 점령지를 넓히고, 북쪽 파르야브주의 군사기지를 위협하고, 헤라트주 서부를 완전히 포위하기 위한 대규모 공세를 감행했다.[113]

그중에서도 공격이 가장 집중된 곳은 당시 아프가니스탄 아편 생산량의 절반이 집중된 헬만드주였다. 2015년 12월 게릴라군은 마르자를 함락시키기 일보 직전이었다. 미군 특수부대와 공군이 "사기가 꺾인" 아프간군을 구출하지 않았다면 헬만드주는 탈레반의 손에 떨어졌을 것이다.[114]

헬만드강을 따라 형성된 양귀비 경작지의 북부 상인 지구는 2015년 12월 말경 대부분 반군에 점령당했다. 정부군은 고질적 부패로 인해 탄약이 부족하고 배를 곯은 상태로 싸웠다. 아프가니스탄이 '해방'된 지 15년이 지난 2016년, 오바마 행정부는 다시 "수백" 명 규모의 미군을 헬만드주로 급파했다. 2016년 2월과

3월, 미군 공군의 지원과 700명의 특수작전 부대 투입에도 불구하고 궁지에 몰린 아프간 정부군은 무사 칼라와 칸 네신에서 후퇴했으며, 탈레반은 헬만드주의 총 14개 지구 중 10개를 장악했다.[115] 탈레반의 공격을 받고 3,000명의 병사를 잃은 정부군은 주요 도시 안에 웅크리고 앉은 채 게릴라군에 주도권을 내주었다.[116] 이제 남은 방어선은 미군의 공습뿐이었다.[117] 2016년 6월 오바마 행정부는 미군이 고문 역할을 넘어 실제 전투에 참여할 수 있도록 허용했고, 한 달 후에는 8,400명의 병력이 당분간 아프가니스탄에 잔류할 것이라고 발표했다.[118]

헬만드주를 비롯한 전략 요충지에서 아프간 군대는 '아편 수익 통제' 전쟁(대부분의 논평가들이 놓치고 있던 사실)에서 밀리고 있었다. 예를 들어 2015년 아편 경작지가 18만 3,000헥타르로 18퍼센트 감소하고, 수확량은 3,300톤으로 급감한 사실을 보자.[119] 아프간 정부와 유엔은 그간의 마약 근절 노력이 성공을 거둔 것이라고 평가했지만, 영국의 농학자 데이비드 맨스필드David Mansfield는 그 이유가 장기적으로 아프간 정부에 불리하게 작용할 생태학적 추세에서 기인했음을 밝혔다. 2003년부터 2013년까지 진행된 마약 근절 시도로 인해 헬만드주의 기름진 관개지에서 쫓겨난 아편 농부들은 헬만드주와 파라주 인근의 사막 지역으로 이주하여 새로 우물을 파고 26만 헥타르에 달하는 땅에 물을 대면서 120만 명의 인구를 부양했다. 이 지역은 곧 탈레반의 부활을 뒷받침하는 기반이 되었다. 이후 농지 염화와 비효율적인 농사법으로 인해 산출량이 감소하자, 2014~15년 5만 명이 헬만드주로 되돌아왔다.[120] 헬만드주에 투입한 미군 수백 명으로는 양귀비가 촉발한 끈질긴 인구학적 조류를 막을 수 없었다.

헬만드주에서는 탈레반 반군과 토호 세력이 마약 사업을 놓고 경쟁했다. 2016년 2월『뉴욕타임스』는 "아프간 정부 관료들이 아편 밀무역에 직접적으로 관여했다"고 보도했다. 그들은 "탈레반과의 경쟁을 … 마약 사업을 장악하기 위한 투쟁"으로 확장시켰고, "탈레반이 부과하는 것과 동일한 세금을 농부들에게" 부과했다. 지방 관리들은 불법 수익의 일부를 "카불의 고위 관료들에게" 상납했다.[121]

동시에 유엔 안전보장이사회의 조사를 통해 탈레반이 헬만드주에서 양귀비에 10퍼센트의 세금을 부과하고, 헤로인 공장을 장악하기 위해 전투를 벌이고, "생아편과 헤로인의 국외 반출을 보증하는" 역할을 하며 "마약 무역의 모든 단계에 조직적으로 개입"하고 있음이 드러났다.[122] 『뉴욕타임스』 보도에 따르면, 탈레반은 단순히 아편에 세금을 부과하는 역할에 머무르는 것이 아니라 마약 사업 자체에 깊숙이 개입해 "마약 카르텔과 구분할 수 없게 되었다."[123]

아편 밀매도 아프간 정부의 통제력을 약화시켰다. 2016년 전투가 시작되었을 때 농학자 맨스필드는 "카불 점령을 위한 주요 진입로 중 하나"인 낭가르하르주가 "완전히 혼란"에 빠졌다고 보고했다. 한때 "대마약 및 대반란 작전에서 성공을 거둔 것으로 유명했던" 낭가르하르주에서 단 2년 만에 양귀비 재배가 확대되고 헤로인 제조가 재개되었으며, 여러 무장 조직이 곳곳을 점령했다. 마흐만드 계곡처럼 대가족이 소규모 토지를 경작하던 지역에서는 "마약 작물에 의지하지 않고는 생계를 이어갈 방법이 없었고", 따라서 그들은 반군의 귀환을 지지했다.[124]

유엔은 2015년 아편 생산량 하락의 주요 원인으로 가뭄[125]과 양귀비 진균[126]을 꼽았지만, 장기적 추세는 여전히 불투명하다. 유엔의 연간 마약 보고서에 포함된 방대한 데이터 속에는 중요한 단서가 묻혀 있다. 아프가니스탄 경제가 국제 원조를 받으며 수년간 성장하는 사이 GDP에서 아편이 차지하는 비중은 2003년 63퍼센트에서 2014년 13퍼센트로 감소했다. 하지만 "많은 시골 공동체가 여전히 마약 경제에 의존하고 있다."[127] 앞으로도 양귀비로부터 막대한 수익을 거둬들일 탈레반은 미군이 아프가니스탄에 잔류하는 한 전투태세를 늦추지 않을 것이다.

≋ 전쟁의 교훈

아프가니스탄 개입 실패는 미국 패권의 한계를 이해할 단서를 제공한다. 양귀비 재배와 탈레반 반군의 끈질긴 생명력은 워싱턴이 아프가니스탄에서 펼친 정책이 막다른 골목에 도달했음을 시사한다. 전 세계 대부분의 사람들은 주로 물품을 생산하고 교환하는 경제활동을 통해 정부와 접촉한다. 그러나 한 국가의 가장 중요한 상품이 불법일 때, 국민의 충성심은 자연히 불법 경제 네트워크로 옮겨간다. 특별감시관 존 솝코는 이렇게 설명했다. "마약 밀매는 아프가니스탄의 금융을 손상시키고 지하경제의 성장에 기름을 부었다. 이 상황이 부패를 부추기고, 범죄 네트워크를 살찌우고, 탈레반과 여타 반란 세력에 자금줄을 제공하여 아프간 정부의 정통성을 약화시켰다."[128]

워싱턴은 오바마 대통령의 장군들이 2010년 마르자에서 작전을 실행했던 때와 동일한 선택에 직면했다. 지난 15년간 미국은 끝없는 악순환의 굴레에 갇혀 있었다. 앞으로도 매년 봄 산비탈에서 눈이 녹고 양귀비가 솟아날 때마다 가난한 시골 마을에서는 반군에 동조하는 자원병이 등장할 것이다.

하지만 이 불안정한 땅에도 복잡하게 얽힌 문제를 해결할 대안이 존재한다. 전쟁을 벌이느라 낭비한 돈의 일부만이라도 농업에 투자한다면 양귀비에 의존하고 있는 수백만 명의 농부들에게 경제적 대안을 제공할 수 있다. 국제 사회가 꾸준히 아프간의 농촌 지역을 돕는다면 이 나라는 지상의 대표적 마약국가라는 오명을 벗을 수 있을 것이다. 어쩌면 해마다 되풀이되는 폭력의 고리도 마침내 끊어질 날이 올 것이다.

미국 패권의 전성기였던 1980년대에 워싱턴은 세계 수많은 지역과 비밀공작의 지하세계에서 주인으로 행세했다. 그들은 아프가니스탄에서는 이슬람 원리주의와 아편을 이용해 소련군을 몰아냈고, 니카라과에서는 콘트라 반군과 코카인 밀매를 조종해 정권을 교체했다. 하지만 이제 그 모든 것이 미국의 통제에서 벗어났다. 분홍색 양귀비꽃이 미군을 교착 상태에 빠뜨렸듯이, 쇠퇴하는 경제력을 군사력으로 대체하여 패권을 지키려는 워싱턴의 시도도 비슷한 운명을 맞이할 것이다.

냉전 시대는 비밀공작의 전성기였다. 이 은밀한 영역은 앞으로 미국이 러시아와 중국을 비롯한 세계 강대국과 지정학적으로 대립할 때 계속 작동할 가능성이 높다. 양극화된 냉전 시대의 뒤를 이은 글로벌 체제는 제3세계 국가의 주권을 침범하고 그들을 부패와 불법 경제의 그물망으로 끌어들여 수많은 문제를 초래했다. 이 추세가 계속된다면 비밀공작의 영역은 지난 세기보다 이번 세기에 더욱 중요한 역할을 담당하게 될 것이다. 미국이 아프가니스탄에서 맛본 실패는 워싱턴이 비밀작전의 세계에서 통제력을 잃고 있을 뿐만 아니라 장기적으로 패권을 상실해가고 있다는 지표이다.

2부

미국의 생존 전략

4장

글로벌 감시국가

워싱턴이 중동에서 군대를 철수하기 시작한 것은 2011년이
지만, 아프가니스탄과 이라크 평정 과정에서 구축한 정교한 정보
기구는 그보다 먼저 본토로 귀환하여 사상 초유의 감시국가 체제
를 구축하는 데 동원되었다. 에드워드 스노든은 2013년에 미국
NSA가 국민의 사적 통신을 감시하고 있다고 만천하에 폭로했지
만, 사찰의 기원은 이보다 훨씬 먼 과거로 거슬러 올라간다. 제국
주의 정복과 통치의 산물이 미국으로 되돌아와 국내 정보기관을
살찌워온 역사는 100년이 넘는다.

1907년 워싱턴이 최첨단의 감시국가 체제를 구축하여 필리
핀을 평정하고 얻은 반자유주의적 교훈이 국내에 이식되어 미국
최초의 안보기구가 탄생했다. 그로부터 반세기가 흐른 후 베트남
전쟁 반대 시위가 불붙자 CIA와 FBI는 이 체제를 확장하여 반전운
동가와 급진주의 세력을 탄압하는 불법 방첩 활동을 전개했다.

미국 정보기관은 수차례 개혁의 도마 위에 올랐다. 1920년대

에 공화당의 프라이버시 옹호가들은 우드로 윌슨 대통령의 비밀 기구를 상당 부분 폐지했으며, 1970년대에는 민주당의 진보주의자들이 워터게이트 사건의 재발을 막기 위해 해외정보감시법원 Foreign Intelligence Surveillance Court(FISA court)을 설립했다.

오바마는 한 세기 동안 지속된 초당적 규제를 깨뜨렸다. 그는 전임 대통령 시절에 구축된 국내 감시 체제를 축소하기는커녕 미국의 지배권을 유지하려는 확고한 의지를 내비치며 국내 반체제 인사를 사찰하고, 테러리스트를 추적하고, 동맹국을 원하는 대로 주무르고, 경쟁국을 감시하고, 적대적 사이버 공격을 막고, 국내 통신 시스템을 보호하고, 적국의 핵심 전산망을 파괴할 수 있는 역량을 보유한 강력한 글로벌 '파놉티콘' 건설을 지지했다.

오바마 대통령 집권 초기에 나는 소위 테러와의 전쟁이 "도처에 널린 카메라, 딥 데이터 마이닝deep data-mining과 나노초 생체 인식 기술, 그리고 드론 항공기를 이용한 국내 감시 체제 구축"에 가깝다고 지적한 바 있다.[1]

실제로 나의 예측은 빠르게 현실화되었다. 오늘날 대부분의 미국인은 아르고스(그리스 신화에 등장하는 눈이 100개 달린 거인-옮긴이)처럼 모든 것을 빈틈없이 주시하는 디지털 감시 사회를 살고 있다. 하늘에서는 드론이 내려다보고, 거리와 건물 곳곳에 설치된 수억 대의 CCTV는 삶의 일부로 자리 잡았으며, NSA의 감시망은 미국인을 포함한 전 세계 수백만 명의 통신 내역을 무차별적으로 쓸어 담고 있다.

1898년 8월 미국이 식민지 정복을 시작한 이래 필리핀은 대중 감시 체제의 중요한 실험실이었다. 미군은 집요한 데이터 수집과 신속한 정보 전달을 결합한 미군 최초의 야전정보부대를 창설하여 민족주의혁명을 분쇄하는 평정 작전에 돌입했다. 미국은 제1차 정보혁명의 신기술을 결합하여 필리핀에 현대 경찰 조직을 신설했다. 이후 100년간 동일한 과정이 세계 곳곳에서 반복되었다. 아시아 및 중동에서 한계에 부닥친 미군은 정보 자원을 총동원하여 전례 없이 막강한 힘을 가진 데이터 관리 체제를 구축했다. 혹독한 대게릴라전을 수행하며 탄생한 미군의 정보 인프라는 세 단계를 거치며 진화했다. 첫째는 필리핀전쟁 때의 수동 정보 수집, 둘째는 베트남전쟁의 전산화된 데이터 관리, 셋째는 아프가니스탄과 이라크전쟁의 통합 로봇 시스템이다.

감시 기술의 역사로부터 알 수 있듯이, 감시와 같은 비밀 통제 수단은 안보의 필수 도구로 똬리를 틀기 십상이며, 개혁하기 힘들고 국가에 위기가 닥칠 때마다 금방 부활한다. 이런 끈질긴 생명력을 바탕으로 사이버 작전은 워싱턴 패권 전략의 핵심으로 자리 잡았다.

≋ 제1차 정보혁명

19세기 초, 유럽 국가들은 미터법과 성姓 등록제를 시행하는 행정 개혁에 착수했다.[2] 반면 20세기 초, 미국은 수동적 데이터 수집을 넘어 대규모 정치 사찰을 가능케 하는 정보혁명의 장으로 진입했다. 단순히 이름이나 주소 같은 정보를 파악하는 데 그치지 않고 개인의 비밀이나 치부를 들추기 위해 사생활 깊숙이 침투하는 국가 권력을 향한 첫걸음이었다.

경이로운 기술 발전이 이루어진 1870년대부터 1880년대까지 10년간 문자, 통계, 시각 데이터 관리 부문의 혁신이 정보혁명을 촉발했고, 사상 처음으로 소수가 아닌 다수를 감시하는 기술이 등장했다(이는 현대 국가를 정의하는 대표적 속성이다). 변혁의 시기에 발명된 토머스 에디슨Thomas Edison의 4중 전신기quadruplex telegraph(1874년), 필로 레밍턴Philo Remington의 상업용 타자기(1874년), 그리고 알렉산더 그레이엄 벨의 전화(1876년) 덕분에 예전과는 비교할 수 없을 정도로 많은 문자 데이터를 놀라운 속도로 정확하게 기록하고 전송할 수 있게 되었다.[3]

같은 시기에 통계적, 시각적 데이터 관리 부문에서도 유사한 발전이 이루어졌다. 1889년 엔지니어 허먼 홀러리스Herman Hollerith가 천공 카드를 특허 낸 후, 미국인구조사국US Census Bureau은 1890년 전기 제표기electrical tabulating machine를 도입하여 단 몇 주 만에 6,262만 2,250명에 대한 인구조사 집계를 마쳤다. 이는 훗날 IBM이라는 약어로 더 잘 알려진 인터내셔널 비즈니스 머신International Business Machines의 설립으로 이어지는 쾌거다.[4] 동시에 사진 제판술의 발달(1881년)과 조지 이스트먼George Eastman의 롤 필름(1889년)은 정보혁명을 비주얼 데이터의 영역으로 확장했다.[5]

데이터 저장 부문에서도 유사한 혁신이 일어나 정교한 부호화와 빠른 검색 수단을 제공했다. 1870년대 중반에 멜빌 듀이Melvil Dewey는 자신이 발명한 '듀이 10진 분류법'을 이용하여 애머스트 대학 도서관의 장서를 관리했고, 보스턴의 애서니엄 도서관에 근무했던 찰스 A. 커터Charles A. Cutter는 오늘날 미국 국회도서관에서 사용하는 도서 분류 체계를 고안했다. 두 사서는 밀물처럼 밀려드는 정보를 관리하기 위한 '스마트 넘버smart number'를 발명했다(스마트 넘버는 식별 대상에 대한 추가 정보를 전달하는 고유 식별자를 뜻한다. 주민등록번호, 카드번호 등이 그 예다—옮긴이).[6]

10년 후 도서관, 병원, 군대에도 스마트 넘버가 도입되어 데이터를 빠른 속도로 분류, 검색, 참조할 수 있는 코드가 구축되면서 행정 체계의 현대화가 이루어졌다. 1882년에는 해군정보부 Office of Naval Intelligence가 기밀정보 관리를 위해 카드 시스템을 구축했고, 3년 후에는 육군 군사정보국Military Information Division(MID)이 유사한 시스템을 도입했다. MID가 보유한 기밀 정보 카드의 수가 1892년의 4,000장에서 10년 후 30만 장 이상으로 증가한 것에서 정보혁명의 속도를 짐작할 수 있다.[7]

범죄 수사와 치안 분야에도 정보혁명의 파도가 밀어닥쳤다. 1882년 프랑스 파리 경시청의 알퐁스 베르티옹Alphonse Bertillon이 두개골을 비롯한 인체 측정 자료 11종을 바탕으로 개발한 최초의 생체 측정 범인 식별법은 채 10년도 지나지 않아 미국에서 표준으로 채택되었다.[8] 1890년대에 영국령 인도 경찰 총경 에드워드 헨리Edward Henry 경이 완성하여 1901년 고국의 런던경시청으로 들여온 지문 분류법은 3년 후 세인트루이스 세계박람회에서 미국으로 전파되었다. 곧 미국 주요 도시의 경찰이 지문 감식을 도입했다. 1924년까지 지문 감식법의 도입을 미루던 수사국Bureau of Investigation(FBI의 전신)도 이후 10년 만에 보유한 파일 수가 600만 개를 넘었고, 곧 수사국 국장은 전 국민의 지문을 채취하자고 촉구했다. 젊은 존 에드거 후버는 1919년 수사국 내 급진국Radical Division

국장으로 취임한 지 몇 달 지나지 않아 "극단적 무정부주의자뿐 아니라 상대적으로 온건한 급진주의자의 활동까지 망라한" 파일 8만 장을 보유하고 있다고 큰소리쳤다.[9]

경찰 통신 및 화재 경보 부문에서는 미국이 세계를 선도했다. 1850년대에 게임웰 코퍼레이션Gamewell Corporation은 전보 및 전화 기술을 도입하여 화재 경보 체계를 구축했으며, 이는 곧 세계 표준으로 자리 잡았다.[10] 1900년경 미국의 도시는 총 764개의 시립 화재 경보 시스템과 한 해에 4,100만 건의 통신을 처리하는 148개의 경찰 비상 전화선을 갖추었다.[11] 하지만 제국화 직전인 1898년에 미국 의회와 법원이 기술 혁신의 확산을 저지하면서 연방정부의 법 집행 및 국내 안보 역량이 제한되었다.

≣ 식민지 실험실

필리핀 정복은 미국 최초의 정보관리 체제가 구축된 계기였다. 미군이 필리핀 정부군, 도시 지하의 저항 세력, 노동자의 무장 투쟁, 농민 의병, 그리고 무슬림 분리주의자 등 온갖 반군 세력을 상대하느라 진땀을 빼는 동안 식민지 정부는 앞으로 중요한 역할을 담당하게 될 세 가지 방첩기관을 창설했다. 첫째는 훗날 미국에도 적용될 국내 안보 체계를 발달시킨 군사정보부Division of Military Information(DMI), 둘째는 광범위한 감시 활동을 통해 식민지의 반란을 진압한 필리핀경찰군, 셋째는 고도로 효율적인 마닐라메트로폴리탄경찰청Manila Metropolitan Police이다.

세 기관은 필리핀 지도자 및 민족주의 세력에 관한 정보는 물론 현지 엘리트층의 약점에 관한 정보를 수집했다. 미국 관리들은 필리핀 현지 협력자들에 대한 지식(기본 정보, 사생활, 뒷소문)을 비밀리에 축적하여 언제 어디서나 모든 것을 감시하는 제국의 권능을 과시했다. 식민지 엘리트를 통제하는 일은 이루 말할 수 없이 중요하다. 영국은 종속국 지배층과 손잡고 200년간 꾸준히 확장했으며, 역사학자 로널드 로빈슨의 말처럼 "식민당국에 협조하는 현지 협력자들을 잃은 뒤" 단 20년 만에 급속히 와해되었다.[12]

지도도, 현지어에 대한 지식도, 제대로 된 첩보도 없이 필리핀군도에 도착한 미군은 한 고위 정보장교의 표현처럼 길을 가로막는 모든 것을 "짓밟아 박살낼 수 있는 힘"을 가졌지만 이 괴력을 언제, 어디에 휘둘러야 하는지 알지 못하는 "눈먼 거인"이었다.[13] 험난한 지세와 적대적인 주민들 사이에 숨어 활동하는 게릴라를 근절하기 위해 고투하던 미군은 정확한 첩보의 필요성을 인식하고 군사정보부를 창설했다.

1901년 초, 훗날 '미국 군사 정보의 아버지'로 기려지는 랠프 밴 디먼Ralph Van Deman 대위가 DMI의 지휘를 맡고 정보 수집 절차를 개발하기 시작했다.[14] 밴 디먼의 마닐라 사령부는 450명의 정보장교가 올리는 보고를 식민지 민간경찰이 수집한 데이터와 통합하고, 게릴라 점령지를 전신선으로 둘러싼 후 부하들에게 빠르고 정확한 정보를 요구했다. 이를 바탕으로 야전부대는 기민하게 반군의 움직임을 추적한 뒤 공격 시기와 위치를 정확히 파악할 수 있었다.[15]

데이터 수집에 골몰하던 DMI는 게릴라 조직의 전모를 파악하기 위해 유력한 필리핀인의 인상착의, 재정 상태, 정치 성향, 혈

연관계를 문서화한 카드를 작성하는 '비밀' 프로젝트에 착수했다. 수집한 정보는 DMI 사무원들이 군사지역별 명부에 알파벳순으로 색인화했다.[16] 이로써 밴 디먼 대위는 향후 첩보와 방첩에 사용할 정보 수집 체제의 기틀을 마련했다.[17]

뿐만 아니라 미군은 필리핀 수도를 평정하는 과정에서 메트로폴리탄경찰청을 신설하여 군사 정보 및 데이터 관리 노하우를 식민지 방첩에 활용했다. 1901년에 민정이 시작된 후 마닐라 경찰은 일원화된 전화 네트워크, 경찰-화재 경보 체제, 백열등 전기 가로등, 사진 식별법, 지문 감식법 등 미국의 최첨단 범죄 통제 기술을 도입했다. 메트로폴리탄경찰청은 단 20년 만에 마닐라 인구의 70퍼센트에 해당하는 20만 명의 정보 카드를 축적했다.[18]

필리핀 초대 총독 윌리엄 하워드 태프트William Howard Taft 시절에는 군사 정보 수집 체계가 현대 감시국가 체제로 발전하여, 엄격한 명예훼손법과 철두철미한 방첩 활동을 두 축으로 하는 식민 체제가 구축되었다. 1901년 7월 총독으로 취임한 지 몇 주 지나지 않아 태프트는 325명의 상급 경찰관(대부분 미국인)과 4,700명의 하급 경찰관(전원 필리핀인)으로 구성된 필리핀경찰군을 신설하고 방첩과 정보 수집을 맡겼다.

필리핀경찰군의 설립자는 헨리 앨런Henry Allen 대위다. 미국 육군사관학교 출신으로 과거 상트페테르부르크의 러시아 궁정에서 주재 무관으로 근무했던 그는 정보와 비밀경찰의 중요성을 잘 알고 있었다.[19] 필리핀경찰군의 정보부는 200명의 필리핀인으로 구성된 스파이 네트워크를 운용하면서 치밀한 감시와 비밀공작, 언론 및 여론 모니터링을 통해 데이터를 수집했다. 수집한 정보는 모

두 경찰군 본부로 보내 번역한 후 번호를 매겨 일건 서류에 철했다.[20]

필리핀경찰군은 감시 대상의 약점과 치부를 계획적으로 수집했으며, 모은 정보를 선택적으로 활용했다. 다시 말해 그들은 현지 협력자를 보호하기 위해 스캔들이 터지는 것을 막고, 반대 세력을 공격하기 위해 악의적인 정보를 유포했다. 앨런의 책상을 거쳐간 수만 건의 보고서 가운데 그가 은퇴한 이후에도 개인적으로 보관한 문서가 하나 있다. 「M. Q.의 가족사The Family History of M. Q.」라는 제목의 DMI 보고서이다. 'M. Q.'라는 유력한 필리핀 정치인의 추문을 기록한 보고서는 그가 이복누이이자 장래에 부인이 된 이와의 혼전 관계를 숨기기 위해 낙태를 종용했고, 또 다른 이복누이와 유사한 관계에서 태어난 아기는 마닐라의 파코 묘지에 묻었다는 내용을 담고 있다.[21]

보고서의 주인공은 검사로 일하다 정계에 투신한 마누엘 케손Manuel Quezon이다. 그는 10년간 필리핀경찰군의 비밀요원으로 활동했으며, 따라서 스캔들에 휘말리지 않도록 식민 당국의 보호를 받았다. 젊은 케손은 1903년 당시 정보부 중위이자 나중에 경찰군을 지휘하게 될 라파엘 크램Rafael Crame의 스파이였다.[22] 케손은 1935년 필리핀 초대 대통령 자리에 올랐다. 1946년 필리핀 독립 후 새로운 국가의 수도가 그의 이름을 따서 케손시티로 명명되는 명예를 누렸다.

⇶ 부메랑 효과

필리핀 평정이 한창일 때 마크 트웨인은 20세기 미국의 역사를 상상한 글에서 미국의 "정복욕"이 "위대한 공화국"을 파괴했다고 말했다. "힘없는 외국인을 유린하는 데 익숙해진 미국은 이제 힘없는 자국민도 냉담한 눈길로 바라보게 되었다. 타인의 자유를 억압하는 행위에 박수를 보낸 대중은 훗날 똑같은 고통을 당하게 되었다."[23] 그로부터 단 10년 만에 식민지 통치 기법이 필리핀에서 미국으로 역유입되어 국내 안보기구 설립의 모델을 제공했다.

필리핀은 미국의 새로운 정보기술이 탄압에 활용된 최초의 장이다. 1898년 제국화 직전까지만 해도 미국은 느슨한 구조의 행정기구가 제한적인 법집행 및 국가안보 역량을 가진—정치학자 스티븐 스코로넥Stephen Skowronek의 표현에 따르면—'패치워크' 국가였다.[24]

1917년 4월 미국이 1차 세계대전에 뛰어들었을 때, 미군은 참전국 가운데 유일하게 어떤 종류의 정보기관도 보유하지 않은 군대였다. 하지만 곧 필리핀 식민지의 치안 체계를 본뜬 두 종류의 육군 사령부가 신설되었고, 이것이 국내 보안기구 탄생으로까지 이어졌다.

미국이 독일에 선전포고한 지 몇 주 지나지 않아, 밴 디먼은 필리핀에서의 경험을 바탕으로 군사정보과Military Intelligence Section를 설립했다(1918년 6월 군사정보국MID으로 개칭-옮긴이). 미국 최초의 국내 정보기관을 처음부터 끝까지 설계하고 빠르게 규모를 불린 것도 그였다. 필리핀경찰군이 민간인 정보원을 이용했듯이 새 사령부도 정부가 주도하고 민간이 보조하는 방식으로 설계되었으며, 이 방식은 이후 반세기 동안 그대로 유지되었다. 군사정보 수집 외에도 그는 FBI와 손잡고 전시 방첩 단체인 미국수호협회American Protective League를 조직하여 미국 내 첩자나 적국 동조자들을 색출하는 작업을 지휘했다. 이 단체에 속한 3만 5,000명의 민간인 정보원이 독일계 미국인을 대상으로 수집한 감시 보고서가 14개월 만에 100만 쪽 이상 쌓였으니, 가히 치밀한 국민 사찰이었다.[25]

마찬가지로 1차 세계대전 막바지에 해리 밴드홀츠Harry Bandholtz 소장은 "필리핀경찰군을 운영한 오랜 경험"을 바탕으로 육군 헌병대를 설립하여 혼란스러운 전후 점령과 동원 해제 과정을 감독했다. 1918년 10월 설립 이래 헌병대는 밴드홀츠의 지휘하에 프랑스, 이탈리아, 벨기에, 룩셈부르크, 독일 라인 지방에 걸친 476개 도시와 마을에 3만 1,627명의 병사를 주둔시키며 빠르게 몸집을 불렸다.[26]

밴드홀츠는 필리핀에서 얻은 교훈을 십분 활용하여 1921년 웨스트버지니아주 밍고카운티와 로건카운티에서 광부들이 무장 봉기한 사건을 진압했다. 그는 식민지 경찰군에서 배운 심리 전술에 따라 5,400명의 광부를 상대로 2,100명의 연방군을 투입하여 기세를 꺾은 후 278정의 무기를 압수하고 전원 귀가시켰다.[27]

1918년 1차 세계대전 종전 후 군사정보국은 미국수호협회를 부활시키고 미국재향군인회American Legion를 조직하여 2년간 사회주의 좌파를 탄압했다. 미국 중서부에서는 폭도가 동원되었고, 뉴욕에서는 악명 높은 러스크 급습Lusk raids 사건이 벌어졌다. 북동부 지방에서는 존 에드거 후버의 '파머 급습Palmer raids'이 줄을 이었으며, 뉴욕부터 시애틀에 이르기까지 전국적인 파업 탄압이 자행되었다. 그러나 의회와 언론이 군사정보국의 월권행위를 폭로하자 공화당 보수주의자들은 발 빠르게 국내 정보기관의 권한을 축소했다. "비밀경찰이 삼권 분립에 기초한 자유정부Free government를 위협하는 존재로 부상할 것"을 우려한 할란 피스케 스톤Harlan Fiske Stone 법무부 장관은 1924년 5월 "미국 수사국은 정치적 견해를 비롯한 개인적 견해에 관여하지 않는다"고 선언했다. 5년 후 헨리 스팀슨Henry Stimson 장관은 "신사는 다른 신사의 편지를 훔쳐보지 않는다"라고 질타하며 국무부의 암호 해독 부서를 해체했다.[28]

전시에 세운 공적으로 '미국 군사 정보의 아버지'라 불리는 명예를 얻은 밴 디먼은 '미국 블랙리스트의 아버지'이기도 했다. 1929년 퇴역 후 사반세기 동안 그는 아내와 함께 샌디에이고의 자택에서 해군 정보기관, 경찰 대공반, 기업 보안업체, 자경단 사이의 연결고리로 활동하면서 반체제 인사로 의심되는 미국인 25만 명에 대한 사찰 기록을 수집했다. 그는 1940년 FBI 국장 존 에드거 후버와 군사정보국 국장이 비밀리에 만나 정보기관의 활동 영역을 양분하는 자리에 동석할 정도로 영향력이 컸다. 이때 성사된 '분계 합의'에 따라 FBI는 아메리카대륙의 방첩 활동을, 군사정보국은 미 대륙을 제외한 전 세계 정보 수집을 담당하게 되었다. 이 결정은 이후 전략사무국Office of Strategic Services(OSS)과 그 후신인 CIA가 정보국의 역할을 물려받은 후에도 그대로 유지되었다. 2차 세계대전 때 FBI는 용의자 추적을 위해 불법 도청, '검은 가방black bag' 작전(불법 침입 정보 수집 작전), 우편물 검열을 서슴지 않았으며, 방어 시설에 대한—상원 보고서에 따르면 궁극적으로 "대수롭지 않은" 것으로 판명된—전시 위협에 맞서기 위해 30만 명 이상의 정보원을 동원했다.[29]

2차 세계대전 종전 후, 미국 정부와 민간의 안보 동맹은 조지프 매카시Joseph McCarthy 상원의원으로 대표되는 반공산주의 활동으로 확대되었다. '마녀사냥'이 판쳤던 이 시기에 밴 디먼은 공산당과 공산주의 동조자로 의심되는 사람들을 적발하기 위해 FBI 및 캘리포니아 반미활동위원회California Committee on Un-American Activities와 긴밀하게 공조했다. 그들의 주요 타깃은 할리우드였다. 1949년 6월, 잭 테니Jack Tenney 캘리포니아주 상원위원이 이끄는 위원회는 밴 디먼이 축적한 방대한 사찰 정보를 바탕으로 세상을 떠들썩하게 한 709쪽짜리 보고서를 발표했다. 은막의 스타 찰리 채플린Charlie Chaplin, 캐서린 햅번Katharine Hepburn, 그레고리 펙Gregory Peck, 오슨 웰스Orson Welles와 가수 프랭크 시나트라Frank Sinatra 등 수백 명의 할리우드 인사가 '빨갱이'로 몰린 이 목록에 캘리포니아주 연방 하원의원 헬렌 가하간 더글러스Helen Gahagan Douglas가 포함되어 있었던 것은 특히 중요한 의미를 갖는다.[30]

밴 디먼 아카이브는 접근이 제한된 정부 기밀문서에 담긴 사찰 정보를 반공 시민단체 손에 넘겨주어 블랙리스트 작성을 조장하는 비공식적 통로 역할을 했다. 소문에 의하면 1946년 하원의원 선거에 출마한 무명의 로스앤젤레스 변호사 리처드 닉슨이 높은 인기를 구가하던 민주당 5선 의원 제리 부어히스Jerry Voorhis를 공산주의자로 몰아 당선을 거머쥐는 과정에서 밴 디먼 파일을 유용하게 활용했다. 그뿐만 아니라 4년 후 닉슨은 연방 상원의원 선거에서 다시 한 번 같은 책략을 사용하여 경쟁 후보인 헬렌 더글러스를 상대로 승리하며 훗날 대통령에 오르는 길을 닦았다.[31]

밴 디먼 아카이브는 그가 세상을 뜬 후에도 살아남았다. 1952년 밴 디먼이 샌디에이고의 자택에서 사망한 지 채 몇 시간도 지나지 않아 육군 방첩부대 요원들이 찾아와 방대한 서류 더미를 북쪽 샌프란시스코의 프레시디오 군사기지로 옮겨갔다. 밴 디먼의 사찰 기록은 이후 20년간 육군이 보관했으며, 1971년에는 상원 내부안보위원회Internal Security Committee로 보내져 1970년대 후반까지 공산주의자로 의심되는 사람들을 조사하는 데 활용되었다.[32]

한편 밴 디먼의 사찰 기법은 FBI에도 영향을 미쳤다. 특히 존 에드거 후버의 지휘하에 국내 방첩을 주도하고 전시 상황을 이용하여 불법 침입, 도청, 우편 검열을 자행한 1940년대를 거치며 FBI 조직 문화에 깊숙이 뿌리 내렸다. 프랭클린 루스벨트 대통령은 적국 스파이 색출을 위해 1940년 5월 후버가 제한적인 도청을 수행할 수 있도록 승인했는데, FBI는 이를 곧 광범위한 국민 사찰로 확대했다. 2차 세계대전 중 FBI는 6,769개의 전화 도청 장치와 1,806개의 '버그bug'(또 다른 종류의 도청장치)를 심고, 항공기 조종사 찰스 린드버그Charles Lindbergh, 버튼 K. 휠러Burton K. Wheeler 상원의원, 해밀턴 피시Hamilton Fish 하원의원 등 루스벨트의 정적들의 통화 내용을 녹취하여 대통령에게 전달했다. 1945년 새로 취임한 해리 트루먼 대통령은 곧 FBI가 방대한 규모의 사찰을 진행해왔음을 알게 되었다. 트루먼은 그해 5월 일기에 "우리는 게슈타포나 비밀경찰을 원하지 않는다. … FBI는 그 방향으로 기울고 있다. 그들은 섹스 스캔들과 노골적인 협박에 손을 대고 있다"고 썼다.[33] 하지만 취임 후 몇 달 지나지 않아 트루먼도 루스벨트 전 대통령이 믿고 의지했던 보좌관이자 이제 그가 '독'이라 여기게 된 토머스 G. 코코란Thomas G. Corcoran의 전화를 도청하라고 FBI에 지시했다.[34]

수동 정보관리 체제는 워싱턴이 미국 최초의 글로벌 첩보 기관인 전략사무국OSS을 설립한 2차 세계대전 때 정점에 달했다. 전략사무국의 9개 부서 중에서 연구분석부는 1,950명의 학자를 동원하여 30만 장의 사진, 100만 장의 지도, 300만 개의 파일카드를 수집하여 3,000건이 넘는 전략계획을 도출하고 무수한 전술 문제를 해결하는 데 활용했다.[35]

그러나 역사학자 로빈 윙크스Robin Winks에 따르면 1944년 초 전략사무국은 "밀려드는 정보의 물결 속에서 허우적거리고" 있었다. 수많은 문서가 읽히지도, 분석되지도 않은 채 쌓였다. 기술적 변화가 없었다면 이 노동 집약적인 데이터 수집·감시 체제는 결국 스스로의 무게 아래 붕괴하여 미국의 탐욕스러운 제국주의적 정보기구에 심각한 한계를 초래했을 것이다.[36]

≡ 전산화된 정보관리 체제

1964년부터 1973년까지 장기간에 걸친 남베트남 대게릴라전의 압박 속에서 미국은 곧 제2차 정보관리 체제의 탄생을 견인할 '전산화 정보혁명'에 착수했다.

1966년 로버트 맥나마라Robert McNamara 국방부 장관은 CIA에 "남베트남 농촌 지역 통제 현황을 파악할 수 있는 무언가를 설계

해달라"고 요청했다. 이에 CIA는 미군 참모들이 남베트남 전략촌 1만 2,000개소의 방어 상황을 A(안전함)부터 E(베트콩 장악)까지 단계별로 평가하는 18가지 변수를 판별했다. 매달 미군 사령부의 IBM 컴퓨터가 이 '전략촌 평가 조사Hamlet Evaluation Survey(HES)' 결과를 집계하여 농촌 지역 평정 계획의 진척 현황을 한눈에 볼 수 있도록 도트 매트릭스(점 행렬) 형태로 출력했다. 그러나 베트남 평정 계획의 총책이었던 로버트 코머Robert Kome에 따르면, '민심'이라는 중요한 변수를 측정할 수 없었던 전략촌 평가 조사는 곧 딜레마에 봉착했다. 그들은 "전국적 지표를 찾으려고 필사적으로 노력했으나, 사용할 수 있는 지표는 당연히 통계학적으로 비교, 측정 가능한 것뿐"이었기 때문이다. 이 작업은 헛수고였던 것으로 밝혀졌다. 1968년 남베트남 전역에서 벌어진 구정 대공세Tet Offensive 직전에 '안전함'으로 표시된 남베트남 인구 비율이 75퍼센트까지 상승하면서 데이터가 허상에 불과했음을 적나라하게 드러냈다.[37]

6년 후 사이공 정권이 패배의 나락에 직면한 상황에서도 전략촌 평가 조사 결과는 남베트남 인구의 84퍼센트가 '평정'된 것으로 집계되었다. CIA 국장 윌리엄 콜비William Colby에 따르면 이 지표는 남베트남 정부가 "국민의 지지를 받고 있다고 착각하게 만드는" 결과를 낳았다.[38]

전산 데이터가 베트남전쟁의 뼈아픈 패배에 일조했지만 이 기술 자체는 수십 년 후 워싱턴이 로봇 기반의 제3차 정보관리 체제로 나아가는 발판이 되었다.

이 무렵 FBI는 방첩작전 코인텔프로COINTELPRO(Counterintelligence Program)를 전개하면서 미국 내 반전운동가들을 불법 사찰했다.

1960년대 시민권 운동과 베트남전쟁 반대 시위에 대응하기 위해 조직된 FBI 코인텔프로는 훗날 프랭크 처치Frank Church 상원의원을 의장으로 한 의회위원회가 "가정을 파괴하고, 모임을 방해하고, 사람들을 직장과 업계에서 고립시키고, 단체들이 서로 경쟁하도록 도발하여 결과적으로 사람이 죽어나가게 만드는 … 비열하고 악랄한 전략"이라고 비판한 수법을 동원했다. 1960년부터 1974년까지 코인텔프로하에서 자행된 총 2,370건의 불법 행위를 두고 상원위원회는 "설사 모든 조사 대상자가 폭력 활동에 연루되었다 하더라도 민주 사회에서 도저히 용납할 수 없는 고도로 조직적인 자경단 작전"이라고 평가했다.[39]

거기에 더해 사반세기 동안 진행된 불법 도청을 통해 FBI는 존 에드거 후버의 집무실에 보관된 '공식/기밀' 파일을 미국 최고 위층 정치인들의 성적 비행을 수집한 아카이브로 바꿔놓았다. 후버는 이런 정보를 이용하여 정치인들을 협박하거나 언론에 슬쩍 흘려 정치를 좌지우지했다. 그는 1952년 미국 대통령선거에서 민주당 후보 애들레이 스티븐슨Adlai Stevenson이 동성애자라는 의혹이 담긴 문서를 유포했고, 마틴 루서 킹 주니어Martin Luther King Jr.가 바람을 피운 증거가 담긴 오디오 테이프를 유출했으며, 1962년 3월 케네디 대통령과의 점심 자리에서 자신이 케네디와 마피아 정부 주디스 엑스너Judith Exner와의 관계를 알고 있음을 언급했다.[40]

"[후버는] 상원의원에 대한 정보를 입수하는 즉시 그 의원에게 사환을 보내 '당신의 딸에 관한 정보를 우연히 손에 넣었다'고 알렸다. 그때부터 의원은 후버에게 꼼짝도 못 하게 되었다." 당시 FBI 삼인자였던 윌리엄 설리번William Sullivan의 증언이다.[41] 1972년 후버가 사망했을 때 그의 집무실 서류함에는 미국 하원의원과 상원의원의 치부를 기록한 문건이 각각 722건과 883건 보관되어 있었다.[42]

1974년 『뉴욕타임스』 기자 시모어 허시가 반전운동가들을 대상으로 한 CIA 불법 사찰을 폭로했다. 의회는 CIA의 카오스 작전Operation Chaos을 조사하는 과정에서 국내 인사 30만 명의 정보를 수집한 자료를 발견했다.[43] 상원 처치위원회와 대통령의 록펠러위원회Rockefeller Commission에 의해 CIA의 과도한 국내 사찰 활동이 드러난 후, 1978년 의회는 해외정보감시법원을 신설하고 향후 모든 국가안보 감청에 대해 영장을 발부하도록 규정하는 해외정보감시법을 제정했다.[44]

2001년 9월 11일, 테러가 일어났다. 공포와 혼란 속에서 테러 방지와 안보를 내세운 무소불위의 정보권력이 부활하는 길이 열렸다. 아프가니스탄과 이라크를 평정하며 격렬한 저항에 맞닥뜨린 워싱턴은 전자 감시, 생체 인식 신원 식별, 무인 항공기의 개발을 재촉했으며, 10년 넘게 이와 같은 비밀작전을 수행하는 과정에서 로봇 기반의 신기술들이 탄생했다. 또한 실체 없는 테러와의 전쟁을 치르며 곧 85만 4,000명의 정보요원과 3,000개가 넘는 민간, 공공 정보 조직을 거느린 거대한 '제4의 권부'가 등장했다.[45]

9·11 테러 직후 부시 행정부는 FBI와 NSA를 중심으로 놀랍도록 다양한 국내 사찰 프로그램을 가동했다.[46] 2002년 미 의회는 오랫동안 CIA의 국내 정탐 활동을 금지했던 법적 장벽을 제거하여 이 기관에 국내 금융 기록을 조회하고 미국을 통과하는 전자 통신 내역을 볼 수 있는 권한을 부여했다.[47] 백악관은 여기에 그치지

않고 곧 법적 권한 없이 광범위한 사찰 활동을 벌이기 시작했다.

부시 대통령은 2001년 10월부터 NSA가 미국 전화 서비스 회사들을 통해 자국민의 통신 내역을 영장 없이 비밀리에 감시하도록 지시했다.[48] "메타 데이터는 헌법의 보호를 받지 않는다"는 부시 행정부의 결정에 따라, NSA는 "전화 및 인터넷 메타 데이터를 무차별 대량 수집"하는 '스텔라윈드 작전Operation Stellar Wind'을 시작했다.[49] 이 작전의 기획자는 키스 알렉산더Keith Alexander 장군(존 에드거 후버에 버금가는 첩보계의 대부)이었다. 2005년 그가 NSA 국장으로 취임한 후 NSA의 메타 데이터 사찰 프로그램은 미국 내 모든 전화 통화를 추적하는 대규모 감청 프로그램으로 확장되었다.[50]

FBI의 '수사 데이터 창고Investigative Data Warehouse'는 5년 만에 10억 개가 넘는 문서를 축적했다. 정보 보고서, 사회보장 파일, 운전 면허증, 개인 재정 상태까지 망라하는 이 모든 정보를 1만 3,000명의 요원이 조회했다.[51] 데이터의 규모가 급속히 늘면서 컴퓨터 시스템 개선이 필요해지자, 2006년 부시 행정부는 정보고등연구계획청IARPA(Intelligence Advanced Research Projects Activity)을 설립하고 IBM의 왓슨 슈퍼컴퓨터를 동원하여 날로 늘어나는 인터넷 데이터를 샅샅이 훑었다.[52]

2005년, 『뉴욕타임스』가 최초로 NSA의 불법 사찰을 폭로했다.[53] 1년 후 『USA 투데이USA Today』는 NSA가 "AT&T, 버라이즌Verizon, 벨 사우스Bell South(미국 3대 전화 서비스 공급사–옮긴이)로부터 데이터를 제공 받아 미국인 수천만 명의 통화 기록을 수집"하고 있다고 보도했다. 한 전문가는 "사상 유례가 없는 세계 최대 규모의 데이터베이스"가 탄생했다고 말하면서, NSA의 목표는 "모든 전화 통화를 하나도 빠짐없이 기록한 데이터베이스를 구축하는 것"이라고 꿰뚫어보았다.[54]

사찰을 합법화하는 법안이 2007년과 2008년에 의회를 통과하면서 더욱 막강한 힘을 갖게 된 NSA는 프리즘PRISM 프로그램에 착수하여 인터넷 서비스 사업자 9개사로 하여금 수십억 건의 사용자 이메일을 받았다.[55] 정보기관을 견제할 목적으로 설립된 해외정보감시법원은 정부의 감청 영장을 거의 100퍼센트 승인하고, 2007년부터 2014년까지 NSA의 메타데이터 수집 권한을 36차례 연속으로 갱신해주는 긴밀한 협력자로 변했다.[56]

☰ 오바마 행정부의 사찰

전시에 시행된 국민 사찰의 규모와 권한을 축소시켰던 1920년대의 공화당원들이나 1970년대의 민주당원들과는 달리, 오바마 대통령은 NSA의 디지털 프로젝트를 오히려 확장하여 미국 패권의 무기로 삼았다. 오바마 행정부에서 NSA의 국내외 인터넷 데이터 수집은 너무나 치밀해져서 수많은 미국인의 사생활이 감시에 노출되었다.

오바마 집권 1기가 막을 내릴 무렵, NSA는 수십억 개의 전 세계 통신 내역을 쓸어 담는 동시에 국가 지도자 수십 명을 표적 감시했다. 가공할 수준의 감시 활동을 위해 NSA는 세계 인터넷망의 대동맥인 광섬유 케이블에 침투하여 정보를 수집하는 장치를 개발하고, 특정 프로토콜과 소프트웨어의 결함을 이용한 '백도어' 침입 기술을 확보했다. 또한 데이터 암호화를 무력화시킬 수 있는 강력한 슈퍼컴퓨터에 투자하고, 가로챈 정보를 저장할 거대한 데이터센터를 지었다.

NSA가 이렇게 막강해질 수 있었던 것은 인터넷 덕분이다. 2013년에 전 세계 광케이블망은 인류의 40퍼센트를 연결했다.[57] 오바마가 백악관에 입성할 무렵 NSA는 마침내 현대 통신기술의 힘을 이용하여 완벽에 가까운 감시 역량을 구축했다. 인터넷은 모든 음성, 영상, 문자, 금융 데이터 통신을 집중시켰고, 따라서 2013년경 NSA는 단 190개의 데이터 허브에 침투하는 것만으로도 전 세계를 감시할 수 있었다.[58]

대중 감시의 제1라운드는 FBI와 군사정보국이 미국 전역에서 반역의 싹을 제거하는 임무를 맡고 막강한 정보기관으로 부상한 1차 세계대전 때이다. 당시 미국에 전화가 설치된 가정은 25퍼센트에 불과했기에 1,000만 명에 달하는 독일계 미국인과 불순분자로 의심되는 수많은 사람을 감시하는 작업은 고도로 노동 집약적이었다. 수많은 우체국 직원이 동원되어 1918년에만 120억 통의 우편물을 일일이 검사했으며, 배지를 달고 거리를 활보하는 35만 명의 자경단원이 이민자, 노동조합, 사회주의자를 닥치는 대로 염탐했다.[59]

2차 세계대전이 불러온 대중 감시의 제2라운드에서 후버를 워싱턴의 실세로 만들어준 것은 전화다. 전화 보급률이 40퍼센트로 상승하고 정치 엘리트 집단이 모두 전화를 소유하게 되면서, FBI는 지역 전화 교환대를 도청하여 잠재적 불순분자 및 대통령의 정적들이 주고받는 대화를 엿들을 수 있었다. FBI 직원 규모는 전시 방첩 활동에 필요한 인력을 충당하기 위해 1924년의 650명에서 1943년 1만 3,000명으로 급증했다.[60]

냉전 시대에 동독의 슈타지는 전 국민을 대상으로 밀착 염탐을 수행하기 위해 국민 6명당 1명의 경찰 정보원을 동원해야 했다.[61] 반면 오늘날 NSA는 복호화 기술과 인터넷 데이터 허브 감시를 결합하여 3만 7,000명의 직원이 전 지구를 감시하는, 다시 말해 요원 1명이 세계 시민 20만 명을 감시하는 고효율을 자랑한다.[62]

테러와의 전쟁이 시작된 이래 NSA는 전 세계 유력 정치인을 밀착 감시하는 동시에 지구상 거의 모든 사람의 데이터를 수집하기 위해 끊임없이 신기술을 시험했다. 2013년 8월 『뉴욕타임스』보도에 따르면, 2011년 해외정보감시법원은 NSA가 외국인 용의자를 추적한다는 명목으로 미국인들이 주고받은 이메일을 연간 2억 5,000만 건씩 수집하고, 2006년부터 모든 국내 통화 기록을 수집하여 보유하고 있다고 질책했다.[63] 한 달 후 같은 신문사는 NSA가 2010년부터 "사람들의 비밀을 최대한 캐내고 … 정신과 상담이나 늦은 밤 불륜 상대에게 보낸 메시지 같은 민감한 사생활 정보를 알아내기 위해" "소셜 네트워크 관계망"을 분석한다고 보도했다.[64]

테러 방지를 목적으로 행정부에 강력한 권한을 부여한 애국법을 등에 업은 NSA의 "이메일 대량 수집"은 2011년 2명의 상원의원이 NSA의 "의회와 법정 진술이 … 이 프로그램의 효과를 크게 과장했다"고 이의를 제기하면서 제동이 걸렸고, 결국 오바마 대통령은 프로그램을 축소해야 했다.[65] 그럼에도 불구하고 NSA는 해외정보감시법원의 허가를 거쳐 버라이즌을 비롯한 미국 통신사에 국내외 사용자 통화 기록을 "매일 지속적으로" 요구했다.[66] 2013년 1월에 작성된 NSA 내부 문건에 따르면 '공식 경로' 외에도 구글과 야후의 데이터센터 연결 구간에 몰래 침투하여 데이터 흐름을 통째로 복사하는 머스큘러MUSCULAR 프로젝트를 비밀리에 운영했다. 이를 통해 한 달간 가로챈 정보만 해도 1억 8,100만 건에 달했다.[67]

테러와의 전쟁은 감시 체제의 급속한 발달을 위한 정치적 명분과 기술 혁신을 제공했다. 2011년 말 오바마 행정부가 이라크에서 (당분간) 철수할 때까지 미군 생체신원관리국Biometrics Identity Management Agency(BIMA)은 이라크 국민의 약 10퍼센트에 해당하는 300만 명의 지문과 홍채 이미지를 수집했다. 마찬가지로 아프가니스탄에서도 2012년까지 총인구의 10퍼센트에 해당하는 200만 명의 생체 데이터를 확보했다.[68] 2009년, 북부 사령관 빅터 레누아트Victor Renuart 장군은 이 기술을 미국 국내에 도입하자고 촉구했다. 2년 후, 매사추세츠주 플리머스에 위치한 BI2테크놀로지스BI2 Technologies라는 회사가 스마트폰 기반의 홍채 인식 기능을 제공하는 모바일 범죄자 인식 정보 시스템Mobile Offender Recognition and Information System(MORIS)을 미국 각지의 수십 개 경찰 조직에 판매하기 시작했다.[69] 또한 2010년 미 국토안보부는 미군이 아프가니스탄과 이라크 거리에서 자살 폭탄 테러범을 색출하기 위해 처음 개발한 생체 인식 광학 감시 시스템Biometric Optical Surveillance System(BOSS)을 인수하여 경찰이 사용할 안면 인식 장치 개발을 추진했다.[70]

10년간 끊임없이 확장을 거듭했음에도 불구하고 NSA 작전의 전모는 여전히 극비로 남아 있었다. NSA의 사찰 활동이 얼마나 잘 숨겨져 있었던지, 2013년 3월 의회에 출두하여 진실만을 말하겠다고 맹세한 국가정보장 제임스 클래퍼James Clapper는 NSA가 "미국인을 상대로 어떤 종류의 개인정보도 수집하지 않는다"고 장담할 정도였다. 이 명백한 거짓말을 좌시할 수 없었던 젊은 NSA 정보요원 에드워드 스노든은 두 달 후 홍콩으로 건너가 수천 건의 기밀문서를 세계 언론에 공개했다.[71]

유출된 문서에 따르면 NSA는 평범한 미국인들이 주고받는 수십억 개의 통신 내역을 무차별적으로 수집한 것 외에도, "100개 이상의 미국 기업과 긴밀한 관계를 유지하면서 미국이 전 세계 통신의 허브라는 이점"을 활용했다. 2013년 4월, NSA의 국내 "적극적 감시 대상"은 11만 7,675명에 달했다. 이는 미국 정치에 영향을 미칠 만한 인사 대부분을 포함하는 숫자다.[72] 만약 NSA가 미국 내각과 의회, 50개 주의 주지사와 주의원을 모두 감시한다고 해도 여전히 10만 9,782명이 남는다. 미국 내 7,398개 대학별로 평균 5명의 학생과 교수를 감시 대상에 포함한다 하더라도 여전히 7만 2,792명이 남는다. 여기에 미국 내 1,395개 일간지 편집인과 기자 4명씩을 추가해도 6만 5,817명이 남는다. 요컨대 11만 7,675명이라는 숫자는 미국에서 정치적으로 활동하는 지도자급 인사를 모두 포함하는 것으로 보아도 무방하다.

커뮤니케이션이 월드 와이드 웹 세상에 집중된 오늘날, 미국은 과거 영국이 대양 횡단 전신 케이블을 통제하여 얻은 것보다 훨씬 강력한 감시 능력을 보유하고 있다. 스노든이 공개한 수천 건의 문서 중에서 NSA의 2012년 '전 세계 시긴트/방어 암호 플랫폼'

도식은 특히 의미심장하다. 이 문건에 따르면 NSA는 "비공개·비밀작전 혹은 협력 관계를 통해" 확보한 20개의 통신망 접근점과 170개의 2차, 3차 진입점을 통해 전 세계 5만 대의 컴퓨터에 악성코드를 심었다. 워싱턴은 놀랍도록 효율적으로 전 세계를 감시하고 사이버 전쟁을 벌일 역량을 보유하게 된 것이다.[73]

에드워드 스노든에 의해 언론에 공개된 또 다른 문서에 따르면 NSA는 엑스키스코어X-Keyscore 프로그램을 통해 2007년에 8,500억 건의 정보를 수집했으며, 2012년에는 단 한 달 만에 "사용자가 인터넷에서 하는 거의 모든 활동"에 대한 기록 410억 건을 수집했다.[74] NSA는 시긴트 이네이블링 프로젝트Sigint Enabling Project에 매년 2억 5,000만 달러를 투입하여 개인정보 보호를 목적으로 설계된 암호화를 비밀리에 무력화시켰다. 또 다른 2007년도 문서에는 이런 내용도 담겨 있었다. "앞으로 초강대국의 흥망은 그들이 보유한 암호 해독 프로그램의 역량에 좌우될 것이다. 이것은 미국이 사이버 공간에 계속 무제한적으로 접근하고 이용하기 위해 지불해야 하는 입장료다."[75]

오바마 정권 때도 NSA는 오랜 파트너인 영국 정보기관 정부통신본부Government Communications Headquarters(GCHQ)와 협력하여 영국을 지나는 환대서양 광케이블을 감청했다. 2008년 6월, 영국 멘위드 힐의 GCHQ 고고도 감청 시설을 방문한 NSA 국장 키스 알렉산더는 이렇게 말했다. "모든 신호를 항시 수집할 수는 없습니까? 올해 여름에 한번 추진해보시죠." 전파 감청에서 해저 케이블 침투로 시선을 돌린 지 2년 만에, GCHQ는 템포라 작전Operation Tempora을 통해 영국, 미국, 호주, 캐나다, 뉴질랜드로 구성된 '파이브 아이즈

Five Eyes ' 정보기관 연합체 가운데 "가장 높은 인터넷 접근성"을 확보했다. 2010년 본격적으로 템포라 작전에 착수한 GCHQ는 해저 인터넷 케이블 200여 개에 감청 장치를 설치하고 매일 6억 건의 통화 내역을 수집했으며, 모든 정보를 미국 정보기관 요원들과 공유했다.[76] 템포라 작전이 하루에 처리하는 정보 규모는 390억 건에 달했다.[77]

NSA 사찰의 목적은 테러리스트 색출에 그치지 않았다. 그들은 동맹국 지도자 및 정부에 대한 광범위한 사찰을 실시하면서 1950년대 중반 이래 미국 패권의 중추였던 종속국 지배층을 보다 효율적으로 통제하고자 했다. 발각될 경우 심각한 정치적 파문을 불러올 불법 사찰을 강행한 이유는 무엇이었을까? 과거 식민지 지배의 역사에서 오늘날 도감청 전략의 선례를 찾을 수 있다.

한때 식민지 경찰이 수천 명의 식민지 지배층을 감시하면서 제국에 협조할 것을 종용했듯이, 오늘날 CIA와 NSA도 전 세계 수백 명의 국가 지도자를 감시한다. 감시는 워싱턴이 패권을 유지하는 데 필요한 정보를 제공한다. 그 폭은 비밀작전이나 군사 개입으로 대응해야 할 공공의 적(한때 공산주의자, 현재는 테러리스트)에 대한 작전 정보, 양자 또는 다자 협상에서 미국 외교관들이 우위에 설 수 있도록 해주는 정치·경제 정보, 각국 지도자들의 팔을 비트는 데 유용한 그들의 약점과 치부, 그리고 무엇보다 중요한 것은 베를린부터 보고타, 자카르타부터 요하네스버그에 이르는 전 세계의 엘리트들에 관한 정보를 망라한다.

NSA는 유서 깊은 '파이브 아이즈' 동맹을 존중하는 의미에서 2007년부터는 그들을 감시 대상에서 제외했다. 하지만 유출된 또 다른 문서에 따르면 NSA는 프랑스, 독일, 이탈리아 등 신뢰도가 떨어지는 30개 "국가의 신호를 표적으로 삼을 수 있고, 또 자주 그렇게 한다." NSA는 독일로부터 한 해에 5억 건의 정보를 가로챘는데, 2013년 1월의 어느 하루 동안 수집한 전화와 이메일이 총 6,000만 건에 달하기도 했다. 프랑스, 이탈리아, 스페인에서 수집한 정보량도 이와 크게 다르지 않았다. NSA는 동맹국들에 관한 정보를 캐내기 위해 벨기에 브뤼셀에 위치한 유럽연합 정상회의 본부를 감청하고, 뉴욕의 유엔 유럽연합 대표부 사무실과 워싱턴 소재 대사관 등 38곳에서 스파이 활동을 벌였다(한국, 일본, 멕시코, 인도, 터키 등도 표적에 포함됐다-옮긴이).[78]

에드워드 스노든이 폭로한 문서에 따르면 NSA는 그동안 전 세계 35개국 지도자를 면밀히 감시해왔다. 브라질 대통령 지우마 호세프Dilma Rousseff의 개인 전화, 멕시코 전 대통령 펠리페 칼데론Felipe Calderón의 국정 논의 내용과 후임자 엔리케 페냐 니에토Enrique Peña Nieto의 이메일도 감시의 대상이었다. 그뿐만 아니라 2002년부터 독일 총리 앙겔라 메르켈Angela Merkel의 휴대전화를 감청하고, 인도네시아 대통령 수실로 밤방 유도요노Susilo Bambang Yudhoyono의 전화를 도청하고, 2010년 6월 캐나다 오타와에서 열린 G20 정상회의 기간에 세계 지도자들을 "광범위하게 감청"했다.[79] 2015년 위키리크스는 NSA가 프랑수아 올랑드François Hollande 대통령의 "매우 민감한 내용의 대화"를 포함하여 2006년부터 2012년까지 3명의 프랑스 대통령을 감시했다고 밝혔다. 위키리크스는 앙겔라 메르켈이 2009년 글로벌 금융 위기와 2011년 유로존 위기에 관해 나눈 비밀 대화를 비롯하여 NSA가 15년간 3명의 독일 총리를 감시한

문서도 공개했다.[80]

2013년 말 『뉴욕타임스』는 국제 무대의 중간급 인사들까지 포함하여 "1,000명 이상이 최근 몇 년간 미국과 영국의 감시 대상"이었다고 보도했다. NSA와 GCHQ는 이스라엘의 에후드 올메르트Ehud Olmert 총리나 에후드 바락Ehud Barak 국방장관같이 민감한 자리에 앉아 있는 인물 외에도, 반독점 문제를 관장하는 유럽연합 집행위원회 호아킨 알무니아Joaquin Almunia 부위원장, 프랑스 에너지 회사 토탈Total, 그리고 베를린의 독일 정부 및 정부기관이 조지아, 르완다, 터키와 공식적으로 주고받은 대화도 감시했다.[81]

우방에 관한 정보는 워싱턴의 외교 무기가 되었다. 사찰 전문가 제임스 뱀퍼드James Bamford에 따르면 "이것은 마치 포커를 치면서 베팅하기 전에 다른 사람들이 쥐고 있는 카드를 알고 싶어 하는 것과 같다."[82] 실제로 NSA는 2002~03년 유엔에서 이라크 침공 결의안을 두고 설전이 벌어졌을 때 코피 아난Kofi Annan 사무총장의 대화를 감청했으며, 안전보장이사회에 속한 제3세계 국가 중에서 부동표로 분류된 6개국이 "어느 쪽으로 투표할지 알아내기 위해 … 대표단과 본국 간의 통신을 엿듣고, 고속도로와 댐 건설 지원 및 유리한 조건의 무역협정 등"을 제시하며 그들을 매수하고자 했다.[83] 또한 NSA는 가봉, 우간다, 나이지리아, 보스니아 대표단을 감시하여 2010년 수전 라이스Susan Rice 유엔 미국 대사가 이란 제재 문제에 대한 유엔 안보리 투표 "전략을 개발"할 수 있도록 도왔다. 2013년에는 오바마 대통령이 유리한 입장에 설 수 있도록 "회담 전에 유엔 사무총장의 논지를 미리 파악"했다.[84]

2012년 10월에 작성된 또 다른 문서에 따르면 알렉산더 NSA

국장은 무슬림 극단주의자들을 상대할 때 "폭로될 경우 지하드의 명분을 손상시켜 권위를 실추시킬 수 있는 약점"을 찾아내라고 지시했다. 그는 시대를 막론하고 유용한 스캔들의 근원인 섹스와 돈을 언급하면서 "인터넷 포르노 시청"이나 "기부금의 일부를 … 개인적인 용도로 전용하는 것" 같은 약점을 공략해야 한다고 말했다. 이 문서는 "문란한 온라인 활동"을 한 "존경받는 학자"를 잠재적 목표물로 언급했다. 제임스 뱀퍼드의 설명에 따르면 "NSA의 작전은 1960년대 존 에드거 후버 시절에 목표물을 '무력화'하려는 목적으로 전화를 도청하여 성관계 등의 약점을 수집했던 FBI 작전과 흡사하다." 미국시민자유연맹American Civil Liberties Union의 법률담당 부국장 자밀 재퍼Jameel Jaffer는 유출된 NSA 문서를 두고 이렇게 경고했다. "대통령은 자신의 정적, 기자, 인권 활동가들의 명예를 실추시키기 위해 NSA가 사찰 결과를 이용하도록 지시할 것이다. NSA는 과거에 이런 식으로 힘을 휘둘렀으며, 앞으로 그러지 않을 것이라 여긴다면 순진한 생각이다."[85]

실제로 2013년 12월 에드워드 스노든은 브라질 국민에게 보내는 편지에서 NSA가 광범위한 비밀 감시 활동을 벌여왔다고 고발했다. "그들은 누가 불륜을 저지르고 누가 포르노를 보는지 다 파악하고 있습니다. … NSA의 사찰 프로그램은 애초에 테러리즘에 대비하기 위해 만들어진 것이 아닙니다. 경제 스파이 활동, 사회 통제, 국제 정치 조작을 위한 것입니다. 권력을 위한 것입니다."[86] 스노든은 2014년 인터뷰에서 NSA가 팔레스타인인들이 주고받은 메시지를 원본 그대로 이스라엘군의 엘리트 정보부대 유닛8200에 넘겼다고 밝혔다. 이 내용이 공개된 후 유닛8200에서 일했던 퇴역 군인 43명은 NSA로부터 받은 자료는 "성적 지향, 불륜, 돈 문제"로, "팔레스타인을 위협하고" "이스라엘 당국에 협조하도록 회유"하는 데 사용했다고 증언했다.[87]

인터넷의 발달로 성산업이 홍등가에서 사이버 공간으로 이동하면서 표적을 손쉽게 감시할 수 있게 되었다. 2013년에는 전세계에 2,500만 개의 음란물 사이트가 존재하는 것으로 추정되었으며, 세계 5대 성인 사이트의 페이지뷰 총합은 매달 106억 건에 달했다.[88] 온라인 포르노는 1,000억 달러의 가치를 가진 글로벌 사업으로 성장했다.[89]

디지털 감시는 정치 스캔들을 터트리는 데에도 매우 유용하다. 2008년 전화 도청을 통해 성매매 서비스를 이용한 사실이 밝혀진 뒤 사임한 뉴욕주 주지사 엘리엇 스피처Eliot Spitzer[90]나 스위스 비밀계좌가 드러난 뒤 퇴출된 프랑스 예산장관 제롬 카위작Jérôme Cahuzac[91]이 그 예이다. 국가 지도자들은 미국의 사찰에 강력히 반발했고, 이는 워싱턴과 주요 우방의 관계 악화로 이어졌다. 메르켈 총리는 독일을 감시 대상국에서 제외하는 새로운 협약을 요구했으나 거부당했다.[92] 프랑스의 올랑드 대통령은 "파트너이자 동맹국 간에 이런 행동은 용납할 수 없다"고 못 박았다.[93] 유럽의회가 유럽연합이 워싱턴과 공유하는 금융 정보를 축소하기로 결정한 후 의장 마르틴 슐츠Martin Shultz는 이렇게 설명했다. "협상 테이블에 접근할 때 상대가 … 미리 내 계획을 염탐하지는 않았는지 걱정해야 한다면 우리는 더 이상 동등한 파트너가 아닙니다."[94] NSA가 자신의 휴대전화를 도청했다는 사실을 뉴스에서 확인한 호세프 브라질 대통령은 2013년 9월 워싱턴 공식 방문을 취소했다. 그뿐만 아니라 2개월 후 브라질 국영 통신사 텔레브라스Telebras는 미국이 통제하는 광통신망으로부터 브라질을 해방시키고 "국가 전략 통신의 자주권을 보장하기 위해" 위성 네트워크 사업에 5억 6,000만 달러를 투자한다고 발표했다.[95] 심지어 파이브 아이즈 회원국으로서 감시에서 제외된 캐나다에서도 인터넷 트래픽이 미국을 거쳐 가는 '부메랑 라우팅Boomerang routing'으로 인해 NSA 사찰이 가능했기에, 캐나다 인터넷 등록청장은 프라이버시 보호를 위해 "인터넷 트래픽을 본국에서 처리하자"고 촉구했다.[96]

≣ 정보와 미국 지배의 미래

에드워드 스노든의 NSA 비밀문서 폭로는 미국 패권의 변화를 엿볼 수 있는 기회를 제공했다. 크게 보면 디지털 중심 전략은 2012년 오바마 대통령이 발표한 "육해공과 우주 및 사이버 공간의 전 영역에 걸친 합동 군사 작전" 역량을 강화하여 미국의 헤게모니를 유지하는 동시에 국방 예산은 감축하는 새로운 국방 전략의 한 축이다.[97]

2009년 텍사스주 사이버전쟁센터 소속 7,000명의 공군 요원으로 시작된 미국사이버사령부US Cyber Command는 디지털 감시를 사이버 전쟁과 결합했다.[98] 이후 국방부는 NSA 국장인 키스 알렉산더를 사이버사령관으로 겸직 임명하고 사이버 공간을 공격전과 방어전의 "작전 영역"으로 선언했다.[99] 동시에 워싱턴은 2006년부터 2010년까지 컴퓨터 바이러스로 이란의 핵시설을 공격했다.[100]

오바마는 새로운 글로벌 정보 통제 구조를 구축하는 데 수십억 달러를 투자했다. 2013년 8월 『워싱턴포스트』가 입수한 스노든 문서에 따르면, 미국은 9·11 테러 이후 12년간 정보기관에 5,000억 달러를 투입했다. 2012년도 국가정찰국NRO과 NSA, CIA 예산은 각각 103억 달러, 108억 달러, 147억 달러에 달했다.[101] 여기에 9·11 이후 국토안보부에 쏟은 7,910억 달러까지 합하면, 워싱턴은 총 1조 2,000억 달러를 하드웨어, 소프트웨어, 인력에 투입하여 막강한 감시 역량을 가진 강력한 안보기구를 구축했다.[102]

미국 안보관료 집단의 힘은 너무나 막강해져서, 2013년 12월 오바마 대통령의 정책검토위원회는 NSA 프로그램을 개혁하는 대신 오히려 그간 불법으로 진행되던 관행을 합법화할 것을 권고했다. 이때부터 외국 지도자에 대한 감시는 대통령의 승인이 필요해졌다. 오바마 대통령은 새로 획득한 권한을 행사하여 즉시 독일 메르켈 총리에게 앞으로 전화 도청은 없을 것이라고 약속했으나 브라질과 멕시코에는 같은 약속을 하지 않았다.[103]

연방정부의 재정 지원에 힘입어 NSA 시설의 규모는 2012년부터 2016년까지 4년간 급격히 불어났다. 거기에 더해 2016년 6월 국가정찰국은 미식축구 경기장보다 큰 전파 반사 안테나를 장착한 세계 최대 규모의 '어드밴스드 오리온Advanced Orion' 첩보 위성을 지상 3만 5,000킬로미터 상공의 정지궤도에 발사해 NSA의 광케이블망 사찰을 보완했다.[104]

NSA는 더 효율적으로 세계 전역을 감시하기 위해 대규모 감청 시설을 구축했다. 중동 지역 감시를 위해 2억 8,600만 달러를 들여 조지아주 서배너에 직원 4,000명을 수용하는 5만 6,000평방미터 규모의 단지를 완공했고(2012년), 라틴아메리카 감시를 위해서는 3억 달러를 들여 텍사스주 샌안토니오의 소니 반도체 공장을 개조했다(2013년). NSA가 3억 5,800만 달러를 투입하여 2012년 1월 하와이주 오하우섬에 마련한 시설은 아시아-태평양 지역을 담당했다. 동시에 파라볼라 안테나가 감시 위성으로부터 시간당 200만 건씩 전송받는 정보를 처리하기 위해 잉글랜드 북부 멘위드힐에 슈퍼컴퓨터를 추가로 배치했다.[105]

NSA는 전 세계에서 수집한 수십억 개의 정보를 저장하고 처리하기 위해 2013년 6월까지 1만 1,000명의 인력을 동원하고 16억 달러를 투입하여 유타주 블러프데일에 '요타바이트' 단위의 데이터를 저장할 수 있는 9만 3,000제곱미터 규모의 거대한 데이터센터를 건설했다. 요타바이트는 1조 테라바이트와 동일한 용량으로, 미국 의회도서관의 모든 출판물을 합해도 15테라바이트밖에 되지 않는다는 점을 감안하면 상상도 하기 힘든 어마어마한 규모다.[106]

데이터 처리와 해독을 위해 더욱 강력한 슈퍼컴퓨터가 필요해진 NSA는 미국 방위고등연구계획국Defense Advanced Research Projects Agency이 2010년 크레이Cray사와 계약을 맺고 2억 5,000만 달러를 들여 개발한 페타플롭(초당 1,000조 번 연산) 컴퓨터 캐스케이드Cascade를 능가하는 차세대 컴퓨터를 구상했다.[107] 2015년, 오바마 대통령은 현존하는 최고 속도의 슈퍼컴퓨터보다 30배 빠른 엑사플롭 컴퓨터의 개발을 승인했다. 테네시주 오크리지에 새로 지은 2만 5,000평방미터 규모의 NSA 산하 연구소는 갈수록 강해지는 암호화에 대응하고, 전 세계적으로 2,000억 대의 기기가 네트워크에 접속할 것으로 예상되는 2020년경 밀려올 '데이터 쓰나미'에 대비하기 위해 '양자 컴퓨팅'과 같은 혁신적인 기술을 이용한 초고속 슈퍼컴퓨터 개발에 주력하고 있다.[108]

에드워드 스노든의 충격적인 폭로 이후 NSA는 그동안의 감시 활동이 미국 내 테러 공격을 방지했다고 정당화했다. 알렉산더 장군은 공식석상에서 "54건의 테러리스트 관련 활동"을 제지했다고 거듭 강조했다. 하지만 그가 2013년 10월 상원 청문회에서 성과의 예로 든 것은 소말리아의 과격 단체 알샤바브Al-Shabaab에 8,500달러를 송금한 소말리아 출신 샌디에이고 택시기사 한 명뿐이었다. NSA 사찰 검토위원회 위원도 "아무 성과도 발견하지 못했다"고 대답했다. 이 비판을 계기로 의회는 2015년 미국 내 무차별적인 대량 정보 수집을 제한하는(하지만 해외 감시는 그대로 유지하는) 미국자유법USA Freedom Act을 통과시켰다. 그로부터 1년간 미국인을 대상으로 수집한 통화 기록은 "하루 수십억 건"에서 1억 5,100만 건으로 격감했다. 하지만 영장 없이 사찰하는 해외 외국인의 숫자는 계속 증가했다.[109] 이 모든 것을 감안할 때 NSA는 국내 보안이 아닌 다른 목적을 위해 구축된 것이라는 결론을 피하기 어렵다.

2020년이 되면 대규모 사찰이 미국의 영향력을 유지하기 위한 필수불가결한 요소로 자리 잡을 가능성이 높다. 펜타곤은 수백만 명의 사생활을 감시하는 동시에 전장에서 적군을 눈 멀게 하는 전자 네트워크로 지구를 둘러싸기 위해 트리플 캐노피triple-canopy 항공우주 방패를 배치하고 첨단 사이버전과 디지털 감시를 수행할 것이다. 미국의 제3차 정보관리 체제는 항공우주 무기를 로봇 지휘 체제에 통합시킬 것이다. 이에 따라 NSA는 "기계의 속도로 서로를 감지하고 반응하고 경고하는" 전국 로봇 센서 네트워크에 NSA 시스템을 통합하여 "글로벌 네트워크의 장악력을 극적으로 향상"시킬 계획을 담은 「2012~16년 시긴트 전략Sigint Strategy 2012-2016」을 내놓았다.[110] 앞으로 워싱턴은 하늘의 위성과 해저 광케이블에서 수집한 광범위한 디지털 데이터를 효과적인 정보로 바꿀 자동화 시스템이 필요해질 것이다.

워싱턴은 2012년경 세계 총생산의 23퍼센트에 해당하는 경제 규모로 세계 무기의 40퍼센트를 생산하던 구조를 더 이상 유지하기 어려워졌다.[111] 2016년에는 세계 총생산에서 미국이 차지하는 비중이 17퍼센트로 떨어졌으며, 2010년 GDP의 4퍼센트를 차지했던 사회복지 비용은 2050년 18퍼센트까지 늘어날 것으로 예상된다. 비용 절감은 미국이 패권국으로 살아남기 위한 최우선 과제가 되었다.[112]

이라크전쟁에 1조 달러가 들어간 데 비해 2012년 NSA의 글로벌 감시와 사이버 전쟁에 투입된 비용은 단 110억 달러에 불과했다. 펜타곤은 이 차이를 무시할 수 없다.[113] 사이버 공간은 워싱턴이 보다 적은 돈으로 패권을 유지할 수 있는 기회를 주었지만, 대신 가까운 우방의 신뢰를 갉아먹었다. 이는 앞으로도 계속 미국의 글로벌 리더십을 좀먹을 모순이다.

헨리 스팀슨의 말을 인터넷 시대에 맞게 바꿔보면, 현대의 신사는 다른 신사의 이메일을 훔쳐볼 뿐만 아니라 포르노 사이트 접속 내역과 은행계좌까지 캐낸다. 사찰이 국가안보로 정당화되는 새로운 세상에서 워싱턴은 미국의 패권을 유지하기 위해 자국민에게 프라이버시를 포기하라고 요구한다. 그리고 미국인이 포기해야 할 권리는 그것에 그치지 않을 것이다. 100여 년 전 미국이 해외 식민지와 국내 민주주의를 모두 유지할 수는 없다고 경고했던 마크 트웨인의 선견지명은 지금도 유효하다.

5장

고문과 제국

9·11로부터 시작된 테러와의 전쟁에서 백악관은 고문을 비장의 무기로 삼았다. 워싱턴은 아프가니스탄과 이라크에 군대를 파병하여 재래식 군사 작전을 전개했으나, 이 전쟁에서 워싱턴의 주적은 한 CIA 전문가의 표현대로 "작전을 완수하면 곧바로 흩어지는 임시 네트워크"의 형태로 신출귀몰하는 테러리스트 집단이었다. 알카에다를 상대하기 위해 워싱턴은 냉전 시대에 5개 대륙에서 셀 수 없이 많은 쿠데타와 비공개 작전을 수행하며 무적의 정보기관이라는 명성을 얻은 CIA를 선택했다. 하지만 CIA의 대담한 비밀작전 수행 능력은 과도하게 부풀려졌다. 실상 그들은 새 임무를 수행할 능력이 한참 모자란 집단이었다.[1]

2001년 9·11 테러가 일어나기 전까지 반세기 동안 CIA가 알카에다 분쇄 작전에 필적하는 규모의 임무를 수행한 것은 단 한 번뿐이며, 남베트남의 공산주의 세력을 상대로 벌인 이 대테러 활동에 대한 평가는 크게 엇갈렸다. 이슬람 테러리스트 세력을 상대하는 새로운 임무를 맡았으나 이슬람 무장단체 내부에 심어놓은 정보원이 거의 전무했던 CIA는 정보 수집을 위해 냉전 시대에 개발한 고문 기술을 부활시키는 것밖에는 도리가 없었다.[2]

소련이 사람의 의식을 조종하는 방법을 개발했다고 판단한 1951년의 워싱턴은 영국, 캐나다와 손잡고 연간 예산이 10억 달러에 달하는 대규모 '마인드 컨트롤' 실험을 벌였다.[3] 10년간 비밀 연구를 진행한 끝에 CIA는 백악관이 심각한 위기에 직면했을 때 동원할 수 있는 강압적 심문 정책을 개발했다. 1950년대에 소련과 위성국을 상대로, 이후 1960년대에는 남베트남, 1980년대에는 중앙아메리카, 그리고 2003년 이후 이라크에서 사용된 고문 기법은 시간과 장소를 막론하고 놀라운 유사성을 띤다.

고문은 지금은 대부분 잊힌 강압적 심문에 뿌리를 두고 있다. 미국은 제국으로 부상하는 과정에서 대규모 민중항쟁을 3번 맞닥뜨렸고, 그때마다 예외 없이 고문을 사용했다. 필리핀을 정복하는 과정에서 미군은 신출귀몰하는 게릴라에 관한 정보를 캐내기 위해 필리핀 농민을 '물치료water cure'(물고문)했으며, 이로 인해 미국 내에서 반대 시위가 촉발되고 관련자들은 군법 회의에 회부되었다. 베트남전쟁 당시에도 게릴라의 저항에 직면한 CIA는 '피닉스 프로그램Phoenix Program'이라는 고문·암살 기구를 운영하면서 시골 지역 평정을 시도했으며, 이후 이 작전의 실상이 국내에 알려지며 전쟁의 명분을 약화시키는 결과를 가져왔다. 그리고 2001년 9·11 테러 후 부시 행정부는 냉전 시대에 개발된 CIA 고문 기법을 부활시켜 알카에다 테러리스트를 추적했다.

1898년 마닐라와 2003년 바그다드에 입성한 미군은 곧 미국의 압도적인 힘에 굴복하지 않는 끈끈한 친족 사회를 맞닥뜨렸고, 조치를 취할 만한 정보actionable intelligence를 얻는다는 명목으로 고문에 의존했다. 고문의 반복적인 사용을 제대로 이해하기 위해서는 이것을 '제국'의 특징 가운데 하나로 바라봐야 한다.

영국, 프랑스, 미국은 위기에 직면했을 때 파훼 도구로 고문을 동원했다는 공통점을 갖는다. 먼저 그들은 공식 절차를 통해 정보기관이 제국의 외딴 변방에서 법적 책임을 지지 않는 면책권을 확보했다. 이후 세 제국 모두 고문의 야만성이 자국 언론에 폭로되어 홍역을 치르면서도 고문 가해자와 권력자가 죗값을 치르지 않아도 되도록 장기간에 걸쳐 면죄부를 부여하는 과정을 밟았다. 이 유사성은 의미심장하다. 특히 몰락하는 제국의 고문 사용과 그로 인한 도덕성 훼손이 쇠퇴의 징후인 동시에 원인이라는 사실은 워싱턴의 글로벌 헤게모니에 어두운 그림자를 드리운다.

심리적 고문의 역사

이라크 아부그라이브 교도소와 쿠바 관타나모 수용소에서 계속되는 수감자 학대의 근원은 CIA의 심리 고문과 관련이 있다. 냉전 초기에 CIA는 마인드 컨트롤 부문에서 소련을 따라잡기 위해 '특별 심문 프로그램Special Interrogation Program' 개발에 뛰어들었다. 1952년 CIA 보고서는 이 프로그램의 작업가설을 다음과 같이 명시한다. "의학, 특히 정신의학과 정신요법 분야에서 개인의 생각이나 의지를 외부에서 제어할 수 있는 약물, 최면, 전기 충격, 뇌 수술 같은 다양한 기법이 개발되었다."[4]

1950년대에 CIA는 프로젝트 아티초크Project Artichoke라는 극비 실험을 진행했다. 프로젝트 아티초크의 목표는 "사람의 의지에 반해 몰래 정보를 얻어내는 방법을 개발"하는 것이었다. 하지만 그 어떤 방법으로도 적으로 의심되는 사람의 의지를 꺾거나 그로부터 믿을 만한 정보를 캐낼 수 없자, CIA는 영국 및 캐나다 과학자들과 협력하여 보다 전통적이고 훨씬 성공적인 "심리적 강압 기법"을 연구했다.[5]

이 과정에서 CIA 심리적 고문 기법의 핵심을 이루는 두 가지 중요한 사실이 발견되었다. 1951년부터 1954년까지 CIA와의 협력하에 이루어진 비밀 실험에서 캐나다 심리학자 도널드 헵Donald Hebb은 약물이나 전기 충격, 최면을 사용하지 않고도 48시간 이내에 피실험자를 약물성 환각이나 정신 분열 상태에 빠뜨리는 방법을 찾았다. 실험에 자원한 맥길대학교 학생들은 고글, 장갑, 귀마개를 착용한 채로 이틀 동안 방 안에 그저 가만히 앉아 있으라는 명령을 받았다.[6] 헵은 실험 결과를 이렇게 설명했다. "평소 인간의 마음이 주변 환경에서 입력되는 감각 자극에 이토록 전적으로 의존하고 있는지, 그리고 자극과 단절되었을 때 얼마나 쉽게 착란에 빠지는지 지켜보는 것은 소름 끼치는 경험이었습니다." 머지않아 헵의 발견은 '감각 박탈sensory deprivation'이라 불리는 고문 기법으로 이어졌다.[7]

또한 1950년대에 CIA와 계약을 맺은 코넬대 메디컬센터 연구원 2명은 소련의 비밀경찰 KGB가 사용하는 가장 지독한 고문 방식이 수감자를 며칠씩 꼼짝 않고 서 있게 하는 것이라고 보고했다. 고문 피해자는 다리가 부어오르고 피부가 곪아 터지더니, 곧 환각을 경험했다. 훗날 미국은 유사한 방식의 고문을 도입하고 거기에 '스트레스 포지션stress positions'이라는 완곡한 이름을 붙였다.[8]

CIA의 비밀 연구가 시작되고 4년 후, 북한에 억류된 미군 포로들이 '브레인워싱(세뇌)'을 당한 사실이 알려지면서 마인드 컨트롤 기법에 저항하는 방법에 대한 관심이 급증했다. 1955년 8월, 아이젠하워 대통령은 야전의 모든 병사가 "적의 어떤 시도에도 굴복하지 않도록 … 특별히 고안된 훈련과 교육"을 실시하라고 지시했다. 이에 따라 공군은 고문저항훈련SERE(생존Survival, 회피Evasion, 저항Resistance, 탈출Escape) 프로그램을 개발했다.[9] 그리하여 미국은 서로 긴밀히 연결된 두 종류의 마인드 컨트롤 연구, 즉 적의 첩보원을 심문하는 공격 기법과 아군이 적의 심문에 저항하도록 훈련시키는 방어 기법을 개발했다.

1963년, CIA는 10년의 연구를 집약한 「쿠바르크 방첩심문KUBARK Counterintelligence Interrogation」 지침서를 내놓았다. 이 고문 매뉴얼에 따르면 감각 박탈은 "심리적 퇴행 상태에 빠진 피심문자가 심문자를 아버지와 같은 존재로 바라보게 만들어 … 피심문자의 순종성을 강화"했다.[10] 수년간의 인체실험을 거쳐 더위와 추위, 빛과 어둠, 소음과 적막, 과식과 금식 등 일견 평범한 감각 과부하와 박탈을 조합해 인간의 여섯 가지 감각 신경 경로를 공격하여 정신을 통제하는 심리적 고문 기법이 정립되었다.

심리적 고문법을 문서화한 CIA는 이후 30년간 미국 정보공동체와 전 세계의 우방국에 이를 전수했다. 냉전 봉쇄선을 따라 위치한 이란, 남베트남, 그리고 라틴아메리카에서 CIA는 동맹국 정보기관에 고문 기술 교육을 전수했다. 베트남전쟁 때 CIA는 농촌 지역의 공산주의 조직을 소탕하고자 피닉스 프로그램을 통해 조직적이고 잔혹한 고문을 동원하고 4만 6,776명을 즉결 처형했으나 쓸 만한 정보는 거의 얻지 못했다. 한편 미국 군사정보부는 1966년부터 1991년까지 '프로젝트 X'를 운영하면서 스페인어로 된 훈련 지침서와 상세한 심문법 교육 과정, 그리고 현장 훈련을 통해 라틴아메리카에 대게릴라 전술을 이식했다.[11]

일례로 CIA는 1980년대에 온두라스 군대에 심리적 고문법을 전파할 때 현지 심문관들에게 "시간, 공간, 감각 지각 패턴에 혼란을 야기하기 위해 … 피심문자의 환경을 조작"하는 법, 간단히 말해 인간의 감각 신경을 공격하여 정신을 통제하는 법을 가르쳤다.[12] 이때 사용된 「인적자원 활용 매뉴얼 1983」의 고문 기법이 20년 전에 정립된 쿠바르크 심문, 또한 20년 후 이라크 아부그라이브 교도소에서 사용된 고문과 흡사하다는 점은 주목할 만하다.

냉전 시대에 고문이 확산되자 국제앰네스티Amnesty International를 비롯한 인권 단체를 중심으로 고문 실태를 알리고 반대 운동을 펼치는 시민사회 연합이 형성되었다. 수년간 시민이 주축이 되어 세계적 규모의 여론 환기 운동을 이어갔고, 1984년 12월 마침내 유엔 총회에서 고문방지협약Convention Against Torture(CAT)을 채택하면서 그간의 노력이 결실을 맺었다. 고문방지협약 제1조는 고문을 "특정인이나 제3자로부터 정보나 자백을 얻어 내기 위해 고의로 신체적·정신적 고통을 가하는 행위"로 광범위하게 정의한다.[13] 유엔 총회에서 만장일치로 승인된 고문방지협약을 준수하라는 국제사회의 압력이 거세지자 로널드 레이건 대통령은 1988년 "악랄한 고문 관행에 종지부를 찍기를 바라는 우리의 바람"을 들먹이며 고문방지협약을 의회에 상정했다. 하지만 레이건 행정부는 무려 19개의 유보 조항을 삽입하여 고문방지협약의 상원 비준을 6년간 지연시켰다.[14]

냉전 종식 후 4년이 흐른 뒤인 1994년, 마침내 미국에서 고문방지협약이 비준되어 고문 반대 원칙과 CIA 고문 관행의 표리부동이 해소되는 듯했다.[15] 하지만 빌 클린턴 대통령이 의회에 상정한 협약에는 6년 전 레이건 정부가 26쪽짜리 문서 가운데 '정신적 mental'이라는 단어를 문제 삼으며 추가했던 4건의 유보 조항이 은근슬쩍 포함되어 있었다. 유보 조항은 미국에 적용되는 정신적 고문의 정의를 축소하는 내용으로, 이를 통해 미국은 신체적 고통, 약물 주입, 살해 위협, 타인을 해치겠다는 협박 등 네 가지 구체적 행위만 고문으로 규정했다. 감각 박탈이나 소위 '스스로 가하는 고통' 같은 방식은 법적으로 허용한 것이다. 이렇게 CIA에 면죄부를 부여하는 고문의 정의는 이후 미국 연방법 2340조와 1996년 전쟁범죄법에 고스란히 반영되었다.[16]

심리적 고문에 대한 법적 면죄부는 지뢰처럼 조용히 묻혀 있다가 10년 후 아부그라이브에서 폭발했다. 2001년 9월 11일, 부시 대통령은 대국민 연설을 마친 직후 참모들에게 고문을 사용하라는 비밀 지시를 내리면서 단호하게 말했다. "국제 변호사들이 뭐라고 하든 상관없다. 제대로 본때를 보여주자."[17]

부시 행정부 변호사들은 대통령의 지시를 실현 가능한 정책으로 바꾸기 위해 수개월을 공들인 끝에 논란의 여지가 큰 세 가지 결론을 도출했다. 첫째, 대통령은 법 위에 있다. 둘째, 고문은 법적으로 용인되는 대통령의 권한이다. 셋째, 미군기지가 위치한 쿠바 관타나모는 미국의 영토가 아니다. 이상의 결론은 대통령의 권력이 다른 모든 것에 앞선다는 신보수주의적 헌법 해석에 바탕을 두고 있었다. 그들은 전시에 대통령은 국가를 수호하기 위해 국내법과 국제 조약을 무시할 수 있다고 주장했다.[18] 보다 근본적으로 부시 행정부 변호사들은 대통령직(소위 '단일 행정부unitary executive')에 최상위의 권력을 부여하며 삼권분립이라는 헌법 원칙에 도전했다. 부시 행정부 법무부에서 일했던 존 유John Yoo 버클리 캘리포니아대학 로스쿨 교수는 "미국 건국의 아버지들은 잘못되었거나 구시대적인 입법과 사법 결정을 대통령이 바로잡도록 의도했다"고 주장했다.[19]

2002년 2월 부시 대통령은 "제네바협약의 어떤 조항도 우리가 아프가니스탄과 전 세계에서 알카에다와 벌이는 전쟁에 적용되지 않는다"고 주장하며 적에게 "최소한의 인도적 대우"를 해야 할 필요성을 제거했다.[20] 프랑스가 알제리에서 그랬듯이, 또 영국이 케냐에서 그랬듯이, 백악관은 공식 절차를 거쳐 CIA가 고문을 사용할 수 있도록 조치했다.

그런데 그 무렵 CIA 내부에는 강압적 심문 경험을 가진 요원이 없었다. 1980년대 중반에 수감자가 사망하는 사건이 벌어진 뒤, CIA는 고문을 비생산적인 수단으로 결론짓고 심문 기법에서 제외했다. 수십 년간 라틴아메리카 국가에 고문 기술을 전수해온 미국 국방부도 1990년대 초 딕 체니 국방부 장관 시절에 불법 심문 기법이 포함된 지침서를 전량 회수했다.[21]

따라서 12년 후 부시 행정부가 고문을 재개하기로 결정했을 때, CIA의 심리적 고문 기법이 보존된 곳은 군대의 고문저항훈련이 유일했다. CIA는 방어용 고문저항훈련을 알카에다 포로를 심문하는 데 사용할 공격용 기법으로 역설계하기 위해 심리학자 제임스 미첼James Mitchell, 브루스 제슨Bruce Jessen과 계약을 맺었다. "그들은 수감자의 모든 감각을 무너뜨려 저항 불가능한 상태로 만들고자 했습니다." 부시 행정부의 한 관료가 『뉴요커New Yorker』 기자 제인 메이어Jane Mayer에게 말했다. "이 분야에서 경험을 쌓은 심리학자만이 그 파괴적 효과를 이해할 수 있습니다." CIA 본부의 관리들은 국제법상 고문으로 규정된 방법을 사용했다가 훗날 기소당할지도 모른다는 불안에 시달렸다. 따라서 외부 심리학자를 고용하는 것은 "고문방지협약 같은 장애물을 우회할 수단"이었다.[22]

뿐만 아니라 백악관은 기존 정책과 극적으로 단절하며 CIA가 해외에 교도소를 운영할 수 있도록 허용했다. 전 세계에서 체포된 테러 용의자는 '특별 송환'(미국보다 더 강도 높은 심문이 가능한 다른 협조국으로 이송하는 것-옮긴이) 대상으로 지정되어 태국과 폴란드 등 세계 곳곳에 위치한 CIA '블랙 사이트black sites' 8개소와 모로코, 이집트, 우즈베키스탄 등 동맹국의 감옥 및 고문실에 무기한 감금되었다.[23] 또한 부시 행정부는 CIA 심리학자들이 고안한 열 가지 '강화된' 심문 기법을 승인했으며, 그중에는 '워터보딩waterboarding'(물고문)도 포함되어 있었다.[24] 동맹국에 가학 행위를 위탁했던 냉전 시대와는 달리 이제 CIA 요원들이 직접 워터보딩과 "벽에 처박기wall slamming" 기법을 사용하며 손을 더럽혔다.

백악관이 고문의 적법 여부를 묻자, 법무부 차관보 제이 바이비Jay Bybee와 부차관보 존 유는 고문의 법적 근거를 담은 악명 높은

2002년 8월 메모를 통해 CIA 고문 가해자들이 빠져나갈 구멍을 마련했다. 연방법 2340조 고문의 정의는 신체적 또는 정신적 고통이 '극심'해야 한다고 명시하고 있는데, 바이비는 이를 "장기 손상과 같은 심각한 부상과 그로 인한 고통에 맞먹어야 고문"이라고 해석하여 사실상 죽음에 이르기 직전까지 고문할 수 있도록 허용했다. 정신적 고통에 대해서도 "수개월, 수년간 지속되는 중대한 정신적 피해를 입어야만" 고문에 해당한다고 해석하여, 심리적 고문의 가능성을 활짝 열어놓았다.[25]

부시 법무부의 변호사들은 고문을 옹호하는 데 적극적이었을 뿐만 아니라, 향후 관련자 면책을 위한 법적 토대를 마련하는 데에도 빈틈이 없었다. 바이비는 2002년 8월 CIA에 보낸 메모에서 미군의 고문저항훈련에 세심하게 통제된 워터보딩이 포함된다는 점을 언급하며 "워터보딩은 극심한 고통을 가하는 것으로 볼 수 없다"고 조언했다. 또한 그는 연방법 2340조를 제멋대로 해석하여 CIA의 열 가지 '강화된' 심문 기법이 모두 합법이라고 결론 내렸다.[26]

2005년 5월에 부시 법무부 변호사들에게 퇴임 후 법적 보호막을 제공해주기 위해 마련된 것으로 보이는 상세한 메모 3건에서, 스티븐 브래드버리Steven Bradbury 미 법무부 차관보대행은 미국이 유엔 고문방지협약에 내걸었던 유보 조항과 그것을 반영한 연방법 2340조를 거듭 인용하며 물고문은 "육체적으로 고통스럽지 않은 기법"이기 때문에 완전히 합법적이라고 주장했다.[27] 브래드버리는 모든 강화된 심문 기법이 "법적 조사의 대상이 될 가능성은 희박하다"고 자신 있게 조언했다.[28] 거기에 더해 6개월 후인

2005년 11월, CIA는 과거 태국의 블랙 사이트에서 시행된 알카에다 용의자 심문 비디오테이프 92개를 파기하여 가혹 행위 증거를 인멸했다.[29]

우리는 부시 행정부 시절에 CIA가 심리적 고문 기법을 대폭 재정비했다는 사실을 알고 있다. 2004년에 작성된 기밀 보고서 「CIA 종합심문기법 배경보고서Background Paper on CIA's Combined Use of Interrogation Techniques」에 따르면 용의자들은 "눈가리개, 귀마개, 두건을 착용하여 아무것도 보지도 듣지도 못하는", 상태로 블랙 사이트로 이송되었다. 수용소에 도착한 후 수감자들은 "발가벗기기, (쇠고랑을 채운 채) 수면 박탈, 식이 조작(음식을 주지 않고 영양분이 포함된 물만 주는 식이다-옮긴이)" 등의 길들이기 과정을 거쳐 인간의 기본 욕구에 대한 통제권이 전혀 없는 "의존 상태"로 전락했다. "신체적, 정신적 스트레스를 가중시키기 위해" CIA 심문관들은 '모욕적인 뺨 때리기insult slap'나 '손등으로 배 때리기abdominal slap'를 가한 다음 수감자의 머리를 감옥 벽에 처박는 '벽 치기walling' 등의 강압 수단을 동원했다.[30] 이런 방법으로도 원하는 결과를 얻지 못했을 때는 워터보딩이 동원되었다. 실제로 아부 주바이다Abu Zubaydah는 "2002년 8월에 적어도 83번"의 물고문을, 칼리드 셰이크 모하메드Khalid Sheikh Mohammed는 2003년 3월에 183번의 물고문을 당했다.[31] 존 애시크로프트John Ashcroft 법무부 장관은 "한 사람을 119번 워터보딩했다는 보고"를 받고도, 2003년 7월과 9월 CIA 국장 조지 테닛George Tenet과 만난 자리에서 강압적 심문 기법의 "확장 적용"을 승인했다.[32]

펜타곤에서도 2002년 말 동일한 과정이 진행되어 도널드 럼스펠드 국방부 장관이 관타나모 수용소에서 열다섯 가지 공격적 심문 기법을 사용할 수 있도록 승인했다. 그는 가혹한 스트레스 포지션 고문법 승인 요청서에 사인하면서 "나도 하루에 8~10시간씩 서 있는다. 4시간 제한은 왜 있는 건가?"라는 메모를 달기도 했다.[33] 여기서 짚고 넘어갈 점은 국방부가 테러와의 전쟁 초기에 정신없이 분주한 와중에도 공격적 심문 기법을 사용하는 사람들의 면책권을 보장하기 위해 세심한 노력을 기울였다는 사실이다. 미국 국방부는 심문 내규를 수립하는 과정에서 CIA 대테러센터 Counterterrorism Center의 선임 변호사 조너선 프레드먼Jonathan Fredman에게 자문을 구했다. 전해지는 바에 따르면 프레드먼은 고문의 법적 정의가 "모호하게 규정"되어 있으며 "기본적으로 심문자의 인식에 달려 있다"고 조언하면서, 제이 바이비와 존 유의 2002년 8월 메모와 같은 입장을 견지했다. 그는 미국법은 심문 방식에 제한을 두지 않는다고 결론 내렸다.[34]

럼스펠드 장관은 제프리 밀러Geoffrey Miller 육군 소장을 관타나모에 새로 지은 수용소의 책임자로 임명하고 이곳을 심리학 실험실로 운영할 권한을 부여했다. 군사 심리학자들로 구성된 소위 '행동과학 자문단Behavioral Science Consultation Teams'은 수감자들이 가장 두려워하는 것이 무엇인지 파악했다. 또한 심문자들은 섹스와 개를 터부시하는 아랍 문화를 이용하여 심리적 공격의 수위를 높였다.[35] 관타나모의 심문관들은 CIA의 심리적 고문 기법에서 한 단계 진화한 감각적, 문화적, 정신적 3단계 공격법을 완성했다. 2002년부터 2004년까지 정기적으로 관타나모 수용소를 감찰한 국제적 십자는 "수감자를 잔인하고 기이하고 모욕적으로 대하는 의도적

시스템이자 고문의 한 형태로밖에 볼 수 없다"고 보고했다.[36]

2003년 9월 밀러 소장이 심문 기법을 이라크로 들여온 후, 현지 미군 사령관인 리카르도 산체스Ricardo Sanchez 중장은 아부그라이브 교도소에서 관타나모식 학대를 지시했다. 아부그라이브 교도소의 미국인 교도관들에 의해 촬영되어 나중에 호주 기자들에게 유출된 1,600장의 기밀 사진은 일부 병사들의 일탈이 아니라 CIA 심리적 고문 기법, 즉 감각 박탈을 위해 두건 씌우기, 스스로 고통을 가하는 자세로 사슬에 묶어두기, 성적 굴욕감을 주고 개로 위협하기가 반복적으로 사용되었음을 보여준다. 이라크인 수감자의 목에 줄을 채운 채 개처럼 끌고 다니는 병사의 사진이 그토록 악명 높은 이유가 여기에 있다.[37]

『뉴욕타임스』에 따르면 CIA 심문 기법은 이라크 도처에 세워진 5개 특수임무대 취조실로 바이러스처럼 확산되었고, 그곳에 갇힌 수감자들은 극도의 감각 박탈, 구타, 불-전기-물 고문을 당했다. 특수임무대에 소속된 1,000명의 부대원 중 훗날 34명이 학대 혐의로 유죄판결을 받았지만, 많은 경우 기록이 '유실'되는 바람에 처벌을 면했다.[38]

제국주의 전쟁에서 흔히 그러하듯이, 강경한 대처와 집단 투옥, 그리고 조직적 학대를 통해 피지배민을 평정하려는 시도는 이라크인들의 저항이 더욱 격렬해지는 결과를 낳을 뿐이다. 중동에서 대테러 임무를 담당하는 미국 고위급 외교관들은 2006년 쿠웨이트 회담에서 "수감자 심문 및 정보원 보고에 따르면 관타나모와 아부그라이브의 수감자 처우가 외국 테러리스트와 지하디스트가 이라크로 집결하는 가장 중요한 동기"라고 전했다. 아프가니스탄 주둔 미군 사령관을 역임한 스탠리 맥크리스털 장군은 이라크에서의 경험을 회상하며 이렇게 결론 내린다. "내 경험에 의하면 대부분의 신참 지하디스트들은 무장 투쟁에 참여하게 된 이유로 아부그라이브를 꼽았다."[39]

실제로 미군 교도소 가운데 최대 규모인 이라크 남부의 캠프 부카Camp Bucca는 가장 과격한 지하디스트와 장래 이슬람국가ISIS의 지도자를 양성하는 훈련소로 변했다. 2009년에 문을 닫을 때까지 이 교도소를 거쳐간 10만 명의 수감자 중에는 그곳에 5년간 갇혀 있었던 ISIS의 우두머리 아부 바크르 알바그다디Abu Bakr al-Baghdadi와 수뇌부 간부 9명 등 ISIS 창립 세력이 포함되어 있었다.[40] 2009년 석방된 후 곧 재결집한 ISIS 지도자들은 꾸준히 세력을 확장하여 2013년 아부그라이브 교도소 공격을 지휘했고, 이로 인해 '고위 간부급 지하디스트'를 포함한 500명의 수감자가 대거 탈옥하는 사태가 벌어졌다. 2014년 초에 ISIS는 이라크 북부를 휩쓸며 도시와 마을을 점령했고, 바그다드 정부는 ISIS 최고 지도부 25명 중 17명이 미군 수용소에서 수감 생활을 한 것으로 추정했다.[41]

≡ 면죄부

고문 가해자들은 타인의 생사여탈권을 쥐고 막강한 힘을 행사하는 동시에 자신의 행동을 정당화할 난해한 법적 근거를 마련하고, 고문 기록을 파괴하고, 훗날 문제가 되었을 때 면죄부를 줄 법을 제정하는 등 처벌을 피하기 위해 갖은 애를 쓴다. 부시 행정부의 법무부 변호사들은 고문을 적극적으로 옹호했을 뿐만 아니라 처음부터 뒤탈이 없도록 꼼꼼한 법적 토대를 마련하는 치밀함을 보였다.

같은 선상에서 딕 체니 부통령은 2006년 군사위원회법을 준비하면서 고문을 "사지, 장기, 정신 기능의 중대한 손실 또는 손상"으로 정의하는 문구를 38쪽짜리 문서에 깊숙이 묻어놓았다.[42] 또한 군사위원회법은 고문의 정의를 1997년 11월로 소급적용하여, CIA 심문자들이 1997년 확장된 전쟁범죄법하에서 종신형이나 사형까지 받을 수 있는 죄에 대해서도 면죄부를 부여받을 수 있도록 만전을 기했다.[43]

아부그라이브 수감자 학대에 관해 가장 철저한 조사를 수행한 안토니오 타구바Antonio Taguba 미 육군 소장은 2008년 6월, 지난 5년간의 "정부 수사, 언론 보도, 인권단체의 보고로 드러난 사실"을 종합하여 다음과 같이 결론 내렸다. "현 정부가 전쟁범죄를 저질렀는지 여부는 더 이상 의심의 여지가 없다. 유일하게 남은 문제는 고문을 명령한 자들에게 응당한 책임을 물을 수 있을 것인가이다."[44]

부시 행정부에서 오바마 행정부로 정권이 교체된 뒤 CIA 고문을 둘러싼 양당의 입장 차이는 놀랍게도 과거의 인권 침해에 면책을 부여하자는 초당적 결론으로 수렴되었다. 2004년 CBS의 시사 프로그램 〈60분60 Minutes〉에서 아부그라이브 수감자 학대 사진이 폭로된 후, 미국은 과거 영국, 프랑스가 거쳤던 과정과 유사한 '면책의 5단계'를 조용히 밟아나가기 시작했다. 8년에 걸쳐 진행된 이 5단계 과정을 거쳐 타구바 소장의 질문에 대한 답은 "고문을 명령한 사람 중 누구도 처벌받지 않을 것이다"로 확정된다.

면책을 향한 첫 단계는 양당의 협력하에 이루어졌다. 2004년 아부그라이브 사진 폭로 이후 1년 동안 럼스펠드 국방부 장관은 학대가 "소수의 개인에 의해 저질러진 것"이라고 주장했다. 마찬가지로 2009년 5월 고문 사진을 추가 공개하지 않기로 결정한 오바마 대통령은 아부그라이브 수용소 사진에 적나라하게 드러난 학대가 "과거에 소수의 개인에 의해 이루어진 것"이라고 말하면서 럼스펠드 장관의 말을 그대로 되풀이했다.[45]

2009년 초, 공화당은 CIA의 심문 기법이 "수천 명, 어쩌면 수십만 명의 죽음을 방지했다"고 말한 딕 체니 전 부통령의 TV 성명을 앞세워 면책의 제2단계에 돌입했다. 오바마 행정부는 이 주장에 어떤 이의도 제기하지 않았다.[46]

면책의 제3단계가 가동된 것은 2009년 4월 16일 오바마 대통령이 CIA 고문 기법을 상세히 기술한 부시 행정부 시절의 고문 메모 4건을 공개하면서 "과거사의 책임을 묻는 데 시간과 에너지를 낭비하는 것은 무익하다"고 주장했을 때였다.[47] 나흘 후 CIA 본부를 방문한 오바마 대통령은 CIA 요원들이 기소되는 일은 없을 것이라고 약속했다. 오바마 대통령은 "실수가 있었다"고 시인하면서도, 미국 국민들이 "실수를 인정한 다음 앞을 향해 나아가야 할 것"이라고 촉구했다. 공개된 고문 메모를 둘러싼 파문이 일파만파 확산되자, 민주당 소속 상원 사법위원회 의장 패트릭 레히Patrick Leahy는 고문 수사를 위한 독립 위원회를 구성하라고 요구했다. 공화당의 존 베이너John Boehner 하원 원내대표조차도 이런 움직임을 수용할 의사가 있어 보였다. 하지만 대통령은 조사가 "소득 없는 정치 논쟁에 그칠 것"을 우려하여 추진하지 않기로 했다. 오바마의 결정은 국제법을 노골적으로 무시하는 처사였고, 고문에 관한 유엔 특별조사관 맨프레드 노와크Manfred Nowak는 워싱턴이 고문방지협약 위반을 조사할 의무가 있음을 상기시켰다.[48]

2011년 5월 오사마 빈 라덴이 암살된 후 신보수주의 세력은 고문으로 얻은 정보가 빈 라덴의 은신처 추적으로 이어졌다는 주장으로 언론몰이에 나서면서 면책의 제4단계를 발동했다. 몇 주 후 에릭 홀더Eric Holder 법무부 장관이 CIA의 가혹 행위 의혹에 대한 수사를 종결하면서 가해자와 지시를 내린 상관 모두 혐의에서 자유로워졌다.[49]

9·11 테러 10주기를 맞아 워싱턴은 면책의 제5단계이자 최종 단계인 역사 기록의 통제를 통한 정당성 획득 작업에 돌입했다. CIA는 FBI 심문 전문가가 쓴 비판적인 회고록을 검열하는 한편 자신들에게 유리한 책을 낸 딕 체니 전 부통령과 호세 로드리게스Jose Rodriguez 전 CIA 대테러센터장, 그리고 영화 〈제로 다크 서티Zero Dark Thirty〉 제작자에게 편의를 제공했다.[50] 고문 비디오가 파기되고 책은 검열되더니, 고소가 기각되고 소송이 각하되고 칭송과 훈장이 남발되기에 이르렀다. 이렇게 보너스와 승진을 보장받으면서 CIA의 수호자들은 정치 투쟁에서 승리했다.

진상이 영영 묻혀버릴 것만 같았던 2014년 12월, 미국 상원 정보위원회는 CIA 고문의 실상을 낱낱이 기록한 보고서를 발표했다. 상원 보고서는 CIA 고문 관계자들이 조국 수호의 가면을 썼지만, 실제로는 법을 어기고 국제조약을 무시하고 승진이나 돈 되는 계약을 위해서라면 어떤 진실도 기꺼이 왜곡하는 부패한 출세 지상주의자라고 폭로했다.[51]

「CIA의 고문에 관한 미국 상원 정보위원회 보고서Committee Study of the Central Intelligence Agency's Detention and Interrogation Program」(이하 「CIA 고문 보고서」) 내용 중 현재 기밀 해제된 유일한 부분인 요약 보고서는 이 사건들을 정의하는 중요한 역사적 문서로 남을 것이다. 불편한 진실이 가득 담긴 524쪽짜리 「CIA 고문 보고서」는 물고문, 음식물 항문 투입, 칠흑 같은 감방, 수면 박탈, 살해 위협, 사슬에 묶어 거꾸로 매다는 형벌, 알몸 노출, 야만적 구타, 얼어붙는 추위로 이루어진 단테의 지옥을 우리 앞에 펼쳐놓는다. 기발한 잔인함과 조직적 가혹 행위가 병존하는 아프가니스탄의 솔트 피트Salt Pit 감옥은 악마의 섬Devil's Island(나폴레옹 3세가 만든 프랑스 유형지, 앙리 샤리에르의 소설 『파피용』의 배경-옮긴이), 샤토 디프Château d'If(프랑스 유배지, 알렉상드르 뒤마의 소설 『몽테크리스토 백작』의 배경-옮긴이), 꼰선섬Côn So'n Island(프랑스가 독립 운동가 정치범 유배지로 이용했던 베트남 남부의 섬-옮긴이), 몬주익성Montjuïc Castle(스페인 독재자 프랑코 정권의 수용소-옮긴이), 로벤섬Robben Island(만델라가 18년간 갇혔던 정치범 수용소-옮긴이)으로 대표되는 지상 최악의 교도소 목록에 이름을 올리기에 부족함이 없다.[52] 다른 건 몰라도 「CIA 고문 보고서」는 최소한 '고문'이 '강화된 심문 기법'이라는 점잖은 표현으로 사용되던 관행을 중단시켰다. 이제 상원의원이나 일반 시민 할 것 없이 고문을 고문이라 부를 수 있게 되었다.

「CIA 고문 보고서」의 가장 커다란 공헌은 600만 페이지에 달하는 기밀문서를 샅샅이 뒤져 CIA의 주장을 반박했다는 점이다. 수감자를 고문하여 테러 계획을 사전에 감지했다거나 오사마 빈 라덴의 은신처 추적에 성공했다는 CIA의 주장은 모두 사실이 아니었고, 때로는 고의적인 거짓말이었던 것으로 드러났다. 결국 CIA 국장 존 브레넌John Brennan은 고문과 정보 입수 사이의 관련성은 아무리 좋게 봐도 "알 수 없음"이라고 인정해야만 했다.[53]

CIA 고문의 실태를 속속들이 규명한 상원 위원회 보고서는 테러와의 전쟁에서 그들이 담당한 구속과 정보 수집 임무가 얼마나 방만하게 수행되었는지 적나라하게 폭로했다. 모든 직업에는 이류 집단이 있고, 모든 관료조직에는 무능한 직원이 존재한다. CIA 본부가 고용한 심리학자 제임스 미첼과 브루스 제슨은 제임스 본드James Bond가 아니라 미스터 빈Mr. Bean(1990년대 영국 시트콤 주인공-옮긴이)과 맥스웰 스마트Maxwell Smart(1960년대 미국 코미디 드라마 〈겟 스마트Get Smart〉의 주인공-옮긴이)였다. 그들은 "오만함과 자기 도취"에 빠져 있었으며, "동료 대다수도 윤리의식이 결여"되어 있었다. 상원 보고서로 밝혀진 사실 가운데 CIA에 가장 큰 타격을 준 것은 고문저항훈련 교육(평범한 심리학자에게 안성맞춤인 평이한 업무) 이상의 임무를 담당해본 적 없는 2명의 퇴역 군인에게 '강화된 심문 기법'을 개발하는 대가로 8,100만 달러를 지불했다는 사실이다.[54]

이런 수많은 장점에도 불구하고 「CIA 고문 보고서」는 심각한 한계를 내포한다. 상원 보고서는 방대한 자료를 바탕으로 한 세부적인 사실 전달에 치우친 나머지, 정작 실태 분석은 피상적이거나 난해하여 아무리 통찰력 있는 독자도 그 중요성을 제대로 파악하기 힘들 때가 많다. 이런 한계가 가장 분명하게 드러나는 것은 아부 주바이다(9·11 테러 이후 CIA 블랙 사이트에 감금되어 최초로 강화된 심문을 받은 인물-옮긴이)의 사례 연구다. 아부 주바이다가 중요한 이유는 CIA가 2002년 태국 소재의 블랙 사이트에서 그를 고문한 뒤 강화된 심문 기법이 효과가 있다고 결론 내리고 이후 6년간 제임스 미첼과 브루스 제슨에게 CIA 심문 프로그램을 사실상 마음대로 운영할 수 있는 권한을 주었기 때문이다.[55] 상원 보고서는 아부 주바이다가 "빈 라덴의 고위 참모"라는 CIA의 주장과 그가 "9·11 테러 비행기 납치범들 일부가 훈련받은 아프가니스탄의 훈련캠프를 운영했다"는 2006년 부시 대통령의 연설 내용이 모두 거짓임을 밝혔다. 실제로 상원 보고서는 CIA와 부시 대통령이 "알카에다 조직에서 아부 주바이다가 담당한 역할과 그가 가진 정보를 크게 과장했다"고 보고했다. 2006년 CIA도 알카에다가 1993년 아부 주바이다의 가입 신청을 거부했으며, 그가 운영한 훈련캠프는 빈 라덴과 아무 관련이 없다고 보고한 바 있다.[56]

보수 진영은 테러와의 전쟁 중에 시행된 수많은 심문 가운데에서도 특히 아부 주바이다의 사례를 들어 CIA의 방법론을 옹호했다. 딕 체니는 9·11 테러 10주기에 출간된 회고록에서 CIA의 심문법이 이 완고한 테러범을 "정보의 샘"으로 바꿔 "수천 명의 목숨"을 구했다고 주장했다.[57] 그러나 아랍어에 능숙한 전직 FBI 대테러 요원 알리 수판Ali Soufan은 딕 체니의 회고록이 나오고 2주 후에 출간된 자신의 회고록에서, 아부 주바이다를 심문할 때 CIA의 기법과는 판이한 비강압적이고 온정적인 태도로 접근했음에도 충분히 "조치를 취할 만한 중요한 정보"를 얻어낼 수 있었다고 전한다.[58]

CIA의 검열을 거친 알리 수판의 회고록과 검열로 가려지지 않은 그의 예전 의회 증언 기록을 나란히 놓고 보면, 아부 주바이다 심문은 CIA의 강압적 심문법과 FBI의 온정적 접근법의 효과가 극명한 대조를 이루는 4단계 과학적 실험과 같은 양상을 띤다.[59]

1단계. 2002년 아부 주바이다가 체포되자마자 FBI 요원 알리 수판이 방콕으로 날아가 그와 아랍어로 대화를 나누면서 공감대를 형성하여 "KSM[칼리드 셰이크 모하메드]이 9·11 테러의 설계자"라는 정보를 최초로 획득했다. FBI의 성공에 분노한 조지 테닛 CIA 국장은 탁자를 내려치면서 제임스 미첼을 급파했다. 그는 주바이다를 발가벗기고 '저강도 수면 박탈'을 가했다.

2단계. CIA의 강압적 심문이 아무런 성과도 내지 못하자 FBI 요원들이 심문을 재개하여 "소위 '더러운 폭파범(방사능 물질을 이용한 폭탄 테러를 계획하여 붙은 이름-옮긴이)'으로 불리는 호세 파딜라José Padilla에 관한 상세한 정보"를 입수했다. 그 후 다시 CIA가 그를 인계해 소음 고문, 온도 조작, 48시간 수면 박탈로 강압적 심문의 수위를 높였다.

3단계. CIA의 강압적 접근법이 다시 한 번 실패하자 FBI 요원들이 세 번째로 소환되었다. 그들은 온정적 접근법을 사용하여 파딜라의 폭탄 테러 계획에 관해 더 많은 정보를 얻어냈다.

4단계. CIA의 가혹 행위가 노골적이고 명백한 고문 수준에 도달하자 FBI는 알리 수판을 본국으로 소환했다. 이제 CIA 심리학자가 단독으로 심문을 지휘하는 가운데 아부 주바이다는 수 주간

수면 박탈, 감각 혼란, 강제 알몸 노출, 그리고 물고문에 시달렸다. 그럼에도 불구하고 미첼은 그로부터 어떤 추가 정보도 얻어낼 수 없었다. 미첼은 강화된 심문 기법을 통해 '용의자가 숨기고 있는 비밀이 더 이상 없다'는 사실을 밝혀냈다는 괴론을 늘어놓았다. 놀랍게도 CIA는 이런 허튼소리를 곧이 들었다.

이 의도하지 않은 실험의 결과는 명약관화했다. FBI의 온정적 접근법은 효과적이었던 반면 CIA의 강압적 기법은 예외 없이 역효과를 냈다. 하지만 진실은 고문이 유용한 정보 획득으로 이어졌다는 CIA의 반복된 주장에 의해, 그리고 알리 수판의 회고록 중 181쪽 분량을 삭제하여 도무지 진상을 종잡을 수 없게 만들어버린 CIA의 검열에 의해 가려졌다.

더 넓게 보면 상원 위원회의 「CIA 고문 보고서」는 중요한 질문을 제기하거나 답하는 데에도 실패했다. 고문을 이용한 정보 수집이 꾸준히 빈약한 성과를 냈는데도 CIA가 악랄하고 비생산적인 관행을 고수한 이유는 무엇일까? 상원 위원회가 짚고 넘어가지 않은 여러 가지 가능성 중 하나는 위협에 직면했을 때 공포에 질려 발악하는 거대한 정보기관의 전형적인 대응 방식이다. 냉전 시대 크렘린에 대한 CIA 분석에 따르면, "마음속에 불안감이 뱀처럼 똬리를 틀 때 권력자들은 갈수록 의심이 많아지고, 체포나 자백을 확보하라고 비밀경찰을 압박한다. 이런 때에 경찰 관료들은 신속한 '자백'을 얻어낼 수 있다면 어떤 방법이라도 용인하게 되며, 가혹 행위가 만연해지는 양상이 나타난다." 9·11 이후의 백악관에도 딱 맞아떨어지는 설명이다.[60]

뿐만 아니라 상원 보고서의 엄격한 익명화 방침은 역사 기술의 핵심 요소인 행위자를 배제하여 내용의 상당 부분을 이해하기 어렵게 만들었다. 서사가 가진 힘을 잘 아는 CIA는 영화 〈제로 다크 서티〉의 제작자들과 긴밀한 관계를 구축하는 데 공을 들였으며, 그 결과 영화는 CIA 요원인 여주인공이 가장 잔인한 고문을 통해 집요하게 정보를 수집한 끝에 해군 네이비실 팀을 오사마 빈 라덴에게 이끄는 감동적인 영웅 서사로 완성된다. 심문 비디오테이프를 파기하고 알리 수판의 회고록을 검열했던 CIA는 이 영화의 대본을 쓴 마크 볼Mark Boal에게는 기밀자료를 자유롭게 열람할 수 있는 편의를 제공했다.[61] 상원 정보위원회 다이앤 파인스타인Dianne Feinstein 의장(CIA와 보수 진영의 격렬한 반대를 모두 막아내고 「CIA 고문 보고서」를 공개한 주역이다-옮긴이)은 이 영화가 "사실과 달라도 너무 다르다"고 말하면서 관람 20분 만에 자리를 떴다.[62]

상원 보고서는 한 여성 CIA 요원에 관한 흐릿하고 단편적인 정보를 제시할 뿐이다. 이 익명의 정보 분석가는 아무 잘못도 없는 평범한 독일 시민 칼레드 엘 마스리Khaled el-Masri를 납치해 아프가니스탄의 솔트 피트 감옥에 불법 구금하고 넉 달간 가혹 행위를 하는, CIA 역사상 가장 어처구니없는 실수를 저질렀다. 그는 훗날 CIA 감찰관에게 칼리드 셰이크 모하메드를 물고문하여 테러리스트 마지드 칸Majid Khan의 이름을 알아냈다는 이유를 대면서 고문을 옹호했는데, 사실 마지드 칸은 이미 CIA에 신병이 확보된 상태였다. 직무유기를 저지른 장본인이 CIA 대테러센터에서 고위직으로 승진했다는 사실은 이 조직의 문제를 여실히 드러낸다.

곧 발 빠른 기자들에 의해 상원이 공개하지 않은, 그리고 할

리우드가 CIA의 적극적인 협조를 얻어 미화한 요원의 실체가 드러났다. 상원 보고서가 발표된 지 며칠 지나지 않아『뉴요커』기자 제인 메이어가 보도한 바에 따르면, "고문의 여왕은 9·11 테러를 막았을 수도 있는 정보가 CIA에 입수되었을 때 실수로 일을 그르쳤고 … 그 후 희희낙락 수감자 고문에 참여했으며 … 정보를 잘못 해석하여 CIA가 몬태나주에서 알카에다 스파이 조직을 찾아 헤매게 만들었다. 그런 후 그녀는 의회 위원회에서 고문이 효과가 있다고 거짓으로 증언했다."[63] 그럼에도 불구하고 알프레다 비카우스키Alfreda Bikowsky CIA 요원은 버지니아주 레스턴(CIA 본부 근처-옮긴이)에 87만 5,000달러짜리 고급 주택을 구입할 수 있을 정도로 고액 연봉을 받으며 승승장구했다.[64]

상원에서 CIA 고문의 진상이 백일하에 드러났음에도 고문의 유혹은 건재했다. 2016년 대선 선거운동 기간에 공화당 후보 도널드 트럼프는 워터보딩의 부활을 외치면서 유세전에 불을 지폈다. 그는 "오직 멍청이들만 워터보딩이 효과가 없다고 말할 것"이라면서, 자신은 "생각해볼 것도 없이 그것을 즉각" 승인하겠다고 말했다. 2016년 초 트럼프의 선거 운동이 탄력을 받으면서 "[워터보딩이] 효과가 없다는 게 말이 되냐! 고문은 효과가 있다"는 그의 거듭된 주장도 점차 강도가 세졌다.[65] 2016년 3월, 트럼프가 테러범을 막는 최선의 방법은 그들의 가족을 살해하는 것이라고 발언하자 전직 정보기관 관리들로부터 비판의 목소리가 터져 나왔다. 특히 전 CIA 국장 마이클 헤이든Michael Hayden은 "미군은 그런 불법 명령을 따르기를 거부할 것"이라면서, 만일 트럼프가 워터보딩을 재개하길 원한다면 "직접 양동이를 준비"하라고 쏘아붙였다.[66]

2016년 8월 공화당 후보 경선에서 대선 후보로 확정된 뒤에도 트럼프는 기자회견에서 제네바협약이 시대에 뒤떨어진다고 말하며 계속해서 고문을 옹호했다. "나는 강화된 심문을 지지하는 사람입니다. 그리고 말입니다, 그것은 효과가 있어요."[67]

다시 한 번 고문이 정치 담론을 지배하자 『뉴욕타임스』는 2016년 10월 부시 행정부 시절에 시행된 고문을 다룬 분석 기사를 냈다. 3개 대륙을 가로지르며 과거 CIA 비밀감옥이나 관타나모에 수감된 사람 10여 명을 추적한 결과, "충격적으로 높은 비율로 그들은 결백"했고, 강화된 심문 기법이 "어떤 장기적 부작용도 없다"는 부시 행정부의 장담에도 불구하고 많은 사람이 여전히 "생생한 고통의 기억, 악몽, 일상생활을 불가능하게 만드는 공황발작"에 시달리고 있다는 사실이 드러났다.[68] 요컨대 강화된 심문 기법은 명백하게 잔인한 고문이자 미국 국내법과 유엔 협약에 반하는 불법 행위였다.

2016년 11월 미국 대통령에 당선된 트럼프는 잘 알려진 고문 옹호자인 캔자스주 하원의원 마이크 폼페이오Mike Pompeo를 CIA 국장으로 내정했다. 두 해 전 폼페이오는 상원의 「CIA 고문 보고서」를 강력히 부인하면서 CIA의 강압적 수단이 "법과 헌법의 테두리 안에 있다"고 주장했다. 그는 의회 조사로 인해 이슬람 지하드와 맞서 싸우는 "우리의 친구와 우방"이 더 이상 워싱턴을 신뢰하지 않게 되었다고 비난했다. 또한 심문 프로그램을 운영한 정보요원들은 "고문 기술자가 아니라 애국자"라고 말하면서 "우리의 심문 프로그램을 종료"시킨 오바마 대통령을 맹비난하기도 했다. 트럼프가 선택한 법무부 장관 제프 세션스Jeff Sessions 전 상원의원은 워터보딩의 열렬한 옹호자였고, 트럼프가 첫 국가안보보좌관으로 발탁한 마이클 플린Michael Flynn 육군 중장 역시 강화된 심문의 사용을 공식적으로 지지한 인물이다.[69]

강압적 심문의 옹호자로 안보 라인의 핵심 보직을 채운 트럼프 행정부는 집권 첫 주에 CIA '블랙 사이트'를 다시 열고 가혹한 심문 기법의 사용을 재개하는 방안을 논의했다. TV 인터뷰에서 워터보딩에 찬성하느냐는 질문을 받은 트럼프 대통령은 "물론이다. 효과가 있다고 생각한다"고 답하면서, 다만 이 결정은 고위 관료들의 조언을 따를 것이라고 덧붙였다. 만일 트럼프가 끝내 고문 재개를 선택한다면, 그는 2015년 모든 심문은 육군 야전교범에 나오는 규정을 따라야 한다고 명시한 법을 근거로 "미국 대통령이 무엇을 하고 싶어 하든 개의치 않는다. … 우리는 워터보딩을 하지 않을 것이다. 우리는 고문을 하지 않을 것이다"라고 말한 공화당 상원의원 존 매케인John McCain을 비롯한 의회의 반대에 직면하게 될 것이다(존 매케인은 2018년 8월 25일 사망했다. 그의 장례식에는 빌 클린턴, 조지 W. 부시, 버락 오바마 전 대통령과 앨 고어, 딕 체니 전 부통령 등 워싱턴 유력 인사들이 대거 참석했지만 트럼프 대통령은 초대받지 못했다-옮긴이).[70]

트럼프 정권인수위원회가 가혹한 심문 기법의 부활을 논하는 가운데, 헤이그 국제형사재판소 검찰은 "CIA 요원들은 승인된 심문 기법의 일부로서 … 2002년부터 2008년까지 아프가니스탄에서 최소한 27명의 수감자를 고문한 것으로 보인다"는 공식 조사 결과를 발표했다.[71]

지난 40년간 남베트남(1970년), 브라질(1974년), 이란(1978년),

온두라스(1988년), 라틴아메리카(1997년), 그리고 최근 블랙 사이트와 관타나모(2014년)에 이르기까지 CIA 고문이나 고문 기법을 둘러싼 스캔들이 여러 번 터졌다. 각각의 사건은 폭로, 격렬한 반박, 정부의 무대책, 그리고 이후 대중의 기억에서 지워지는 익숙한 경로를 거쳤다. 왜 여러 번의 폭로에도 불구하고 바뀐 것이 거의 없을까? 우리는 제국주의 영국, 프랑스와의 비교를 통해 고질적 문제에 대한 실마리를 얻을 수 있다.

≡ 선례들

영국과 프랑스는 둘 다 장기에 걸친 제국 쇠퇴 과정에서 반식민주의 저항 세력을 탄압할 때 고문을 사용했다. 언론에 의해 고문 사건이 폭로된 후 양국 정부는 공식 조사를 통해 고문을 인가하거나 가해자들에게 면책권을 부여했다. 이와 같은 대응은 장기적으로 식민지에서 제국주의 통치의 정당성을 약화시키고 본국에서는 민주주의를 저해했다.

프랑스는 1954년부터 1962년까지 식민지 알제리에서 혁명이 일어나자 "탈식민지화 시대에 제국의 붕괴를 방지하기 위해 공포의 일상화를 조장하는" 조직적인 고문에 의존했다.[72] 프랑스는 민족주의운동에 대규모 평정 작전으로 대응하여 200만 명의 알제리인을 강제 이주시키고 30만 명의 죽음을 초래했으며 반군 및 동조자로 의심되는 사람 수천 명을 잔인하게 고문했다.

1955년, 프랑스 내무부 장관 프랑수아 미테랑François Mitterand은 감찰관 로지 윌롬Roger Wuillaume에게 가혹 행위를 조사하라고 지시했다. 윌롬의 보고서는 정치적 파장을 축소하기 위해 고문이라는 용어 대신 절차라는 완곡한 표현을 사용하고(훗날 부시 행정부도 유사한 수사를 동원한다), 어용 전문가를 내세워 고문이 초래하는 고통을 최소화하고, 반란을 평정하기 위해 불가피했다고 주장했다.[73] 보고서는 "물과 전기를 이용한 방식은 신중하게 사용하면 신체적 고통보다는 주로 정신적 충격을 가하며, 따라서 과도하게 잔인하지 않다"라고 말하면서 프랑스군의 조직적 고문에 면죄부를 부여했다. 또한 프랑스군이 즐겨 사용했고 훗날 CIA에 의해 사용될, 피해자의 목구멍으로 물을 쏟는 고문은 충분히 용납할 수 있는 기법이라고 주장했다. 윌롬은 "의학적 소견에 따르면 이 '수도관 기법'은 피해자의 건강에 어떤 위해도 주지 않는다"라고 보고했다.[74]

1956년 알제리민족해방전선Front de Libération National(FLN)이 수도 알제에서 도시 게릴라전에 돌입했을 때 프랑스군은 고문을 무제한 사용할 근거를 이미 갖고 있었다. 알제 중심부 카스바 골목에서 자크 마수Jacques Massu 장군이 지휘하는 제10공수단은 알제리 게릴라를 색출하기 위해 물고문, 전기 충격, 구타, 불로 지지기 등의 수단을 동원했다. 한밤중에 프랑스군의 안가 빌라 데 투렐Villa des Tourelles로 끌려간 반군 혐의자들은 대부분 아침이 되기 전에 사망했고, 그들의 시체는 도시 외곽에 가매장되었다. 한 프랑스군 고위 장교가 "법과 질서를 유지하기 위해 불가피한 임무의 일환"이라고 불렀던 '즉결 처형'이 너무나 만연하여 알제에서 체포된 사람 중 3,024명이 실종되고 FLN의 활동은 일시적으로 좌절되었다.[75]

영국 역사학자 알리스테어 혼Alistair Horne 경은 프랑스가 "고문을 사용하여 알제 전투에서 승리했을지는 몰라도 알제리전쟁에서는 패배했다"고 평가했다.[76] 실제로 저항 운동이 계속 확산되면서 프랑스군의 군사 작전은 역풍을 맞았다. 알제리인들의 눈에 프랑스의 통치는 완전히 정당성을 상실했고, FLN은 일개 소조직에서 대중 정당으로 변모했다. 프랑스 국민도 알제리전쟁의 도덕적, 물질적 대가를 더 이상 지지하지 않게 되었다. 알제 전투 중 제10공수단에 의해 고문을 당한 알제신문사 편집장 앙리 알레그Henri Alleg는 그의 감동적인 회고록에서 프랑스군의 수도관 기법을 "끔찍한 고통, 죽음 그 자체의 고통"이라고 표현했다. 1958년 장 폴 사르트르Jean-Paul Sartre가 쓴 분노에 찬 서문을 담고 출간된 이 책은 프랑스 정부에 의해 금서로 지정되어 세간의 이슈가 되었고, 파리에서 비공식 베스트셀러로 등극했다.[77]

프랑스 역사학자 방자맹 스토라Benjamin Stora는 알제리전쟁에 대해 이렇게 말했다. "프랑스군이 군사적 승리를 거뒀다는 점에서는 이견이 없다. 그러나 고문의 사용이 프랑스 대중의 의식을 고조시켰기 때문에 이것은 정치적 승리와는 거리가 멀었다. 이후 프랑스 사회는 심각한 도덕적 위기를 경험했다." 전쟁이 좀처럼 끝날 기미가 보이지 않는 가운데 파리 언론이 프랑스군의 고문 실태를 집중적으로 다뤘고, 한때 한목소리로 전쟁을 지지했던 프랑스 국민이 차츰 등을 돌리기 시작했다. 그리고 1962년, 마침내 프랑스가 130년간의 식민 통치를 종식하고 알제리에서 철수했다. 피에르 비달-나케Pierre Vidal-Naquet가 알제리전쟁 연구서『고문: 민주주의의 암Torture: Cancer of Democracy』에서 설명하듯이, 고통스러운 식민지 상실의 여파 속에서 과거 그곳에서 벌어진 조직적 학대에 대한 대

중의 무관심은 시민의 자유를 잠식하고 프랑스 민주주의를 약화시키는 결과로 이어졌다.[78]

영국도 장기간에 걸친 후퇴 과정에서 말레이반도에서 산발적으로, 아덴과 케냐에서는 조직적으로, 그리고 북아일랜드와 다른 곳에서는 커다란 물의를 일으키며 고문을 사용했다. 그리고 언론과 의회에 의해 이 사실이 폭로될 때마다 제국의 도덕적 명분이 약화되었다. 1957년, 영국은 미국, 캐나다와 협력하여 진행한 마인드 컨트롤 연구의 일환으로 랭커스터무어 정신병원에서 인체실험을 벌였다. 실험은 도널드 헵 박사의 감각 박탈 연구 결과를 그대로 재현하여 영국 정보기관에 그 효과를 입증했다. 1960년대 초에 영국군은 엘리트 부대를 대상으로 적에게 심리적 고문을 가하는 법과 그 고문에 버티는 방법을 훈련시키기 시작했다.[79]

훗날 공식 조사를 통해 보고되었듯이, 영국의 급속한 몰락 과정에서 가혹한 심문 기법은 "영국령 카메룬(1960~61년), 브루나이(1963년), 영국령 기아나(1964년), 아덴(1964~67년), 보르네오섬/말레이시아(1965~66년) 반란 평정에 동원되었다." 예를 들어, 영국 관료들은 케냐의 마우마우 반군(무장 독립운동 단체인 케냐토지와자유군대Kenya Land and Freedom Army-옮긴이)을 진압하기 위해 100만 명의 생활 터전을 불태웠으며, 50개의 수용소를 세우고 7만 명의 수감자에게 "전기 충격, 불고문, 물고문, 신체 훼손, 성적 학대"를 가했다. 이 중 홀라에 위치한 가장 악명 높은 수용소에서 벌어진 학살 사건은 수용소 소장이 기사 작위를 받으며 조용히 은폐되었다. 영국군의 잔혹 행위가 불거진 후 1965년 2월, 영국은 "생명 및 신체에 대한 폭행"과 "인간의 존엄성에 대한 침해"를 금지하는 제네바협약을 인용한 '포로 심문 공동지침'을 채택했다. 공동지침은 금지가 필요한 이유에 대해, "모든 종류의 고문과 신체적 잔혹행위는 만족할 만한 결과로 이어지지 않는다. 그런 대우를 받은 용의자가 입을 열더라도 진실을 말하지 않을 수 있기 때문이다"라고 설명한다.[80]

1966년 아랍테러캠페인Arab terror campaign 당시 아덴의 영국군 심문소에서 행해진 "잔혹 행위와 고문" 혐의가 추가로 불거진 후, 로더릭 보웬Roderic Bowen 변호사가 이끄는 공식 조사를 통해 심문할 때 외부인의 감독을 받도록 하는 등 몇 가지 제한이 추가되었다.[81] 하지만 법적 제약에도 불구하고 영국 정보기관은 심리적 고문 기법을 사용하는 관행을 포기하지 않았다.

1971년 1월과 6월 사이 북아일랜드 전역에서 304개의 폭탄이 터지자, 런던은 지하조직 아일랜드공화국군Irish Republican Army(IRA)을 상대로 극단적인 심문 기법을 동원했다. 프랑스가 알제리에서 그랬고 미국이 이라크에서 그러하듯이 영국은 테러에는 고문으로 대응해야 한다고 여겼다. 그해 4월 영국정보센터English Intelligence Centre는 벨파스트의 왕립얼스터경찰대Royal Ulster Constabulary에 "심층 심문"을 위한 "5종 기법Five techniques"을 가르치는 극비 훈련을 제공했다. 모든 지시가 "구두로" 이루어졌고, 어떤 명령도 "문서화되거나 공식 승인"되지 않았지만, 영국 정부는 훗날 이런 가혹 행위가 고위급의 승인을 받아 이루어진 것임을 인정했다. 치안군에 즉결 체포와 무기한 구류를 허용하는 권한을 부여한 후, 8월 9일 벨파스트 당국은 드미트리우스 작전Operation Demetrius을 개시하여 단기간에 800명에 달하는 IRA 테러 용의자를 '소탕'했다.[82]

이 가운데에서 심리적 고문의 효과를 실험할 14명이 선택되었다. 이후 유럽인권재판소European Court of Human Rights의 판결문에 따르면 14명은 "비밀 실험실"로 이송되어 "'감각 혼란' 또는 '감각 박탈'이라 불리는 다섯 가지 특정 기법"의 실험 대상이 되었다. 도널드 헵 박사의 실험과 CIA 고문법의 영향이 드러나는 이 기법에는 스스로 야기한 고통("벽을 마주한 채 팔다리를 엑스자로 벌린 자세로 손가락으로 벽을 짚고 다리를 뒤로 뺀 채 발끝으로 서도록 해서 손가락에 체중이 실린 상태"로 몇 시간씩 움직이지 못하게 하는 것)과 감각 박탈("수감자 머리에 검은색 또는 감색 자루를 … 심문을 받을 때를 제외하고 항상 씌워 두는 것")이 포함되었다.[83]

몇 주 후 치안군의 가혹 행위가 언론에 보도되자 영국 보수당 정부는 별수 없이 에드먼드 콤프턴Edmund Compton 경을 의장으로 하는 조사위원회를 꾸려 혐의를 조사하도록 했다. 조사가 한창이던 1971년 10월 『타임스』가 북아일랜드에서 자행된 고문을 폭로하면서 의회에서 격렬한 논쟁이 벌어졌다. 레지널드 모들링Reginald Maudling 내무부 장관은 "무장분자에 대응하려면 정보가 매우 중요하"기 때문에 강도 높은 고문이 필수적이라고 주장하며 치안군을 옹호했다. 이에 북아일랜드 의원 프랭크 맥매너스Frank McManus는 이 사건을 유럽인권재판소에 제소할 것이며, 영국 정부는 "국제적 망신살을 각오해야 할 것"이라고 응수했다.[84]

4주 후 공개된 콤프턴 위원회의 보고서는 '5종 기법'을 하나하나 합리화하여 의회 논쟁을 한층 격화시켰다. 보고서에 따르면, 최장 43시간 동안 힘든 자세로 벽 앞에 서 있게 하는 '벽 세우기Wall-standing' 기법은 "수감자와 치안군의 안전"을 위한 것이며, 두건은 "안전" 장치였다. 콤프턴은 테러리스트들을 상대할 때 "신속하게 정보를 추출하여 치안군과 시민의 생명을 보호하기 위하여" 강도 높은 전술이 요구된다고 주장했다. 보고서는 비록 '벽 세우기'가 "신체적 학대"에 해당하긴 하나 "심각한 외상을 남긴다는 증거는 전무하다"는 입장을 고수했다. 이 터무니없는 눈가림용 조사 결과는 의회 특별 회기를 소집시켰으며, 영국 정부는 "IRA 활동에 연루된 개인과 … 무기 창고 및 무기의 위치를 확보하는 데 매우 가치 있는 정보를 제공했다"며 강압 심문을 정당화했다.[85] 국제앰네스티는 "기법의 목적과 결과는 감각 박탈을 통한 정신의 혼란과 붕괴"이기 때문에 "기존의 신체적 고문만큼이나 심각한 인간에 대한 폭력"이라고 설명하면서 콤프턴과 그의 옹호자들에 반박했다.[86]

이후 아일랜드공화국 정부가 유럽인권위원회European Human Rights Commission에 정식으로 문제를 제기했고, 1976년 유럽인권위원회는 "5종 기법의 복합적 사용은 … 과거의 조직적 고문과 명백한 유사성을 띤다"고 밝힌 8,400쪽짜리 보고서를 발표했다. 위원회는 만장일치로 이 기법이 "현대적 고문 체계"라고 결론 내렸다. 1977년 2월 이 사건은 유럽인권재판소에 제소되었고, 영국이 "비인간적이고 모멸적인 처우"를 한 죄가 있지만 고문은 아니었다는 판결이 나왔다. 그럼에도 불구하고 영국 법무부 장관이 법정에 출두하여 "어떤 경우에도 '5종 기법'이 심문 과정에 재도입되지 않을 것이라는 무조건적 약속"을 해야 했다.[87]

제국을 유지하기 위해 고문을 허용한 영국과 프랑스는 가혹 행위가 누설되면서 식민지 저항운동이 가열되고, 자국민들 사이에서 군사 작전의 명분이 훼손될 뿐만 아니라, 이는 제국의 국제적 위상에도 악영향이 미친다는 교훈을 얻었다. 조직적인 고문은 저물어가는 제국의 징표이자 제국 후퇴의 원인이며, 이 사실은 당연히 미국에도 적용된다.

영국, 프랑스, 미국을 불문하고 제국이 고문을 동원하여 개인을 억압하는 데 위력과 권위를 집중할 때, 지배구조 속에 감춰져 있던 심각한 힘의 불균형이 수면 위로 부상한다. 수 세기 동안 전제군주와 절대군주의 지배 아래 신음했던 유럽에서는 계몽사상이 출현하여 고문 폐지를 문명의 표식으로, 고문 사용을 야만의 징표로 만들어 낡은 과거와 단절했다. 현대 국가에서는 정부가 이런 가혹 행위를 저지를 때 통치의 정당성을 상실하며, 고문으로 손을 더럽혀 도덕적 위신이 실추된 제국도 우방과 피지배자들 사이에서 애써 구축한 문화적 영향력을 잃는다.

역사가들은 반세기 후 이라크 점령을 되돌아보며 아부그라이브 스캔들이 미국 패권의 쇠락을 상징하는 사건이었다고 평가할 것이다. 베를린, 베이징, 브라질리아, 카이로, 런던, 뭄바이, 도쿄는 미국이 국제법을 무시하고 제멋대로 고문하는 제왕적 특권과 국제 사회의 도덕적 리더십을 동시에 주장하는 상황을 더 이상 용인하지 않을 것이다.

☰ 6장 ☰

총검과 전함의 시대를 넘어: 펜타곤의 비밀병기

때는 2030년. 미국 트리플 캐노피의 첨단 감시 기술과 무장 드론이 하부 성층권부터 외기권에 닿는 모든 하늘을 점령한다. 지구상 어느 곳이든 번개 같은 속도로 공격할 수 있고, 적의 위성통신망을 박살낼 수 있고, 생체 인식 기술을 이용해 원거리에서 개인을 추적할 수 있는 삼중의 감시공격 체제는 현대 과학기술의 정수이다. 첨단 사이버 전쟁 역량과 함께 트리플 캐노피는 지금까지 구축된 가장 정교한 군사정보 시스템이자, 미국이 21세기에도 계속해서 패권을 유지하기 위한 보험이다.

이상이 펜타곤이 계획하는 미래다. 트리플 캐노피가 실제로 개발되고 있음에도 불구하고 그 내막을 자세히 아는 미국인은 드물다. 대부분의 사람들은 여전히 과거를 기준으로 미국의 군사력을 논한다. 2012년 대선 토론에서 공화당 후보 밋 롬니Mitt Romney는 "우리 해군의 규모가 1917년 수준에 불과하다"라고 한탄했다.

오바마 대통령의 응수는 신랄했다. "주지사님, 말과 총검의 수도 과거보다 적습니다. 군대의 성격이 바뀌었기 때문입니다. …
군함 수로 경쟁하는 시대는 지났습니다. 어떤 역량을 보유하고 있
느냐가 관건입니다." 그런 다음 오바마는 그 역량이 무엇인지에
대한 일말의 힌트를 제공했다. "저는 합동참모본부 관계자들과 함
께 장래의 안전을 보장하기 위해 무엇이 필요한지 논의했습니다.
… 우리는 사이버 안보 전략을 수립해야 합니다. 우리는 우주를 논
해야 합니다."[1]

오바마와 롬니의 대선 토론을 두고 이러쿵저러쿵 떠든 논객
들 가운데 대통령의 발언에 담긴 전략적 변화를 눈치 챈 사람은 거
의 없었다. 오바마 행정부는 집권 1기 4년간 비밀리에 국방기술
혁명을 선도하며 미국을 총검과 전함의 시대를 넘어 최첨단 사이
버 전쟁과 전면적 우주 무기화의 시대로 이끌었다. 점차 약화되는
미국의 경제적 영향력을 감안할 때 미국이 21세기에도 계속 패권
을 유지할 수 있을지는 정보전 분야에 달려 있다.

기술 변화는 획기적이지만 전략 자체가 새로운 것은 아니며,
그 뿌리는 미국이 미국스페인전쟁을 치르며 세계 무대에 처음으
로 발을 들였던 때로 거슬러 올라간다. 지난 100여 년간 미군은 아
시아에서 세 차례(필리핀, 베트남, 아프가니스탄)의 힘겨운 대게릴라
전을 치를 때마다 전대미문의 힘을 가진 새로운 정보 인프라를 구
축하여 대응했다.

냉전 시대에 펜타곤은 방위산업체들과 장기적인 협력을 맺
고 군부와 민간의 연합을 제도화하여 막강한 '군산복합체'를 탄생
시켰다. 아이젠하워 대통령은 1961년 1월 퇴임 연설에서 당시 영
원히 지속될 것만 같았던 냉전에 대비하기 위해 군 조달 체계를 구

축하는 과정에서 자신이 담당한 역할을 담담하게 회고했다. "오늘날 우리의 군사 조직은 평시의 전임 대통령들이 알고 있던, 혹은 2차 세계대전과 한국전쟁 참전용사들이 경험했던 것과는 완전히 다릅니다." 그는 전국의 시청자들에게 말했다. "최근 벌어진 세계 분쟁이 일어나기 전에는 미국에 방위산업이 존재하지 않았습니다. 그러나 이제 우리는 더 이상 국방의 위기에 임기응변으로 대응하는 위험을 감수할 수 없습니다. 우리는 거대한 규모의 상설 방위산업을 창조하지 않을 수 없었습니다. … 우리 군산 정책의 전면적 변화에 커다란 영향을 미치고, 또 지난 수십 년간 유사한 격변을 경험한 분야는 기술혁명입니다. 기술혁명에서는 연구가 중추적인 역할을 담당합니다. 그리고 연구는 더욱 공식화되고 복잡해지고 비싸졌습니다."[2]

아이젠하워는 펜타곤과 민간 방위산업체 간의 협력 관계 구축에 다른 어떤 대통령보다도 더 큰 역할을 했다. 1957년 소련이 세계 최초로 궤도위성(스푸트니크Sputnik)을 발사하여 미국을 충격으로 몰아넣자 아이젠하워는 미국항공우주국National Aeronautics and Space Administration(NASA)과 "고위험·고성과high-risk, high-gain" 연구기관인 고등연구계획국Advanced Research Projects Agency(ARPA)을 설립했다(나중에 이름에 '방위defense'가 추가되어 방위고등연구계획국DARPA이 된다). 이후 수십 년간 두 기관은 나사의 달 착륙과 ARPA가 개발한 인터넷의 모체 아르파넷ARPANET(Advanced Research Projects Agency Network)으로 대표되는 기술적 성취를 이룩했다.[3]

지난 70년간 펜타곤과 핵심 방산업체들의 긴밀한 협력 관계는 세상에서 가장 크고 강력한 무기 생산의 모태가 되었다. 2010년 미국 국방 예산 7,000억 달러는 세계 국방비 지출의 절반에 육박했고(43퍼센트. 이에 비해 중국은 7퍼센트에 불과), 미국 방산업체 45개사가 세계 100대 무기 제조업체 매출의 60퍼센트(2,470억 달러)를 점유했다.[4]

　거대한 무기산업 외에도, 꾸준히 최첨단 무기를 생산해내는 기술 혁신은 미국이 세계 패권국으로 부상할 수 있었던 핵심 요소였다. 실제로 지난 500년간 제국의 성쇠를 판가름한 것은 군사 기술의 변천이었다. 1500년부터 1930년까지 유럽 제국은 해군력을 패권의 열쇠로 삼았다. 그랬기에 포르투갈, 네덜란드, 영국처럼 육군이 약한 나라가 탁월한 항해 능력과 기술을 바탕으로 방대한 해외 식민지를 거느릴 수 있었다. 15세기, 작고 가난한 나라였던 포르투갈은 삼각형 세로돛을 장착해 최초로 역풍 항해가 가능했던 캐러벨선과 위도와 경도를 측정한 첨단 항해술을 기반으로 3개 대륙에 걸친 해양 제국을 건설했다. 영국은 역사상 최초로 4대양 해군을 구축하여 '18세기의 세계대전'인 7년전쟁(1756~63년)에서 라이벌 프랑스와 스페인의 브루봉왕조를 물리쳤고 나폴레옹의 대륙 제국(1803~15년)을 서서히 옥죄면서 한 세기 동안 세계 패권을 거머쥐게 될 제국의 기틀을 마련했다. 2차 세계대전 때 영국은 절묘한 암호 해독 기술 덕분에 나치 독일의 막강한 공군, U보트, 수상함에 맞서 우위를 점할 수 있었으며, 레이더, 잠수함, 공군력을 보유한 미국은 일본제국 해군을 태평양에서 몰아냈다.[5] 2차 세계대전 종전 후 영국 해군의 전략 주도권이 미국 공군으로 넘어가면서 글로벌 헤게모니도 런던에서 워싱턴으로 이전되었다.

　1943년 미국 국방부 청사 펜타곤이 완공된 이래 27킬로미터에 달하는 복도와 37만 제곱미터의 사무 공간, 그리고 2만 명의 직원을 거느린 거대한 조직은 예산과 조달 계약을 둘러싼 각종 잡음에도 불구하고 과학과 산업의 창조적 융합을 선도하는 역할을 담당해왔다. 펜타곤과 손잡은 군산복합체가 냉전 시대와 그 이후에 생산한 '비밀병기'는 워싱턴이 모든 주요한 군사적 갈등의 장에서 라이벌 공산국가보다 우위를 점할 수 있게 했다. 베트남, 이라크, 아프가니스탄에서 패배했을 때조차 펜타곤의 연구 기반은 마치 실패가 끊임없는 혁신의 씨앗이라도 품은 양 번번이 전쟁 경험을 기술로 꽃 피우는 능력을 과시했다.

≡ 시련

베트남에 도착한 미국 육군은 실패와 좌절을 맛봤지만, 막대한 규모의 항공 작전은 중요한 기술 혁신으로 이어졌다. 베트남전쟁은 어떤 척도를 적용하더라도 사상 최대 규모의 항공전이었다. 미국이 1971년까지 인도차이나반도에 투하한 폭탄은 총 630만 톤으로, 이는 2차 세계대전 기간에 연합군이 모든 전역에 투하한 330만 톤의 2배에 달한다. 미국 공군과 해군 항공기의 인도차이나반도 출격 횟수는 200만 회에 육박하여 2차 세계대전 당시 연합군의 출격 횟수 170만 회를 훌쩍 넘어선다. 그 밖에도 베트남전은 수십 년 뒤 새로운 로봇 기반 정보관리 체제의 형성으로 이어질 중요한 혁신을 촉발했다. 실제로 9년간 지속된 미군 항공 작전은 전자전장electronic battlefield의 등장, 최초로 보병대의 지원 없이 공군력만으로 지역을 제압, 최초의 전산화된 폭격과 통신위성을 활용한 공중 폭격전 수행 등 놀라운 신기록을 양산했다. 무엇보다 중요한 것은 오늘날 드론이라 불리는 무인 항공기 개발이 처음 추진된 때도 이 시기였다는 점이다.

전쟁이 인도차이나반도 전체로 번지면서, 육지로 둘러싸인 소국이자 당시 세계 최빈국이었던 라오스는 사상 최대 규모의 항공전이 벌어진 현장인 동시에 장기간에 걸친 미군 공군력의 시험장이 되었다. 미 공군은 라오스에만 총 210만 톤의 폭탄을 투하했는데, 이는 2차 세계대전 당시 연합군이 독일과 일본에 투하한 폭탄을 모두 합한 양과 맞먹는다. 미군 전투기의 출격도 1965년의 하루 수십 차례에서 꾸준히 증가하여 1968~70년에는 일 200회에 달했다.[6]

미군 지상군이 베트남에서 철수하기 시작한 1969년에도 라오스 폭격은 계속되었으며, 일부 지역에서는 오히려 격화되었다. 베트남에서 발을 빼고 전쟁을 마무리 지으려는 움직임 속에서 공군의 인도차이나반도 출격은 1969년의 월 2만 회에서 1971년의 월 1만 회로 감소했고, 운용 항공기 수도 1,800대에서 1,100대로 줄었다. 하지만 미 공군은 라오스의 전략적 중요성을 이유로 들어 남은 화력을 이 작은 나라에 집중했다. 1971년 중반까지도 메콩강 건너편 태국의 미군기지 4곳에 F-4 전투폭격기 125대를 비롯한 항공기 330대가 배치되어 있었다. 괌과 태국에 배치한 B-52 폭격기, 항공모함과 남베트남 기지의 전투기도 라오스 폭격에 동원되었다. 닉슨 행정부가 남베트남에서 지상군을 철수시키는 와중에 라오스 폭격 규모는 연평균 12만 9,482톤(1965~68년)에서

38만 7,466톤(1969~72년)으로 3배 증가했다.[7]

　라오스 내 미 공군의 활동 영역은 크게 둘로 나뉘었다. 북부의 배럴 롤 작전Operation Barrel Roll은 라오스 공산 게릴라를 상대로 한 CIA의 준군사 작전에 전술 항공 지원을 제공했다. 남부의 강철 호랑이 작전Operation Steel Tiger은 북베트남군의 침투 루트인 호찌민 트레일을 봉쇄하기 위해 전자 감지기를 설치하고 대규모 폭격을 가했다. 미국의 전략적 우선순위에 따라 1970년경 라오스 출격의 85퍼센트가 남부의 강철 호랑이 작전에 집중되었다.[8]

　라오스 북부에서 전개된 CIA 비밀전쟁은 3만 명의 몽족 게릴라를 동원한 지상전이 주를 이뤘으나, 그들은 세계 전쟁사상 가장 강력한 공중 기동력과 화력을 지원받았다. CIA는 몽족 산악 마을을 서로 연결하고 산개한 몽족을 무장시키기 위해 라오스 북부의 험준한 산등성이를 따라 늘어선 200개 비포장 활주로에 착륙할 수 있도록 기동성을 향상시킨 헬리오 커리어Helio Courier 군단을 동원했다. 전쟁이 확대되면서 CIA는 몽족의 공중 기동력을 높이고 전술 항공 지원을 제공하기 위해 무장 헬기를 도입하고, 후방에 보급품 투척 담당 직원이 탑승한 C-130 전술수송기를 투입했다. CIA의 재정 지원을 받은 라오스 왕립공군은 근거리 폭격에 효과적인 구식 단발 프로펠러 훈련기 T-28 중대를 운용했다. 태국 북동부의 기지를 출발한 미군 F-4 전폭기 군단이 주간에 라오스 북부 지방에 맹폭을 가했다. 1968년부터는 2차 세계대전 때 사용된 C-47 수송기에 포유류 암모니아를 감지하는 '오줌 탐지기urine sniffers'를 탑재하고 분당 6,000발을 발사할 수 있는 미니건 3대를 장착한 AC-47 건십 '스푸키Spooky'가 야간 공격에 투입되었다. 10

킬로미터 상공의 B-52 전략폭격기는 500파운드(227킬로그램)짜리 폭탄을 줄줄이 투하하여 라오스 북부를 불바다로 만들었다.

라오스에 투하된 총 210만 톤의 폭탄 가운데, 2차 세계대전 중 일본에 투하된 재래식 폭탄의 2배에 달하는 32만 1,000톤이 고대 불교 사원, 왕궁, 시장, 읍내, 벼농사를 짓는 농촌 마을로 이루어진 인구 20만의 고지대 분지인 항아리평원에 집중되었다.[9] 폭격이 절정에 달했던 수년간 수많은 농민이 삶의 터전과 목숨을 잃었다. 살아남은 이들은 폭격을 피해 동굴 속에 숨은 채 주간 전술 폭격이 끝나고 AC-47 건십의 야간 폭격이 시작되기 전 몇 시간 동안 농사를 지으며 목숨을 이어갔다.[10]

배럴 롤 작전이 절정에 달했던 1971년 여름에 일주일간 라오스 북부 지방을 트래킹했던 나는 미 공군이 이 지역에서 수행하고 있는 공중 폭격전을 사방에서 목격했다. 주간에는 폭격을 마치고 돌아가는 제트 전투기가 항시 머리 위를 날았고, 그들이 남긴 하얀 비행운이 하늘을 이리저리 가로질렀다. 움직이는 것은 무엇이든 사격하는 '무차별 발포 지역'의 가장자리에 위치한 몽족 마을에서 잠을 청한 어느 밤에는 AC-47 건십의 비행 소리가 끊이지 않았으며, 때때로 멀리서 미니건을 갈겨대는 소리가 들려왔다. 다음 날 아침, 나는 간밤의 총격을 뚫고 도착한 피난민들이 전 재산이 든 보따리를 옆에 두고 기진맥진한 꼴로 주저앉아 있는 모습을 보았다.

1968년이 지나자 미군은 더 많은 폭탄을 라오스 북부 지방에 퍼부었다. 태국 우돈에 주둔한 미 공군은 항아리평원 전 지역을 사진 촬영하여 지형지물을 파악한 다음 목표물의 좌표를 F-4 전투기의 컴퓨터로 직접 전송하여 폭격의 정확도를 높였다.[11] 하지만 무엇보다도 미 공군과 방산업체가 개발하여 군인과 민간인을 가리지 않고 지상에 무차별적으로 투하한 클러스터 폭탄(집속탄)이 가장 큰 문제였다.[12]

미군의 공중 폭격은 엄청난 인명 손실을 야기했을 뿐만 아니라 라오스 북부를 셀 수 없이 많은 불발탄으로 뒤덮었다. 반세기가 지난 오늘날에도 해마다 항아리평원 주민 수백 명이 사망하거나 불구가 되는 사고가 일어나고 있다. 1975년 베트남전쟁이 종식된 이래 2만여 명의 라오스인이 불발탄으로 숨지거나 다쳤으며, 그 숫자는 지금도 계속 늘고 있다.[13] 2016년 9월에 라오스의 수도 비엔티안을 방문한 오바마 대통령은 미군 폭격으로 "마을과 분지가 초토화되고 셀 수 없이 많은 민간인이 죽임을 당했다"고 말하면서 "화해의 정신"으로 불발탄 제거 활동에 9,000만 달러를 지원하기로 약속했다.[14]

1973년 4월까지 라오스에 투하된 폭탄 210만 톤 중 170만 톤이 호찌민 트레일에 집중되었다. 라오스 남부의 정글 지대를 가로지르는 좁고 인적 드문 산길을 따라 하노이의 병력과 물자가 남베트남으로 유입되자 미국은 보급로를 차단하는 것이 전쟁의 승리 요건이라고 판단했다.

메콩강과 남중국해 사이에 물리적 장벽을 구축하는 일은 14만 명의 병사를 동원하여 1,000만 개의 지뢰를 매설해야 하는 초대형 건설 공사였다. 따라서 로버트 맥나마라 미 국방부 장관은 DARPA 자문 과학자들이 제안한 "적의 움직임을 감지하는 전자, 음향, 압력 센서와 기타 장비로 이루어진 장벽"을 구축하는 쪽으로 관심을 돌렸다. 이 모호한 개념을 현실화하기 위해 그는 앨프리

★ 라오스 북부 항아리평원에서 온 피난민, 1971년 8월.(© John Everingham)

드 스타버드Alfred Starbird 중장에게 군의 최첨단 기술(해군이 보유한 센서, 공군 정찰기, IBM의 컴퓨터)을 결합하여 라오스 남부 호찌민 트레일을 따라 20억 달러 규모의 '전자 장벽electronic barrier'을 구축하는 임무를 맡겼다.[15] 최신 기술로 무장한 감시·폭격 자동화 시스템은 베트남 주둔군 사령관 윌리엄 웨스트모어랜드William Westmoreland가 말한 "제원망, 컴퓨터를 이용한 정보 평가, 그리고 자동 사격통제를 통해" 적군을 추적하여 재래식 보병의 투입을 줄이는 "미래의 전장" 모델이었다.[16]

'이글루 화이트Igloo White'로 명명된 이 작전에서 미 공군은 라오스 남부의 물자 수송 차량을 상대로 센서, 컴퓨터, 전투폭격기를 결합한 전자 폭격 작전에 돌입했다. 1968년부터 1973년까지 투하된 폭탄은 100만 톤 이상으로, 한국전쟁 기간에 투하된 폭탄량과 맞먹는다. 미 공군은 북베트남군의 수송 차량을 탐지하기 위해 연간 8억 달러를 들여 밀림이 우거진 호찌민 트레일에 2만 개의 음향, 감진, 열, 암모니아 센서를 심었다. 도청장치인 '어쿠부이Acoubuoy'는 낙하산에 매달아 나무 위로 투하했고, 동작 탐지기 '스파이크부이Spikebuoy'는 그 지역에 나는 잡초 모양을 한 안테나를 달아 땅 위에 살포했다. 4대의 EC-121 정찰기가 상공을 끊임없이 선회하면서 도청기와 탐지기 신호를 수신했다.[17]

메콩강 건너편 태국 나콘파놈에 위치한 미군 공군기지의 잠입감시센터Infiltration Surveillance Center는 알파 기동대 소속의 공군 요원 400명과 IBM 최초의 영상 모니터를 장착한 강력한 IBM 360/65 컴퓨터 2대를 동원하여 센서가 수집한 신호를 스크린의 지도 위에서 반짝이는 막대기, 일명 '벌레worm'로 변환했다. 좌표가 확인되면 센터는 F-4 팬텀 제트기를 출동시켰다. 로란LORAN 항법 유도 시스템이 제트기를 목표 지점으로 안내했고, 컴퓨터는 자동 레이저 유도 폭탄을 발사했다.[18] 더불어 공군은 비치크래프트 데보네어Beechcraft Debonairs 몇 대를 "무선 제어 드론"으로 개조하고, 상공을 선회하며 적 차량을 공격하는 "킬러 드론" 나이트 가젤Nite Gazelle 헬리콥터를 시험하는 등 무인기 실험에 착수했다.[19]

안테나가 빼곡히 늘어서고 최신식 컴퓨터 장비가 가득 찬 알파 기동대의 벙커는 마치 공상과학 소설에 등장하는 미래 도시를 보는 듯했다. 1968년에 이곳을 방문한 한 펜타곤 최고위 관료는 이런 소감을 남겼다. "노트르담 대성당을 방문한 뒤 불가지론을 고수하기란 거의 불가능하듯이, 알파 기동대의 아름답고 장엄한 신전을 둘러본 후 냉정을 유지하기란 쉬운 일이 아니다."[20]

전자 장벽에 대한 공군의 초기 평가는 낙관적이었다. 1969년, 한 펜타곤 고위 관리는 의회에서 "적이 아군의 감시 지역을 돌파한 사례가 없다"고 증언했다. 1년 후 진행된 내부 평가에 따르면 40퍼센트의 적중률을 보이는 "이글루 화이트 시스템은 효과적이고 정확했다."[21] 이 프로그램은 무려 2만 5,000대의 북베트남 수송 차량을 파괴한 것으로 보고되었다. 컴퓨터 화면 위를 기어가는 디지털 벌레를 보고 차량의 위치를 파악한 후 제트기를 출격시키면 20분 뒤에 스크린에서 벌레가 사라졌다. 다만 이 프로젝트는 실제 작전의 성공 여부를 파악할 외부 점검을 허용하지 않았다.[22]

전쟁이 한창일 때 이미 공군의 낙관적 견해에 대한 비판이 제기되었다. CIA 분석가들은 실제 성공률이 공군 측 주장의 4분의 1 수준일 것으로 판단했다.[23] 이후 공군은 라오스 남부에서 파괴한 적군 수송 차량의 비율이 80퍼센트로 증가했다고 보고했지만, 하노이의 집계에 따르면 손실된 차량은 전체의 15퍼센트에 불과했다.[24] 1972년, 호찌민 트레일을 따라 10만 명이 넘는 북베트남군이 탱크, 포, 차량을 몰고 미군 감시 지역을 유유히 통과하자, 미 공군 태평양사령부의 한 분석가는 지휘관에게 "현재 NVN(북베트남) 공세의 지속 기간, 강도, 지리적 범위로 판단할 때 … 누가 봐도 우리의 집계가 틀렸다"라고 보고했다. 한 공군 사학자는 미군이 이글루 화이트 작전에서 적의 피해를 계산할 때 "수학이 아니라 형이상학"을 사용했다고 비꼬았다. 북베트남은 미끼 차량을 이리저리 몰고 다니면서 미군이 엉뚱한 장소에 폭격을 가하도록 유도하고, 가축 떼를 몰아 군대가 행진하는 것처럼 가장하고, 오줌이 담긴 병을 나뭇가지에 걸어 암모니아 감지기를 교란시켰다. 훗날 이글루 화이트 작전을 기록한 공식 역사서도 북베트남 측의 진술에 동의한다. "수천 명의 북베트남 병사와 노동자들이 길을 … 내고 위장하고 보수하면서 호찌민 트레일을 계속 유지"했고, 따라서 첨단 센서는 무용지물이 되었다. 요컨대 60억 달러가 투입된 미 공군의 과감한 '전자전장' 구축 시도는 참담히 실패했다.[25]

작전의 실패와는 별개로 이 작전은 역사적 중요성을 갖는다. 미 공군은 사상 최장, 최대 규모의 공습을 전개하며 컴퓨터 유도 폭격, 신종 대인 무기, 치명적 무장 헬기, 무인기 전쟁을 비롯한 다양한 기술 혁신을 시험했다. 공군은 보병의 지원 없이 지상전을 치르면서 지상군만이 한 지역을 완벽하게 점령할 수 있다는 기존의 군사교리를 뒤집었다.[26]

실제로 라오스 폭격 이후 미국은 보스니아, 코소보, 쿠르디스탄, 아프가니스탄, 리비아, 그리고 예멘(부분적으로 미국이 무기를 판매하고 조달한 사우디아라비아 공군을 통해)에서 갈수록 공군에 의존했으며, 앞으로도 공군력을 주력으로, 심지어 유일한 수단으로 사용할 것이다.

미 공군은 사상 유례가 없는 대규모 폭격전을 수행하면서 30년 후 등장하게 될 새로운 정보관리 체제로의 변모를 재촉하는 또다른 신기술을 탄생시켰으니, 다름 아닌 1955년 샌디에이고의 라이언에어로노티컬Ryan Aeronautical사가 최초로 개발한 '파이어비Firebee' 표적 드론이다. 미 공군은 인도차이나반도에서 전투를 치른 8년간 20종의 무인기를 운용하며 중국과 북베트남 상공을 정찰하고, 적군 통신을 감시하고, 하노이 방공망의 빈틈을 파악했다. 최첨단 전자 장치를 장착한 '라이트닝 버그Lightning Bug' 시리즈의 항속거리가 3,900킬로미터에 달하고 베트남 전역을 대상으로 출격한 횟수가 3,500회라는 사실에서 드론 기술의 급속한 발달을 짐작할 수 있다. 1965년, 라이트닝 버그가 적의 지대공 미사일에서 나오는 전파 신호를 가로채면서 훗날 미국 전투기에 미사일 방해전파 발신기가 장착되기도 했다. 이를 두고 펜타곤은 "지난 20년간 전자정찰 부문에 가장 크게 기여한 공헌"이라고 평가했다. 1972년에 이르면 미 공군은 기체 앞부분에 카메라를 장착한 'SC/TV' 드론을 저해상도 TV 모니터를 통해 조종하여 3,900킬로미터 거리에 날려 보낼 수 있는 기술을 보유하게 되었다. 그보다 1년 전에는 캘리포니아주 에드워즈 공군기지에서 파이어비 드론으로 미사일 발사에 성공하며 항공 역사의 신기원을 열었다.[27]

초기 무인기는 평시 사용에 한계를 안고 있었다. 일단 회수가 어려웠다. 따라서 무인기당 평균 비행 횟수가 4회에 지나지 않았고, 그나마도 절반은 추락하거나 적에게 격추되었다. 베트남전쟁이 끝난 후 펜타곤은 무인 항공기에 흥미를 잃었으며, 해군도 항공모함에 무인 착륙이 어렵다는 이유로 무인기에 회의적이었다.[28] 그럼에도 미국이 인도차이나반도에서 사상 최대 규모의 공중 폭격전을 수행하는 동안 무인기는 꽤 쓸 만한 정찰기로 변했다.

그뿐만 아니라 베트남 항공전은 펜타곤의 글로벌 통신위성 시스템 개발을 촉진했다. 1962년 벨연구소Bell Laboratories가 성공적으로 쏘아 올린 텔스타Telstar 위성은 7개월간 저고도 궤도를 돌며 "스포츠, 엔터테인먼트, 뉴스를 생중계해 세상을 놀라게 했다." 한편 같은 시기에 ARPA는 제너럴일렉트릭General Electric 및 휴즈에어로스페이스Hughes Aerospace와 협력하여 더 높은 정지궤도를 돌며 광범위한 영역을 커버하고 수명도 더 긴 대형 군사위성을 개발했다.[29]

1966년에 제1기 국방위성통신망Initial Defense Communication Satellite Program(IDCSP) 계획에 따라 7대 궤도위성이 발사된 후 베트남에 위치한 지상 단말기가 워싱턴으로 고해상도 항공 사진을 전송하기 시작했다. "원거리에서 거의 실시간으로 전장 분석 작업을 수행"할 수 있게 해준 "획기적 발전"이었다. 펜타곤은 이후 2년간 추가로 21대의 위성을 발사하는 계획에 박차를 가해 지구 어디서든 통신이 가능한 위성 네트워크의 시대를 열었다.[30]

베트남전쟁은 글로벌 정보 네트워크 구축의 분수령이 되었다. 미군이 라오스에서 도입한 자동화 폭격과 남베트남에서 시행한 데이터 전산화는 미래의 실패를 예고하는 전조다. 중기적으로는 5만 8,000명의 미군이 목숨을 잃고 1,000억 달러의 자금이 투입되었음에도 미국의 패배로 끝난 베트남전은 이후 수십 년간 국론을 분열시키고 워싱턴의 군사 태세를 약화시켜 미국의 영향력에 타격을 입혔다.[31] 하지만 궁극적으로 베트남전은 미래의 전자 전장을 향한 기술 발전의 첫 획을 그은 사건이다.

≋ 테러와의 전쟁

그로부터 한 세대가 흐른 후 워싱턴이 아프가니스탄과 이라크에서 패배에 봉착했을 때, 펜타곤은 다시 한 번 전자기술 개발에서 돌파구를 모색했다. 이라크에서 6년간 지지부진한 대게릴라전을 이어가던 펜타곤은 생체 인식 신원 확인과 전자 감시가 미로 같은 도시에서 진압 작전을 수행하는 데 유용하다는 것을 발견했다.[32] 2009년 오바마 대통령이 취임한 후 아프가니스탄에 미군을 증파하여 군사 개입의 강도를 높이면서 이 나라는 생체 인식 장치뿐만 아니라 드론 전쟁을 테스트하고 완성하는 시험장이 되었다.

냉전의 종식이 세계 곳곳에서 위기를 촉발하자 미국은 조용히 국경을 통과하여 감시 활동을 수행할 수 있는 무인기로 다시 눈을 돌렸다. 전 세계에서 오직 미국만이 무인기 배치에 필요한 글로벌 위성 시스템을 보유하고 있었다. 지리정보 위성이 뒷받침되지 않으면 무인기로 작전을 수행하기 위해 필요한 위성 항법 시스템 Global Positioning System(GPS), 유도, 영상 모니터링이 불가능하다.

1980년대 중반에 GPS의 시대가 도래하면서 무인기에 대한 펜타곤의 관심도 되살아났다. 1983년 소련 전투기가 자국 영공을 침범한 대한항공 007편을 격추하는 사건이 벌어진 후, 로널드 레이건 대통령은 같은 사고가 재발하지 않도록 GPS 시스템의 배치를 재촉했다. 미 공군은 1985년까지 10기의 위성을 발사했으며, 위성 24기가 모두 궤도에 진입한 1993년 12월에 '초도작전능력Initial Operational Capability(IOC)'을 획득했다. "GPS 수신기를 자동 조타 장치와 연결하여 지구 어느 곳에든 정확하게 투입할 수 있는" 무인 항공기라는 아이디어를 얻은 DARPA는 크고 작은 민간업체와 계약을 맺고 무인기 개발에 돌입했다. 그중에는 로스앤젤레스의 가정집 차고에서 무인기를 디자인한 이스라엘 출신 엔지니어 아브라함 카렘Abraham Karem도 포함되어 있었다. 제너럴아토믹General Atomic사에 인수된 카렘의 팀은 GPS가 본격적으로 가동되기 시작한 1994년 1월에 무인기 10대를 6개월 내로 공군에 인도한다는 조건으로 3,100만 달러 규모의 국방부 계약을 수주했다. 7월에 시험 비행에 들어간 프레데터Predator 드론 시제품은 동체 길이의 2배에 달하는 얇은 날개, 항속 시속 130킬로미터, 그리고 기체 앞부분에 위성접시를 내장하여 불룩 튀어나온 코를 가진 평범한 모습이었다.[33]

프레데터는 1995년 중반에 투입된 첫 번째 전투 임무에서 기대를 훨씬 뛰어넘는 성과를 거뒀다. 보스니아의 수도 사라예보 상공을 선회하는 프레데터는 감시 화면이 240킬로미터 떨어진 기지국 송신기를 지나, 4만 킬로미터 상공의 위성과 다시 4만 킬로미터 아래 지상의 포트벨보어 미군기지를 거쳐, 대서양 건너 6,400킬로미터 떨어진 나폴리의 북대서양조약기구 본부에 도착하는 데까지 1초밖에 걸리지 않았다. 북대서양조약기구 관리들은 드론이 보스니아 수도 상공에서 찍어 보낸 "선명한 컬러 영상"에 깊은 인상을 받았다.[34]

그로부터 6년 후인 2001년 10월의 어느 날, 미국의 감시망을 교묘히 피해 다닌 탈레반 수장 물라 오마르Mullah Omar를 싣고 아프가니스탄 칸다하르 지방을 질주하는 3대의 차량 위에 CIA의 프레데터 드론이 떠 있었다. 미 중부사령부(미 국방부의 중동·북아프리카·중앙아시아 지역 전담 통합전투사령부-옮긴이) 사령관이 플로리다주 탬파에서 모니터를 주시하고 공군참모총장이 워싱턴에서 작전 상황을 지켜보는 가운데, 버지니아주 랭리의 CIA 본부에 주차된 컨테이너형 지상 관제소 내부에서 무인기 조종사가 조이스틱의 발사 버튼을 눌렀다. 무인기가 실전에서 최초로 미사일을 발사한 역사적인 순간이었다. 차량이 폭발하면서 치솟은 불기둥과 여기저기 흩어진 탈레반 경호원들의 시체가 화면을 채우자 CIA 트레일러 안에서는 환호성이 터져 나왔다. 그러나 환성과 하이파이브는 시기상조였던 것으로 드러났다. 훗날 물라 오마르의 운전사가 인터뷰에서 밝힌 바에 따르면, 물라 오마르는 미사일이 폭발하기 직전에 차에서 뛰어내려 달아났고, 이후 다시는 서방 정보기관의 눈에 띄지 않았다.[35]

2005년 워싱턴은 체공 시간 30시간에 1.5킬로미터 상공에서 지표면의 바퀴 자국을 포착하여 적군 시설의 위치를 추적할 수 있는 신형 MQ-9 리퍼 드론을 작전에 투입했다. 1대에 3,000만 달러라는 가격과 대당 500만 달러에 달하는 연간 운영비(유인기인 F16 전투기보다 더 비싸다)에도 불구하고 리퍼 드론은 곧 미군 드론 군단의 중추를 이뤘다.[36] 대단한 기술적 진보를 상징하는 것만 같은 2세대 리퍼 드론을 두고 한 국방 전문가는 "포드 모델 T"(1920년대 포드사가 개발한 최초의 대량 생산 자동차-옮긴이)에 비유했다.[37]

2007년 로버트 게이츠Robert Gates 전 CIA 국장이 국방장관으로 취임하면서 무인기 혁명은 더 한층 가속화되었다. 그는 당시 공군 요직을 점령하고 있던 "실크 스카프를 맨 플라이보이flyboy"들을 묵살하고 무인기 사업을 밀어붙였다. "이제부터 우리의 좌우명은 드론, 베이비, 드론이다!"[38] 마찬가지로 전 공군 대장이자 NSA 국장이었던 마이클 헤이든 CIA 국장은 2008년 치명적인 무인기 공격에 대한 제한을 대폭 완화하는 백악관의 승인을 얻어냈으며, 머지않아 드론 공습은 CIA 내부에서 출세의 지름길이 되었다. 2009년경 공군과 CIA는 아프가니스탄, 이라크, 파키스탄에 최소한 195대의 프레데터와 28대의 리퍼를 배치하여 매일 34회의 순찰 비행을 실시하고, 매달 1만 6,000시간 분량의 동영상을 전송하고, 확인된 목표물에 미사일을 발사했다.[39] 한 소식통에 따르면 2006년에서 2016년까지 파키스탄에서 CIA 무인기 공격이 392건 발생했으며, 이로 인해 2,799명의 반군과 158명의 민간인이 죽임을 당했다.[40] 또 다른 집계에 따르면 공격 건수는 424건, 사망자 수는 반군 3,035명과 민간인 966명이다.[41] 무인 항공기의 급격한 성장을 한눈에 보여주는 지표는 전체 무인기의 비행시간 합계다. 2004년부터 2010년 사이에 총 비행 시간은 71시간에서 25만 시간으로 급증했다.[42]

2011년, 미군은 육군이 사용하는 저고도 경량급 드론 섀도Shadow 500대, 미사일을 장착한 중고도 드론 리퍼와 프레데터 250

대, 그리고 고고도 무인정찰기 글로벌호크 14대를 포함하여 이미 7,000대의 무인 항공기를 보유하고 있었다. 이 시기에 CIA는 35대의 공격용 무인기를 보유하고 추가적으로 공군 무인기를 빌려 사용하면서 수동적 정보 수집 활동을 넘어 3개 대륙에서 초법적 사형을 집행할 역량을 구축했다. 무인 항공기는 미군 군사력의 중요한 부분으로 자리 잡았으며, 펜타곤은 향후 10년간 400억 달러를 들여 드론 군단의 규모를 35퍼센트 확대하기로 결정했다.[43]

뿐만 아니라 2011년 무렵 공군과 CIA는 시칠리아의 시고넬라 공군기지[44]부터 터키의 인시를릭 공군기지[45], 홍해의 지부티[46], 페르시아만의 카타르와 아부다비[47], 인도양의 세이셸공화국, 아프가니스탄의 잘랄라바드, 호스트, 칸다하르, 신단드[48], 필리핀의 삼보앙가[49], 그리고 괌의 앤더슨 공군기지[50]에 이르는 60개의 리퍼-프레데터 기지 네트워크로 유라시아 대륙을 둘러쌌다. 헬파이어 미사일과 GBU-30 폭탄을 최대로 탑재하고도 1,850킬로미터를 날 수 있는 리퍼 드론은 이제 유럽, 아프리카, 아시아 전 지역의 목표물을 타격할 수 있다. 미 공군은 점점 확대되는 글로벌 임무를 수행하기 위해 2021년까지 CIA가 사용할 80대를 포함하여 총 346대의 리퍼 드론을 운용할 계획이다.[51]

2016년 현재 펜타곤의 주요 계약 업체인 캘리포니아주 먼로비아의 군사용 무인 항공기 제조업체 에어로바이런먼트 AeroVironment는 "저고도 감시를 위한 군사용으로 … 가장 널리 사용되는 무인 항공기"인 무게 1.9킬로그램의 수동 발사식 RQ-11B 레이븐 RQ-11B Raven과 "우수한 이미지, 향상된 내구성, 암호화된 동영상을 제공하는 … 휴대용" 와스프AE Wasp AE, 그리고 "조용한 모터로 감지, 인식, 추적이 어려우며" 작전 반경이 8킬로미터인 휴대용 솔루션 스위치블레이드Switchblade를 생산했다.[52]

소형 드론과 거대한 드론, 대류권을 누비는 드론과 성층권에서 활약하는 드론, 손으로 날리는 드론과 활주로에서 출격하는 드론에 이르기까지 각양각색의 드론이 수많은 군사 작전을 담당하게 된 오늘날, 무인기는 미국의 패권 유지를 위한 궁극의 신무기로 부상했다.

무인기에 대한 의존도가 급격히 증가하면서 심각한 현실적, 전술적, 전략적 문제가 고개를 들기 시작했다. 현실적 차원의 문제는 애리조나주와 네바다주 공군기지의 창문도 없는 폐쇄된 공간에서 매일 12시간씩 근무하며 지구 반대편에서 벌어지는 살상과 파괴를 지켜봐야 했던 미군 '파일럿'들의 스트레스다. 무인기 임무에 지원한 공군 조종사는 극소수였다. 2013년에는 임무를 그만두는 무인기 조종사 비율이 유인기 조종사보다 3배나 높았다. 외상후스트레스장애 외에도 무인기 조종사들은 전투기 조종사가 최고위층을 차지하는 공군 계급 체계에서 제대로 인정받지 못하고 있다는 인식도 강했다. 2년 후, 매년 180명이 훈련을 마치고 임무에 투입되는 반면 240명의 기존 조종사가 그만두는 수급 불균형이 발생했다. 미군 고위 장성 2명의 말을 빌리면 "앞으로 수년간 MQ1/9(프레데터 MQ1과 리퍼 MQ9-옮긴이) 사업에 차질을 빚을" 인력 유출이었다.[53]

한편 전술적 차원에서는 무인기를 이용한 개입에 오류가 없다는 초기 주장을 반박하는 증거가 쌓여가고 있다. 오바마 대통령이 파키스탄에 대한 무인기 공격을 확대하는 와중에 민간인 사상자가 발생했다는 보도가 나오자, 2011년 중반 당시 백악관 대테러 담당 보좌관이었던 존 브레넌은 "뛰어난 숙련도와 정확성으로 지금까지 단 한 건의 표적 외 사망도 발생하지 않았다"고 고집했다. CIA는 무인기가 2010년 5월 이래 600명의 테러리스트를 사살했지만 "단 한 명의 비전투원 희생자도 없었다"라고 말하면서 브레넌의 주장을 옹호했다.[54]

하지만 해외 언론이 아프가니스탄과 파키스탄에서 미군의 항공 작전으로 인한 민간인 사상자가 증가하고 있다는 보도를 꾸준히 내보내기 시작했다. 톰 엥겔하트Tom Engelhardt 기자의 집계에 따르면 2001년부터 2013년까지 미군의 공습으로 결혼식에 온 하객이 몰살당한 사건만 8건 발생하여 300명의 아프가니스탄인, 이라크인, 예멘인이 목숨을 잃었다. 이 중 가장 최근인 2013년 12월 예멘에서 결혼식 하객을 싣고 가던 운송 차량을 오폭한 사건은 무인기에 의한 것이었다. 오바마 행정부가 실시한 2건의 공식 조사에서는 사망자 대부분이 "전투원"이라고 발표했으나, 국제인권감시기구Human Rights Watch는 예멘에서 생존자들을 인터뷰한 후 신부를 포함한 12명의 사망자와 15명의 부상자가 무고한 민간인이었다고 결론 내렸다.[55]

미군에 의해 수행된 가장 객관적인 무인기 오폭 조사는 이 매력적인 신기술에 심각한 한계가 존재함을 입증한다. 3.6킬로미터 상공에서 카메라 렌즈를 통해 2만 킬로미터 떨어진 곳의 사람들을 내려다보는 화면에 비친 것은 비디오 게임 속 픽셀의 움직임에 지나지 않았다. 이런 조건에서는 평범한 행동도 헬파이어 미사일을 날려 처단해야 할 행위로 오인하기 쉽다. 수년간 미군에 의해 수행된 수백 건의 무인기 공습 가운데 단 한 건만 조사를 받았을 뿐이지만, 이 한 건을 통해서도 무인기가 가진 심각한 결함을 확인할 수 있다.

2010년 2월 이른 아침, 작은 트럭 3대가 30명의 승객을 태우고 아프가니스탄 우루즈간주를 가로지르고 있었다. 4.3킬로미터 상공에 떠 있던 프레데터 드론이 그들의 체온을 감지하고 위성과 대양 횡단 케이블을 통해 네바다주 크리치 공군기지(무인기 운영 요원들이 현장을 지켜보고 있는 곳)와 플로리다주 헐버트 공군기지(전 세계 무인기 작전을 통제하는 중앙관제소), 그리고 아프가니스탄 내 2곳의 특수부대 주둔지('전투 지휘관'들이 작전을 감독하는)로 영상을 전송하기 시작했다. 이후 4시간 동안 이 차량 행렬은 플로리다주, 네바다주, 아프가니스탄의 군 관계자들이 끊임없이 주고받는 교신의 주제가 되었다. 이 모든 것은 민간인 오폭을 방지하기 위해서였다.[56]

베트남전 당시에 개발된 AC-47 '스푸키'를 현대화한 AC-130 건십이 현지 시간으로 오전 4시 54분, "지금 3대의 차량을 추적하고 있으니 대기하라. 상황 파악 중이다"라는 무전을 보내왔다. 12분 후 AC-130은 첫 번째 수상쩍은 조짐을 발견하고 "2대의 차량이 헤드라이트로 신호를 주고받는 것 같다"라고 전했다.[57]

이후 30분 동안 이 차량 행렬이 반군 호송대라는 증거가 쌓여갔다. 오전 5시 14분, 합동최종공격통제관Joint Terminal Attack Controller은 "사람들이 손에 원통형 물체를 들고 트럭에서 내렸다"고 보고했다.

잠시 후 네바다주의 무인기 조종사가 불쑥 외쳤다. "젠장, 저거 소총이야?" 그의 카메라 오퍼레이터가 대답했다. "자세히 보이진 않지만 확실히 어떤 물체 같아 보인다." 오전 5시 24분, 공격통제관이 내용이 불분명한 반군 무전을 엿들은 뒤 알려왔다. "목표물은 탈레반 고위 사령관인 것으로 추정된다." 이에 카메라 오퍼레이터도 응수했다. "그렇다. 그는 경호팀을 대동하고 있다."

갑자기 플로리다주의 스크리너screener(무인기 조종사와 카메라 오퍼레이터에게 현장 상황을 전달하는 사람-옮긴이)가 "최소 1명의 아동이 SUV 근처에 있다"고 전해왔다. 그러자 카메라 오퍼레이터가 쏘아붙였다. "헛소리! 애가 어디 있나? 빌어먹을, 사진을 보내라고! 내가 볼 때 이 시간에 애들을 데리고 있을 것 같진 않다. 수상하긴 하지만 그건 아니지." 몇 분 후 조종사가 거듭 확인했다. "잠재적 아동과 잠재적 인간 방패에 관한 정보를 확인했다. 현재 그 정보는 꽤 정확한 것으로 보인다."

오전 6시 8분, 조종사가 무슬림 저항 세력에게서 흔히 관찰되는 수상한 움직임을 보고했다. "저들은 지금 트럭에서 내려 기도를 하고 있다." 정보조정관도 거들었다. "뭔가 흉악한 짓을 벌이려는 거다."

새벽 기도를 마친 승객들이 차에 올라타자, 정보조정관이 보고했다. "SUV 뒤쪽에 청소년이 타고 있다." 그러나 카메라 오퍼레이터는 "10대들도 총을 쏠 수 있다"라고 응수하면서 이렇게 덧붙였다. "쉬운 타깃이다. … 그것[미사일]을 [트럭] 정중앙에 박아넣어라." 정보조정관도 동의했다. "그게 좋겠군." 1시간 후 호송대가 작은 마을에 접근하자 카메라 오퍼레이터는 다시 한 번 반복했다. "여전히 쉬운 타깃. 선두 차량을 제거한 다음, 헬기를 투입해."

오전 8시 42분 헬파이어 미사일로 무장한 경량급 키오와Kiowa

헬기 2대가 현장에 도착하자 무인기 조종사는 그들에게 무전을 보냈다. "저 3대가 목표 차량이다. 대략 21명의 성인 남성이 타고 있고 3대의 소총이 확인되었다."

1분 후, 헬리콥터로 공격 명령이 하달되었다. 그로부터 몇 분 후 선두 차량을 향해 첫 미사일이 발사되었고, 11명의 승객이 즉사했다. 두 번째 미사일은 후방 차량의 기관에 맞으면서 폭발을 약화시켜 4명이 사망했다. 마지막 미사일은 중간에서 달리던 차량을 빗나갔다.

오전 8시 52분, 연기가 걷히자 카메라 오퍼레이터가 말했다. "뭔가 이상한데."

조종사도 거들었다. "저들이 뭘 하고 있는지 알 수가 없다."

안전관측원safety observer이 물었다. "저 사람들 부르카(무슬림 여성의 전통 복식-옮긴이)를 입고 있나?"

카메라 오퍼레이터가 대답했다. "그런 것 같다."

조종사가 말했다. "하지만 모두 남성으로 확인되었지 않나. 저들 중에 여성은 없었다."

카메라 오퍼레이터가 부상자들을 훑어본 후 말했다. "누구도 무기를 소지하지 않고 있는 것 같다."

오전 9시 10분, 카메라 오퍼레이터가 물었다. "저건 뭔가? 중간 차량에 타고 있었던 사람들 말야."

정보조정관이 대답했다. "여성과 아이들이다."

오전 9시 15분, 무인기 조종사는 여전히 주변을 선회하고 있는 헬기 요원들에게 말했다. "참고하라. 여성 3명과 청소년 2명이 가운데 차량 주변에 있는 것으로 파악된다. 그중에서 밝은 색 옷을 입은 사람은 아기를 안고 있는 것 같다."

1시간 후 탈레반 반군 라디오가 "40~50명의 민간인"이 미사일 공격으로 사망했다고 발표했다. 실제 사망자는 3세와 4세 유아 2명을 포함한 23명이었다. 이 30명의 승객은 탈레반 게릴라가 아니라 일자리를 구하기 위해 이란으로 향하던 실업자, 판매할 물건을 구하러 길을 나선 가게 주인, 개학을 맞아 학교로 돌아가는 학생 등 평범한 사람들이었다. 모니터를 통해 봤을 때는 너무나 수상쩍어 보였던 행위를 이해하기 위해서는 아프간 여성이 길에서 차량 밖으로 나오지 않는 관습과 전 세계 수백만 명의 무슬림이 동트기 전에 기도하는 문화에 대한 최소한의 지식이 요구되었다. 하지만 작전에 참가한 요원들 중 누구도 이런 사실을 알지 못했다. 부상자들을 후송하기 위해 미군 헬리콥터가 현장에 도착한 뒤 특수부대 지휘관이 필사적으로 현장을 수색했지만 이 사람들을 '정당한 목표물'로 만들 증거를 발견하지 못했다. 부상자를 치료한 네덜란드 군 병원이 그들이 모두 민간인임을 확인한 후, 스탠리 맥크리스털 장군은 카불의 대통령궁으로 달려가 "진심 어린 깊은 애도"를 표했다. 또한 그는 티머시 맥헤일Timothy McHale 소장을 특별조사 책임자로 임명했으며, 그 결과 무인기 기술과 운영 양쪽에서 심각한 과실이 드러났다.[58]

6주간의 조사 끝에 맥헤일 소장의 보고서는 "네바다주 크리치 공군기지에서 근무하는 프레데터 드론 운영요원의 부정확하고 기준에 미달한 보고"가 지상군 지휘관으로 하여금 이 차량들이 연합군이 작전을 벌이고 있는 인근 마을로 "반군을 지원하기 위해 이동하고 있다"라고 오인하게 만들었다고 비판했다.[59]

맥헤일 소장의 보고서는 프레데터 드론 운영요원을 지목해 "목표물을 공격하는 데 안달이 난 미숙한 태도"와 "프로답지 못한 일 처리"를 비난하면서 전적으로 책임을 돌렸다. 그러나 조사 결과, 소위 최첨단 기술을 자랑한다는 드론이 전송한 이미지가 초점도 잘 안 맞고 흐릿했으며, 모니터 화면에 뜬 '정보, 감시, 정찰(ISR)' 정보로 목표물을 정확히 파악하기 힘들었다는 사실이 드러났다. 맥헤일 소장이 한 특수부대 소령에게 "ISR로 그곳에 민간인이 있다는 것을 알지 않았느냐"며 왜 사상자 보고가 늦었느냐고 다그쳤을 때, 소령은 이렇게 쏘아붙였다. "ISR 말입니까? 바닥의 이 양탄자를 보십시오. ISR은 이런 모습입니다."[60]

전술상의 문제는 민간인 오폭에만 그치지 않았다. 스탠퍼드 대학의 연구에 의하면 파키스탄과 예멘의 외딴 시골 지역에서 끊임없이 상공을 나는 무인기는 지역 주민들을 "공포에 떨게"하고 "정신적 고통을 야기"하여 지하디스트들의 지지 기반 확대로 이어지는 것으로 나타났다. 2008~09년 7개월간 파키스탄 부족 지역에 포로로 잡혀 있던 한 미국 특파원은 "멀리서 들려오는 프로펠러의 윙윙거리는 소리가 임박한 죽음을 끊임없이 상기"시켰기에 마을 주민들은 쉴 새 없이 하늘을 가로지르는 무인기를 보며 "공포에 떨었다"라고 전했다. 2012년 중반 브라질, 일본, 터키, 러시아를 포함한 21개국에서 실시된 여론조사에서 응답자의 절대 다수가 중동 이슬람 극단주의자 세력에 대한 미국의 무인기 공격을 강하게 반대한 것도 그리 놀라운 일이 아니다.[61] 2년 후 중동 6개국에서 시행된 설문조사에서는 이집트인의 87퍼센트, 요르단인의 90퍼센트를 비롯하여 평균 70퍼센트가 테러리스트 용의자에 대한 무인기 공격을 반대했다. 실제로 무인기 공격이 벌어지는 파키스탄에서는 응답자의 66퍼센트가 비판적이었다(30퍼센트가 응답을 거부했고, 찬성은 3퍼센트로 조사국 중 가장 낮았다-옮긴이).[62]

2015년 『뉴욕타임스』는 "오폭이 늘면서 무인기는 파키스탄과 예멘에서 악명"을 얻었으며, 이슬람 국가들과 관계를 재건하려던 오바마 대통령의 목표도 "부수적 피해"를 입었다고 보도했다.[63]

무인기 공격으로 인해 "단 한 건의 표적 외 사망"도 발생하지 않았다고 고집한 지 5년이 지난 2016년 7월, 오바마 행정부는 결국 2009년부터 2015년까지 파키스탄과 예멘에서 벌어진 473회의 공격에서 116명의 민간인이 사망했다고 인정했다(인권 단체들이 집계한 사망자 수는 이보다 7배 많았다). 오바마 대통령은 무고한 희생자가 추가로 발생하는 것을 막기 위해 앞으로 폭격 현장의 민간인 보호가 우선순위가 되어야 한다고 지시했다.[64]

무인기는 보다 효과적인 대테러 안보를 위해 동맹국 군대와 합동 작전을 벌이는 글로벌 임무의 중요한 전략 자산이었다. 주권국으로 이루어진 탈식민지 시대에 세계질서를 위협하는 주요 세력은 반군이나 테러리스트 같은 비국가 활동 세력이기에, 보다 유연한 군사 작전이 요구된다. 냉전 시대에 유라시아 대륙을 둘러싼 군사기지에 의존하던 방식에서 민첩한 글로벌 타격 능력으로의 장기적 방향 전환의 일환으로 특수 작전부대의 규모가 지속적으로 확대되었다. 1987년 미국 의회는 육군 레인저와 해군 네이비실 특공대원 1만 1,600명이 속한 통합 특수작전사령부Special Operations Command(USSOCOM) 설립법을 제정했다. 9·11 테러 후 도널드 럼스펠드 국방부 장관은 특수작전사령부에 테러와의 전쟁 계획을 주도하고 특별 임무를 수행할 권한을 부여하며 조직을 확대했다. 특수작전사령부 예산은 2001년 23억 달러에서 10년 후 103억 달러로 불어났으며, 이는 CIA나 NSA와 같은 강력한 정보기관과 맞먹는 수준이다. 특수작전사령부 소속 대원들은 특출한 전투 역량 외에도 "전진 배치된 전사외교관"으로서 "수십 개국에 파견되어 주둔국 군대가 테러리즘을 척결하도록 훈련시키는 보안 협조 활동을 진행했다."[65]

실제로 특수작전사령부는 2015년경 육해공군 소속의 정예 부대원 6만 9,000명을 전 세계 147개국에 투입했으며, 이는 그들이 항시 70~90개국에서 활동하고 있었음을 의미한다. 2012년부터 2014년까지 이들은 67개국에서 500차례의 연합합동교환훈련Joint Combined Exchange Training(JCET)을 실시했다. 그 결과 콜롬비아에서는 콜롬비아무장혁명군-인민군Fuerzas Armadas Revolucionarias de Colombia—Ejército del Pueblo(FARC) 게릴라를 성공적으로 무찔러 그들을 평화 협상 테이블로 끌어낸 엘리트 부대의 창설에 기여했다. 반면 시리아에서는 그린베레가 바샤르 알 아사드Bashar al-Assad 정권에 대항하는 병사 1만 5,000명을 육성한다는 계획하에 5억 달러 규모의 프로그램을 운영했으나 실제로 프로그램이 종료되기 전까지 훈련시킨 전투원은 단 5명에 불과했다.[66] 왜 이런 차이가 났던 것일까? 이런 합동 작전은 주둔국의 비밀 유지와 미군의 엄격한 보안 정책으로 인해 사후 조사 대상에서 제외되므로 작전의 성공과 실패를 결정하는 요소가 무엇인지 파악하기가 불가능하다. 그러나 필리핀에서 가장 오랫동안, 그리고 아마도 가장 성공적으로 진행되던 작전이 2015년 예상치 못한 실패에 봉착하면서 미국과 필리핀 양국에서 촉발된 실태 조사는 특수 작전의 성공과 실패 요인에 관한 일말의 답을 제공한다.

군사 훈련이나 미국국제개발처USAID 지원 같은 기존의 프로그램은 9·11 테러 후 10년 이상 필리핀 남부 민다나오섬에서 무슬림 소수민족과 협력 체제를 구축하고 지역 갈등을 완화시키는 데 효과적이었다. 그러나 CIA, FBI 및 미군 특수부대가 진행한 대테러 작전이 문제를 일으켰다. 2015년 1월, 작전 실패로 필리핀 특공대원 44명이 사망하는 사건이 발생하면서 문제가 수면 위로 부상했다. 군인들의 장례식을 TV 생중계로 지켜보며 온 나라가 슬픔과 분노에 휩싸인 가운데, 필리핀 정부는 특수부대 작전이 가진 심각한 한계를 폭로하는 상세한 공개 조사에 착수했다.[67]

동남아시아 지역의 주요 표적 중 하나를 제거하기 위해 4년간 아홉 차례에 걸쳐 했던 시도가 모두 실패로 돌아간 후, 미국 대테러 요원들은 "국제 수배된 테러범 및 대량 살인범" 2명을 잡기 위해 필리핀 남부에서 과감한 야간 작전을 수행하기로 결정했다. 첫 번째 목표물은 200명 이상의 사망자가 발생한 2002년 발리 폭탄 테러와 이후 64명의 추가 희생자가 발생한 폭탄 테러 10건의 배후로 500만 달러의 현상금이 걸린 말레이시아 국적의 폭탄 전문가 마르완Marwan이었다. 두 번째 목표물은 총 17명이 사망하고 62명이 부상당한 5건의 폭탄 테러를 일으켜 200만 달러의 현상금이 걸린 '폭탄 제조 교관' 우스만Usman이었다.[68]

2015년 1월 24일 밤, 민다나오섬 서부의 칠흑같이 어두운 시골 지역에 투입된 필리핀 국립경찰청 소속 엘리트 특수작전부대 Special Action Force(SAF) 대원 400명은 정글을 헤치고 깊은 강을 건너 테러범의 은신처에 접근했다. 인근 전투사령부에서 6명의 미국 군 사고문단이 무인기가 전송하는 영상을 지켜보는 가운데, 선발대 13명이 야음을 틈타 목표물에 접근했다. 동이 트기 직전, 그들은 막사 안으로 진입한 후 곧 사령부에 무전을 쳤다. "빙고 마이크 원 Bingo Mike One." 1급 수배 테러범 마르완은 사살되었다. 대원들은 신원 확인을 위한 증거로 시신의 검지를 절단했다.[69]

필리핀 상원 보고서에 따르면 오플란 엑소더스Oplan Exodus라 는 코드명의 이 작전은 이때부터 크게 어긋나기 시작했다. 특공대 가 습격한 마을의 주민 다수는 이 테러 용의자를 지지하는 모로이 슬람해방전선Moro Islamic Liberation Front(MILF)의 일원이었다. 1,000명이 넘는 반군 세력과 사병대가 몰려와 필리핀 경찰특공대를 공격했 다. 12시간 동안 지속된 총격전에서 앞뒤로 포위된 경찰 특공대원 다수가 죽고 다쳤으며, 인근 필리핀 군부대에서 지원 포격을 가하 고 나서야 상황이 종료되었다. 총 44명의 특공대원이 사망한 것으 로 집계되었고, 그중 30명은 부상을 입고 쓰러졌다가 적에게 확인 사살을 당한 것으로 파악되었다. 모로이슬람해방전선 지휘부의 집계에 따르면 무슬림 전투원 17명과 민간인 3명도 "격렬한 총격 전"에 희생되었다.[70]

필리핀 상원 조사 결과, 미국이 오플란 엑소더스 작전에 처음 부터 끝까지 깊숙이 개입한 사실이 드러났다. 작전 개시 전날 SAF 사령관은 3명의 미국인을 전투사령부로 불러들였는데, 그중에는 '알 카츠Al Katz', '앨런 콘츠Allan Konz', '앨런 커츠Alan Kurtz' 등의 다양 한 이름으로 알려진 비밀공작원도 포함되어 있었다. 거기에 추가 로 3명의 미국인이 경찰의 '지휘 테이블'에 합류했다. 긴 총격전이 벌어졌던 그날, 그들은 상공의 무인기와 연결된 TV 모니터로 전투 현장을 지켜보았다. 그러다 '앨런 커츠'가 인근에 주둔한 제6보병사단 사령관 에드문도 판길리난Edmundo Pangilinan 소장에게 무슬림 무장 세력을 폭격하라고 지시했다. 소장은 "내게 이래라저래라 명령하지 마라. 이곳 사령관은 나다!"라고 화를 내며 거부했다. SAF 지휘관이 미국의 역할에 대한 추가 정보 제공을 거부하자, 상원의원들은 이 작전이 과연 "필리핀이 계획"한 것인지조차 의심하게 되었다. 미국이 '정의를 위한 보상Rewards for Justice' 프로그램을 통해 마르완에 건 현상금 500만 달러는 "필리핀 경찰이 커다란 리스크에도 불구하고 이 작전을 강행하게 만들 수 있는 막대한 금액"이었다.[71]

자체 조사를 벌인 필리핀 국립경찰청은 애초에 작전 계획 자체가 무분별했으며 수천 명의 무슬림 무장 세력이 방어하는 외딴 지역으로 경무장한 대원 400명만 투입하도록 조언한 미국의 오판으로 인해 문제가 더 복잡해졌다고 발표했다. 미국 요원들은 SAF 사령관에게 "오플란 엑소더스 작전의 구체화와 실행을 가능하게 한" 온갖 종류의 "기술적 정보"를 제공했다.[72] 경찰 보고서에 따르면, 실제 공격이 진행되는 과정에서 민다나오의 전술지휘소Tactical Command Post 안에서 "6명의 미국인"이 "자체적으로 운영하는 특수 기술 장비와 항공기"를 통해 "아군과 적군의 움직임을 감시"했다. 이는 명백하게 무인기와 위성 장비를 동원했다는 증거다. 작전이 실패로 돌아간 후에는 미국 헬기가 부상당한 필리핀 군인들을 대피시켰고, 필리핀 경찰은 사진과 "마르완의 왼손 검지"를 포함하여 회수한 증거를 제너럴산토스시에서 기다리고 있던 2명의 FBI

요원에게 전달했다.[73]

　　SAF 장교의 휴대전화에 담긴 동영상을 입수한 필리핀의 중앙 일간지 『필리핀데일리인콰이어러Philippine Daily Inquirer』는 "삼보앙가시의 미국 무인기 기지에서 출동한 것으로 추정되는 … 무인기"가 총격전이 벌어지는 동안 상공에 떠 있었다는 증거가 존재한다고 보도했다. 이것은 미국이 실패한 작전에 직접 연루되었다는 의미였다.[74] SAF 내부 정보원은 『인콰이어러』지에 다음과 같이 말했다. "미국인들이 시작한 일이다. 그들은 첩보를 제공하고 비용을 댔다. … 그들이 모든 지시를 내렸다." 공격이 있기 전, 그들은 삼보앙가시 인근 해변 휴양지에서 SAF 84중대를 훈련시킨 것으로 알려졌다. 총격전이 벌어지는 동안 미국 측 교관 앨런 커츠는 사령부를 지켰다. 미국 요원들은 직접 선발한 84중대를 마르완 제거 작전에 투입하기 위해 필리핀 경찰의 지휘계통을 어지럽히고, 군의 지원을 지연시켰다.[75]

　　논란이 확산되는 가운데 미국은 갑자기 지난 13년간 민다나오에서 활동해온 합동특수작전부대를 해체한다고 발표했다. 2년 뒤에는 로드리고 두테르테Rodrigo Duterte 필리핀 대통령이 "이 참사는 CIA의 작전이었다"라고 비난하면서 철저한 수사를 지시했다.[76]

　　돌이켜 보면 미국 요원들은 종속국 부대와의 긴밀한 관계를 악용하고, 막대한 보상금을 걸어 위험을 종용하고, 위성 및 디지털 정보 수집을 통해 작전 계획 수립을 지원하고, 무인기로 실시간 정보를 제공했던 것으로 보인다.[77] 민다나오의 합동부대 사령관으로 재임했던 데이비드 맥스웰David Maxwell 대령은 상황을 한마디로 요약했다. "그것은 망한 작전이었고, 심각한 악영향을 미쳤다." 오플란 엑소더스 작전을 두고 벌어진 논란으로 인해 13년간 꾸준히 진행되던 합동 대테러 작전이 "불명예스러운 종말"을 맞았다. 그뿐만 아니라 워싱턴과 마닐라의 관계에도 금이 가는 바람에 오바마 대통령이 아시아 회귀를 추진하는 중요한 시점에 미군기지 승인이 지연되었다.[78] 맥스웰은 이후 많은 것을 함축하는 비평을 남겼다. "대부분의 미군은 … 임무 완수에만 집중한 나머지 주재국이 자국의 역량, 관습, 전통에 따라 작전을 수행하도록 내버려두지 못한다."[79]

세계에서 가장 수준 높은 특수 작전부대나 항공 기술도 효과적인 동맹 관계와 정확한 현장 정보라는 군사 작전의 기본 원칙을 대체할 수 없다. 아프가니스탄 우루즈간주와 필리핀 민다나오섬의 사례에서 보듯, 기술의 세계에 갇혀 모니터 화면에만 정신이 팔린 미군 병사들은 모든 전투의 핵심 요소인 현지 조건을 제대로 이해하지 못했다. 그리고 제국이 우방과 맺는 관계에서 흔히 나타나는 힘의 비대칭은 미국의 오만을 부추겨 치명적인 실패를 낳았다.

≡ 트리플 캐노피

어쨌거나 이라크와 아프가니스탄 점령은 미국 항공우주 산업, 사이버 공간, 생체 인식, 로봇공학을 융합한 새로운 정보관리 체제 탄생에 기폭제 역할을 했다. 2012년 오바마 행정부는 지난 수년간 두 나라에서 지상전을 치르며 눈에 띄게 불어난 국방 예산 감소에 역점을 둔 미래 전략 지침을 발표했다. 병력을 14퍼센트

감축하는 대신 우주와 사이버 공간에 대한 투자를 확대하여 '핵심 우주기반 역량critical space-based capabilities'을 구축한다는 계획이다.[80]

펜타곤은 개혁을 위해 2009년부터 유인 항공기를 무인 항공기로 대체하고 있으며 우주, 사이버 공간, 지상전 전투 공간의 데이터 인터페이스 개발을 위한 로봇공학 연구에 연간 550억 달러를 할당했다.[81] 2016년 신기술 개발에 투자한 예산은 연 180억 달러에 달했으며, 『뉴욕타임스』 보도에 따르면 펜타곤은 "세계 최고 군사 강국의 지위를 유지하기 위해 인공지능을 중심에 두었다." 새롭게 각광받는 "켄타우로스 전투centaur warfighting" 정책에 따라 미래의 전쟁은 스스로 적군 목표물을 식별하고 제거하는 '자동화 무기'를 인간이 지휘하는 형태가 될 것이었다.[82] 2025년경 미국은 첨단 우주항공, 사이버 전쟁, 디지털 감시 기술을 배치하여 이론상 적의 눈을 멀게 하거나 반군 게릴라를 가루로 만들어버릴 수 있는 로봇망으로 지구를 둘러쌀 것으로 보인다.

우주와 사이버 공간은 군사 갈등을 규제할 수단이 마련되지 않은 국제법의 사각지대라는 점을 간과해서는 안 된다. 한때 영국 제국이 바다를 장악했듯이, 그리고 냉전 시대에 미국이 공군력을 바탕으로 패권을 행사했듯이, 워싱턴은 우주와 사이버 공간을 새로운 형태의 글로벌 헤게모니 영역으로 이용하고자 한다. 미국 정보공동체가 우주에서 전 세계를 감시하는 가운데, 다른 나라들이 상공 어느 높이까지 국가의 주권이 적용되는지 따지는 것도 무리가 아니다.

흥미롭게도 1944년 시카고에서 채택된 국제 민간항공조약은 모든 나라에 '영공에 대한 배타적 주권'을 부여했다. 그러나 이

조약은 '영공'이 11킬로미터 높이의 대류권(프로펠러 추진 항공기가 작동할 수 있을 만큼 공기가 충분한 영역)을 의미하는지, 48킬로미터 높이의 성층권(일부 제트기가 운행 가능한 영역)까지 의미하는지, 아니면 480킬로미터 높이의 열권(공기 분자 간의 거리가 1킬로미터에 달하고 위성이 공전하는 영역)까지 의미하는지 명시하지 않았다. 일부 펜타곤 변호사가 "오직 해당 국가의 힘이 미치는 높이까지"만 영공에 해당한다고 우기지 않으리라는 보장은 없다.[83]

지난 반세기 동안 워싱턴은 국제법의 부재를 이용하여 글로벌코먼즈global commons, 즉 하늘과 우주를 무단으로 사용했다. 한때 영국이 외교적 합의 없이 '바다를 지배'했듯이, 1966년 펜타곤은 국방위성통신망 1기 계획을 수립하고 26기의 정지궤도 위성을 발사하기 시작했다. 국방위성통신망 공식 웹사이트에 따르면, 오늘날 위성 네트워크는 "육군 기동부대, 공군 공중 터미널, 해상의 해군 함선, 백악관 통신국, 국무부, 그리고 특별 사용자(CIA, NSA 등의 기관)"를 위해 안전한 명령·통제·통신을 제공한다.[84]

전략분석가 배리 포센Barry Posen은 워싱턴이 "공유권 통제력command of the commons"을 장악한 덕분에 "과거 어떤 해양 세력보다 더 유용한 군사적 잠재력"을 보유하게 되었다고 말한다. 영국제국의 전력투사 범위는 "해군 함정의 사격거리"에 그쳤던 반면, 우주에서 독보적인 위치를 확보한 펜타곤은 "전 세계 지표면"을 내려다볼 수 있고, 펜타곤의 공군력은 "내륙 깊숙이 위치한 목표물에 미칠" 수 있으며, 미국 지상군은 "빠르고 정확한 항공 화력의 지원"을 받으며 전진할 수 있다.[85] 적어도 미국의 미래 전사들에 대한 환상에 따르면 말이다. 이 모든 것에 더해 오바마 행정부는 일방적으로 하부 성층권을 CIA와 특수작전사령부의 무인기가 이슬람 세계의 상공을 마음대로 누비며 '살생부'에 이름이 오른 테러 용의자를 처단하는 자체 사법권으로 삼았다.[86] 그리고 미국의 우주 지배 계획은 결코 여기에 그치지 않는다.

워싱턴의 우주전 전략은 극비 사항이지만, 펜타곤 웹사이트를 뒤지고 DARPA 홈페이지에 소개되거나 최첨단 방위산업체들이 공개한 기술의 핵심 요소들을 파악하여 미래 항공우주의 퍼즐 조각을 맞춰볼 수 있다. 펜타곤은 2020년대 중반까지 치명적인 미사일과 모든 곳을 감시하는 센서로 무장한 드론 군단의 보호를 받고, 로봇 시스템에 의해 통제되며, 위성 시스템으로 통신하는 트리플 캐노피 항공우주 방어 체계를 구축해 전 지구를 순찰한다는 야심 찬 계획을 세웠다.

15년간 테러와의 전쟁을 위해 무제한에 가까운 예산 지원을 받았던 DARPA는 창의적이고 때로는 기상천외한 신무기 개발 프로젝트에 수십억 달러를 쏟아부었다. 무착륙 비행을 위해 120미터 길이의 날개를 장착한 태양열 무인 정찰기, 시속 2만 1,000킬로미터의 극초음속 미사일, 그리고 보잉 747 제트 여객기를 개조하여 둥글둥글한 기체 앞부분에서 레이저를 발사하는 미사일 요격 항공기는 수많은 실패작 중 일부이다.[87] 중국 및 러시아를 상대로 "군사적 이점"을 확보하기 위해 제트 전투기에서 초소형 드론을 투하하는 공군의 1,200만 달러짜리 계획이나, 전투 중 함선을 보호하기 위해 "소형 보트 무리"를 출동시키는 해군의 시몹Sea Mob 계획 등 펜타곤이 초소형 장비 분야에서 벌인 실험은 장난스럽기까지 하다.[88] 혁신적 신기술을 실용적 한계 너머로 밀어붙였던(일부 시험 항공기는 테스트 중 추락했다) 펜타곤의 입안자들은 시행착오를 겪으며 차츰 기존에 확립된 시스템만으로, 특히 드론과 위성의 조합으로 효율적인 항공우주 시스템을 구성할 수 있다는 사실을 깨달았다.

항공우주 방어 체계의 아래층인 하부 성층권(지표면에서 약 10~20킬로미터)을 지배하기 위해 펜타곤은 방위산업체와 협력하여 유인 항공기를 대체할 고고도 무인기를 개발했다. 2006년부터 펜타곤은 냉전 시대에 대활약했던 U-2 정찰기를 대체할 후속 주자로 공군과 해군에 대당 2억 2,300만 달러라는 어마어마한 가격(프레데터 드론의 55배)의 글로벌호크를 99대 배치하는 계획을 추진했다. 날개폭 35미터(보잉737보다 크다)에 18킬로미터 상공을 나는 글로벌호크는 지상 160킬로미터 반경의 인물사진을 "초고화질로 실시간" 촬영할 수 있는 고해상도 카메라와 "독보적 정확도"로 무전 및 전화 통신을 가로채는 전자 센서를 장착했다. 이 드론은 32시간 연속으로 비행하며 매일 10만 제곱킬로미터의 작전 영역을 감시할 수 있다. 그러나 막대한 비용에도 불구하고 날씨에 좌우되는 비행 조건을 가진 이 드론의 한계로 인해 공군은 2012년 6년간 운용해온 글로벌호크 프로그램을 종료하고자 했다. 하지만 제작사인 노스럽Northrop과 레이시언이 반발하자 프로그램은 계속 유지되었다. 위성과 지상 기지국 사이를 오가는 막대한 양의 데이터를 중계하기 위해 광대역폭을 이용하는 글로벌호크는 미국이 보유한 다른 장거리 무인기들과 마찬가지로 군사적 충돌 발생 시 적의 해킹에 매우 취약하다.[89]

2011년 12월, 15킬로미터 상공에서 비행할 수 있는 20미터 너비의 다트 모양 날개를 가진 첨단 RQ-170 센티널RQ-170 Sentinel 드론이 이란에 불시착했을 때 신기술의 정교함과 한계가 적나라하게 드러났다. 록히드마틴Lockheed Martin사는 극비 '블랙' 계약을 맺고 대당 2억 달러에 센티널 드론 20대를 제작했다.[90]

　이란은 어떻게 미국의 최첨단 드론을 나포할 수 있었을까? "GPS 내비게이션이 가장 큰 약점입니다." 한 이란 엔지니어는 『크리스천사이언스모니터Christian Science Monitor』 기자에게 이렇게 설명했다. "통신에 잡음을 더하면[재밍], 드론을 오토파일럿 모드로 바꿀 수 있습니다. 그러면 드론은 두뇌를 잃게 되지요." 그들은 드론의 오토파일럿이 착륙하도록 유도하는 데 성공했다. 펜타곤은 처음에 드론 나포 사실을 부인했고, 이란이 사진을 공개하자 조작이라고 일소했다. 하지만 이 사건의 충격은 펜타곤을 송두리째 뒤흔들었다.[91]

　치욕스러운 사건의 여파로 펜타곤은 노스럽사와 협력하여 포획 위험 없이 적국의 영공에 침투할 수 있는 슈퍼 스텔스 드론 개발을 가속화했다. "우리는 분쟁 지역에서 싸워 승리하도록 군을 변모시켜야 합니다. 접근이 금지된 영공에 침투하여 전례 없는 수준의 정보를 제공할 수 있는 보다 균형 잡힌 유인기 및 무인기 플랫폼을 확보할 것입니다." 2014년 9월 공군 정보·감시·정찰 담당 참모차장 로버트 오토Robert Otto 중장이 의회에서 한 말이다. 2012년 노스럽사는 네바다주 51구역에서 RQ-180 드론의 시험 비행을 개시했다. 이 드론의 역량을 상세히 소개한『에이비에이션위크Aviation Week』에 따르면 40미터 길이의 날개폭을 가진 사상 최대 크기의 신형 무인기는 항속거리 2,000킬로미터, 체공 시간 24시간, 첨단 기체역학, 열화상 측정, 오디오 감청, 그리고 F-35 전투기보다 더 앞선 "첨단 스텔스" 역량을 보유했다. RQ-180의 계약 비용은 드론으로서는 사상 최고가인 대당 3억 달러로, 이 사업에 총 20억 달러가 투입된 것으로 추산된다. 천문학적 비용이 드는 전투용 무인기의 시대가 도래한 것이다.[92]

동시에 미 해군은 공중 급유와 1.8톤의 육중한 폭탄 또는 미사일 적재 능력이 입증된 X-47B 정찰폭격 무인기를 테스트했다. 2013년 7월, X-47B는 조지 H. W. 부시함USS George H. W. Bush 갑판에 착륙하며 가장 중요한 테스트를 통과했다. X-47B의 시험 비행이 너무나 성공적이었던 나머지, 2016년 초 해군은 미래 무기 개발을 가속화해 2020년에는 항공모함에서 발사하는 정찰 및 공중급유 무인기를 실전 배치할 것이라고 발표했다.[93]

성층권을 지배하기 위해 펜타곤은 방위산업체를 기술적 한계까지 밀어붙였고, 때로는 공상과학소설에나 어울릴 미래형 항공기 개발에 수십억 달러를 쏟아부었다. 대담한 실험이 흔히 그러하듯이 태양광 무인기 '헬리오스Helios' 드론 등 일부 시제품은 추락 사고로 폐기되었다. 일부 프로젝트의 실패는 후속 연구에 기여하기도 하였으나, 실제 무기로 사용할 만큼 성공한 결과는 극히 드물었다.[94]

상부 성층권에서는 DARPA와 미 공군이 손잡고 2003년부터 고도로 실험적인 팰콘 극초음속 순항비행체Falcon Hypersonic Cruise Vehicle를 개발했다. 32킬로미터 고도를 나는 이 비행체는 "5.4톤의 무기를 싣고 9,000해리(1만 6,668킬로미터) 거리를 2시간 이내에 주파"할 것으로 기대되었다.[95] 비록 2010년 4월과 2011년 8월의

시험 발사는 실패로 끝났지만, 추락 직전에 음속의 22배인 시속 2만 1,000킬로미터를 기록했다.[96]

펜타곤은 이번에도 실패를 바탕으로 진보를 이루었다. 팰컨이 추락한 후 국방부는 극초음속 기술을 성공적으로 적용할 수 있는 두 가지 방향으로 관심을 돌렸다. 위협으로 부상하는 중국에 맞서 DARPA는 2013년부터 극초음속 기술을 단거리 전술무기에 적용했고, 보다 성공적인 X-51A 스크램젯 기술을 이용하여 베이징의 방공망을 마하 5(시속 6,100킬로미터)의 속도로 침투할 수 있는 미사일을 개발했다.[97]

동시에 1950년대에 CIA를 위해 U-2를 제작했던 록히드사의 비밀 개발팀 '스컹크웍스skunk works'는 극초음속 기술을 적용한 SR-72 무인 정찰기를 개발했다. 이는 1998년에 폐기되기 전까지 시속 3,500킬로미터를 자랑하며 세계에서 가장 빠른 유인 항공기로 명성을 날린 록히드 SR-71 블랙버드SR-71 Blackbird의 후속 모델이다. 2023년에 시험 비행에 돌입하고 2030년에 실전 배치될 예정인 SR-72는 기체를 탄소섬유로 둘러싼 채 마하 6(시속 7,300킬로미터)의 속도로 24킬로미터 상공을 비행하며, 어느 대륙이든 1시간 이내에 도착하고, 정보를 수집하는 동안 "요격이 불가능에 가까운" 극도의 스텔스 기능을 자랑한다.[98]

지상 320킬로미터 상공의 외기권 통제를 위해 미 국방부는 2010년 4월 8.8미터 길이의 X-37B 로봇 우주선을 지상 400킬로미터 상공으로 발사했다. '궤도시험기' 또는 무인 우주 왕복선으로 묘사되는 X-37B는 사실상 궁극의 드론이다. 원래 1999년 민간기관 NASA가 유인 우주 왕복선을 대체하기 위해 시작한 프로젝트였으나, 5년 후 군사적 잠재력을 포착한 국방부가 프로젝트를 인수했다. 공군의 비밀기관인 신속능력처Rapid Capabilities Office는 조종사와 값비싼 생명 유지 장치를 제거한 소형 군사용 우주 드론을 개발했다. 미사일 공격을 피하는 데 필요한 추력 장치, 장기간 비행을 위한 태양열 배터리, 그리고 신호 감청 센서나 공대공 미사일 또는 위성 발사용 화물칸을 장착한 신무기였다.[99] 2012년 6월 제2차 X-37B 프로토타입이 15개월간의 무사고 비행을 마치고 반덴버그 공군기지에 착륙하여 우주 드론 시대의 서막을 예고했다.[100]

머지않아 우주 드론이 활보하게 될 외기권에서 궤도위성은 공격의 주요 타깃이 될 것이다. 테러와의 전쟁이 시작될 무렵 펜타곤은 미군의 보안 통신을 취급하는 군사 위성 100기를 보유했다. 이를 보호하기 위해 펜타곤은 2001년 "적에게 행동의 자유를 허락하지 않는 우주 통제"를 달성하기 위한 5개년 계획에 1,650억 달러를 할당했다.[101] 그러나 2007년 중국이 지대공 미사일로 지상 800킬로미터 높이의 자국 위성을 쏘아 떨어뜨리면서 펜타곤 시스템의 약점이 드러났다. 1년 후 펜타곤도 해군 순양함에서 쏘아 올린 SM-3 미사일로 240킬로미터 상공의 미국 위성을 명중시켜 같은 일을 해냈다.[102]

2억 달러가 넘는 비용을 들이고도 극초단파로 연결된 모듈로 분리되는 F-6 위성을 완성하는 데 실패한 후, 펜타곤은 차선책으로 보다 전통적인 형태의 단일 모듈 위성을 업그레이드했다.[103] 2013년부터 2016년까지 미 해군은 항공기, 선박, 기계화 보병 사이의 통신을 위해 5기의 상호 연결된 위성(이동식 사용자 목표 체계

Mobile User Objective Systems)을 정지궤도로 발사했다. 지구 온난화로 인해 극지방이 지정학적 경쟁의 장으로 탈바꿈하는 가운데 호주, 하와이, 시칠리아에 지상 기지국을 둔 MUOS 시스템은 극지방까지 커버하는 뛰어난 도달 범위를 확보했다.[104]

2006년 우주합동기능구성사령부Joint Functional Component Command for Space는 "우방의 우주 시스템을 보호하고, 적이 … 미국의 안보를 위협하는 목적으로 우주를 사용하지 못하도록 방지하고, 전장관리에 직접 지원을 제공하는" 임무를 맡았다. 사령부는 전 세계 레이더 및 망원경 시스템인 우주감시네트워크Space Surveillance Network를 운영한다. 그린란드 툴레, 남태평양 어센션섬, 태평양 콰절린 환초 등 세계 29곳의 오지에서 하루 40만 번의 관측을 수행하는 이 네트워크는 공중의 모든 물체를 감시한다.[105] 야심 찬 시도를 위해 가장 최근에 도입된 도구는 광각 우주감시망원경Space Surveillance Telescope이다. 호주 서부에 설치된 망원경은 한 번에 "소프트볼 크기의 물체 1만 개"를 추적하는 광각 렌즈로 "전체 지구 동기궤도를 매일 밤 수 차례" 스캔하며 남반구를 감시한다.[106]

≋ 로봇 정보관리 체제

미국 제3차 정보관리 체제의 역량은 궁극적으로 군이 보유한 항공우주 무기가 모든 전투 공간에서 로봇 지휘 구조에 통합될 수 있느냐에 달려 있다.

데이비드 뎁튤라David Deptula 미 공군 중장과 같은 공군 정보 전문가들은 오래전부터 "우리는 머지않아 센서와 데이터의 바다에서 허우적거리게 될 것"이라고 경고하며 정보 통합 문제를 제기했다. 미 공군 최초의 정보·감시·정찰 참모부장으로 취임한 뎁튤라는 2005년부터 데이터 통합을 위한 분산공동지상체계Distributed Common Ground System를 구축했다. 공군이 42억 달러, 미군 전체로는 102억 달러를 투입하여 구축한 이 체계는 플로리다주 헐버트 공군기지, 버지니아주 랭리 공군기지 등에 위치한 5개 주요 거점으로 이루어져 있다. 각각 7억 5,000만 달러를 들여 설립한 첨단기술 융합의 중심지들은 끊임없이 밀려드는 데이터를 작전정보로 가공하는 군복 차림의 분석가들로 붐볐다. 뎁튤라는 2010년 퇴역 후 "나는 시스템을 재정비하여 모든 기지가 전화선으로 작전에 참여할 수 있는 글로벌화를 구축했다"라고 회상했다. 그럼에도 불구하고 그는 앞으로 또 다른 중요한 단계를 밟아야 한다는 사실을 알고 있었다. 즉 "시스템 자동화가 반드시 필요하다."[107]

섬세한 균형을 이룬 트리플 캐노피 감시 체계로부터 쏟아지는 정보의 홍수를 관리하려면 분산공동지상체계를 '로봇 매니퓰레이터 기술robotic manipulator technologies'을 통해 자동으로 유지하고 관리해야 할 것이다.[108] DARPA는 이 기술을 이용하여 향후 위성에 연료를 재충전하고, 파손 부위를 수리하고, 위치를 조정하고, 망가진 위성을 파기하는 프렌드 시스템FREND(Front-end Robotics Enabling Near-term Demonstration) system을 개발 중이다. 2016년 4월 DARPA는 "정지궤도를 도는 위성에 로봇을 보내 설비를 점검하고 자동으로 고정, 위치 조정, 수리, 업그레이드하는" 정지궤도 위성 로봇 유지 서비스Robotic Servicing of Geosynchronous Satellites 프로그램을 발표하며 목표를 향해 한 발 나아갔다.[109] 2007년 한 DARPA 관료가 설명했듯이, 이 복잡한 범세계 기구를 운영하기 위해서는 "보안이 철저한 통합 우주 감시 시스템"이 요구된다.[110]

가장 최근에 미국 정보공동체의 일원이 된 국립지리정보국은 버지니아주 포트벨보어에 20억 달러를 들여 지은 거대한 본부에서 1만 6,000명의 직원과 50억 달러의 예산을 투입하여 프레데터와 리퍼, U-2 정찰기, 글로벌호크, X-37B, 구글 어스Google Earth, 우주 감시망, 궤도위성에서 쏟아져 들어오는 감시 데이터를 관리한다.[111]

궁극적인 시험은 우주 통제권을 두고 겨루는 유일한 경쟁자인 중국보다 한 발 앞서 나갈 수 있을지 여부다. 다른 많은 기술 후발주자들과 마찬가지로 중국은 복잡한 시스템의 수많은 요소 가운데에서도 특히 궤도위성을 우주 무기화의 중추로 삼는 전략을 세웠다. 펜타곤이 분산형 F-6 시스템을 포기한 지 3년이 지난 2016년 8월, 베이징은 세계 최초의 양자 통신위성을 발사했다. 특수 크리스털을 통해 생성된 '양자 얽힘'(연결된 두 입자가 떨어진 거리와 무관하게 동시에 같은 변화를 보이는 성질-옮긴이) 상태의 광자를 이용한 송신으로 전파를 대체한 신기술은 한 과학 전문지 기사에 따르면 "잠재적으로 지구상의 모든 사람을 연결할 막강한 보안 역량을 가진 통신 네트워크를 탄생시켰다." 이 기술의 성공이 입증된다면 중국은 전 지구를 커버하기 위해 필요한 20기의 양자위성을 추가로 발사할 것이다.[112]

같은 시기에 중국은 위성 배치 및 2022년부터 운영 예정인 60톤급 우주정거장 건설을 위해 13.5톤의 적재물을 실은 장정 7

호 로켓 프로토타입을 발사했다. 그뿐만 아니라 복잡한 시스템을 운영할 인공지능 로봇 개발을 위한 경주에서도 중국이 미국을 바짝 따라잡고 있다. 워싱턴은 2018년 인공지능 연구 예산을 1억 7,500만 달러로 삭감한 반면, 베이징은 "군사 로봇" 구축과 연계된 "수십억 달러 규모의 새로운 계획"에 착수했다.[113] 현재 사이버 공격으로부터 핵심 위성통신 시스템을 보호하는 기술에 이르기까지 여러 분야에서 중국이 선두를 달리고 있으며, 이는 향후 분쟁에서 중요한 전략 요소로 작용할 것이다.

2020년 이후 펜타곤의 트리플 캐노피는 수백 킬로미터 거리의 전장과 빈민가에서 테러리스트의 홍채, 얼굴 이미지, 열 형상을 추적하여 미사일 공격을 가하거나, 손쉽게 적의 지상 통신, 항공 전자 장비, 해군 항법 시스템을 무용지물로 만들 역량을 갖출 것이다. 이 기술은 향후 미국의 국제적 영향력 상실을 일부 만회해줄지도 모른다.

하지만 베트남전의 뼈아픈 교훈에서 보듯 역사는 군사력만으로 패권을 유지할 수 있느냐는 질문에 비관적인 답을 내놓는다. 나치 제3제국이 치명적 위력의 V-2 로켓, 무적의 Me-262 제트기, Hs-293 대함 유도미사일 등의 '비밀병기'를 갖추고도 2차 세계대전에서 승리하지 못했듯이, 설사 미국이 로봇 정보관리 체제로 중국의 군사력을 견제할 수 있다 하더라도 그것이 곧 광범위한 지정학적 세력의 통제로 이어지는 것은 아니다.[114]

뿐만 아니라 정보 만능주의가 워싱턴을 베트남, 이라크, 아프가니스탄에서와 같은 군사적 실패로 이끌어 더욱 값비싸고 소모적인 분쟁을 야기할 가능성도 배제할 수 없다. 최종 결과가 무엇이든 워싱턴이 헤게모니 유지를 위해 군사 기술 개발에 계속 집착하는 한, 아시아와 아프리카의 변방에서 테러리스트와 벌이는 끝없는 전쟁이나 우주와 사이버 공간에서 쉴 새 없이 계속되는 저강도 도발, 혹은 경쟁국 중국과 러시아를 상대로 한 실제 군사 분쟁 등 미국의 승리를 확신할 수 없는 전쟁은 앞으로도 계속될 것이다.

3부

미국 쇠퇴의
역학

7장

그레이트 게임

워싱턴이 아시아, 중동, 유럽, 그리고 우주에서 보이는 행보는 과거 핼퍼드 매킨더 경이 '세계섬'이라 명명한 땅덩어리를 통제하려는 시도보다 상상하기 힘들 정도로 규모가 커졌다 뿐이지 제국사에서 흔히 볼 수 있는 장면이다. 그에 반해 중국의 경제 대국화는 지난 5세기 동안 세계를 형성해온 지정학적 세력 균형을 뒤집는 새로운 현상이다. 2012년, 워싱턴의 최고 분석기관인 국가정보위원회는 이 대단히 복잡한 역사적 과정을 하나의 차트로 일목요연하게 정리했다. 1820년에서 1870년까지 영국이 세계 GDP에서 차지하는 비중은 10년에 1퍼센트씩 늘어났다. 미국의 세계 GDP 비중은 1900년부터 1950년까지 반세기 동안 10년마다 2퍼센트씩 성장했다. 1950년부터 1980년까지 전후 부흥기에 10년에 1.5퍼센트씩 성장했던 일본도 이와 크게 다르지 않았다. 반면 중국은 2000년에서 2010년 사이에 5퍼센트라는 경이로운 성장률을 기록했으며, 2020년까지 비슷한 성장세를 기록할 것으로 보인다. 설사 2020년대 들어 중국의 성장이 둔화된다 하더라도 미국 경제가 "중국에 추월"당해 선두자리를 내주는 것은 기정사실이다.[1]

신생 경제 대국의 파급 효과는 엄청났다. 중국의 외환보유고는 1996년의 1,000억 달러에서 2014년 4조 달러로 치솟아 다른 어떤 나라보다 큰 규모를 자랑한다.[2] 2001년 세계무역기구에 가입한 중국은 곧 미국의 최대 교역국이 되었고, 2015년 대미 수출액은 5,000억 달러에 달했다. 저렴한 중국 제품이 쏟아져 들어오자 미국 전역의 노동 집약적 산업이 황폐화되었다. 남부에서는 의류 봉제업 일자리 1만 개가 사라졌고, 중부에서는 제지 공장이 줄줄이 문을 닫았으며, 전국의 철강업계가 고전을 면치 못했다.[3]

중국은 영국처럼 대양 해군을 구축하거나 미국과 유사한 글로벌 항공우주 무기 개발에 주력하는 대신 막대한 현금 보유고를 이용하여 세계섬의 심장부로 손을 뻗었다. 그들은 워싱턴의 권력자들이 아직도 제대로 이해하지 못한 교묘한 전략을 동원하여 패권의 기본 전제를 뒤집었다. 한나 아렌트Hannah Arendt에 따르면 제국주의적 팽창에는 러시아와 같은 육로 확장과 영국과 같은 해상 확장의 두 가지 형태가 존재하며, 인접한 지역(먼저 티베트, 이제는 중앙아시아, 동남아시아 및 남중국해)으로 지배권을 확장하고 있는 중국은 명백히 전자에 속한다.[4]

수십 년간의 조용한 준비 끝에 최근 베이징은 패권 제패를 위한 대전략을 공개했다. 중국의 계획은 세계섬을 구성하는 3개 대륙의 경제적 통합을 위한 대륙 간 인프라 구축을 추진하는 한편 군사력을 동원하여 워싱턴의 세계섬 봉쇄를 뚫는 2단계로 구성된다.

그 첫 단계는 유라시아 대륙 통합 인프라를 구축하는 거대 프로젝트다. 광활하고 황량한 땅덩어리를 가로지르는 고속철도 및 송유관·가스관을 지어 물류 및 에너지 네트워크를 구축하면서 중국은 매킨더의 비전을 그가 미처 생각하지 못한 방식으로 실현했다. 곧 석유, 광물, 제품 등 주요 화물이 대규모로 신속하게 대륙을 오갈 수 있게 될 것이며, 그로 인해 상하이부터 마드리드까지 1만 킬로미터에 달하는 광대한 지역을 통할하는 경제구역이 형성될 것이다. 이로써 지정학적 힘의 중심이 해양 주변부에서 대륙 내부 심장 지역으로 옮겨갈 것이다.

"대륙횡단 철도가 상황을 바꾸고 있습니다." 1904년 1월, 시베리아 횡단철도가 모스크바부터 블라디보스토크까지 9,000킬로미터를 연결하며 인류 역사상 처음으로 유라시아 대륙을 유의미한 단일체로 만들고 있을 때, 매킨더는 런던에서 그의 발표를 경청하던 청중에게 이렇게 말했다. "아시아 전체가 철도로 뒤덮이기까지 그리 오래 걸리지 않을 것입니다. 러시아제국과 몽골은 너무나 광대하고, 그곳에 묻힌 석유와 광물의 잠재력은 어마어마하기에, 해양 무역으로는 따라잡을 수 없는 거대한 경제 세계가 발달할 것입니다."[5]

매킨더의 예측은 다소 성급했다. 1917년의 러시아혁명과 1949년의 중국 사회주의혁명, 그리고 뒤이은 40년간의 냉전은 세계섬의 발전을 수십 년간 지연시켰다. 하지만 이제 상황이 달라졌다.

냉전 종식 후 몇 년 지나지 않아 지미 카터 대통령의 국가안보보좌관을 지낸 인물이자, 공화당과 민주당을 막론한 정치 엘리트 집단의 신랄한 비판자로 변신한 즈비그뉴 브레진스키는 워싱턴의 지정학적 전략의 허점을 경고했다. 그는 1998년에 출간한 책에 매킨더의 말을 거의 그대로 인용했다. "500년 전 대륙들의 정치적 상호작용이 시작된 이래 유라시아 대륙은 세계 권력의 중심이었다. 유라시아를 지배하는 강대국은 세계에서 가장 발달하고 생산성 높은 세 지역 중 두 곳을 통제하게 되며 … 이는 서반구와 오세아니아가 지정학적으로 세계의 주변부에 불과함을 의미한다." 브레진스키는 "미국이 누리는 세계 1등의 지위는 유라시아 대륙에 대한 우위를 얼마나 오래, 얼마나 효과적으로 지속하느냐에 달려 있다"고 말한다. 세계 인구의 75퍼센트, 에너지 매장량의 75퍼센트, 그리고 세계 총생산의 60퍼센트를 보유한 유라시아 대륙은 "지정학적 중심축"이었으며, 다른 대륙들은 "지정학적 주변부"에 불과했다.[6]

유라시아 대륙의 심장 지역은 너무나 방대하고 텅 비어 있어서 이곳을 개발하는 작업은 지도를 보는 것만으로는 이해하기 힘든 도전이다. 끝없이 뻗은 스텝 지대와 사막이 오랫동안 유럽과 아시아를 분리하는 장벽 역할을 했다. 1270년경 베네치아를 출발한 마르코 폴로Marco Polo는 도적떼, 모래 폭풍, 황야를 극복하고 3년 만에 유럽인 최초로 유라시아 대륙을 가로질렀다. 그로부터 600년 후, 1907년에 열린 최초의 베이징-파리 자동차 경주에서 또 다른 이탈리아 귀족 시피오네 보르게세Scipione Borghese 왕자는 40마력짜리 이탈라Itala를 몰고 1만 5,000킬로미터 거리를 60일 만에 완주하여 우승컵을 거머쥐었다.[7]

2007년 같은 대회의 100주년 기념 경주가 열렸을 때, 내 아내의 삼촌(아이오와주 출신의 은퇴한 교사)은 공들여 수리한 1938년형 포드 쿠페를 몰고 36일간의 베이징-파리 주행길에 올랐다. 한참 고비사막을 지나던 중, 그는 그만 무리에서 낙오되었다. 도로나 표지판도 없고, 위치를 식별할 지형지물도 없는 곳에서 필사적으로 지평선을 스캔하며 몇 시간이나 헤매는 사이 그의 불안은 점점 짙어졌다. 그와 그의 네비게이터(차에 동승하여 진로를 안내하는 사람-옮긴이)는 사방이 하늘에 맞닿은 끝없는 공간에 완전히 고립되었다. 영겁 같은 시간이 흐른 후, 마침내 저 멀리 지평선에 이는 희미한 먼지구름을 포착한 그들은 무리를 따라잡기 위해 90마력짜리 8기통 엔진의 성능을 극한까지 몰아붙였다.[8]

바로 그 무렵, 베이징의 중국 지도부는 사막의 풍경을 영원히 바꾸어놓을 투자를 결정하며 미국에 도전장을 내밀었다. 2007년을 시작으로 중국은 1950년대에 미국이 주간州間 고속도로 시스템을 구축한 이후 세계 최대 규모인, 지금까지 투입된 금액만 해도 1조 달러에 달하는 인프라 공사에 착수했다. '실크로드 전략'이라는 무난한 이름으로 베이징이 건설 중인 철도와 수송관의 수는 실로 어마어마하다.

2007년부터 2014년까지 중국은 총 1만 4,500킬로미터의 고속철도를 새로 건설하여 전국 곳곳을 연결했으며, 이는 전 세계 나머지 나라의 고속철도를 모두 합한 것보다도 길다. 현재 중국의 고속철도 네트워크는 최고 시속 390킬로미터로 매일 250만 명의 승객을 실어 나른다.[9] 2030년에 철도 네트워크가 완성되면 총 2만 6,000킬로미터의 고속철도가 중국 내 주요 도시들을 연결할 것이다.[10]

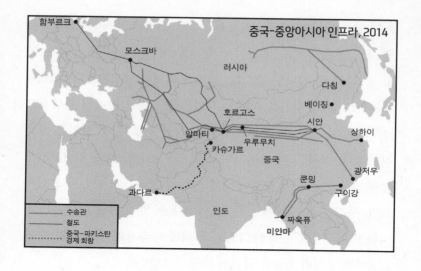

중국-중앙아시아 인프라, 2014

동시에 베이징 지도부는 인접국과 협력하여 중국의 철도를 대륙횡단 철도망과 통합하는 프로젝트에 착수했다. 2008년, 중국은 '유라시아 랜드브리지Eurasian Land Bridge' 출범을 위해 독일, 러시아와 손잡았다. 북쪽의 옛 시베리아 횡단철도와 고대 실크로드를 따라 카자흐스탄 알마티를 통과하는 남쪽의 새로운 루트로 구성된 한 쌍의 동서 횡단 루트는 유라시아 대륙을 한데 묶기 위한 계획의 일환이다. 좀 더 빠른 남쪽 루트를 이용하면 컴퓨터나 자동차 부품 같은 고부가가치 공산품을 실은 화물열차가 독일의 라이프치히에서 중국의 충칭까지 1만 800킬로미터 거리를 20일 만에 주파할 수 있었다. 35일이 걸리던 해상 운송 기간보다 훨씬 단축된 것이다.[11]

2013년, 독일국영철도회사Deutsche Bahn AG는 기간을 15일로 단축할 함부르크-정저우 노선 구축에 돌입했다. 그로부터 채 1년도 지나지 않아 최대 50개의 컨테이너를 싣고 중국 충칭에서 출발한 열차가 16일 만에 독일 뒤스부르크에 도착할 수 있게 되었다.[12] 2014년 10월, 중국은 2,300억 달러를 들여 세계에서 가장 긴 고속철도 노선 건설 계획을 발표했다. 이 계획이 실현되면 베이징에서 모스크바까지 7,000킬로미터 거리를 단 30시간 만에 주파하는 초고속 열차가 유라시아 대륙을 가로지를 것이다.[13]

여기에 더해 중국은 세계섬의 해양 주변부를 향해 남쪽으로 뻗은 2개의 주요 철도 노선도 건설 중이다. 2015년 4월, 시진핑習近平 국가주석은 중국-파키스탄 경제 회랑China-Pakistan Economic Corridor(CPEC) 사업에 460억 달러를 투자하기로 합의했다. 이에 따르면 철도, 수송관, 고속도로가 중국 최서단의 신장위구르자치구의 카슈가르에서 2007년에 문을 연 파키스탄 과다르의 공동 항만까지 3,000킬로미터를 연결하게 된다. 중국은 이미 그곳에 2,000억 달러 이상을 투자하여 페르시아만에서 불과 600킬로미터 떨어진 조용한 어촌 마을을 아라비아해의 초대형 전략 항만으로 탈바꿈시켰다.[14] 2011년, 중국은 62억 달러를 들여 철도 노선을 동남아시아로 확장하는 사업에 착수했다. 확장 노선이 완공되면 중국 쿤밍과 싱가포르를 잇는 고속열차가 단 10시간 만에 승객과 화물을 실어 나를 것으로 예상된다.[15]

철도 건설이 활발히 이루어지는 동안 중국은 팽창하는 도시의 수요를 충족시키고자 유라시아 대륙 전역을 거미줄처럼 엮은 원유 및 천연가스 수송관 라인을 구축했다. 10년의 공사 끝에 2009년 국영 중국석유천연기집단CNPC은 카자흐스탄-중국 송유관의 최종 구간을 개통했다. 카스피해부터 신장위구르까지 2,250

킬로미터를 연결하는 송유관은 그곳에서 다시 중국 심장부를 향해 동쪽으로 흐르는 국내 수송관에 연결된다.[16] 이와 동시에 2008년 CNPC는 총연장 6,400킬로미터가 넘는 중앙아시아-중국 가스관 건설을 위해 투르크메니스탄, 카자흐스탄, 우즈베키스탄과 협력했다. 2014년 말에 완공된 480킬로미터 길이의 우즈베키스탄 지관 1개는 연간 250억 입방미터의 가스를 나르고 있다. 이 구간의 건설에만 20억 달러가 들었다는 점을 감안하면 전체 프로젝트의 규모를 미루어 짐작할 수 있다.[17]

CNPC는 미국 해군이 통제하는 믈라카해협을 우회하기 위해 2013년 중동의 석유와 미얀마의 천연가스를 뱅골만에서 인구 1억 명이 거주하는 중국 서남 지역으로 운반하는 2,400킬로미터 길이의 중국-미얀마 송유관을 개통했다.[18] 뿐만 아니라 중국 동북부 지역에 에너지를 공급하기 위해 러시아가 소유한 4,800킬로미터 길이의 동시베리아-태평양 송유관에 연결된 1,000킬로미터 길이의 지선을 개통하여 매년 1,500만 톤의 원유를 다칭의 거대한 정유소로 들여온다. 2016년 러시아는 중국에 두 번째로 많은 원유를 공급하는 나라가 되었으며, 2년 후 개통 예정인 또 다른 송유관 지선을 통해 공급을 2배로 늘릴 계획이다.[19] 2014년 5월, CNPC는 민영화된 러시아 에너지 회사 가스프롬Gazprom과 4,000억 달러 규모의 30년 계약을 맺고, 현재 건설 중인 시베리아-만주 지역의 북부 가스관 네트워크를 통해 2018년부터 연간 380억 입방미터의 천연가스도 공급받기로 했다.[20]

상기 프로젝트들은 중앙아시아 각지와 이란 및 파키스탄을 잇는 원유 및 가스 수송관 네트워크 건설 붐의 일부에 불과하다.

머지않아 러시아의 방대한 수송관 네트워크까지 더해, 유라시아 대륙 전체를 연결하는 에너지 인프라가 구축될 것이다.

고비용 사회간접자본 개발을 기회 삼아 2014년 10월 베이징은 아시아인프라투자은행Asian Infrastructure Investment Bank(AIIB) 설립을 공식 선언했다. 중국 지도부는 이 기구가 유라시아에서 세계은행의 대안이 될 것으로 기대한다. 워싱턴의 압력에도 불구하고 독일, 영국, 호주, 한국 등 미국의 가까운 우방을 포함한 57개국이 아시아인프라투자은행에 가입했으며, 회원국의 투자를 받아 1,000억 달러의 자본금을 확보한 신생 기구는 2016년 1월 이미 세계은행 규모의 절반에 도달했다. 동시에 중국은 자원이 풍부한 아프리카, 호주, 동남아시아 지역에서 무역 관계를 구축하기 시작했다. 10년간 꾸준히 개발을 추진한 끝에, 2017년 5월 시진핑 주석은 '세계섬' 안 60개국이 모인 역사적 정상회담을 개최하고 아시아, 아프리카, 유럽의 경제적 통합을 위한 1,000억 달러 규모의 새로운 인프라 사업을 공표했다. 인도와 유럽연합의 유보적인 입장에도 불구하고 시진핑은 "세기의 프로젝트"가 "인류 문명에 찬란함을 더할 것"이라고 선언했으며,『로스앤젤레스타임스』는 이 뉴스를 보도하면서 "세계질서 재편 준비 작업"이라는 헤드라인을 달았다.[21]

마지막으로 베이징은 오래전부터 유라시아 대륙 주변을 둘러싸고 있는 워싱턴의 군사력을 무력화하기 위해 노력했다. 2015년 중반에 베이징은 하이난섬의 롱포 해군기지를 확장하여 이 지역 유일의 핵잠수함 기지를 마련하고,[22] 그 남쪽에 위치한 분쟁 해역에 차후 군사 비행장으로 사용될 것이 틀림없는 7개의 인공섬 건설을 가속화했다.[23] 또한 미 해군의 비행을 경고하면서[24] 남중국해에 대한 배타적 통제권 주장의 수위를 높였다. 파키스탄의 과다르 항만으로 이어지는 거대한 회랑에 더해 2016년 베이징은 풍부한 에너지 자원이 매장된 아라비아해에 중국 해군을 영구적으로 배치하기 위해 지부티에 대형 기지를 건설하기 시작했다. 아라비아해에서 남중국해에 이르는 8,000킬로미터에 여러 개의 해군기지를 설치하고 태평양 반대편까지 작전을 전개할 수 있는 잠수함을 보유한 중국은 미국의 군사적 봉쇄를 깨트릴 수 있는 역량을 기르고 있다.[25]

펜타곤은 중국의 도전에 대응하여 공해의 자유 원칙을 준수할 것을 엄중히 경고하고, 전 세계 해상 무역의 30퍼센트에 해당하는 5조 3,000억 달러 규모의 물자가 통과하는 남중국해에 일련의 해군 순찰대를 파견했다. 그러나 그 무엇도 중국이 남중국해 7개 군도에 군사기지를 건설하기 위해 바다를 매립하는 것을 막지 못했다. 2016년 1월, 스프래틀리군도(중국명 난사군도)의 파이어리크로스 암초(중국명 융수자오)에 새로 건설된 3,000미터 길이의 활주로에 중국 항공기가 착륙했다.[26] 그로부터 한 달 후 오바마 대통령이 동남아시아 지도자들과 가진 정상회담에서 분쟁 수역에 대한 항행의 자유를 촉구하자, 중국은 그다음 날 파라셀군도(중국명 시사군도)의 우디섬(중국명 융싱다오)에 HQ-9 대공 미사일 포대를 설치했다.[27] 중국은 전투기 대신 명목상의 방어 무기를 설치하는 방식으로 외교 분쟁의 여지를 최소화하면서 조용히 이 지역의 영공 통제권을 확고히 했다.

2016년 3월 미국 국가정보장 제임스 클래퍼가 의회에 보고한 바에 따르면, 중국은 스프래틀리군도 최남단 콰테론 암초(중국

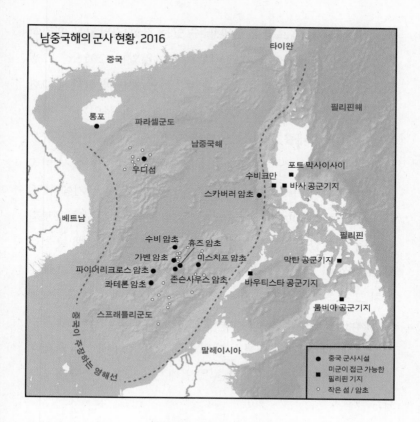

남중국해의 군사 현황, 2016

중국

타이완

롱포

파라셀군도

남중국해

필리핀해

우디섬

수비코만

포트 막사이사이

바사 공군기지

스카버러 암초

베트남

수비 암초

휴즈 암초

필리핀

가벤 암초

미스치프 암초

막탄 공군기지

파이어리크로스 암초

존슨사우스 암초

바우티스타 공군기지

콰테론 암초

룸비아 공군기지

스프래틀리군도

중국이 주장하는 영해선

말레이시아

● 중국 군사시설
■ 미군이 접근 가능한
   필리핀 기지
○ 작은 섬 / 암초

명 화양자오)에 강력한 군사용 레이더 시스템을 설치하여 중국 본
토의 DF-21SD 지대함 미사일 포대가 남중국해의 미군 전함을
타격할 수 있는 역량을 갖추었다. 이에 워싱턴은 남중국해 분쟁
해역 순찰을 위해 존 스테니스함USS John Stennis이 이끄는 항모전단
을 파견하는 것으로 대응했고, 중국 해군 함정들은 그 주변을 조
심스럽게 맴돌며 대치했다.[28]

　베이징은 여기서 그치지 않고 피어리크로스, 수비 암초(중국
명 주비자오), 미스치프 암초(중국명 메이지자오) 3곳에 그들이 보유

한 가장 큰 군용 제트기를 보관할 수 있는 강화 격납고를 은밀히 건설했으나, 실제로 전투기를 배치하지는 않았다. 2016년 12월 중국은 인공섬 7개에 방공 무기를 설치하여 배타적 수역에 대한 영유권 주장을 강화하는 단호한 행보를 보였으며, 무인기는 "실제 적대 행위의 경계를 넘지 않는 회색 지대"에 속한다는 불문율을 이용하여 며칠 후 스카버러(중국명 황옌다오) 근처 바다에서 미국의 '오션 글라이더ocean glider' 드론을 나포했다.[29] 같은 시기에 한 펜타곤 연구는 2030년경이면 중국이 "분쟁 수역"에 항시 항공모함을 배치할 수 있을 정도로 많은 수의 항공모함을 보유하게 될 것이고, 따라서 이곳은 "사실상 중국의 호수"가 될 것이라고 경고했다. 마치 그 예측에 힘을 실어주듯 중국 해군은 11월에 소련 항공모함을 개조한 랴오닝호의 '전투 준비 태세'를 선언했으며, 다롄 조선소는 함재기로 탑재하게 될 12대의 선양J-15 전투기 이륙을 위해 정교한 전자기식 사출기를 갖춘 두 번째 항공모함 건조에 돌입했다.[30]

이 전략적 대치 뒤에는 남중국해 어장을 주요 단백질 공급원으로 확보하려는 중국의 저의가 숨겨져 있다. 2050년경 세계 인구는 90억에 이를 것이며, 강대국들은 전형적인 제국주의적 경쟁의 대상이었던 광물과 시장 대신 에너지, 곡물, 담수, 어장 같은 생존의 기본 자원을 두고 경합하게 될 것이다. 얕은 대륙붕이 어류의 번식장 역할을 하는 맹그로브 삼각주가 있는 남중국해는 지구상의 19개 주요 어장 가운데 네 번째로 큰 규모이다. 2010년 전 세계 어획량의 5분의 1이 이곳에서 나왔으며, 주변 12개국 20억 명에게 중요한 영양 공급원 역할을 했다.[31] 불과 20년 만에 1인당 어류

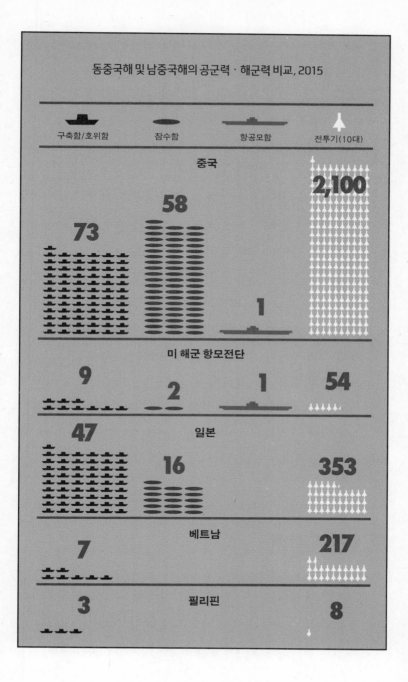

동중국해 및 남중국해의 공군력 · 해군력 비교, 2015

구축함/호위함   잠수함   항공모함   전투기(10대)

중국

73   **58**   **1**   **2,100**

미 해군 항모전단

9   **2**   **1**   **54**

일본

47   **16**   **353**

베트남

7   **217**

필리핀

3   **8**

소비량이 3배 증가한 중국은 2030년에 이르면 전 세계 어획량의 38퍼센트를 소비할 것으로 예상된다.[32] 급격한 성장을 뒷받침하기 위해 중국 상선 9만 2,000척이 말레이시아와 필리핀 인근 분쟁 수역으로 어업 활동을 확장하고 있다.[33]

이와 동시에 베이징은 우주와 사이버 공간에서 미국의 지배에 도전하기 위한 계획을 수립하고 있다. 일례로 베이징은 2020년까지 자체 글로벌 위성 시스템을 완성하여 워싱턴의 우주 지배에 실질적으로 도전하는 최초의 국가가 될 것이다.[34] 뿐만 아니라 중국은 가공할 사이버 전쟁 능력을 구축하고 있다.[35] 10~20년 이내에 중국은 중앙아시아의 풍부한 자원에 대한 통제권을 공고히 할 것이며, 필요하다면 아라비아해와 남중국해의 전략 요지에서 워싱턴의 대륙 포위망을 무력화할 준비를 마칠 것이다.

현재 미국 지도부 대다수는 유라시아에서 벌어지고 있는 급격한 지정학적 변화를 이해하지 못하고 있다. 만일 중국이 자국의 산업 역량과 유라시아 심장 지역의 막대한 천연자원을 결합하는 데 성공한다면, 1904년 매킨더 경이 예견한 "세계 제국의 등장"이 마침내 현실화될지도 모른다.[36]

≡ 오바마의 대전략

오바마 대통령은 워싱턴이 21세기에도 글로벌 헤게모니를 유지할 수 있는 지정학 전략을 마련했다. 6년의 준비 끝에 임기 말의 오바마는 베이징의 부상을 견제할 3대륙 전략을 공개했다.

2009년 취임 이래 오바마는 좌파와 우파, 국내와 해외를 막론하고 그가 불운한, 심지어 가망 없는 대통령이라는 비난에 시달렸다. 오바마 대통령 취임 초기에 베네수엘라의 좌파 대통령 우고 차베스는 "그는 현실에 무지하다. 책도 읽고 공부도 좀 해야 한다"라고 말했다.[37] 2012년 공화당 상원의원 존 매케인은 "나는 그가 리더십 부족을 드러냈다고 생각한다"라고 덧붙였다.[38] 2015년 4월 헤리티지재단Heritage Foundation의 한 논평가는 "취임한 지 6년이 지났음에도 그는 여전히 미국의 힘과 국제적 리더십 역할을 잘못 인식하고 있다"라며 비판했다.[39] 심지어 전 민주당 대통령 지미 카터도 "오바마는 대외 정책 분야에서 성취라 할 만한 것이 거의 없다"라고 일축했다.[40] 도널드 트럼프는 많은 미국인의 견해를 반영하여 "우리는 상황 판단이 안 되는 대통령을 갖고 있다"고 말하면서 오바마의 글로벌 비전을 조롱했다.[41]

하지만 인정할 것은 인정하자. 오바마는 '트라이앵귤레이션 triangulation(미국 정치학자 시드니 태로우Sidney Tarrow가 주창-옮긴이)'이니 '닉슨 독트린'이니, 심지어 '프리덤 어젠다freedom agenda(부시 대통령이 주창-옮긴이)' 같은 거창한 구호를 쓰지 않고도 과거와 현재의 수많은 대외 정책 실패를 복구하고 미국의 영향력을 재구축하기 위한 단계를 차근차근 밟으면서, 능수능란하게—그러나 때로는 그다지 성공적이지 못했던—전략을 펼쳤다.

"나는 미국이 모든 것을 다 해결할 수는 없다는 현실을 이해하는 대통령을 원합니다." 오바마는 임기 말 『애틀랜틱매거진』 인터뷰에서 이렇게 말했다. "세계는 계속 좁아지고 있습니다. 고립주의는 유지될 수 없습니다. … 우리가 진정한 변화를 만들 수 있는 곳을 선택해야 합니다." 그럼에도 그는 미국의 우월함을 단언하며 이렇게 덧붙였다. "미국이 나서야 일이 진행됩니다. 실제로 제가 대통령이 된 이래 핵 안보 문제든, 세계 금융 시스템을 구제하는 문제든, 기후변화 문제든 우리가 의제를 정하지 않고 우리가 주요 결과를 이끌어내지 않은 정상회담은 없었습니다." 그는 미국이 유일한 초강대국으로서 독단적으로 리더십을 행사할 수는 없다고 본다. "제가 미국의 직접적 이해관계가 걸려 있지 않은 문제에서 다자간 행동을 중시한 이유는 다자주의가 자만심을 단속하기 때문입니다."[42] 그러나 이렇게 허심탄회한 발언조차도 오바마의 대외 정책에 내포된 중요한 의미를 모두 드러내지는 않는다.

역사적 맥락에서 볼 때 오바마는 이전의 미국 지도자들이 실력 행사에 몰두하며 제국주의적 확장을 추구한 결과 야기된 실패를 바로잡고자 했다. 그는 미국의 외교 정책을 전쟁, 점령, 고문 등 일방적인 군사행동을 동원한 강압적 수단에서 차츰 무역, 외교, 상호 안보 등 협력을 중시하는 방식으로 전환하면서 미국 패권의 새로운 형태를 모색했다.

오바마는 9·11 테러 이후 부시 정권이 벌여놓은 사태를 수습해야 했다. 조지 W. 부시와 딕 체니는 과거에 그랬듯이 중동에 침략하면 미국 패권을 강화할 수 있을 것이라 착각했다. 오바마는 취임 첫날부터 아프가니스탄과 이라크의 진창에서 발을 빼거나 적어도 상황을 개선하려고 노력했으며(비록 부분적 성공을 거두었을 뿐이나), 전쟁을 재개하라는 공화당의 끈질긴 압력에 저항했다.

오바마는 이라크[43]와 아프가니스탄[44]에 지상군 병력을 파병한 부시와 달리 중동과 북아프리카 지역에서 군사고문, 공습, 무인기, 특수부대를 중심으로 하는 유동 전략을 채택했다. 오바마 대통령은 '미국은 중동의 영원한 수호자로서 위기 때마다 개입해야 한다'고 주장하는 정치 엘리트 집단의 각본을 거부하며 2013년 시리아 정권 교체 프로젝트에 군대를 투입하지 않았다. 그는 화학무기를 사용한 아사드 정권에 폭격을 가하는 대신 러시아의 푸틴 Vladimir Putin과 협상했다.[45] 하지만 오바마는 또 다른 문제에서는 이보다 훨씬 대담하게 행동했다.

오바마 정권 8년간 미국 외교관들은 확고한 반미 태세를 고수하던 세 '불량' 국가(미얀마, 이란, 쿠바)와 관계를 개선하기 위해 노력했다. 2016년 오바마는 이렇게 설명했다. "우리는 이란, 인도네시아, 중앙아메리카의 과거와 얽혀 있습니다. 이를 유념하고, 그들이 가진 의혹의 근원을 이해해야 합니다."[46]

냉전이 세계를 뒤덮었던 1951년, 민주당 해리 트루먼 대통령은 중공군에 의해 중국 본토에서 쫓겨나 미얀마(당시 버마) 북부에 자리 잡은 1만 2,000명의 국민당 잔당을 무장시키라고 CIA에 지시했다. 미국의 지원을 받은 국민당은 세 차례에 걸쳐 반격을 시도했지만 번번이 국경에서 민병대에 패퇴했다. 이에 그들은 계획을 바꿔 미얀마 북동부를 점령했고, 양곤(미얀마의 옛 수도) 측은 이 사태를 유엔에 공식 항의했다.

CIA 역사상 가장 큰 실패 중 하나로 남은 이 작전은 대대적인 조직 개편을 불러왔을 뿐만 아니라 미국과 미얀마의 관계를 오랫동안 단절시켰으며, 이 나라가 국제 사회에서 고립되는 원인이 되었다. 심지어 냉전이 종식된 후에도 미얀마 군사 정권은 고립을 유지하면서 중국과 긴밀하게 협력했다. 덕분에 베이징은 이 나라의 풍부한 자원과 인도양에 접근할 수 있는 전략적 특권을 손에 넣었다.

집권 1기에 오바마는 유라시아 대륙 포위망의 전략적 결함인 미얀마와 관계를 개선하기 위해 혼신의 노력을 기울였다. 50여 년 만에 처음으로 장관급 방문이 성사되어 힐러리 클린턴Hillary Clinton 국무장관이 미얀마를 찾았으며, 22년 만에 다시 대사를 파견했다. 2012년 11월에는 미국 대통령 최초의 미얀마 방문이 이루어졌으며, 이때 오바마는 양곤대학교를 찾아 미얀마를 "가장 인구가 많은 나라들"과 국경을 맞댄 "동아시아와 남아시아의 교차로"라고 칭했다.[47]

공화당 출신 드와이트 아이젠하워 대통령이 승인한 170건의 CIA 비밀작전 가운데 특히 2건은 미국의 세계적 입지를 훼손한 대형 사고였다.[48] 1953년 이란의 명망 높은 모하마드 모사데크 Mohammad Mossadeq 총리가 영국이 독점하고 있던 석유산업의 국유화를 추진하자, 아이젠하워는 CIA와 영국 정보기관이 계획한 정권교체 공작을 승인했다. 거의 실패할 뻔했던 고비를 넘기고 CIA는 마침내 젊고 검증되지 않은 샤에게 권력을 쥐여주었다. 이후 CIA는 악명 높은 비밀경찰 사바크Savak(국가정보안전기구)에 고문과 감시 기술을 전수하여 샤가 독재를 공고히 할 수 있도록 지원했다.

워싱턴이 비밀작전의 성공을 자축하는 사이 이란인은 분노로 들끓었고, 결국 1979년에 혁명이 일어나 군중이 샤를 축출하고 학생들이 미국 대사관을 점거하는 사건이 벌어졌다. 이후 35년간 양국 관계가 단절되면서 이 지역에서 워싱턴의 전략적 입지가 약화되는 결과로 이어졌다.

2013년 9월, '이란 문제'를 군사적으로 해결해야 한다는 신보수주의자들의 요구를 일축한 오바마 대통령은 하산 로하니 Hassan Rouhani 대통령과 짧은 전화 통화를 가졌다고 발표했다. 1979년 이래 처음으로 미국 대통령이 이란 지도자와 직접 연락한 것이다. 오바마는 2년간 꾸준히 외교에 공을 들여 결국 이란의 핵무기 프로그램 중단이라는 역사적 합의를 도출했다.[49] 지정학적 관점에서 보면 이 우호 협력(또는 적어도 적대 행위 중지)은 공화당이 끈질기게 요구해온 군사행동을 무산시켜 워싱턴이 또 다른 전쟁의 진창에 빠지는 것을 방지했다. 만약 중동에서 다시 한 번 전쟁이 벌어졌다면 2011년 클린턴 국무장관이 최초로 선언한 "새로운 국제 현실로의 회귀"도 무위로 돌아가고 말았을 것이다. '새로운 국제 현실'은 2014년 오바마 대통령이 베이징에서 열린 기자회견에서 "아시아 회귀 전략Pivot to Asia"이라고 발표한 "아시아 태평양 지역으로의 전략적 선회" 정책[50]을 말한다.[51]

1960년, 피델 카스트로의 혁명정권을 전복시킬 수 있다고 확신한 임기 말의 아이젠하워 대통령은 CIA의 쿠바 침략 작전을 승인했다. 이후 실패를 직감한 후임 대통령 존 F. 케네디는 CIA에 계획을 축소하도록 지시하지만, 작전 자체를 중단시키지는 않았다. 얼마 후 CIA는 계획한 작전 지역으로부터 80킬로미터 떨어진 외딴 해변에 공작대 1,000명을 내려놓고 그들이 쿠바 공군에게 폭격당하는 것을 속수무책으로 관망했다.

이 사건으로 야기된 40년간의 외교 단절과 미국의 금수 조치는 냉전에서, 중남미에서, 그리고 심지어 아프리카 남부에서도 미국의 입지를 약화시켰다. 수십 년간의 외교적 고립과 경제적 금수 조치도 쿠바 공산정권을 무너뜨리지 못하자 오바마 대통령은 해빙에 착수했다. 2015년 7월에는 55년간 폐쇄되었던 아바나의 미국 대사관이 다시 문을 열었다.[52] 2016년 3월 오바마 대통령은 의회의 강경한 반대를 무릅쓰고 아바나 방문을 감행했으며, 그곳에서 "아메리카 대륙에 존재하는 냉전 잔재"의 종식을 선언하고 쿠바인들에게 민주주의의 미래를 포용하라고 촉구했다. 워싱턴이 고압적 자세를 버리고 변화하고 있음을 시사한 이 외교적 시도는 "지역 전체의 장애물"을 제거하여 오바마의 외교 목표 중 하나인 라틴아메리카와의 관계 개선에 뚜렷한 성과를 가져왔다.[53]

복구에서 부흥으로, 과거에서 미래로 나아간 오바마는, 또한 세계 1위 소비국인 미국의 지위를 이용하여 새로운 형태의 달러 외교를 창조하고자 했다. 중동을 "피해야 할 지역이자, 미국의 에너지 혁명 덕분에 머지않아 미국 경제와 별 관련이 없는 지역이 될 곳"으로 여긴 그는 "미국의 관심을 아시아로 돌려" 중국의 도전에 대비하는 데 집중했다. 애슈턴 카터Ashton Carter 국방장관의 말처럼 오바마는 아시아가 "미국의 미래에 가장 큰 영향을 미칠 것"이라고 여겼다. "악의적, 허무주의적, 폭력적 인간 본성"이 요동치는 "시민 전통이 희박한" 중동과 "매일 사업을 키우려고 아등바등하며 노력하는 열정적이고 야심 찬 사람들로 가득한 동남아시아는 … 극명한 대비를 이룬다."[54]

오바마의 목표는 중국의 유라시아 대륙 파트너들을 다시 워싱턴 아래로 끌어들이는 것이었다. 중국이 아프리카, 아시아 및 유럽을 '세계섬'으로 통합하는 작업을 추진하는 가운데, 오바마 대통령은 이 광대한 땅덩어리를 삼등분하는 대담한 지정학적 비전으로 맞섰다.[55]

워싱턴이 9·11 이후 10년간 사막에 피와 돈을 쏟아붓는 사이 베이징은 미국과의 무역에서 얻은 수조 달러를 유라시아 대륙의 경제적 통합에 투자했다. 중국의 영향력을 보여주는 지표 중 하나로, 2015년에 중국 자본은 아프가니스탄에 투자된 전체 외자의 79퍼센트, 시에라리온의 70퍼센트, 짐바브웨의 83퍼센트를 차지했다.[56] 베이징은 막대한 자본을 투입하여(2025년경 1조 달러에 이를 것으로 예상된다) 4년 만에 연간 아프리카 무역량을 2,220억 달러로 2배 늘렸으며, 이는 미국(730억 달러)의 3배에 달하는 규모다.[57] 중국 경제가 성장함에 따라 GDP의 2퍼센트를 할당하는 국방 예산도 2001년 520억 달러에서 2015년 2,140억 달러로 4배 증가했다. 미국 다음으로 큰 규모의 국방비는 중국 군대의 급속한 현대화를 가능케 했다.[58]

오바마 대통령은 집권 2기에 "세계 GDP의 3분의 2, 교역량의 4분의 3"을 차지하는 유라시아에서 유리한 입지를 점하기 위해 두 건의 무역협정을 추진하여 세계섬의 경제를 우랄산맥을 기준으로 양분하는 전략을 마련했다.[59] 워싱턴은 환태평양경제동반자협정TPP을 통해 아시아 쪽의 무역을 북미로 돌려놓고자 했다. 동시에 범대서양무역투자동반자협정TTIP을 통해 여전히 세계 최대의 단일 경제공동체[60]이자 세계 교역량의 16퍼센트를 차지하는[61] 유럽연합을 미국의 궤도로 끌어들이고자 했다.

마지막으로 오바마는 2014년 아프리카 50개국의 정상이 참석한 미-아프리카 정상회의를 열고, 2015년 7월에는 동아프리카를 공식 방문하면서 세계섬의 세 번째 구역인 아프리카를 상대로 구애에 나섰다.[62] 베이징『환구시보』는 특유의 신랄한 통찰로 오바마 대통령이 추진한 아프리카 외교의 진정한 목적이 "중국의 커져가는 영향력을 상쇄하고 미국의 영향력을 회복하기 위한 것"이라고 정확하게 짚어냈다.[63]

오바마 대통령은 취임 후 6년간 TPP를 성사시키기 위해 외교적, 정치적 자본을 투자했다. 이 협정이 발효되었다면 미국 경제는 GDP 총합 28조 달러, 세계 총생산의 40퍼센트, 세계 무역의 3분의 1을 차지하는 태평양 연안의 호주, 캐나다, 칠레, 일본, 말레이시아, 멕시코, 베트남 등 11개국 경제와 통합되어 유럽연합 다음으로 큰 경제권을 형성했을 것이다. TPP는 농업, 데이터, 서비스산업 등의 분야를 총망라하여 전례 없는 수준의 통합을 이루고자했다.[64]

오바마는 TPP 협정의 극도로 비밀스러운 성격과 미국 내 노동 및 환경법을 약화시킬 가능성을 날카롭게 비판한 엘리자베스 워런Elizabeth Warren 상원의원과 같은 여당 내 진보 인사의 반대에 부닥쳤다.[65] 좌파 성향의 경제정책기구Economic Policy Institute는 TPP로 인해 미국 중서부 북부의 공업 중심지에서 37만 개의 일자리가 사라질 것으로 추산했다.[66] 비판이 너무나 거센 나머지 2015년 6월 오바마는 TPP 최종 협상 타결을 위한 '신속협상권'의 상원 통과를 공화당 의원들의 표에 의지해야 했다.[67]

또한 오바마는 18조 달러 규모의 유럽 경제를 확보하기 위해 유럽연합과 TTIP 협상을 적극적으로 추진했다.[68] 이 협정은 유럽-미국 간 연간 무역이 2,700억 달러가량 늘어나는 효과를 발생시킬 것으로 예상되었다.[69] TTIP와 TPP가 참여국의 민주주의를 훼손할 것이라는 비판에도 불구하고, 12년간 지지부진했던 WTO

도하 라운드와 비교할 때 빛의 속도로 진행되었다는 사실만큼은 인정해야 한다. 하지만 도널드 트럼프는 취임 첫 주에 TPP 탈퇴를 공식 선언하면서 오바마가 세운 모든 계획을 쓰레기통으로 던져 버렸다.[70]

⇶ 지정학의 대가들

과감한 전략을 추구한 오바마는 미국이 세계의 강대국으로 부상한 이래 100년간 그레이트 게임에 요구되는 비전과 무자비함을 모두 갖춘 극소수의 지도자 중 하나다. 모든 사람이 외교의 대가라 여기지만 무자비했던 만큼 무능했던 헨리 키신저는 잊어도 좋다. 그는 자신의 외교 실패를 감추기 위해 피비린내 나는 베트남 전쟁을 7년 연장했고, 동티모르를 인도네시아에 넘겨 수십 년간 학살이 벌어지게 한 장본인이다. 그뿐만 아니라 칠레의 잔혹한 군사 정권을 지원하여 라틴아메리카에서 미국의 신뢰도에 타격을 입혔고, 모스크바를 설다루다 냉전이 15년 연장되는 결과를 초래했다. 국제법 전문가 리처드 포크Richard Falk의 말처럼 키신저는 "지난 반세기 동안 미국 정부가 내린 거의 모든 주요 대외 정책에서 번번이 잘못 판단하는 기막힌 능력"을 갖췄다.[71]

다른 미국 지도자들에게도 유사한 기준을 적용하여 성과와 실책을 따져보면, 놀랍게도 지정학의 대가라 할 만한 인물은 단 셋밖에 남지 않는다. 강대국 미국의 부상을 선도했던 엘리후 루트, 소비에트를 무너뜨리고 워싱턴을 세계 유일의 초강대국으로 만든 카터 대통령의 국가안보보좌관 즈비그뉴 브레진스키, 그리고 중국의 부상을 견제하는 제국주의적 청사진을 제시하여 미국의 패권국 지위를 보존하려 한 버락 오바마가 바로 그들이다. 유연하고 절묘했던 그들의 책략을 동시대 논평가들은 물론 후대 역사가들도 제대로 이해하지 못했다.

역대 많은 미국 대통령이 조약을 협상하고 우방을 설득하는데 능했다. 시어도어 루스벨트, 프랭클린 루스벨트, 드와이트 아이젠하워, 조지 H. W. 부시, 빌 클린턴을 보라. 하지만 문화적, 경제적, 군사적 힘에 대한 직관, 즉 지정학적 식견을 갖춘 지도자는 극히 드물다. 글로벌 파워의 시간적 차원과 공간적 차원을 모두 이해하는, 다시 말해 현재의 행위와 한참 후에야 나타나는 결과를 연결해 생각할 수 있는 지도자는 더욱 드물다.

브레진스키가 즐겨 사용한 비유를 빌리자면, 대부분의 미국 대통령은 세계라는 체스판에서 말을 움직이는 데 능했다. 하지만 지정학의 대가는 적의 수에 대응하여 그저 말을 몇 칸 움직이는 데 그치지 않고 판 자체를 쪼개어 조종 가능한 세력권으로 나눈다. 노련한 전략가의 손에서 지정학은 능수능란한 외교나 노골적인 무력을 동원하여 그 세력권들을 세계 권력 균형의 변화를 가져오는 패로 바꾸는 강압을 수반한다. 이리하여 엘리후 루트는 라틴아메리카와의 외교 관계를 이용하여 유럽의 권력 다툼에 개입했고, 브레진스키는 동유럽을 해방시키고자 4,800킬로미터 동쪽의 중앙아시아에서 비밀작전을 감행했으며, 오바마는 중국을 견제하기 위해 우랄산맥을 기준으로 유라시아 경제를 양분하려 했다.

엘리후 루트와 브레진스키는 능수능란한 정치술로 미국의

이익을 추구하면서 미래의 패권 균형에 근본적인 변화를 가져왔다.[72] 오바마 또한 제대로 평가받지는 못했지만 앞선 두 대가와 마찬가지로 큰 족적을 남겼다.

≡ 엘리후 루트: 미국 패권의 설계자

미국을 고립주의 대륙 국가에서 세계 무대의 주역으로 변모시킨 대전략의 진정한 설계자는 시어도어 루스벨트가 아니라 오늘날 거의 잊힌 엘리후 루트이다.[73] 핼퍼드 매킨더 경이 세계 패권을 연구하는 새로운 모델을 구상하고 있을 무렵인 1904년, 엘리후 루트는 실제로 국내외에서 패권을 행사하기 위한 제도적 인프라를 구축하고 있었다.

엘리후 루트는 뉴욕에서 변호사로 개업한 후 30년간 가장 부유한 강도 귀족, 가장 부패한 기업가, 가장 비도덕적인 부유층, 그중에서도 특히 뉴욕의 악명 높은 윌리엄 '보스' 트위드William 'Boss' Tweed를 대변하면서 명성을—어떤 이들에 의하면 악명을—얻었다. 루트의 교묘한 법적 궤변은 "악명 높은" 해브메이어슈거트러스트Havemeyer Sugar Trust가 미국 시장을 78퍼센트에서 98퍼센트까지 독점할 수 있게 해주었고, 휘트니전차신디케이트Whitney traction syndicate의 "금융 남용 행위"를 가능하게 했다.[74] 수십 년간 부자들의 배를(덤으로 자신의 배도) 불려준 엘리후 루트는 이후 자신의 재능을 사심 없이 국가에 봉사하는 데 썼다.

1899년 전쟁부 장관으로 임명된 후 그는 국무장관, 상원의원, 그리고 탁월한 사절단으로서 미국 정부의 현대화에 여생을 바쳤다. 그는 다가올 세기의 대외 정책을 마련했을 뿐만 아니라, 특히 당시 주변국에 불과했던 미국의 각료급 장관에게 기대되는 것보다 훨씬 큰 역할을 하면서 새롭게 부상하는 국제 공동체의 성격에 영향을 미쳤다.[75] 엘리후 루트는 미국과 세계를 식민주의를 넘어 국제법을 통해 분쟁을 해소하는 주권국 중심의 체제로 견인했다.

저명한 변호사로서 엘리후 루트는 개인의 자유와 여러 주의 권리를 보호하기 위해 마련된 미국 헌법이 국경 너머로 제국의 힘을 투사하는 데 부적합한—본질적으로 약한—연방정부 체제를 탄생시켰음을 이해했다. 남북전쟁의 상흔에서 벗어나지 못한 '패치워크' 국가와 분열된 사회를 세계적 강대국으로 변모시키기 위해[76] 그는 사반세기 동안 세 가지 서로 밀접하게 얽힌 목표, 즉 파편화된 연방정부를 해외 확장을 위한 강력한 기구로 바꾸어놓고, 미국 엘리트 집단 내부에서 적극적 대외 정책에 대한 합의를 이끌어내고, 워싱턴이 영향력을 행사할 수 있는 새로운 형태의 글로벌 거버넌스를 수립했다.

엘리후 루트는 1899년부터 1904년까지 전쟁부 장관으로 재임하면서 중앙 집중화된 참모부를 신설하고, 현대식 육군대학을 설립하고, 전문 훈련을 장교 계급으로까지 확대하는 등 군대의 낡은 구조를 개혁했다. 그는 해안 방어에 치중하던 소규모 군대를 중국, 카리브제도, 필리핀, 그리고 궁극적으로 유럽에서 임무를 수행할 수 있는 거대하고 민첩한 기구로 변화시켰다. 그는 '제국을 운영하는 공화국'이라는 모순을 해결하기 위해 재빨리 푸에르토리코와 필리핀에 식민지 대리정권을 수립하는 한편, 명목상 독립국인 쿠바의 헌법 작성에 관여하여 군사기지를 세울 섬과 미국이 언제든지 내정에 개입할 수 있는 권리를 획득했다. 또한 그는 미국의 급부상을 위해 필리핀 평정 과정에서 벌어진 미군의 잔혹 행위를 은폐했다.[77]

엘리후 루트는 1907년부터 1909년까지 국무부 장관, 1909년부터 1915년까지 상원의원, 그리고 1917년에는 러시아 특사로 활동하면서 미국의 영향력을 확대하기 위한 외교를 이끌었다. 1906년, 그는 전례가 없는 라틴아메리카 방문을 감행하여 '외교 투어'를 실시한 최초의 미국 국무장관이 되었다. 여전히 유럽 중심으로 돌아가는 세계정치의 주변부에 위치한 워싱턴을 국제 리더십의 꼭대기에 올려놓으려는 대담한 지정학적 전략의 첫걸음이었다. 1년 후, 제2차 헤이그 평화회의에서 워싱턴은 44개 참석국 가운데 남미의 17개 공화국의 지지를 바탕으로 전쟁법에 관한 최초의 국제협약을 이끌어낼 만큼 충분한 영향력을 확보했다. 글로벌 거버넌스를 위한 세계 최초의 상설 기관인 상설중재재판소 Permanent Court of Arbitration를 설치하기 위해 엘리후 루트는 친한 친구인 철강왕 앤드루 카네기 Andrew Carnegie를 끌어들여 1913년에 당시로서는 어마어마한 액수인 150만 달러를 들여 헤이그에 화려한 평화궁 Peace Palace을 지었다. 루트는 같은 궁 안에 자리 잡게 될 국제법 아카데미 Academy of International Law의 설립 준비에도 힘을 보탰다.[78]

동시에 그는 한 세기 동안 영미 관계의 걸림돌로 존재했던 영토 분쟁을 해결하는 협약을 성사시키며 세계 최강대국과의 동맹 관계를 강화했다. 이 노력은 그에게 1912년 노벨평화상 수상의 영예를 안겼다. 심지어 은퇴 후 칠순을 넘긴 나이에도 그는 상설국제사법재판소Permanent Court of International Justice를 설립한 국제연맹 위원회에서 활약했으며, 1926년에는 미국 의회가 이 국제기구에 대한 미국의 참여를 승인하도록 열심히 로비하여 법의 지배에 의한 국제 사회라는 숙원을 실현했다.[79]

엘리후 루트는 뉴욕 금융가, 워싱턴 정치인, 학계 전문가를 연결하는 사회관계망을 구축한 뒤 이것을 미국 특유의 대외 정책 형성 기구로 발전시켰다. 또한 카네기와의 '애정 어린 우정'을 통해 당시 세계 최대의 재벌이 보유한 재산의 상당 부분이 앞으로 미국이 주도하게 될 국제 사회의 제도적 구조를 구축하는·일에 투자되는 과정을 관장했다.

이러한 노력은 1921년 엘리후 루트가 일단의 금융가, 기업가, 기업 변호사들을 이끌고 뉴욕시에 미국외교협회Council on Foreign Relations를 설립하는 장면에서 정점에 달했다. 곧 미국에서 가장 영향력 있는 외교·안보 싱크탱크로 자리 잡게 되는 미국외교협회는 팽창주의 대외 정책을 촉진하는 토론의 장을 제공했다. 그뿐만 아니라 그는 일류 대학의 교수들과 긴밀한 관계를 구축하여 자신의 아이디어를 구체화하고 뒷받침하기 위해 그들의 전문지식을 이용했다. 요컨대 엘리후 루트는 미국 사회의 핵심 요소들을 재구성하여 돈, 영향력, 지성의 다층적 집합체로 구성된 대외 정책 기관을 창조했다.[80]

1970년대 말, 지미 카터 대통령의 국가안보보좌관인 즈비그뉴 브레진스키가 대외 정책을 담당하게 되었다. 폴란드 귀족 출신의 망명자이자 국제관계대학원 교수이면서 독학으로 지정학을 공부한 브레진스키는 매킨더의 지적 추종자였다. 그는 유라시아를 '세계섬'으로 보고 광대한 내부 심장 지역을 글로벌 파워의 '추축'으로 보는 매킨더의 개념을 전격 수용하고 실제 정책에 반영했다. 그는 "동유럽을 지배하는 자가 심장 지역을 지배하고, 심장 지역을 지배하는 자가 세계섬을 지배하며, 세계섬을 지배하는 자가 세계를 지배한다"는 핼퍼드 경의 명언을 실전에 적용하는 데 능숙했다.[81]

브레진스키는 아프가니스탄에서 수십억 달러를 투입한 CIA 비밀공작을 벌여 급진적 이슬람을 소비에트 깊숙이 박아 넣고, 모스크바를 10년간의 아프간전쟁으로 끌어들여 동유럽이 마침내 소비에트제국에서 해방될 수 있을 만큼 소련을 약화시키는 데 성공했다. 그의 전략은 아프가니스탄이 황폐화되고, 수백만 명이 난민이 되고, 셀 수 없이 많은 아프간인이 죽고 다치는 결과를 가져왔지만, 브레진스키는 그보다 더 냉정할 수 없는 계산에 따라 막대한 고통과 상상을 초월하는 희생을 합리화했다. 이 작전이 미국에 적대적인 무슬림 무장 세력의 탄생이라는 유산을 남긴 것에 대해 어떻게 생각하느냐는 질문에 브레진스키는 냉정하고 완고한 태도를 고수했다. "세계사에서 무엇이 가장 중요합니까? 탈레반입니까, 아니면 소비에트제국의 붕괴입니까? 일부 문제적 이슬람교도

들입니까, 아니면 유럽의 해방과 냉전의 종식입니까?"[82]

'문제적 이슬람교도'가 초래한 피해가 붉은군대의 아프가니스탄 철수 후 이어진 참혹한 아프간 내전과 알카에다의 득세를 포함하고 있음에도, 그는 이 모든 재앙이 아무것도 아니라고 여겼다.[83] 그가 개시한 전략하에서 아프가니스탄은 이슬람 세계 전역에서 모여든 젊은이를 지하드 전사로 기르는 훈련장이 되었다. 그 여파가 9·11 테러, 아프가니스탄전쟁, 그리고 중동 지역의 불안정을 총망라하기에 이르렀을 때도 브레진스키는 자신이 야기한 장기적 고통은 안중에도 없는 듯했다.

소련을 상대로 지정학적 공격을 펼쳤던 때로부터 20년이 흐른 후, 은퇴한 브레진스키는 재야에서 매킨더 이론 연구를 재개했고, 이번에는 과거 대통령 보좌관으로 일했던 때보다 더 나은 성과를 냈다. 9·11 테러가 일어나기 전 워싱턴이 유일한 초강대국의 지위를 만끽하고 있던 시절에 브레진스키는 지정학적 분석을 선보인 1998년도 저서 『거대한 체스판The Grand Chessboard』에서 미국의 글로벌 헤게모니 유지에 걸림돌이 되는 문제들을 경고했다. 그는 미국이 세계를 주름잡는 거물처럼 보일지 몰라도 유라시아가 여전히 "지구상에서 가장 중요한 활동 무대이며 … 유라시아 대륙 장악이 세계 패권의 핵심 기반"이라고 말했다.

브레진스키는 유라시아 '초대륙megacontinent'에는 "역사적으로 야심차고 정치적으로 역동적인 국가들이 대거 포진해 있어서, 경제적으로 가장 부유하고 정치적으로 가장 강력한 패권국조차 그곳을 손쉽게 다루기 힘들다"고 말했다. 그는 워싱턴이 "리스본에서 블라디보스토크에 이르는 기묘한 모양의 유라시아 체스판"

에 대한 지배권을 계속 유지하려면 세 가지 핵심 조건이 반드시 충족되어야 한다고 가정했다. 첫째, 미국은 유럽 "서쪽 주변부에 마련한 독보적인 발판"을 반드시 보존해야 한다. 두 번째이자 가장 중요한 조건은 유라시아의 광대한 "중간 지대"가 "자기 목소리를 내는 단일체"를 이루지 않아야 한다. 마지막으로 극동 지역이 "미군을 축출"하는 방식으로 통일을 이루어서는 안 된다. 브레진스키는 핵심 조건 중 하나라도 변한다면 "장차 미국의 경쟁자가 등장할 것"이라는 선견지명을 남겼다.[84]

≡ 버락 오바마: 글로벌 헤게모니의 수호자

브레진스키가 앞서 언급한 조건을 천명한 지 10년도 지나지 않아 중국이 미국의 유라시아 통제에 도전하는 세력으로 부상했다. 미군이 중동에서 수렁에 빠진 사이 베이징은 조용히 유라시아의 방대한 '중간 지대'를 통합하고 미국의 해상기지를 무력화하기 위한 준비를 시작했다.

2009년 버락 오바마가 집권할 무렵에는 이미 아시아에서 심각한 지정학적 도전의 첫 번째 징후가 나타나고 있었으나, 이 문제를 인식한 이들은 대통령과 최측근 보좌관뿐인 듯했다. 오바마가 흑인 혈통을 물려받았다는 사실에 집착했던 언론은 하와이에서 태어나고 자란 그의 유년기, 자카르타에서 보낸 초등학교 시절, 그리고 동남아에서 오랫동안 학자로 활동했던 그의 어머니 등 오바마의 세계관에 중대한 영향을 미친 '중태평양 정체성'을 간과했다. 대서양 중심의 근시안적 세계관을 고수하는 미국 북동부 정치 엘리트들과 달리 오바마는 "마치 슬로우모션 영화처럼 부서지는 우레 같은 파도"가 작은 섬 오아후의 해변을 때리는 "넘실대는 푸른 태평양"에 대한 기억을 품고 백악관에 입성했다.[85]

오바마는 2011년 11월 호주 의회 연설에서 아시아 회귀 정책을 발표했다. 그는 "미국은 21세기에 아시아 태평양 지역에 올인할 것임을 분명히 한다"고 밝혔다. 오랫동안 "피와 돈으로 값비싼 대가를 치른" 이라크와 아프가니스탄에서 빠져 나와 "미국은 세계에서 가장 빠르게 성장하는 지역이자 글로벌 경제의 절반 이상을 차지하는 … 아시아 태평양 지역의 커다란 잠재력으로 관심을 돌"렸다.[86]

지정학적 관점에서 볼 때 오바마는 중동(브레진스키가 유라시아의 '불안정의 중심 지대'라고 부른 지역)의 끝없고 값비싼 전쟁에서 미군을 철수시키는 동시에 태평양 연안 지역을 따라 늘어선 해상 기지에 해군을 배치하여 아시아 대륙 통제권을 굳건히 하고자 했다. 오바마의 능란한 제국 경영 역량은 이 군사적 회귀와 보조를 같이한 아시아 무역 중시 정책에서도 돋보인다. 북미에서 천연가스를 비롯한 대체 에너지원이 개발되어 에너지 자립도가 높아지면서 워싱턴은 반세기 만에 처음으로 중동을 부차적 문제, 더 이상 피와 돈을 쏟을 필요가 없는 문제로 여길 수 있게 되었다.[87] 동시에 급속히 발전하는 동아시아 및 동남아시아 지역의 제조업이 미국의 소비재 시장에서 중요해지면서 환태평양 항행의 자유가 핵심으로 떠올랐다.

오바마의 '아태 지역 올인' 발표 후 호주에 배치하기로 한 미군 규모가 2,500명에 그치자(2012년 4월에 실제로 배치된 선발대는 200명에 불과했다-옮긴이), 미국 최초의 '태평양 대통령'이 되겠다는 그의 "전략적 결정"이 고작 이런 것이었느냐는 성급한 비난이 빗발쳤다.[88] 4년이 흐른 후 한 CNN 논객은 이것을 "오바마의 회귀 불발"이라고 평가했다.[89] 2015년 초에는 노련한 대외 정책 논객인 파리드 자카리아Fareed Zakaria마저도 "아시아 회귀는 어떻게 되었나?"라는 질문을 던지면서 오바마 대통령이 여전히 중동의 늪에 빠져 있으며, 진정한 회귀의 중심축인 환태평양경제동반자협정은 의회에서 확실한 패배에 직면했다고 자답했다.[90]

하지만 2014년 3월 오바마 행정부는 전략 요충지인 롬복해협(인도네시아 발리섬과 롬복섬 사이의 해협)과 순다해협(자바섬과 수마트라섬을 가르는 해협)에 접근하기 좋은 호주 티모르해(인도네시아 티모르섬과 오스트레일리아 북서부 사이에 있는 바다) 다윈기지에 해병 1개 대대를 전격 배치했다.[91] 5개월 후 미국과 호주는 미군의 추가 배치와 다윈기지를 미군 전함기지로 사용하는 데 동의한 군사협정을 체결했다. 2014년 4월 오바마의 마닐라 방문에 때맞춰 필리핀 주재 미국 대사는 중국이 필리핀 근처 남중국해 스카버러 암초를 점거한 것에 분노한 필리핀 정부와 방위협력확대협정을 맺었다. 이로써 미국은 장래 필리핀 내 미군 주둔과 장비 배치를 위한 길을 닦았다. 2016년 필리핀 대법원이 마침내 방위협력확대협정 합헌 결정을 내린 후 필리핀 정부는 25년 만에 미군 주둔 금지를 해제하고 미국이 남중국해 연안의 2곳을 포함하여 총 5곳의 군사 기지를 이용할 수 있도록 허용했다.[92]

일본 내 주요 공군 및 해군기지 8개소, 대한민국 제주도의 공

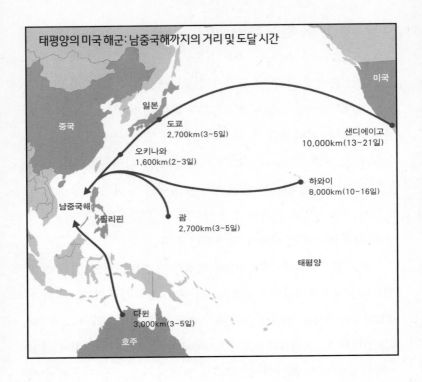

태평양의 미국 해군: 남중국해까지의 거리 및 도달 시간

미국

일본

도쿄
2,700km(3~5일)

샌디에이고
10,000km(13~21일)

중국

오키나와
1,600km(2~3일)

하와이
8,000km(10~16일)

남중국해

필리핀

괌
2,700km(3~5일)

태평양

다윈
3,000km(3~5일)

호주

동 해군 시설, 그리고 호주, 싱가포르, 필리핀 해군기지를 확보한 워싱턴은 오바마 집권 2기 말에 동중국해와 남중국해에서 중국 해군에 대응할 군사기지망을 재구축했다.[93] 펜타곤은 "2020년까지 태평양 지역에 미국 해군 전력의 60퍼센트"와 비슷한 비율의 공군 전투기 및 폭격기, 그리고 "우주와 사이버 역량"을 전진 배치한다고 발표했다.[94] 2016년 오바마 대통령은 이렇게 말했다. "우리는 남중국해에서 중국이 미처 예상하지 못한 방식으로, 그리고 우리의 동맹 관계를 강화하는 데 크게 도움이 되는 방식으로 중국을 고립시키기 위해 대부분의 아시아 국가를 동원할 수 있습니다."[95]

오바마는 자신이 구상한 대전략의 경제적, 군사적 요소를 결합하여 지정학적 잠재력을 끌어내고자 했다. 환태평양경제동반자협정으로 구체화된 오바마의 계획은 자본이 태평양 연안 국가들에서 미국으로 향하게 만드는 것을 목표로 하였으며, 환태평양 무역의 자유로운 움직임을 보장하기 위해 아태 지역 동맹국과 협력하여 해군기지와 공군 순찰망을 구축했다. 그러나 오바마 대통령의 대전략은 앞선 다른 대가들과 마찬가지로 뜻밖의 문제에 봉착했다.

≋ 비전의 한계

지금까지 소개한 대가들은 지정학적 변화의 가능성을 간파해냈지만, 눈앞의 목표에 매몰된 나머지 자신의 대담한 책략이 야기할 위험을 보지 못하는 실수를 저질렀다. 한때 눈부시게 빛났던 그들의 전략은 장기적으로 보면 놀랍도록 빠른 속도로 예상치 못한, 심지어 참담한 실패로 이어지곤 했다.

부유한 엘리트 출신인 엘리후 루트는 미국의 강대국화와 그것을 보완하는 세계질서 구축을 진두지휘한 탁월한 기량에도 불구하고 네이티비즘nativism(자문화 보호주의 또는 이민 배척주의) 세력의 반발을 예상하지 못했다. 1차 세계대전 종전 후 미국 의회는 그의 지적 후계자인 우드로 윌슨이 제안한 국제연맹을 거부했으며, 루트의 반대파인 워런 G. 하딩Warren G. Harding이 대통령이 되어 미국을 고립주의로 이끌었다. 그로부터 반세기 후, 동유럽 해방에 집착했던 브레진스키는 이슬람 지하디스트 집단을 동원한 교묘한 전략으로 소련을 무너뜨렸으나, 그 과정에서 성장한 무슬림 무장 세력이 장기적으로 미국의 입지를 위협하게 될 것은 내다보지 못했다. 마찬가지로 미국을 아시아 태평양 지역의 지배국으로 재확립하고자 했던 오바마는 중동에서 미군을 철수시키는 어려움과 무역협정에 대한 포퓰리즘populism(대중주의) 세력의 적대감을 과소평가했다. 세계화에 대한 반발이 도널드 트럼프가 이끄는 포퓰리즘 세력의 득세로 이어진 것도 오바마의 운명이었다.

오바마는 국내외 상황에 가로막혀 비전 이행에 난관을 겪었다. 유라시아 경제를 미국으로 되돌리기 위한 무역협정의 양축인 TPP와 TTIP는 곧 좌파와 우파의 강력한 반대에 부닥쳤다. 무역의 혜택을 입증하는 다수의 경제학 연구에도 불구하고 2016년 7월 설문조사에 참여한 미국인 가운데 오직 19퍼센트만이 무역이 더 많은 일자리를 창출한다고 답했으며, 그에 앞서 유라시아 44개국에서 진행된 여론조사에서는 응답자의 26퍼센트만이 무역이 시장 가격을 낮춘다고 응답했다. 중국 제품이 수입되면서 1999년부터 2011년까지 240만 명의 미국인 노동자가 일자리를 잃었으며, 노스캐롤라이나주의 가구공장, 오하이오주의 유리공장, 그리고 중서부 전역의 자동차 부품 및 철강공장이 문을 닫았다.[96] 일자리에서 쫓겨나거나 빈곤의 나락으로 떨어진 노동자 계층은 기업과 경제 엘리트들에게 특혜를 몰아준 경제 질서에 반발하며 정치 세력을 형성하기 시작했다. 전 세계적으로 총 2,100건의 수입 제한 조치가 취해지면서 세계 무역이 둔화되기 시작했고, 2016년 이사분기에는 2차 세계대전 이래 처음으로 경제 성장기임에도 무역량

이 감소했다.[97]

TPP와 TTIP는 과도한 세계화의 상징이 되었다. 오바마가 두 협정을 추진하던 때는 글로벌화에 대한 네이티비즘 세력의 반발이 날로 거세지던 시기와 맞물렸다. 유럽 전역에서 점점 더 많은 유권자들이 덴마크 인민당, 프랑스 국민전선, 독일을 위한 대안, 그리스의 황금새벽당, 스웨덴 민주당, 영국 독립당 등의 초민족주의 정당을 지지했다. 동시에 명목상 민주주의를 표방하는 나라에서 노르베르트 호퍼Norbert Hofer(오스트리아), 마린 르 펜Marine Le Pen(프랑스), 오르반 빅토르Orban Viktor(헝가리), 헤이르트 빌더르스Geert Wilders(네덜란드), 로드리고 두테르테(필리핀), 나렌드라 모디Narendra Modi(인도), 프라보워 수비안토Prabowo Subianto(인도네시아), 블라디미르 푸틴(러시아), 레제프 에르도안Recep Erdoğan(터키), 그리고 도널드 트럼프(미국) 같은 포퓰리즘 선동가들이 인기를 얻거나 권력을 잡았다. 2016년 6월에는 영국이 유럽연합 탈퇴를 결정하면서 TTIP의 가장 강력한 지지자가 사라졌고, 그로부터 2개월 후 독일 경제부 장관은 미국과의 TTIP 협상이 결렬되었다고 발표했다.[98]

그해 가을 미국 대선 캠페인에서 도널드 트럼프는 무역협정에 반대하는 목소리를 높였으며, 민주당 후보 힐러리 클린턴도 협정에 적극적으로 반대하는 진보 계열 후보 버니 샌더스Bernie Sanders의 압력을 받고 곧 같은 입장을 취했다.[99] 11월, 트럼프가 예상 밖의 승리를 거둔 지 며칠 지나지 않아 오바마 백악관은 TPP가 사실상 무산되었음을 인정했다. 이는 미국의 위신에 큰 타격을 입혔을 뿐만 아니라 베이징이 주도한—미국은 제외된—아시아 16개국의 역내포괄적경제동반자협정Regional Comprehensive Economic

Partnership(RCEP)이 대안으로 부상하는 길을 열었다.[100]

게다가 오바마의 아시아 회귀는 중동 출병(그중 상당수가 오바마 자신의 결정이었다)과 아시아 내부 정세에 발목을 잡혔다. 시리아 내전이 수백만 명의 난민과 지역 불안정을 초래하고, 이라크에서 ISIS가 끈질기게 세를 유지하고, 아프가니스탄의 미군 지상군 및 공군 철수가 지연되면서 태평양 연안을 따라 늘어선 기지로 군사력을 재배치하려던 워싱턴의 계획은 연기되고 대폭 수정되었다. 이미 발표한 장기 계획에도 불구하고 펜타곤이 2015~16년에 아시아에 추가 배치한 군의 규모는 호주에 해병 2,500명, 한국에 소수의 육군 대대, 일본에 2척의 구축함, 싱가포르에 4척의 연안전투함 등에 그쳤다.[101] 이렇게 적은 수로는 중국의 전투기, 프리깃함, 잠수함을 견제할 평행추가 되기 힘들다. 오바마 대통령 임기 말에 랜드연구소가 내놓은 보고서「중국과의 전쟁War with China」은 "양측 모두 큰 손실을 입고도 확실한 결말이 나지 않는 전투가 수반될 수 있는" 군사적 충돌을 경고했다.[102]

또한 오바마 집권 2기에 동맹국의 정권이 대거 교체되면서 아시아 내 워싱턴의 전략적 입지가 흔들렸고, 이 과정에서 미국의 지역적 입지 및 패권 체제가 가진 약점이 드러났다. 지난 70년간 미국의 헤게모니는 유라시아 대륙을 동서에서 통제하는 능력을 바탕으로 했다. 서쪽 축점의 북대서양조약기구는 28개 유럽연합 회원국 일부에서 갑작스러운 정치적 변동이 일어나더라도 미국과 유럽이 꾸준히 협력할 수 있게 해주는 강력한 구심점 역할을 했다. 반면 태평양 연안의 동쪽 축점에서는 호주, 일본, 한국, 필리핀 4개국과 개별적으로 맺은 양자협정에 의존했다. 오바마 임기 말 워싱턴의 입지는 한국과 일본에서는 친미 보수파의 득세로 강화되었지만, 필리핀에서는 친중 포퓰리스트 대통령이 당선되면서 심각한 수준으로 약화되었다.

2016년 5월, 필리핀에서 가장 폭력적인 도시 다바오Davao 시장이자 강경 발언으로 유명한 로드리고 두테르테가 대통령으로 당선되면서 한때 긴밀하게 공조했던 양국 관계가 급속히 냉각되었다.[103] 그해 9월 라오스에서 열린 아세안 정상회담을 앞두고 두테르테는 자신이 적극적으로 추진 중인 마약과의 전쟁에서 수천 명이 정당한 사법 절차 없이 처형된 것을 완곡하게 비판한 오바마에게 막말을 퍼부었다. "어디서 감히 나를 비판하는가? 나는 미국의 꼭두각시가 아니다. 나는 주권국의 대통령이며, 필리핀 국민이 아니라면 그 누구에게도 이 문제를 해명할 이유가 없다. 자꾸 문제 삼으면 '푸탕 이나 모('네 어머니는 창녀다'라는 뜻)'라고 욕해주겠다."[104] 오바마는 이례적으로 양국 정상회담을 취소하여 관계 악화를 예고했다.[105]

그로부터 한 달 후, 연례 합동 군사훈련의 일환으로 미국과 필리핀 해병대가 폭우가 쏟아지는 루손섬 해변에 상륙했을 때 두테르테는 이렇게 선언했다. "올해가 마지막이다. 내가 대통령으로 있는 한 우리를 멍석 취급하지 마라. 후회할 것이다. 나는 당신과 대화하지 않겠다. 나는 언제든 중국에 갈 수 있다." 며칠 뒤 필리핀 국방부 장관 델핀 로렌자나Delfin Lorenzana는 양국의 남중국해 합동훈련을 중지할 것이며, 남부 민다나오섬의 무슬림 반군을 상대로 무인기를 운용하는 100명의 미국인은 필리핀이 유사한 역량을 획득하는 즉시 그곳을 떠날 것이라고 발표했다.[106]

그러나 진짜 치명적인 타격은 10월 말 두테르테가 중국을 공식 방문하는 동안 발생했다. 그는 중국 공산당의 상징인 베이징 인민대회당에서 "미국과 군사, 경제 면에서 결별할 것을 선언"하여 아낌없는 박수갈채를 받았다. 두테르테는 같은 날 열린 경제무역 포럼에서 "미국인의 기질에는 어떤 문제가 있는가?"라고 운을 떼고는, 미국인들은 "목소리가 크고 때로는 시끄러우며 정중함과는 어울리지 않는다. ··· 그들은 복종을 요구하는 명령조의 목소리로 말한다"라고 말했다. 한편 현실 문제에서 두테르테는 최근 헤이그의 상설중재재판소가 필리핀에 손을 들어준 남중국해 영유권 판결을 사실상 무효화시키며 남중국해 분쟁 해결을 위한 양자 회담을 열자는 베이징의 줄기찬 압력에 조용히 굴복했다.[107]

중국은 이런 그를 극진히 환대했다. 베이징의 통상적인 환영 의식(꽃을 들고 미소 짓는 소녀들과 총검을 들고 행진하는 병사들)을 마친 후 시진핑은 "중국과 필리핀은 바다 건너 이웃이자 양국 국민은 피로 맺어진 형제"라고 선언했다. 베이징은 마닐라에 무역과 저금리 차관으로 225억 달러를 제공하는 계약을 체결하여 유대를 더욱 돈독히 했다.[108]

70년간 이어진 필리핀-미국 동맹의 단절은 아닌 밤중의 날 벼락이었다. 2015년, 300억 달러에 육박하는 필리핀의 외화 소득 가운데 가장 큰 비중을 차지하는 해외 노동자 송금의 30퍼센트 이상이 미국의 필리핀인들로부터 나왔다.[109] 다른 많은 나라와 달리 필리핀인들은 미국에 대한 변치 않는 애정을 품고 있다. 2015년 퓨리서치에 따르면 과거 식민 통치국인 미국에 호의적 반응을 보인 필리핀인은 92퍼센트에 달했다. 이는 미국인을 포함하여 세계

어느 나라와 비교해도 월등히 높은 수치다.[110]

그렇다고 해서 필리핀인들이 미국과의 오랜 동맹 관계에서 쌓인 울분을 잊은 것은 아니었다. 과거에 미국이 필리핀을 식민화하는 과정에서 미군이 농촌을 황폐화시키고 700만 명의 인구 가운데 최소한 20만 명의 목숨을 앗아갔던 경험은 강한 민족주의적 '사후 기억', 즉 세대를 뛰어넘는 트라우마를 남겼다.[111] 또한 2차 세계대전 당시 미국의 서태평양 보루였던 필리핀은 두 차례의 치열한 격전 끝에 수도 마닐라가 완전히 파괴되고, 1,600만 인구 중 무려 100만 명이 목숨을 잃었다.[112] 냉전 시대에는 미군과 필리핀인들 사이의 총격 사건 및 미군의 성폭력 사건이 이어지며 필리핀의 주권이 침해되었다는 인식을 고조시켰다.[113] 1972년부터 1986년까지 사실상 필리핀의 독재자였던 페르디난드 마르코스는 워싱턴이 필리핀의 군사시설을 필요로 한다는 점을 이용하여 정권이 자행하는 인권 침해에 대한 비판을 잠재웠다. 이에 군사기지는 오직 미국의 이익에 봉사할 뿐이라는 결론에 도달한 민주 야당이 반발했다.[114] 1991년 필리핀 상원이 미군군사기지협약 연장안을 부결시켰고 10년 뒤 양국은 테러와의 전쟁에서 긴밀하게 협력하였으나, 2015년 대참사로 막을 내린 CIA 작전으로 인해 44명의 필리핀 특전사 요원이 사망하면서 파국을 맞았다.[115]

두테르테와 오바마 사이의 외교 불화는 심각한 지정학적 파급효과를 불러올 수 있다. 6,500킬로미터에 달하는 태평양 연안을 따라 늘어선 나라 가운데 오직 필리핀만이 남중국해에 걸쳐 있다. 이 국제 해역에 대한 중국의 영유권 주장을 견제하는 데 최적의 위치인 셈이다. 두테르테 대통령은 지난 120년간 공들여 쌓아

온 미국과 필리핀의 유대를 일거에 파기해버릴 권한이 없으며, 어쩌면 그럴 마음이 없을지도 모른다. 실제로 극적인 친중 행보를 보이던 두테르테는 2016년 11월 미국 대선 후 발 빠르게 당선자 트럼프에게 축하 메시지를 보내고, 마닐라의 트럼프타워 개발업자를 워싱턴 특사로 임명하면서 다시 친미로 돌아설 의향을 내비쳤다. 북한의 핵 위협을 억제하는 데 어려움을 겪던 트럼프 대통령은 2017년 4월 두테르테에게 전화를 걸어 "마약 문제에서 대단한 성과를 내셨다"라고 찬사를 보냈다. 두 사람의 대화가 김정은의 미사일 시험 발사로 이어지면서, 트럼프는 두테르테의 친중 노선을 뒤흔들어놓기 위한 헛된 시도로 핵무기를 과시했다. 두 사람의 통화 녹취록을 보자.

> **두테르테** 로켓과 탄두가 김정은 손에 있는 한 우리는 결코 안전하지 않을 것입니다. … 그는 제정신이 아니에요. 심지어 중국에도 반발했습니다. 중국을 비난할 처지가 아닌데 말이죠.
>
> **트럼프** 그는 미사일은 갖고 있지만 쏠 방법은 없습니다. 북한 로켓은 다 추락했죠.
>
> **두테르테** 결국 가장 중요한 마지막 카드는 중국에 있다고 봅니다.
>
> **트럼프** 그 지역을 겨냥하고 있는 우리 화력도 만만치 않아요. 세계 최고 수준의 잠수함 2대, 핵잠수함 2대가 있고요.
>
> **두테르테** 저는 시진핑 주석에게 전화를 걸어서 중국이 평화

	유지를 위한 결정적인 카드를 갖고 있다고 말할 생각입니다. 그렇지 않다면, 남은 옵션은 핵폭발뿐입니다.
트럼프	핵을 가진 미치광이가 마음대로 하게 내버려 둘 수는 없죠. 우리는 그보다 20배가 넘는 화력을 보유하고 있지만 그것을 사용하기를 원치 않습니다. 걱정 안 하셔도 될 겁니다.
두테르테	내일 중국에 전화하겠습니다.[116]

두테르테는 필리핀의 안보가 미군이 아니라 중국의 힘에 달려 있다고 결정한 것이 분명하다. 나중에 그의 후계자가 친미 노선으로 돌아선다고 하더라도, 두 나라 사이의 동맹이 단절된 6년은 남중국해에서 중국의 입지가 공고해지기에 충분한 시간이다.

아이러니하게도 오바마의 진보적 아시아 정책은 냉전 모드를 고수하는 보수적 우방국에서 가장 환영받았다. 더욱 역설적인 것은 워싱턴의 아시아 회귀 정책에서 지렛목 역할을 한 인물이 역사에 대한 반성 없이 일본의 군사적 부흥을 도모하는 국수주의자 아베 신조安倍晋三 일본 총리라는 사실이다. 2012년 총리로 재취임한 아베는 이후 4년간 동중국해 센카쿠열도의 영유권을 두고 중국과 대립했고, 대외 확장 정책의 일환으로 동남아 동맹국에 무기와 원조를 제공했으며, 아시아의 "안보와 번영"을 확보하기 위해 미일동맹을 옹호했다.[117] 아베는 이미 세계 5위 규모인 일본의 국방 예산을 5년간 더 늘리는 계획을 세운 데 이어, 2014년 국경을 넘어 더 먼 지역으로 군사력을 투사할 수 있도록 미일방위협력

지침을 수정하는 안에 대한 워싱턴의 승인을 얻었다.[118] 또한 그는 TPP를 적극 수용하고 미군 증원을 환영하면서 오바마의 아시아 회귀를 강력히 지지했다.[119] 피비린내 나는 태평양전쟁에서 참담한 패배를 당한 지 70년이 지난 지금도 일본에는 미군 제7함대의 모항인 요코스카 해군기지와 공군 전투기 130대를 수용하는 미사와, 요코타, 가데나의 비행장을 포함하여 총 87개 군사시설에 미군 4만 7,000명이 주둔하고 있다.[120] 요컨대 일본은 유라시아를 통제하려는 미국의 전략적 중심축 역할을 하고 있다.

한때 대담한 지정학적 한 수였던 아시아 회귀가 교착에 빠짐에 따라 오바마 대통령은 중동 문제 해결과 중국 견제 중 어디에도 전력투구하지 못했다. 그 사이 중국 지도부가 "워싱턴의 주요 글로벌 이슈를 지지하는 대가로 아시아에서 중국의 세력권과 군사적 우위"를 인정하는 "새로운 강대국 관계 모델"을 요구하면서 미중 관계는 개선될 기미가 보이지 않았다.[121]

트럼프 행정부로 정권이 인수되는 과정에서 미국과 아시아 핵심 우방국 사이의 취약한 관계가 명백하게 드러났다. 2016년 11월 미국 대선에서 트럼프가 예상 밖의 승리를 거둔 직후 아베 총리는 트럼프에게 전화를 걸어 "강력한 미일동맹이 … 아태 지역의 평화와 안정을 뒷받침한다"라고 말했다. 또한 TPP를 지지한 아베는 TPP 체결 실패가 곧 베이징이 주도하고 미국이 제외된 16개국 파트너십의 성공을 보장하여 "중국이 세계 최대 GDP 국가로 부상하는 결과를 가져올 것"이라고 말했다. 1주일 후 그는 어느 외국 지도자보다 먼저 트럼프 당선자를 만났고, 뉴욕의 황금색 트럼프타워에서 90분간의 회담을 마치고 나오면서 "트럼프는 믿을 수 있는 지도자"라는 소감을 밝혔다. 트럼프가 일본을 보는 관점은 마치 1980년대로 플래시백한 것처럼 심각하게 시대착오적이었던 반면, 그의 고위 보좌관 중 한 명은 "솔직히 말하면 총리가 일본의 군사력 배치 재조정 시도에 … 더욱 적극적이었다"라고 인정했다.[122] 미일 간의 역할이 전도되어 이번에는 일본 총리가 노련한 대가로, 미국 대통령이 풋내기로 보였다.

오바마와 두테르테의 충돌이 양국 동맹 70년 역사상 전례가 없던 일이었듯이, 트럼프와 호주 총리 말콤 턴불Malcolm Turnbull의 충돌도 마찬가지였다. 새로 취임한 미국 대통령이 우방국 지도자들과 갖는 의례적 전화 통화에서 트럼프는 난민 1,250명을 수용하기로 한 약속을 이행하라는 턴불 총리에게 역정을 내며 통화를 예정보다 일찍 끝내버렸다. 캔버라의 국립안보대학 학장은 "미국이 태평양 지역에서 가진 힘을 약화시키고자 하는 세력은 이 기회를 포착할 것"이라고 말했다. 실제로 호주의 대중국 광물 수출이 갈수록 증가하면서 최근 몇 년간 호주 국민의 여론에 극적인 변화가 일어났다. 2016년 여론조사에서 응답자의 45퍼센트가 호주가 미국과 거리를 두어야 한다고 답한 것이다. 호주 총리와의 충돌이 수습되지 않은 상황에서 트럼프 대통령은 한국과 체결한 자유무역협정을 "끔찍한" 합의라고 표현하고, 북한의 공격을 막기 위해 미국이 설치한 미사일 방어 체계의 비용을 한국이 부담해야 한다고 고집하고, 설상가상으로 한국이 한때 "중국의 일부"였다고 주장하여 이 나라의 역사를 모욕했다. 트럼프의 느닷없는 발언에 한국의 『조선일보』는 2017년 4월 사설에서 "많은 한국인이 충격, 배신감, 분노를 느끼고 있다"라고 전했다. 그다음 달에 열린 한국 대통령 선거에서는 "미국의 요구에 대해서도 협상하고 '노No'를 할 줄 아는 외교가 필요하다"라고 말한 진보 계열의 문재인이 완승을 거두었다.[123]

이처럼 태평양 연안 전반에 걸쳐 호주, 일본, 한국, 필리핀과 맺은 전략적 동맹의 성격 변화는 미국이 종속국 지배층에 대한 통제력을 상실하고 있음을 드러낸다. 냉전 시대에는 순종이 대세였고, 민족주의적 반미 감정을 품고 있는 자들은 CIA가 후원한 쿠데타, 선거 조작, 필요하다면 암살 음모의 표적이 되었다.[124] 그러나 이제 양극 체제가 다극 체제로 변하고 개발도상국들이 성장하면서 미국에 충성하는 종속국의 엘리트 지도자들이 믿기 어려울 만큼 비종속적으로 변했고, 그로 인해 태평양 연안과 그 너머에 대한 워싱턴의 핵심 통제 수단이 약화되면서 미국의 헤게모니는 과거 영국이 그러했듯이 "자기붕괴적 체제"임이 드러났다.[125]

워싱턴과 아시아 우방들의 관계가 냉탕과 온탕을 오가는 사이 베이징은 집요하게 군사 확장을 추진했다. 중국은 아라비아해와 남중국해에서 군사화를 준비하고 항공모함과 제트기를 거느린 대양해군을 구축하여 미국의 군사적 봉쇄에 정밀한 손상을 가하기 위한 역량을 키우고 있다. 그뿐만 아니라 베이징은 워싱턴의 우주 및 사이버 공간에 대한 지배에 도전하고 있다.

한편 워싱턴은 세계 제국사상 유례가 없는 힘, 범위, 기술력으로 글로벌 헤게모니 유지를 위한 3단계 구조를 구축해왔다. 지하와 해저에서는 NSA가 글로벌 광섬유 통신망에 침투하여 타국 지도자 및 국민을 감시하면서 독보적인 감시기구를 탄생시켰다. 지상에서는 펜타곤이 해군기지와 전함 위주의 군사력 투사 수단을

'수련잎lily-pad' 기지, 항공모함, 연안전투함의 형태로 재편했다.

펜타곤은 지상 전투공간을 장악하고 "궁극의 전략적 고지"를 점하기 위해 하늘과 우주에 수천 대의 무인기를 배치했다. 워싱턴은 감시와 초법적 처형을 위해 수십 개의 드론 기지로 유라시아를 둘러싸는 한편, 성층권 드론과 업그레이드된 위성, 그리고 센서와 망원경의 우주 감시 네트워크를 동원하여 우주를 무기화했다. 적어도 이론상으로는 이 거대한 기술적 총체가 세계섬에 대한 워싱턴의 장악력을 보존하고, 워싱턴이 전 세계의 운명을 좌우하도록 그 지배력을 확장할 것이다.

요컨대 세계 양대 강국인 중국과 미국은 서로 다른 지정학 전략을 개발하여 패권 투쟁을 벌이고 있다. 베이징이 아시아, 아프리카, 유럽을 세계섬으로 통합하는 데 성공할 수 있을지, 혹은 워싱턴이 태평양 연안과 서유럽의 양대 축점으로부터 유라시아 대륙을 계속 통제할 수 있을지는 앞으로 10~20년쯤 지나야 분명해질 것이다.

≡ 8장 ≡

미국 세기의 종말 시나리오

미국 세기의 종말이 지금으로부터 30~40년에 걸쳐 원만하게 연착륙할 수 있을까? 큰 기대는 마시라. 미국은 예상보다 훨씬 급격한 종말을 맞을 것이다. 대부분의 제국은 외부에 과시하는 무소불위의 이미지와 달리 민족국가에 내재된 힘이 부재하여 놀랍도록 취약하다. 실제로 제국의 역사를 살펴보면 가장 위대한 제국조차도 반드시 붕괴했으며, 이때 가장 큰 원인은 재정 압박이다. 지난 두 세기 동안 대부분의 국가는 주로 자국의 안보와 번영을 추구했고, 해외 또는 제국주의적 모험은 국가 예산의 5퍼센트 이하를 할당하는 옵션에 불과했다. 유기적 재정 확보 구조가 부재한 제국은 대서양의 노예 무역, 벨기에의 콩고 고무 약탈, 영국령 인도의 아편 무역, 독일 제3제국의 유럽 유린, 소련의 동유럽 착취에서 보듯 집요한 노략질로 끊임없이 이윤을 추구했다.

제국은 수입이 줄어들 때 위태로워진다. 계획경제가 무너지면서 동구가 붕괴한 사례를 보라. 또는 2차 세계대전 후 영국제국이 "국내 복구와 식민지 유지" 사이의 선택에 직면한 뒤 급격히 해체된 사례를 떠올려보라.[1] 제국은 매우 섬세한 힘의 생태계를 바탕으로 하기에 어떤 문제가 임계점을 넘는 순간 걷잡을 수 없는 속도로 무너진다. 포르투갈은 1년, 소련은 2년, 프랑스는 8년, 오스만제국은 11년, 영국은 17년 만에 완전히 해체되었으며, 미국은 십중팔구 2003년을 기점으로 27년 후 같은 운명을 맞이할 것이다.

미래의 역사학자들은 2003년 조지 W. 부시 대통령의 이라크 침략을 미국 몰락의 시작점으로 지목할 가능성이 크다. 그러나 도시가 불타고 시민이 학살당하는 참극 속에서 몰락했던 과거의 제국들과 달리 21세기 제국의 붕괴는 경기 위축이나 사이버 전쟁 같은 보이지 않는 촉수에 의해 상대적으로 조용히 진행될 것이다.

워싱턴의 세계 지배가 마침내 종말에 도래했을 때, 각계각층의 미국인이 패권 상실의 의미를 날마다 고통스럽게 떠올리게 될 것이라는 점에는 의심의 여지가 없다. 유럽 열강이 이미 경험한 바와 같이 제국의 쇠퇴는 국민의 사기 저하를 가져오며, 경제적 궁핍이 한 세대 이상 지속되는 경우도 흔하다. 그리고 경제 침체는 정치의 가열을 불러와 심각한 국내 갈등을 촉발한다.

미국 패권의 향방을 시사하는 경제, 교육, 기술 데이터에 따르면 2020년까지 여러 가지 부정적인 추세가 가속화되면서 2030년에 도달하기 전에 임계치에 이를 것으로 보인다. 2차 세계대전에 뛰어들며 그토록 의기양양하게 선포했던 '미국의 세기'는 2025년 무렵 이미 빛이 바래고, 2030년이면 대단원을 맞이할 것이다.

눈여겨볼 부분은 워싱턴 최고 분석기관인 국가정보위원회가 중국의 도전이 모두에게 명백해지기 전인 2008년에 이미 미국의 힘이 하향세에 접어들었음을 인정했다는 사실이다. 국가정보위원회는 미래 보고서 『글로벌 트렌드 2025Global Trends 2025』에서 "세계의 부와 경제력이 서양에서 동양으로 이전되는 ⋯ 근대 이래 유례를 찾아볼 수 없는 현상"을 미국 몰락의—심지어 군사적 영역에서도—주요 원인으로 꼽았다. 그러나 워싱턴의 많은 이들과 마찬가지로 국가정보위원회 분석가들은 장기간에 걸친 연착륙을 예상했으며, 미국이 어떻게든 앞으로 수십 년간 "전 세계에 군사력을 투사할 ⋯ 독보적 역량을 유지"하기를 희망했다.[2]

4년 후 발간된 후속편인 『글로벌 트렌드 2030Global Trends 2030』의 예측은 한층 어두웠다. 국가정보위원회는 "2030년경 미국과 중국을 포함한 어떤 나라도 패권국이 아닐 것"이라고 결론 내렸다. 다시 말해 "팍스 아메리카나의 시대가 ⋯ 빠르게 막을 내리고" 있고 "다른 신흥 부상국들과 비교할 때 상대적인 힘의 하락도 불가피하겠으나" 워싱턴이 보유한 막강한 군사력으로 인해 "2030년경 미국이 여러 강대국 사이에서 '동급 중 일인자first among equals'의 지위는 유지할 수 있을 것"으로 보았다. 중국이 "초강대국으로 부상"할지라도 "미국의 군사력은 어떤 강대국들의 조합과 비교해도 타의 추종을 불허하며, 이 사실은 앞으로 수십 년간 변하지 않을 것"이기 때문이었다.[3]

이는 희망사항에 불과하다. 보다 현실적인 분석에 따르면 2030년경 미국은 경제생산량에서 중국에 이어 2위로 밀려날 것이고, 그 20여 년 뒤에는 인도에도 뒤처질 것으로 보인다. 마찬가지로, 은퇴 연령에 이른 미국의 우수한 과학자와 기술자 집단을 대체할 젊은 세대의 교육 수준이 과거에 못 미치는 가운데 중국은 군사 기술 혁신 부문에서도 2030년경 선두 자리를 꿰찰 것이다.

현재 계획에 따르면 펜타곤은 2020년에 제국 최후의 군사적 시도를 감행할 예정이다. 펜타곤은 갈수록 약화되는 미국의 경제력을 대신할 가공할 위력의 '트리플 캐노피'를 구축하고 있다. 이에 대항해 중국은 세계에서 가장 강력한 슈퍼컴퓨터가 뒷받침하는 글로벌 위성통신망을 완성하고, 우주의 무기화를 위한 독립 플랫폼과 세계 어디든 미사일 또는 사이버 공격을 가할 수 있는 강력한 통신 체계를 보유하게 될 것이다.

화이트홀이나 케도르세가 그들의 전성기에 그러했듯이 오만에 눈이 먼 백악관도 여전히 미국의 쇠퇴가 점진적이고 완만하고 부분적일 것이라고 예상하고 있다. 2010년 오바마 대통령은 연두교서에서 "미국이 2위"로 밀려날 가능성을 전격 부인했다.[4] 조 바이든 부통령도 이구동성으로 "경제에 대한 통제권을 잃고 무리하게 확장하다 실패한 국가가 될 운명"이라는 발상을 조소했다.[5]

2016년 미국 대선 결과에서 드러나듯, 일자리가 해외로 유출되는 것을 지켜본 평범한 미국인들은 세상 물정 모르는 지도자들보다 훨씬 현실적인 시각을 갖고 있다. 2010년에 시행된 한 여론조사에서 이미 미국인의 65퍼센트가 미국이 "쇠퇴하고 있다"라고 응답했다.[6] 그 무렵 미국의 우방인 호주와 터키가 미국에서 생산된 무기로 중국과 합동 공군 및 해군 군사훈련을 실시했다.[7] 또한 미국의 가장 가까운 경제 협력국들이 중국의 고정환율제에 대한 워싱턴의 문제 제기에 힘을 실어주기를 거부했다. 그해 11월 오바마 대통령이 아시아 순방을 마치고 귀국하는 소식을 전하는 『뉴욕타임스』의 헤드라인은 침울했다. "오바마의 경제관이 세계 무대에서 거부당했다! 중·영·독, 미국에 도전. 한국 정부와 무역 협상 실패."[8]

역사에 비추어 볼 때 문제는 '미국이 무소불위의 패권을 잃게 될 것인가'가 아니라 '미국의 쇠퇴가 얼마나 가파르고 고통스러울 것인가'이다. 미국 국가정보위원회는 방대한 데이터를 수집하고 4개 대륙의 핵심 권력자들과 비공개 토론을 가진 후 발간한『글로 벌 트렌드 2030』에서 다소 온건한 시나리오를 제시했다. "엔진 정 지"로 인한 최악의 사태는 유럽이 흔들리고, 북미의 에너지 혁명이 주춤하고, 분쟁이 발발하고, "모든 나라의 상황이 동시에 악화되는 것"이다. 최선의 시나리오는 중국, 미국, 유럽이 이를테면 남아시 아 지역의 갈등을 해소하기 위해 서로 협력하면서 베이징을 기존 의 국제체제로 포섭하는 것이다. 국가정보위원회는 현재의 추세 를 1815년, 1919년, 1945년, 1989년의 정세와 비교한 다음, "미 국이 다른 강대국에 의해 대체되고 새로운 세계질서가 수립되는 시나리오는 가장 현실성이 떨어진다"는 안이한 결론에 도달했다.[9]

지금부터는 미국 패권의 역사를 바탕으로 2030년경 미국의 굵고 짧은, 또는 가늘고 긴 종말을 예견하는 보다 현실적인 시나리 오 네 가지를 (현 상황에 대한 네 가지 평가와 함께) 제시하겠다. 나의 미래 시나리오는 1) 세계질서 변화, 2) 경제 쇠퇴, 3) 군사적 재난, 그리고 4) 3차 세계대전을 큰 주제로 한다. 이외에도 2030년경에 는 그 영향이 완전히 드러나지 않을지도 모르지만 2040년에 이르 면 훨씬 명백해질 또 한 가지 주제가 추가되어야 한다. 다름 아닌 기후변화다. 기후변화는 너무나 명백한 궤도에 올라 있기에 다섯 번째 시나리오라기보다는 모든 시나리오의 배경에 추가해야 할 주제이다. 물론 미국 패권의 쇠퇴, 심지어 붕괴가 시나리오대로 진행된다는 보장은 없으나 앞으로 다가올 세계를 바라보는 창을 제공해준다는 점에서 유용하리라.

≡ 세계질서: 현 상황

변화하는 세계질서 속에서 미국의 위상이 점진적으로 하락하는 시나리오는 미래 전망 가운데 가장 낙관적인 축에 속한다. 조지 W. 부시 대통령의 이라크 개입이 참담한 실패로 돌아간 후 워싱턴의 대외 정책 엘리트들은 마지못해 세계가 변화하고 있음을 인정하기 시작했다. 『글로벌 트렌드 2030』은 미국이 주도하는 세계질서에 변화를 가져올 여섯 가지 '게임 체인저'를 소개했다. 다극화 시대가 도래하면서 "서방이 유엔 안전보장이사회, 세계은행, 국제통화기금 같은 글로벌 구조를 장악한 현재의 판도는 … 신흥 경제 주체들에 의해 뒤집힐 것이다." 한때 워싱턴의 힘을 나누어 쓰던 서방국가 또는 G7 국가 간의 "강한 동맹"이 점차 빛바래면서 2030년경 워싱턴의 영향력은 "새로운 파트너들과 협력하여 국제질서를 재창조"하는 능력을 얼마나 갖추는지에 따라 결정될 것이다.[10]

국가정보위원회가 놓치고 있는 사실은 미국의 헤게모니가 불균형에 극히 취약한, 섬세한 힘의 생태계 위에 서 있다는 점이다.[11] 21세기가 시작될 무렵 워싱턴은 주요 강대국과의 합의, 국제기구에서의 리더십, 그리고 크고 작은 나라와 맺은 50개의 군사동맹을 통해 영향력을 행사했다.[12] 그러나 오판과 고문으로 점철된 이라크전쟁에 경제적, 외교적 자본을 소진한 후 워싱턴의 리더십이 약화되기 시작했다. 즈비그뉴 브레진스키의 말처럼 "이라크와 전쟁을 벌이기로 한 선택은 우방국 사이에서도 정당성을 의심받았다."[13] 한편 신흥 강대국이 경쟁을 키우며, 2003년 이후 유럽, 러시아, 중국의 지도자가 점점 더 큰 목소리로 워싱턴의 능력에 이의를 제기했다.

미국은 유엔 안보리에서 2003년 이라크 침공에 대한 과반 지지를 확보하지 못했다. 2007년 발리 기후변화회의에서 미국은 타국 대표단의 요란한 야유를 받았다. 그리고 2009년 코펜하겐 기후변화 정상회의 때 핵심 회의들은 오바마 대통령이 불참한 채 진행되었다.[14] 2011년에도 하락세는 계속되어, G20 정상회의에서 워싱턴은 유럽이 중국이나 국제통화기금의 도움을 받지 않게 하는 데 실패했다.[15] 부패로 얼룩진 아프가니스탄 재건을 위한 헛된 시도에 마셜 플랜에 맞먹는 자금을 낭비하고 있던 워싱턴은 더 이상 유럽을 지원할 여력이 없었다.[16]

이라크전쟁과 아부그라이브 교도소 고문 스캔들의 여파로 워싱턴은 과거 영국제국 말기의 런던이 그러했듯이 주요 종속국 협력자들에 대한 통제력을 잃어갔다. 과거에 골치 아픈 종속국 지도자를 제거하려면 CIA의 쿠데타나 비밀작전으로 족했지만, 이제는 타국 지배층을 통제하는 가장 손쉬운 방식마저도 실패하기 시작했다. 워싱턴이 4,800명의 미군을 희생시키고 1조 달러를 들여 이라크를 평정하는 데 8년을 허비한 후, 바그다드의 '협력자' 누리 알 말리키Nouri al-Maliki 총리는 2011년 갑자기 이라크의 주권을 내세우면서 모든 미군 병력을 내보내고 바그다드에 104에이커

(42만 평방미터) 규모의 대사관을 새로 지으려던 계획을 축소하라고 요구했다.[17]

냉전 종식 이래 사반세기 동안 민주당의 국제주의와 공화당의 일방주의가 대립하며 벌어진 소모적 당파 논쟁은 트럼프 백악관의 편협한 '미국 우선주의' 방침으로 정점에 달했다. 누가 대통령인지와 무관하게 이 무렵 이미 미국이 세계 경제에서 차지하는 비율이 줄어들고, 기술적 우위가 약화되며, 갈수록 독립 행보를 보이는 종속국 지배층이 늘어나는 등 세계 무대에서 미국의 리더십을 제한하는 추세가 확연했다.

기본적으로 워싱턴의 패권은 통제할 수 있는 전략 요소에 의해서 좌우된다. 이를테면 미국은 유라시아 대륙 동서 양축에서 북대서양조약기구와 미일 안보조약, 군사동맹을 한층 강화하는 무역협정, 미군의 기술적 우위를 유지하기 위한 과학 연구, 국제 문제에서 리더십 발휘, 그리고 민주주의 원칙의 증진 등을 통해 지배력을 발휘할 수 있다. 그러나 트럼프 대통령은 2017년 유럽 순방 중, 북대서양조약기구 가입국 지도자들을 앞에 두고 "제 몫의 방위비"를 분담하지 않는다고 질책하면서 집단안보 원칙(회원국에 대한 위협을 북대서양조약기구 전체에 대한 위협으로 간주하는 것—옮긴이)을 거부했다. 그 후 앙겔라 메르켈 총리는 독일 유권자들에게 "우리의 미래와 유럽인의 운명은 우리 힘으로 지켜야 한다"라고 말했다.[18] 이처럼 트럼프는 지난 70년간 섬세한 균형을 이루며 워싱턴의 압도적인 지위를 지탱해온 지배 구조를 뒤흔들면서 부지불식간에 새로운 세계질서로 달려나갔다.

≣ 변화하는 세계질서: 2030년 시나리오

2020년대에 워싱턴의 패권이 지금보다 더 축소되는 것은 기정사실이다. 동시에 2030년경 미국이 축소되기는 했으나 여전히 중요한 역할을 담당할 다양한 가능성 또한 존재한다. 그중 가장 확률 높은 시나리오를 몇 가지 살펴보자.

새로운 패권국의 출현이라는 극단적인 경우의 수를 완전히 배제할 수는 없다. 하지만 미국을 제치고 유일한 초강대국으로 부상하기 위해 반드시 필요한 이데올로기, 행정기구, 군사력의 삼박자를 모두 갖춘 나라는 존재하지 않는다. 1900년경 라틴아메리카 통제권이 영국에서 미국으로 넘어가면서 3개 대륙에서 전면적 문화 재편성을 촉발했듯이, 총과 돈이라는 '하드 파워'에 의한 제국의 출현은 대체로 문화적 설득을 통한 '소프트 파워'에 의해 뒷받침되어야 한다.[19]

근대 이래 일정 기간 지속된 제국은 모두 해외 식민지보다 나은 무엇인가를 가지고 있었다. 스페인은 기독교, 영국은 자유시장과 페어플레이, 그리고 미국은 민주주의, 인권, 법치를 제공했다. 그에 반해 현재 패권국 후보라 할 만한 중국과 러시아는 내부 지향적이고 자기 지시적 문화, 비非로마자 문자, 비민주적 정치 구조 및 미숙한 법체계를 갖고 있기 때문에 세계 지배에 꼭 필요한 수단을 마련하기 쉽지 않을 전망이다. 게다가 대규모 군대를 보유했을 뿐 경제는 오직 석유 수출에 의존하는 러시아가 2030년경 다시 과거와 같은 초강대국으로 발전할 것이라고는 예상하기 어렵다. 중국은 미국 패권의 손아귀를 벗어날지는 몰라도 미국을 대체할 것으로 보이지는 않는다. 4세기 만에 처음으로, 쇠락해가는 패권국으로부터 권좌를 넘겨받을 후계자가 존재하지 않는 실정이다.

혁명이 아니라 진화에 가까운 온건한 시나리오에서는 법과 국제기구가 뒷받침하는 현행 세계질서가 '글로벌 코먼즈', 즉 위협받는 환경, 고갈된 바다, 물 부족, 그리고 자원의 보고인 북극 지방의 온난화 문제를 공동으로 관리하면서 초국가 기구를 형성하는 방향으로 나아갈 것이다.[20] 정치학자 G. 존 아이켄베리G. John Ikenberry의 말처럼 설사 세계의 정치를 주도하는 미국의 역량이 감소한다 하더라도 "자유주의 세계질서", 특히 다자적 거버넌스, 자유무역, 인권, 그리고 주권의 존중이라는 핵심 원칙은 "살아남아 번창할 것"이다.[21] 실제로 워싱턴의 주요 경쟁자인 베이징조차 유엔과 세계무역기구를 받아들이면서 자유주의 세계질서를 상당 부분 수용했다. 베이징은 북대서양조약기구 대신 상하이협력기구를 구성하고, 국제통화기금에 의존하는 대신 아시아인프라투자은행을 설립하고, 환태평양경제동반자협정에 대항하는 역내포괄적경제동반자협정을 체결하면서 '친서방'적 기존 국제기구에 도전하고 있다.

비록 미국이 법, 조약, 국제기구를 통한 글로벌 거버넌스 구축에 중심 역할을 했지만, 이 시스템은 미국의 패권이 쇠퇴하더라도 충분한 힘을 유지할 것이다. 우주 공간과 사이버 공간에서 일군 발전으로 인해 언젠가 미국의 철제 항공모함 함대와 전략폭격기가 역사의 뒤안길로 사라질 수도 있지만, 적어도 앞으로 10~20년간은 워싱턴이 상당한 군사적 우위를 유지할 것으로 보인다.

온건한 시나리오에서는 2020년과 2030년 사이에 중국, 러시아, 인도, 브라질 같은 신흥 강국이 영국, 독일, 일본, 미국 등의 저물어가는 강대국과 손잡고 세계를 지배하는, 마치 1900년경 인류의 절반을 지배했던 유럽 열강의 느슨한 동맹과 유사한 글로벌 과점 체제가 등장할 수도 있다.

보다 더 어둡고 디스토피아적인 미래의 세계질서는 다국적 기업, 북대서양조약기구 같은 집단 방위 기구, 그리고 다보스와 빌더버그에서 임의로 정한 세계 금융 지도부가 초국가적 연합체를 형성하여 국가나 제국을 대체하는 것이다. 국경을 초월한 기업과 엘리트 집단이 제네바, 런던, 맨해튼, 상하이, 시드니 등의 대도시를 거점 삼아 세계를 지배하는 세상에서 민중은 도시의 슬럼이나 황폐한 시골로 밀려날 것이다. 2030년경 지구에는 인구 100만 명이 넘는 도시가 662개에 달할 것이며, 그중 41개는 인구 1,000만이 넘는 메가시티다. 그 무렵 인류의 절반이 물 부족에 시달릴 것이고, 농지의 3분의 1 이상이 척박해져 세계 빈곤층의 식량 안보를 위협할 것이다.[22]

도시사회학자 마이크 데이비스Mike Davis는 화려한 대도시의 빌딩에서 전망을 즐기는 엘리트 집단과 악취가 진동하는 슬럼에 사는 20억 명의 빈곤층으로 세상이 갈라진 2030년경에는 "제3세계의 '실패한 도시들'이 21세기 특유의 전장"으로 변할 것이라고 예상한다. 미군도 그의 견해에 전적으로 동감하면서 끝없는 시가전이 벌어질 미래를 대비하고 있다. 미래의 슬럼에 어둠이 내리면 "제국은 전체주의적 진압 기술을 동원한다." "말벌 같은 무장 헬기가 슬럼 구역의 비좁은 골목을 따라 정체 모를 적을 추격하고 … 슬럼은 매일 아침 자살 테러범의 비장한 폭발로 응답한다."[23] 그러나 이렇게 암울한 시나리오도 워싱턴이 국제 분쟁을 중재하거나 지구 환경을 모니터링하는 등 일정한 역할을 할 여지를 남긴다.

국제질서가 현격히 약화된다면 우리는 무정부 상태에 가까운 상황보다는 근대 제국이 형성되기 이전인 17세기의 국제 체제와 유사한 지역 패권국의 부상을 목격하게 될 것이다. 2017년, 미국 국가정보위원회는 지구의 미래를 예상한 시나리오에서 다음과 같은 가설을 세웠다. 2020년대 초 세계 무대에서 워싱턴이 후퇴하고 베이징과 모스크바가 전진하면서 국제 체제는 "여러 강대국이 각자 주변 지역에 대한 경제적, 정치적, 안보적 영향력을 행사할 권리를 주장하는 경쟁 체제에 자리를 내어주게" 될 것이다. 끝없는 소규모 분쟁과 무분별한 착취가 예상되는 '신베스트팔렌neo-Westphalian' 체제에서 강대국은 각자 주변 지역을 지배하는 지역 패권국으로 변모할 것이다. 브라질리아는 남미를, 워싱턴은 북미를, 베이징은 동아시아와 동남아시아를, 모스크바는 동유럽을, 뉴델리는 남아시아를, 테헤란은 중앙아시아를, 앙카라는 중동을, 그리고 프리토리아는 아프리카 남부를 지배할 것이다.[24]

20세기 초 미국 국무장관 존 헤이John Hay의 '문호 개방open door' 정책에 빗대어 이 체제에 '뒷문 제국backdoor empires의 미래 세계질서'라는 이름을 붙일 수 있겠다. 실제로 유럽연합부터 라틴아메리카의 메르코수르Mercosur(남미 공동시장)에 이르기까지 여러 지역에서 블록이 이미 형성되었다.[25] 지역 블록들을 조직화하기 위해 지금의 강대국 연합체를 넘어서는 광범위한 글로벌 거버넌스 형태가 등장할 가능성도 있다. 따라서 기존 강대국으로 구성된 G8은 신흥 강국으로 이루어진 G20 또는 상하이협력기구 같은 집단에

자리를 내어줄 것이며, 세계 경제에서도 베이징과 뉴델리의 입김
이 세질 것이다.

☰ 경제 하락: 현 상황

　　미국 패권의 전망은 세계 경제를 고려할 때 훨씬 어두워진다.
특히 세계 경제에서 미국의 입지를 위협하는 세 가지 요소, 즉 세
계 총생산 비중 감소로 인한 영향력 상실, 기술 혁신의 둔화, 그리
고 달러가 준비통화의 특권적 지위를 상실할 가능성에 초점을 맞
추면 더욱 그렇다.

　　전문가들은 오래전부터 워싱턴의 경제력이 꾸준히 축소될
것이라고 예고해왔다. 2003년, 골드만삭스는 2025년경 중국이
세계 2위의 경제대국으로 부상할 것이며 2041년에 미국을 앞지
를 것으로 예상했다. 2007년, 골드만삭스는 중국이 미국을 앞지
르는 시기를 2027년으로 앞당겼고, 늦어도 2050년에는 인도가
2위 자리를 두고 미국에 도전할 것이라 예상했다.[26] 실상 중국은
2010년에 이미 세계 2위의 경제대국으로 도약했다.[27] 그뿐만 아
니라 같은 해 중국은 세계 최대의 제조업 국가로 부상하여 미국이
한 세기 이상 점유해온 위치를 박탈했다.[28] 2011년 4월, 국제통화
기금은 중국이 5년 후 실질 국내총생산에서 미국을 추월할 것으
로 예상했다.[29]

　　중국의 성장이 둔화되기 시작하자 예측이 조정되었다. 2015
년 4월, 미국 농무부는 향후 15년간 미국 경제가 50퍼센트 가까이

성장할 것으로 예상한 반면 중국 경제는 3배 성장하여 2030년경 미국을 바짝 추격할 것으로 전망했다.[30] 영국의 예측 전문가들도 중국이 세계 최대 경제대국이 될 예상 시기를 2031년으로 늦췄다.[31] 시기만 다를 뿐 미국이 중국에 추월당할 것이라는 예상은 한결같다.

기술 혁신 부문에서도 미국의 리더십이 명백한 하향세를 그리고 있다. 전 세계 특허 출원에서 미국은 2008년 23만 2,000건을 등록하여 일본에 이어 2위를 고수했으나, 중국은 2000년 이래 400퍼센트의 성장을 보이며 같은 해 19만 5,000건으로 미국을 빠르게 추격했다.[32] 그리고 2014년 중국은 전 세계 특허 출원 수의 절반에 육박하는 80만 1,000건을 등록하여 선두를 차지했으며, 그해 미국의 특허 출원 수는 28만 5,000건에 그쳤다.[33] 2009년 정보기술혁신재단Information Technology and Innovation Foundation이 조사한 지난 10년간의 '글로벌 혁신 기반 경쟁력' 부문에서 미국은 40개국 가운데 최하위에 위치했다.[34]

무미건조한 통계에 살을 좀 붙여보면, 2010년 중국 국방부는 세계에서 가장 빠른 슈퍼컴퓨터 톈허-1A를 공개했다. 한 전문가에 따르면 톈허-1A의 성능은 "미국이 보유한 최고의 컴퓨터가 상대도 안 될 정도"로 강력했다. 중국의 급성장은 우연이 아니다. 중국은 이후 7년간 세계에서 가장 빠른 컴퓨터를 보유했고, 2016년에는 마침내 중국에서 생산한 마이크로프로세서 칩을 장착한 슈퍼컴퓨터를 만들어내는 진정한 쾌거를 이루었다. 그뿐만 아니라 이 무렵 중국은 세계에서 슈퍼컴퓨터를 가장 많이 보유한 나라였다(중국 167대, 미국 165대, 일본 29대).[35]

미래의 과학자 및 혁신가를 양성하는 교육 시스템에서도 미국이 경쟁국에 뒤처지고 있다는 사실을 감안해야 한다. 2012년에 OECD가 34개국에서 15세 학생 51만 명을 대상으로 시행된 국제 학업성취도평가에서 상하이가 수학, 과학, 읽기 부문 1위를 차지했으며, "미국의 주 가운데 가장 우수한 성적을 기록한" 매사추세츠는 읽기 17위, 과학 20위, 그리고 수학 27위에 그쳤다. OECD 평가에 따르면 미국 학생들은 "실세계 문제의 수학적 측면을 이해하는 것과 같은 … 높은 인지 능력이 요구되는 수학에 특히 취약했다."[36] 안 던컨Arne Duncan 미국 교육부 장관은 이 결과를 두고 "교육 침체의 실태"라며 한탄했다. 미국 국가정보위원회는 미국의 교육이 "지난 30년간 반 토막 났다"라고 지적했으며, 이는 교육기관에 대한 대폭적인 투자 없이는 미국 노동자 "수준이 갈수록 하락할 것"임을 의미한다.[37]

백팩, 치아 교정, 반항으로 대표되는 15세 학생들의 학업성취도에 관심을 가져야 하는 이유는 무엇일까? 바로 이들이 2030년 이후 중견 과학자와 기술자로 성장할 세대이기 때문이다.

학생들의 학업 수준 하락은 박사 학위 단계까지 그대로 적용된다. 지난 수십 년간 세계에서 가장 많은 대학 졸업생을 배출해온 미국은 2012년에 이르러 그 순위가 12위로 추락했다.[38] 같은 해, 세계경제포럼World Economic Forum은 대학 수학 및 과학 교육의 질에서 미국이 144개국 가운데 47위에 그친다고 평가했다. 2년 후 미국의 순위는 51위로 더 떨어졌다.[39] 2010년 미국 주요 150여 개 대학을 대상으로 실시한 조사에서 이공계 대학원생의 절반 이상이 외국인인 것으로 나타났다. 전기공학과의 70퍼센트, 컴퓨터공학과

의 63퍼센트, 개료공학과의 52퍼센트가 외국인 유학생이었다.[40]
이 중 다수가 예전처럼 졸업 후 미국에 남는 대신 귀국을 선택했다.
2009년 미국의 우주 전문가가 지적했듯이, "중국의 핵심 우주 과
학자 집단은 현재 은퇴 시기에 이른 미국과 러시아의 우주 과학자
집단보다 20년가량 젊고", 따라서 베이징은 "날로 불어나는 젊고
재능 있고 의욕적인 우주 과학자 풀"을 확보했다.[41] 2030년경 미
국은 심각한 과학 인력 부족에 직면하게 될 가능성이 다분하다.

같은 맥락에서 2010년 9월 미국한림원은 미국이 교육과 연
구에 투자하여 기술적 우위를 회복하지 않는 한 "국민들에게 보수
좋고 보람 있는 일자리를 제공하는 기회가 가파르게 감소할 것"이
라고 경고했다.[42] 날로 심화되는 사회적 격차로 인해 미국은 세계
에서 56번째로 소득 격차가 큰 나라로 전락했고, 보통의 미국 가
정에서는 자녀 교육에 투자할 여력이 갈수록 줄어들고 있다.[43]

그뿐만 아니라 2010~13년에 미국 의회는 1960년대 우주 경
쟁이 종식된 이래 가장 파격적인 과학 예산 감축을 단행하여 상황
을 더욱 악화시켰다. 1970년대에 GDP의 2퍼센트가 할당되었던
연구개발 예산은 2014년에 이르러 0.78퍼센트 수준에 그쳤다.[44]
베이징이 연구개발 투자를 대폭 늘려 2026년경 미국을 추월할 것
으로 예상되는 상황인데도 워싱턴은 민간 및 군사 연구 지원금을
2006년의 1,600억 달러에서 2015년 1,400억 달러로 줄였다.[45]

달러의 준비통화 역할에 대한 비판 또한 갈수록 거세지고 있
다. 패권국의 가장 큰 혜택 중 하나는 글로벌 거래에서 유리한 입
지를 점하는 것이다. 패권국은 세계 각국에 자국에서 찍어낸 통화
등을 건네주고 자동차, 광물, 석유와 같은 실질 상품을 취하는 특

혜를 누린다. 제국은 이 합의를 그대로 유지하기 위해 수단과 방법을 가리지 않는다. 미국은 냉전 시대에 패권이 절정에 달했던 1971년 일방적으로 금본위제를 폐지하여 베트남전 패전 비용을 우방에 떠넘겼다. 금본위제 폐지는 워싱턴이 기계와 광물을 수입하는 데 드는 비용을 브레튼우즈협정에서 정했던 금이 아니라 종이 뭉치로 지불한다는 것을 의미했다. 1974년 사우디아라비아가 석유를 미국 달러화로 거래하는 데 합의하면서 달러의 지위는 놀랍도록 빠르게 회복되었고, 10년 후 워싱턴은 독일과 일본에 달러화 평가절하를 수용하도록 압박하여 무역적자를 축소했다. 2005년경 분석가들은 미국이 "세계 전역에 수십만 명 규모의 군대를 주둔시키고", 상품을 저렴하게 수입하고, "미국의 쌍둥이 적자(재정적자와 무역적자)"를 바탕으로 "무제한적 소비력"을 누릴 수 있게 해준 "달러의 힘이 미국 경제의 핵심"이라고 분석했다.[46]

케네스 S. 로고프Kenneth S. Rogoff 전 IMF 수석 경제학자는 "세계는 더 이상 미국이 경제 정책을 주도해야 한다는 생각에 동의하지 않는다"라고 말했다.[47] 2009년 세계 각국의 중앙은행이 4조 달러에 달하는 천문학적 규모의 미국 재무부 중기채를 보유한 가운데, 드미트리 메드베데프Dmitry Medvedev 러시아 대통령은 "하나의 대규모 소비 중심지와 과거에 강력했던 단일 준비통화"에 기반하여 "인위적으로 유지되는 단극 체제"를 끝낼 때라고 단언했다.[48] 이와 동시에 중국인민은행 총재는 "개별 국가와 분리된"(즉, 미국 달러가 아닌) 글로벌 준비통화를 요구했다. 물론 워싱턴은 이 제안을 즉시 거부했다.[49] 이것은 앞으로 다가올 세계의 이정표이자, 경제학자 마이클 허드슨Michael Hudson이 주장한 "미국이 주도하는 경제적, 군사적 세계질서의 파산을 재촉하는" 시도로 볼 수 있다. 미국이 세계 최대의 채무국이 된 것을 지켜본 외국인들은 "국제통화기금, 세계은행, 세계무역기구, 그 외 워싱턴의 대리인들을 더 이상 경제력으로 지배하지 못하고 오직 군사력만 남은 제국의 잔재로 여기기 시작했다. 만일 중국, 러시아 및 그들의 동맹국이 바라는 대로 된다면 미국은 더 이상 무제한적 군비를 확보할 수 없게 될 것이다."[50]

크리스틴 라가르드Christine Lagarde 국제통화기금 총재는 2015년 11월 워싱턴에서 중대한 발표를 하기 위해 TV 카메라 앞에 섰다. "국제통화기금 집행이사회는 중국 위안화가 기존 조건에 따른 특별인출권SDR 기반통화 편입 요건을 충족한다고 결정했습니다." 실제로 위안화는 유로화와 영국 파운드화를 제치고 달러와 함께 기축통화 지위를 점유하기 시작했다. 경제 전문기자 닐 어윈Neil Irwin이 지적했듯이, "한 세기 전 미국 달러가 점진적으로 영국 파운드화를 대체했을 때와 흡사한 상황이다." 이제 중국과 중국인들은 위안화를 바탕으로 저금리 혜택을 누리는 동시에, 한때 워싱턴이 러시아, 이란, 북한에 경제제재를 가하던 특권을 공유하게 되었다.[51]

☰ 경제 하락: 2030년 시나리오

모든 부정적 트렌드를 종합하면 2030년경 미국 패권의 형세를 다음과 같이 예상할 수 있다.

대다수의 미국인에게 2020년대는 물가 상승, 실질 임금 하락, 국가 경쟁력 퇴보로 점철된 암울한 10년으로 기억될 것이다. 머나먼 땅에서 계속되는 전쟁으로 인해 눈덩이처럼 불어난 적자가 수년간 누적되면서, 2030년 미국 달러는 마침내 기축통화 지위를 상실한다. 2012년에 미국 국가정보위원회가 예견했듯이, "달러가 기축통화의 위상을 잃고 다른 통화 또는 여러 통화로 구성된 바스켓으로 대체되는 것은 글로벌 경제에서 미국이 차지해온 특권적 지위 상실의 가장 뚜렷한 조짐 중 하나이며, 이는 워싱턴의 정치적 영향력을 크게 약화시킬 것이다." 국가정보위원회에 따르면 변화는 "2차 세계대전 후 영국제국의 종말을 재촉했던 파운드화의 기축통화 지위 상실에 맞먹는다."[52]

　　갑자기 의류에서 컴퓨터에 이르는 모든 수입품의 가격이 살인적으로 치솟는다. 해외 활동에 드는 비용도 급증하여 해외여행과 파병이 모두 버거워진다. 해외 매입이 감소한 미국 중기채를 발행하는 것으로 불어나는 적자를 감당할 수 없게 된 워싱턴은 마침내 국방 예산을 삭감한다. 국내외의 압박 속에서 미군은 수백 개의 해외 기지를 폐쇄하기 시작한다. 그러나 이 필사적인 대응도 상황을 역전시키기에는 부족하다.

　　한물간 초강대국을 향해 중국, 인도, 이란, 러시아 등의 강대국이 바다, 우주, 사이버 공간에서 도전장을 던진다. 전략 분석가 배리 포센은 1945년 미국의 세기가 시작된 이래로 지상, 해상, 공중, 우주의 공유권 통제력을 확보한 미국은 전 지구를 광범위하게 감시하고 군사 작전을 벌이는 모든 지역에서 자국군을 보호하면서 그 어떤 해양 세력보다 패권적 대외 정책 추진에 더 유리한 군

사적 잠재력을 보유할 수 있었다고 말했다.[53]

2030년경 중국의 인공위성과 위성 요격 미사일은 궁극의 전략적 고지인 우주에서 미국을 견제한다. 전력을 보강한 러시아 잠수함대가 북대서양에서 미국 해군에 도전한다. 중국의 함대는 2016년 펜타곤이 예상했듯이 이미 남중국해를 '중국의 호수'로 만들었다. 그리고 강철 같은 의지로 무장한 인민해방군 제독들은 태평양 깊숙이 위치한 하와이를 향해 해상 지배권을 확장하려고 단단히 벼르고 있다.[54]

한편 미국 국내의 정치적, 경제적 변화가 워싱턴의 패권 행사에 심각한 제약을 가한다. 인구 노령화로 사회복지 비용이 2010년 GDP의 4퍼센트에서 2050년의 18퍼센트를 향해 증가하는 가운데, 워싱턴은 1950년대에 런던이 국내 복지와 해외 군사 작전 가운데 하나를 선택해야 했던 때와 동일한 상황에 직면한다. GDP에서 국방비가 차지하는 비중은 냉전 시대의 7퍼센트에서 2000년대의 5퍼센트, 그리고 2030년에는 2퍼센트까지 떨어져 해외 주둔군 축소가 불가피하다.[55]

2020년대 내내 계속된 물가 상승, 실업률 증가 및 실질 임금의 하락 속에서 정치적, 사회적 논쟁이 이어지며 국민 분열의 골이 더욱 깊어진다. 최악의 경기 침체를 맞은 트럼프의 후계자는 환멸과 절망의 분위기에 편승하여 터무니없는 미사여구로 소외된 백인 노동자 계층을 선동한다. 거대한 성조기로 뒤덮인 신시내티, 클리블랜드, 톨레도, 세인트루이스에서 열린 대규모 집회에서 대통령은 감히 "위대한 달러"의 기축통화 지위를 박탈한 국제통화기금의 "한물간 유럽인들"을 규탄한다. 대통령의 공격이 적으로 규정된 여러 인종 집단을 거쳐 "우리의 기술을 훔치고 미국인의 일자리를 아시아로 빼돌린 교활한 중국인"에서 절정에 이르자 군중은 자리를 박차고 일어나 "USA! USA!"를 목이 터져라 외친다. 그는 미국의 권위를 존중하라고 요구하면서, 그렇지 않으면 군사적 응징이나 경제 보복을 가하겠다고 협박한다. 하지만 미국의 동맹이 갈가리 찢어진 가운데 세계는 미국의 세기가 조용히 저무는 것에 주의를 기울이지 않는다.

≣ 군사적 재난: 현 상황

경제적, 외교적 영향력이 쇠퇴함에 따라 워싱턴은 갈수록 군사력에 의존하고 있으며, 그로 인해 패배에 직면할 위험도 그만큼 커졌다. 실제로 제국은 몰락 과정에서 무분별한 군사적 모험을 감행하여 패배와 재난을 자처한 경우가 흔하다. 제국사가들 사이에서 '소군국주의micro-militarism'로 알려진 이 현상은 제국의 후퇴 또는 패배를 달래줄 심리적 보상을 얻으려는 경향이다.[56]

새롭게 부상하는 제국은 해외 영토를 정복하고 지배할 때 대체로 군사력을 신중하고 합리적으로 사용한다. 반면 쇠퇴하는 제국은 잃어버린 위신을 어떻게든 만회할 과감하고 절묘한 한 수를 꿈꾸며 무분별하게 힘을 휘두르는 경향이 있다. 제국주의적 관점에서 볼 때조차도 비합리적인 소규모 군사 작전은 이미 진행 중인 쇠퇴를 가속화할 뿐이다.

시대를 막론하고 궁지에 몰린 제국의 오만은 스스로를 점점 더 깊은 군사적 재난으로 몰아넣는다. 기원전 413년, 쇠약해진 아테네는 병사를 가득 실은 200척의 전선을 시칠리아로 파견하지만 참패를 당하고 만다(시칠리아 원정 실패는 그리스 세계의 패권이 아테네에서 스파르타로 넘어가는 계기가 된다-옮긴이). 1921년, 저물어가는 스페인제국이 모로코로 파병한 2만 명의 병사는 베르베르인 게릴라군에게 무참히 학살당하고 말았다. 1956년, 영국은 수에즈 분쟁으로 치명타를 입었다. 그리고 2001년과 2003년 미국은 아프가니스탄을 점령하고 이라크를 침공하여 친미 정권을 수립하지만, 곧 재집결한 이슬람 반군의 역공에 시달렸다.

≡ 군사적 재난: 2020년 시나리오

'소군국주의'는 비현실적인 상황으로 이어지는 경우가 많다. 미군이 북아프리카부터 일본까지 무리하게 확장시키다가 이스라엘, 시리아, 한반도의 긴장 국면으로 인해 해외 군사작전이 참담하게 실패할 가능성이 곳곳에 도사리고 있다. 그중 하나만 살펴보도록 하자.

때는 2020년 늦봄. 아프가니스탄 남부 칸다하르시에 주둔한 미군이 탈레반과 이슬람국가 동맹군의 급습을 받아 괴멸된다. 미군 항공기가 모래 폭풍에 발이 묶인 가운데 게릴라 반군은 미군 포로를 즉결 처형하고, 그 끔찍한 장면을 촬영하여 인터넷에 올린다. 트럼프 대통령은 전 세계 시청자 앞에서 "추악한 무슬림 살인자들"을 규탄하면서 "사막의 모래를 피로 물들일 것"이라고 맹세한다. 분노에 찬 미군 사령관은 대통령의 약속을 이행하기 위해 B-1 폭격기와 F-35 전투기를 출동시켜 칸다하르를 폭격한다. 그런 다음에는 가공할 화력의 AC-130U 건십이 대거 출동하여 무너진 도시를 공격한다. 민간인 사상자가 수도 없이 속출한다.

곧 아프가니스탄 곳곳의 모스크에서 지하드를 선동한다. 때를 맞춰 미군이 공들여 훈련시킨 아프간 정규군이 집단 탈영하기 시작한다. 아프가니스탄 전역의 미군 주둔지에서는 아프간 병사들이 총구를 돌려 미국인 군사 고문을 사살한다. 한편 탈레반이 미군 공격을 감행하여 사상자가 급증한다. 미군 헬리콥터가 병사와 민간인을 카불과 칸다하르의 건물 옥상에서 구출하는 장면은 마치 1975년의 사이공을 연상시킨다.

아프가니스탄에서 발생한 대규모 민간인 인명 피해와 백악관 대통령 집무실에서 매일 같이 업데이트되는 반무슬림 트윗, 그리고 수년간 침체된 유가에 분노한 석유수출국기구OPEC 지도자들은 미국과 그 동맹국을 겨냥한 원유 금수를 단행한다. 유럽과 일본의 정유시설은 원유 비축분이 고갈되고, 세계경제가 동요하고, 미국 전역에서 휘발유 값이 급등하자 워싱턴은 해결책을 찾기 위해 허둥댄다. 북대서양조약기구에 지원을 요청해보지만, 트럼프 정권 4년간 동맹 관계는 이미 되돌릴 수 없을 정도로 손상되었다. 심지어 영국조차 트럼프의 지원 요청을 묵살한다.

2020년 11월 대선을 앞두고 트럼프 백악관은 해병대와 특수작전부대를 파병하여 페르시아만의 원유항을 점령하는 강수를 둔다. 바레인의 제5함대 기지에서 출발한 네이비실과 레인저가 세계에서 아홉 번째로 큰 사우디아라비아의 라스타누라 정유소와 쿠웨이트 슈와이바 및 이라크 움카스르의 주요 항구를 점령한다. 이와 동시에 강습상륙함 이오지마USS Iwo Jima를 앞세운 기동부대가 세계에서 네 번째로 큰 아부다비 알루와이스 정유소와 두바이 제벨알리의 거대 항만을 장악하기 위해 남쪽으로 향한다. 6,000여 명의 특수부대 요원을 실은 헬기 수백 대가 출동하지만, 작전은 시작부터 어긋나기 시작한다. 요원들은 원유항의 복잡하게 얽힌 파이프 속에서 갈팡질팡한다. 정유소 근무자들은 미군의 작전이 실패할 것을 알고 비협조적인 태도를 고수한다. 작전 2일차, 핵협정이 파기된 이래 이 순간을 위해 훈련해온 이란 혁명수비대 특공대가 원격조종 폭탄을 싣고 쿠웨이트와 아랍에미리트의 정유소에 상륙한다. 주변이 온통 화약고나 다름없는 탓에 화력으로 밀어붙일 수 없는 미군은 불기둥이 치솟는 유류 탱크와 가스관을 뒤로하고 철수하는 이란군 고속정을 향해 헛되이 총을 갈겨대는 것 외에 별다른 도리가 없다.

사흘 후, 이란 해역으로 접근하던 미국의 핵항모 제럴드 포드 USS Gerald Ford 앞에 불현듯 100척이 넘는 고속정이 나타나 교란 작전을 펼친다. 항공모함의 기관포가 근접한 고속정을 향해 불을 뿜을 때마다 화염 속에서 또 다른 고속정이 등장하여 간격을 좁혀온다. 자욱한 연기 속에서 이란군 고속정 한 대가 항공모함 선체에 폭탄을 부착하는 데 성공한다. 곧 굉음이 터지면서 흘수선에 커다란 구멍이 뚫린다. 이제 펜타곤은 무력화된 주력함을 페르시아만에서 철수시킬 수밖에 없다.

걸프만 곳곳의 원유항에서 검은 연기가 치솟고 유엔에 모인 각국 외교관들이 미국의 행동을 맹렬히 규탄하는 가운데, 전 세계 논평가들은 이 사건을 '미국판 수에즈 사태'로 명명한다.

≡ 3차 세계대전: 현 상황

워싱턴과 안보기구 관리들이 3차 세계대전의 가능성을 심각하게 고려하기 시작한 것은 비교적 최근의 일이다.

2010년 여름, 그때까지 미국의 '호수'로 간주되던 서태평양에서 중국과의 군사적 긴장이 고조되었다. 2차 세계대전 후 워싱턴이 동맹 관계를 이용하여 영국의 패권을 전유했듯이, 이제 중국이 미국과의 무역에서 벌어들인 자금으로 아시아 태평양 지역 수로에 대한 지배권에 도전하기에 이르렀다. 2016년 중국의 국방 예산은 약 2,190억 달러로 미국 국방 예산 5,220억 달러의 절반에 근접했고, 2040년경에는 미국을 능가할 추세다.[57]

날로 커지는 경제력을 바탕으로 베이징은 한국에서부터 인도네시아까지 원호를 그리며 늘어선 섬과 수로에 대한 권리를 주장하기 시작했다. 워싱턴이 남중국해의 패권을 주장하며 2010년 8월 그곳에서 해군 군사훈련을 실시하자, 베이징의『환구시보』는 "남중국해 문제를 두고 벌어진 미국과 중국의 경합은 미래의 세계 지배자를 판가름하는 경쟁에 불을 붙였다"라며 격앙된 반응을 보였다.[58] 4년 후 베이징은 하이난섬 인근에 핵잠수함 기지를 건설하고,[59] 스프래틀리제도 내 7개 환초의 매립을 가속화하면서[60] 영유권 주장의 수위를 높였다. 2016년 헤이그 상설중재재판소는 이 지역의 환초는 영유권을 갖지 않는다고 판결했지만, 중국 외교부

는 이를 묵살했다.[61]

펜타곤은 공해상의 중국군에 대응하기 위해 '항행의 자유'를 역설하며 남중국해로 항모단을 파견했다.[62] 그뿐만 아니라 워싱턴은 아시아 연안에서 미국의 전략적 입지를 강화하기 위해 공군 및 해군 자산의 상당 부분을 태평양 일대의 군사기지로 이전했다.

펜타곤 2010년 보고서에 따르면 같은 시기에 중국은 전력 투사 능력 확대에 초점을 맞춘 "중국군의 전면적 변모"를 단행했다. 세계에서 "가장 활발한 지상 발사형 탄도·순항 미사일 프로그램"을 운용하는 베이징은 "미국 본토를 포함한 세계 대부분의 지역에 핵무기"를 겨냥할 수 있다. 인민해방군의 미사일은 "서태평양에서 항공모함을 포함한 선박을 공격할 수 있는 역량"을 갖추었다. 중국은 "모든 전투 공간에서 정보 스펙트럼"을 장악한다는 계획을 세우고 사이버 공간 및 우주에서도 미국에 도전하기 시작했다.[63]

중국군은 61398부대 및 관련 계약 업체를 통해 정교한 사이버전 역량을 구축하고 "미국의 핵심 기반시설인 전력망, 가스망, 상수도를 집중 공격했다." 워싱턴은 일련의 지식재산권 절취 사건의 범인으로 61398부대를 지목하고, 2013년에 중국 현역 사이버 부대 장교 5명을 기소하는 전례 없는 조치를 취했다.[64]

중국은 "감시 역량을 향상하기 위해" 2012년까지 14기의 위성을 발사했다. 4년 후 베이징은 "2020년까지 위성 35기로 구성된 글로벌 서비스"를 준비하고 있다고 발표했다(2018년 12월, 중국의 베이더우가 글로벌 내비게이션 서비스를 시작했다-옮긴이).[65] 중국은 2016년 8월, 전파를 이용하는 기존 위성과는 달리 해킹이 불가능한 것으로 알려진 양자위성 발사에 세계 최초로 성공하여 통신보

안 분야에서 대약진을 이루었다.[66]

워싱턴은 새로운 군사 분쟁 영역에서 중국을 견제하기 위해 사이버 전쟁 역량을 강화하고 항공우주 로봇으로 구성된 디지털 방어망을 구축했다. 펜타곤은 2010~12년에 X-37B 무인 우주왕복선 테스트에 성공하여 드론 작전을 외기권으로 확대했다.[67] 모든 것이 계획대로 진행된다면 2020년경 펜타곤은 위성, 로봇, 드론으로 구성된 트리플 캐노피 체계를 성층권에서 외기권에 이르는 방대한 공간에 구축하게 될 것이다.

미국과 중국의 세력 균형을 비교한 랜드연구소의 2016년 연구 보고서 「중국과의 전쟁」에 따르면, 2025년경 "중국은 성능과 사정거리가 우월한 더 많은 수의 탄도 미사일과 순항 미사일, 첨단 대공 방어 시스템, 최신식 항공기, 더 조용한 잠수함, 더 많은 센서, 그리고 통합 킬체인(타격순환 체계) 운용에 필요한 디지털 커뮤니케이션 처리 능력 및 C2 보안 등급(사이버 보안)을 보유할 것"이다. 랜드연구소는 전면전이 일어날 경우 미국의 항공모함, 잠수함, 미사일 및 항공기가 심각한 타격을 입을 것이며, 미국의 컴퓨터와 위성 시스템은 "중국의 사이버 전쟁 및 위성 공격"에 의해 "성능 저하"를 경험할 것이라고 시사했다. 미국과 중국이 충돌할 경우 "분명한 승자"가 가려지지 않을지도 모른다.[68]

≡ 3차 세계대전: 2030년 시나리오

우주 전쟁과 사이버 전쟁 기술은 검증되지 않은 분야이기에 전략가들이 어떤 기발한 시나리오를 내놓는다 하더라도 현실은 그보다 더 기상천외하게 전개될 것이다. 미국 공군워게이밍연구소Air Force Wargaming Institute는 2015년 핵전쟁 훈련을 실시하면서 정교한 컴퓨터 모형화와 코딩 기술을 동원하여 「2030년 시나리오」를 준비했다. 그에 따르면 "향상된 원거리 공격 무기로 무장한 공군 B-52 군단"이 공격 태세로 하늘을 순찰한다. 그와 동시에 "빛나는 신형 대륙 간 탄도 미사일"이 발사 준비를 완료하고 대기한다. 그런 다음에는 "업그레이드를 완료한" B-1 폭격기가 적의 방어망을 돌파하여 치명적인 핵공격을 감행하는 과감한 전술을 실행한다.[69]

이 시나리오가 공군 작전참모들에게 짜릿함을 주었을지는 모르지만, 미국 패권의 미래에 대해서는 많은 것을 말해주지 않는다. 랜드연구소의 「중국과의 전쟁」연구 보고서도 양측의 전력을 비교했을 뿐, 전략에 대한 분석은 부족하다. 한편 국가정보위원회의 2017년 『글로벌 트렌드 2035』는 미래의 전쟁이 어떤 식으로 전개될 것인지를 보다 구체적으로 다룬다. 전장에서 적을 제압하여 승리하는 직접 충돌 대신, 미래의 전쟁은 "정밀한 원거리 공격 무기, 로봇 시스템, 정보 공격(적의 정보 시스템을 파괴하거나 조작하는 것-옮긴이)"을 이용하여 "적의 핵심 시설"을 파괴하거나 교란시켜 승리하는 방식이다.[70]

우리는 비록 워게이밍연구소의 컴퓨터 모형화 장비나 랜드연구소의 분석 역량, 또는 국가정보위원회처럼 무한한 자원을 보유하고 있지는 않지만, 미래의 전쟁에서 미국이 패배하는 시나리오를 상상해볼 수 있다. 워싱턴은 기존 패권국의 입장에서 모든 전장을 방어해야 하므로 역설적으로 강점이 약점이 된다. 이에 반해 도전자 중국은 군이 미국의 압도적인 군사력을 능가할 필요 없이 몇 가지 전략적 결함을 공략하면 되기에 비대칭적 우위를 갖는다. 중국군이 워싱턴의 군사력에 필적하기까지는 수십 년이 걸릴 테지만 사이버 전쟁, 우주 전쟁, 슈퍼컴퓨터의 조합을 통해 미군의 통신을 무력화하여 전략군의 발을 묶을 방법은 이미 다양하다. 이를 고려하여 다음과 같은 3차 세계대전 시나리오를 소개한다.

때는 2030년 추수감사절(11월 넷째 주 목요일-옮긴이) 오후 11시 59분. 벌써 몇 달째 남중국해에서 중국과 미국 해군 경비대 사이의 긴장이 고조되고 있다. 외교적 수단을 통해 중국을 제지하려는 워싱턴의 시도는 무참히 실패로 돌아갔다. 오랜 동맹인 북대서양조약기구는 수년간 미국의 소극적 지원으로 인해 제 기능을 하지 못하고, 영국은 주요 강대국 그룹에서 밀려났으며, 일본은 사실상 중립을 고수하고, 수년간 미국 정보기관의 사이버 감시를 당해온 다른 나라 지도자들은 워싱턴에 협조하지 않는다. 효과적인 경제 제재를 가하기에는 미국 경제가 너무 악화된 상황에서, 워싱턴은 남은 항모전단 8개 중 6개를 서태평양에 배치하는 최후의 수단을 꺼낸다.

중국 지도부를 압박하여 물러나게 만들고자 했던 미국의 움직임은 오히려 역효과를 낸다. 스프래틀리제도의 공군기지에서 출동한 중국군 전투기가 곧 미 해군 함정 위를 질주하기 시작하고, 중국군 프리깃함은 순찰 중인 미군 항공모함 2대와 치킨 게임을 벌이며 점점 그 수위를 높여간다.

그러던 어느 날 비극이 닥친다. 안개가 자욱하게 낀 새벽 4시, 미국의 초대형 항모 제럴드 포드가 노후한 중국의 호위함 536 쉬창㨾를 들이받아 두 동강 내고, 중국 해병 165명이 전원 수장당하는 사건이 벌어진다. 섬뜩한 우연의 일치일까. 사고가 난 바다는 1969년 호주 해군 항공모함 멜버른HMAS Melbourne이 미군 구축함 프랭크 E. 에반스USS Frank E. Evans의 뱃머리를 결딴내 74명의 해병이 사망한 위치에서 불과 수 킬로미터 떨어진 곳이다. 그러나 이번 사건은 사고를 은폐하기로 합의할 수 있는 가까운 동맹국 사이에 벌어진 일이 아니었다. 베이징은 자국 호위함 선장의 잘못을 인정하는 대신 미국에 사과와 배상을 요구한다. 워싱턴이 이를 거부하자 중국의 분노가 광풍처럼 몰아친다.

추수감사절 전날 밤 자정이 되자마자 블랙 프라이데이 세일을 맞아 방글라데시에서 생산된 최신 가전제품을 구매하려는 미국인들이 베스트바이Best Buy 웹사이트로 몰려드는 가운데, 호주 서부 엑스머스의 우주감시망원경을 관리하는 해군 요원들이 갑자기 마시던 커피를 뿜는다. 남반구의 하늘을 보여주는 파노라마형 스크린이 별안간 깜박거리더니 완전히 먹통이 되어버린 것이다.[71] 수천 킬로미터 떨어진 텍사스주 미국 사이버사령부 작전실에서는 공군 기술자들이 무기 시스템에 침투한 악성코드를 감지한다. 해킹에는 중국 인민해방군의 고유한 디지털 지문이 남아 있다.[72]

훗날 역사가들에 의해 '악성코드전쟁Battle of Binaries'이라 불리게 될 이 대결에서 미국 사이버사령부의 슈퍼컴퓨터가 비장의 무기로 준비한 악성코드로 맞불을 놓는다. 하지만 중국의 몇몇 지방정부 서버가 영향을 받았을 뿐, 뛰어난 보안을 자랑하는 중국 양자위성 네트워크는 해킹이 불가능한 것으로 판명된다. 한편 상하이의 61398부대가 보유한 더 크고 빠른 슈퍼컴퓨터가 구식 극초단파 신호를 이용하는 미국의 위성 시스템에 침투한다.

공격의 시작은 펜타곤의 그 누구도 예측하지 못한 방식으로 이루어졌다. 남중국해 1.8킬로미터 상공을 날던 MQ-25 스팅레이 드론 수 대가 중국발 멀웨어에 감염되어 무기를 막무가내로 발사하기 시작한다. 수십 기의 치명적인 미사일이 텅 빈 바다로 투하되고, 이로써 미군의 무인 항공 무기는 사실상 무력화된다.[73]

응전을 결정한 백악관은 보복 공격을 승인한다. 미군의 위성 시스템이 해킹당할 리 없다고 자신했던 캘리포니아의 공군 사령관들은 400킬로미터 상공을 선회하는 X-37B 우주 드론 편대에 미사일 발사 코드를 전송한다.[74] 그러나 아무 반응이 없다. 당황한 미 해군은 황급히 줌월트급 구축함에 중국 위성을 향해 RIM-174 킬러 미사일을 발사하라고 명령한다. 하지만 이번에도 발사 코드가 말을 듣지 않는다.[75]

중국발 바이러스가 미국 위성 시스템 전체로 걷잡을 수 없이 퍼지는 가운데, 미국의 열등한 슈퍼컴퓨터는 중국 멀웨어를 해독하는 데 실패한다. 전 세계에 배치된 미국 함대와 항공기의 내비게이션 GPS 신호가 순식간에 무용지물이 된다.

태평양 건너편에서는 미 해군 갑판사관들이 오래전 사관학교에서 배운 항해술 수업을 기억해내려고 애쓰면서 육분의를 찾아 달려간다. 태양과 별을 보고 운행해야 하는 처지가 된 미군 항모함대는 중국 연안의 주둔지를 포기하고 안전한 하와이로 후퇴한다.

화가 머리끝까지 치민 미국 대통령이 중국 하이난섬의 룽포 해군기지 공격을 명령한다. 수 분 내로, 괌에 위치한 앤더슨 공군기지 사령관이 중국의 어떤 전투기나 공대공 미사일보다 훨씬 빠른 X-51 "웨이브라이더Waverider" 극초음속 미사일을 발사한다. 미군의 미사일은 2.1킬로미터 상공으로 치솟은 뒤 태평양을 시속 6,500킬로미터로 쏜살같이 가로지르기 시작한다.[76] 백악관 상황실 내부에는 숨 막히는 침묵이 감돈다. 전술 핵탄두가 룽포 기지에 명중하여 남중국해상의 모든 중국 해군을 무력화하기까지 걸리는 30분간 전원이 초조하게 시계만을 바라본다. 그때 갑자기 중국을 향해 날아가던 미사일이 태평양으로 곤두박질친다.

천안문광장 지하 벙커에서는 시진핑이 손수 지목한 후계자이자 전임자보다도 더 강경한 민족주의자인 리커창李克强이 미국이 중국을 향해 전술핵을 발사했다는 사실에 분노한다. 중국 국무원이 미국과의 전면전을 망설이자, 그는 고대 전략가 손자의 말을 인용하여 그들을 설득한다. "승리하는 군대는 미리 승리를 구하고 이후에 전투에 임하며, 패배하는 군대는 먼저 싸움을 걸고 이기려고 한다." 박수갈채가 울려 퍼지는 가운데 국무원은 만장일치로 결의한다. 전쟁이다!

지도부의 결정이 떨어지자마자 베이징은 사이버 세계에서 현실 세계로 전쟁을 확대한다. 중국이 보유한 수십 대의 차세대 SC-19 위성 요격 미사일이 미국의 통신위성을 차례로 격추시킨다. 2013년 펜타곤이 무선으로 연결된 탄력적 분산형 F-6 시스템 개발을 포기한 이래 통신위성은 이런 공격에 극히 취약했다.

유라시아 대륙을 순찰하던 20여 대의 RQ-180 드론이 갑자기 명령에 반응하지 않고 지평선을 향해 곤두박질친다. 미국은 눈깜짝할 사이에 오랫동안 궁극의 고지로 여겨온 하늘에 대한 통제

권을 상실한다.[77]

미국의 잇단 패배에 대한 첩보가 크렘린으로 밀려드는 가운데, 모스크바는 세베로드빈스크급 핵잠수함 12척을 북극권 너머 북대서양으로 파견한다. 이와 동시에 러시아 흑해함대의 호위함 대여섯 척이 알려지지 않은 수의 공격 잠수함을 거느리고 미국 제6함대가 주둔한 지중해 서부로 향한다. 불과 몇 시간 만에 워싱턴은 지난 85년간 패권의 핵심이던 유라시아 동서 양축의 통제권을 잃는다.

모든 무기는 언젠가 이길 수 없는 적수를 만난다. 머스킷 총병이 중세 기사의 종말을 고하고, 탱크가 참호를 무용지물로 만들고, 급강하 폭격기가 전함을 침몰시켰듯이, 중국의 사이버 역량은 한때 겨룰 자가 없었던 미국의 통신위성 시스템을 무력화하여 승리를 거머쥔다. 양측 모두 단 한 명의 전투 사상자도 내지 않은 채, 한 세기 가까이 지구를 지배했던 초강대국은 3차 세계대전에서 패배했다.

☰ 기후변화: 현 상황

세계와 미국의 위상에 그 무엇보다 큰 변화를 가져올 '게임 체인저'가 다가오고 있으니, 바로 기후변화다. 앞서 소개한 시나리오와 달리 기후변화는 선명한 과학적 궤도를 그리고 있어서 그 영향을 추측할 필요가 없다. 이미 나와 있는 숫자만 종합해도 2030년이나 늦어도 2040년까지는 거의 확실하게 현실화될 악영향과 그로 인한 혼란을 도출할 수 있기 때문이다.

2007년에 노벨평화상을 수상한 유엔 산하 국제기구 '기후변화에 관한 정부 간 협의체Intergovernmental Panel on Climate Change(IPCC)'에 연구 결과를 제공하는 수천 명의 과학자들은 지난 사반세기 동안 지구의 암울한 미래 전망을 담은 보고서를 네 차례 내놓았다. IPCC 과학자들은 2014년 보고서에서 "온난화는 이론의 여지가 없으며", 만일 대기 중 온실가스 방출에 대한 엄격한 규제가 마련되지 않는다면 2100년까지 지구 평균 기온이 3.7~4.8도 상승하여 "심각하고, 만연하고, 돌이킬 수 없는 영향"을 초래할 것이라고 밝혔다.[78]

IPCC에 따르면 기온이 4도 이상 상승하면 전 세계는 "심각한 식량 위기에 처하며, 높은 온도와 습도로 인해 일정 지역에서는 일상적 인간 활동이 어려워진다." 보다 구체적으로는 "상당수 육지·담수·해양 생물의 멸종 위험이 높아질 것이고", 생물권에 누적된 탄소는 "삼림 파괴와 생태계 붕괴"를 일으키며, 해수면 상승은 연안 지역의 "침수, 범람, 침식"을 가져오고, 내륙 지방의 사람들은 "물 부족"이나 "하천 홍수"에 시달리게 될 것이다. 장기적 영향 외에도 기후변화는 "홍수와 가뭄 같은 기상 이변"으로 삶의 터전을 잃은 난민을 발생시키며, "기아로 인한 분쟁 지대 형성"과 "무력 충돌 위험" 증가의 원인이 된다.[79] 이런 추상적인 얘기가 잘 와닿지 않는다면 이건 어떤가. 보스턴 지역의 대학들이 시장에게 조언한 바에 따르면, 극지방 빙하 융해로 인한 '최악의 시나리오'는 2100년경 해수면이 3미터 상승하여 보스턴의 30퍼센트가 영영 물에 잠기고 만다.[80]

기후변화가 생명체에 미치는 영향은 심각하기 그지없으나,

2100년은 당장 실감하기에는 너무 먼 미래다. 바쁜 일상에 매몰된 대부분의 사람은 자식의 대학 입학이나 은퇴 후를 바라보며 20년 후를 계획하는 것이 고작이다. 따라서 기후변화가 2040년경의 미국 사회와 세계에 미칠 영향이 무엇인지 묻는 것이 보다 현실적이며, 미국 국가정보위원회는 두 건의 보고서를 통해 이 질문에 대한 답을 제공했다.

여러 과학적 모델을 바탕으로 작성한 2016년 9월의 보고서는 20년 이내에 기후변화가 "홍수, 가뭄, 사이클론, 폭염" 등 "갈수록 극심해지는 기상 이변"을 초래하여 "기근, 공급망 붕괴 또는 사회기반시설 손상"으로 이어질 것이라고 경고했다. 그로부터 몇 달 후 발표된 『글로벌 트렌드 2035』는 가속화되는 기후변화가 폭풍 해일, 토양 악화로 인한 식량 부족, "폭염, 가뭄, 홍수와 같은 기상 이변", 그리고 "인간과 동물 전염병 확산" 등의 재난을 동시다발적으로 초래하리라 예측했다. 기후변화로 인해 경작지, 식량, 깨끗한 물 등 글로벌 코먼즈가 갈수록 귀해지는 데 비해 세계 인구는 2016년 73억 명에서 2035년 88억 명으로 20퍼센트가량 증가할 전망이다. "아프리카, 아시아, 중동의 취약 계층" 가운데 "혼란에서 살아남기 위해 고군분투하는" 사람들은 "폭력에 의존하거나, 다른 지역으로 이주하거나, 아니면 살아남지 못할 것이다." 2050년까지 환경 변화는 적어도 2억 명의 난민을 발생시켜 대규모 이주를 촉발할 것이다.[81]

기후변화가 어떤 "정치적, 안보적 결과를 가져올 것인지에 대한 연구는 아직 빈약"한 수준이지만 위원회에 따르면 최근에 벌어진 사건들로부터 기후변화가 향후 세계 안보에 미칠 영향을 가늠

할 수 있었다. 2014년, 나이지리아 대통령은 "메말라가는 우물"을 두고 농경과 목축 집단 사이에서 벌어진 폭력 사태를 진압하기 위해 군대를 투입했다. 그로부터 1년 후 "사상 최초의 허리케인급 폭풍"이 전쟁으로 피폐해진 예멘을 강타했고, 비와 함께 메뚜기 떼가 급증하여 농작물이 초토화될 위기에 처했다. 이와 동시에 말리의 반군은 "지하드를 위한 식량" 프로그램을 운영하며 전투원을 모집했다. 한편 북극 지역의 온난화는 해빙을 야기해 러시아와 중국을 잇는 송유관의 안전을 위협하고, 이 지역의 통제권을 놓고 러시아와 캐나다가 갈등할 위험이 커진다. 선진국의 경우 2003년 유럽에서 350년 만의 폭염으로 7만 명 이상이 사망했으며, 2010년 러시아에서는 모스크바에서만 1만 1,000명의 사망자가 나왔다. 2014년 호주의 무더위는 기상 관측을 시작한 이래 가장 오랫동안 이어졌다. 유럽의 대표적 보험사 로이드Lloyd와 알리안츠Allianz는 "기후변화로 인한 손실"이 급증하여 자본을 잠식할 것으로 예측한다. 2016년 말, 기후학자들은 3년 연속으로 최고 기온이 경신된 데다 불과 3년 만에 지구 온도가 섭씨 0.27도 상승했다는 사실에 동요했다. 『뉴욕타임스』는 해수면이 4.6~6미터 상승할 것이며 "방어벽 구축을 위한 피나는 노력 없이는" 전 세계 연안 도시의 다수가 물속에 잠길 것이라는 예상을 비롯하여 갈수록 가혹해질 환경을 재확인했다.[82]

미국 국가정보위원회는 향후 20년간 점진적으로 진행될 기후변화가 안보에 "심각한 영향을 미칠 수 있다"고 말한다. 위원회는 "산성화되는 바다, 토양 및 대기 오염, 해수면 상승"에 따른 광범위하고 전반적인 변화가 국가안보에 미칠 영향과 함께, "영구

동토층의 해빙에 따른 대규모 가스 방출, 반복적으로 발생하는 대가뭄, 생태계의 극단적 변화, 새로운 병원균의 등장, 또는 거대 빙상의 갑작스러운 붕괴" 같은 구체적 예측도 내놓았다. 그러나 위원회의 보고서는 이 모든 변화로 초래될 비용이나 사회적 영향은 언급하지 않았다.[83] "미국 최북단 알래스카주에서 기후변화의 영향을 직접 목격"한 오바마는 2015년 파리 기후변화회의에서 그곳의 현실을 생생히 묘사했다. "알래스카에서는 바다가 이미 마을을 삼키고 해안선을 침식했으며, 영구 동토층이 녹고 툰드라가 불타고 있습니다. 빙하는 유례가 없는 속도로 녹고 있습니다."[84]

알래스카까지 가지 않더라도, 계속해서 상승하는 해수면과 갈수록 거세지는 폭풍 해일에 취약한 도시들이 대서양 및 멕시코만 연안을 따라 늘어선 미국 본토의 변화도 이미 심각한 수준이다. 2005년 허리케인 카트리나는 뉴올리언스에서만 400억 달러 규모의 재산 피해를 끼쳤으며, 2012년 허리케인 샌디는 뉴욕시에 적어도 500억 달러의 피해를 가져왔다. 인구가 500만 명이 넘는 사우스플로리다는 가장 높은 지대가 해발 3.6미터 높이에 불과하고, 마이애미 대부분의 지역은 해발고도가 1.5미터도 되지 않는다. 현재 '마른 침수'(비가 오지 않아도 바닷물이 밀려들어와 생기는 홍수-옮긴이)라 불리는 현상이 버지니아주 노퍽부터 플로리다주 포트로더데일까지 동부 해안을 따라 빈번하게 발생하고 있으며, 정부기관 소속 과학자 윌리엄 스위트William Sweet는 이 위협은 "100년 후가 아니라 바로 지금 일어나고 있는 일"이라며 경각심을 촉구했다.[85]

머지않아 기후변화가 초래한 비용이 미국 경제에 커다란 부담으로 작용할 것이다. 미국 육군 공병단의 표현을 빌리자면, 연간

8,000억 달러 규모의 물자를 취급하는 항구들과 국내총생산의 49 퍼센트를 차지하는 '하구 지역'으로 구성된 취약한 연안 지대는 "미국의 경제 동력"이다. 그러나 국가정보위원회와 마찬가지로 육군 공병단도 기후변화로 인한 피해 범위가 어느 정도일지 구체적으로 논하지 않는다. 육군 공병단은 대서양과 멕시코만 해안선 5,800킬로미터를 보호하는 데 드는 비용에 대해서는 말을 아끼지만, 루이지애나주 해안선 160킬로미터에 대한 "폭풍 피해 위험 감소" 비용만 해도 22억 달러에 달할 것으로 추산한 바 있다.[86]

참여과학자모임Union of Concerned Scientists은 기후변화로 위협받는 플로리다주 연안 카운티의 주택보험 가입 금액이 총 2조 9,000억 달러에 달할 것으로 추산했다. 2012년 보험사들이 이 지역을 비롯한 위험 지역에서 철수하기 시작하면서, 연방정부의 국가홍수보험프로그램National Flood Insurance Program은 560만 건의 보험에 대해 200억 달러의 부채를 짊어진 비경제적이고 아마도 지속 불가능한 불균형 상태에 빠졌다. 버지니아주는 랭리 공군기지와 노퍽 조선소 같은 주요 방어시설을 비롯하여 전체 인구 820만 명 가운데 60 퍼센트가 향후 20년간 해수면이 46센티미터 상승할 것으로 예상되는 연안 지역에 거주하고 있다.[87]

20년간 서서히 진행될 해수면 상승에는 그래도 어떻게든 대처를 해볼 수 있겠으나, 폭풍 해일은 또 다른 얘기다. 한 부동산 분석 기업은 2016년을 기준으로 미국 동부 해안을 따라 늘어선 680만 가구가 "폭풍 해일 범람"에 취약하며, 재건 비용은 총 1조 5,000억 달러에 달할 것으로 추산했다. 뉴욕시 인근의 방조제 네트워크에 300억 달러, 보스턴의 4.6미터 높이 '해양 벨트' 구조물에 50억 달러, 그리고 코네티컷주 스탬퍼드 같은 88개 소규모 대도시에도 각 1~2억 달러가 들 것으로 예상된다.[88] 그러나 이 모든 조치는 해수면 상승으로 인해 피해를 지연시킬 뿐이다.

해수면 상승은 기후변화가 초래할 재난 중 하나에 지나지 않는다. 미국 남서부와 중서부 지방에 35년 이상 지속되는 대가뭄이 찾아와서, 이를테면 피닉스가 사람이 살 수 없는 곳으로 변할 때 들어갈 비용을 상상해보라.[89]

≋ 기후변화: 2040년의 시나리오

육군 공병단과 국가정보위원회의 보고서에 언급되지 않은 영역으로 시나리오를 확장해보자. 기후변화는 빠르면 2040년경 미국이 주도하는 세계질서에 격변을 가져올 것으로 예상된다.

각국 정부가 자연재해 대처에 급급한 가운데, 세계 각지에서 물과 식량을 두고 갈등이 고조된다. 가뭄과 저지대 범람으로 삶의 터전을 잃은 무수한 농민이 제3세계의 도시로 밀려들고, 북아프리카와 중동에 걸친 건조 지역에서는 수백만 명의 난민이 유럽을 향해 긴 행렬을 이룬다. 북대서양조약기구는 지역 안보에 집중할 수밖에 없고, 세계의 나머지 지역은 워싱턴의 소관으로 남는다. 중동 각지에서 자국 정부의 영향력이 더욱 약화된 가운데, 식량과 물을 확보하기 위해 부족 및 인종 기반의 반군이 세를 불린다.

카리브해에 몰아친 폭풍과 중미 지역의 수확량 감소로 발생한 난민을 통제하는 것만으로도 버거운 미국은 아프리카와 아시아에서 벌어지는 분쟁의 중재자 역할을 포기한다. 미국은 인구 고령화에 따른 재정 압박에 더해 서부의 산불, 대륙 전역에서 계속되는 가뭄, 주기적으로 범람하는 폭풍 해일, 그리고 허리케인으로 난장판이 된 연안을 관리하는 토목 공사에 엄청난 비용을 쏟아붓는다.

기후변화는 그 어떤 패권국의 지배력도 약화시키기에 충분하며, 권력의 중심은 지역 패권국(중동의 이스탄불, 남아시아의 뉴델리, 남아프리카의 프리토리아 등)으로 이동한다. 워싱턴은 북미에서 지배적 입지를 유지하고 라틴아메리카에서도 상당한 영향력을 행사하겠으나, 아시아 연안의 방어선은 하와이를 중심으로 한 중태평양 지역까지 물리지 않을 수 없다. 대신 광대한 유라시아 대륙을 바탕으로 세계섬의 기반시설, 금융, 무역 통합 전략을 추진해온 중국이 세계의 지배적 강국으로 부상할 가능성이 높다.

단 한 발의 총성이나 단 한 건의 외교 분쟁 없이도, 지정학과 기후변화에 밀린 워싱턴은 조용히 패권국의 자리에서 내려온다. 그렇다고 해서 베이징이 유일한 초강대국으로 부상할 것으로 보이지는 않는다. 그보다는 지구상의 여러 패권국 가운데 가장 큰 영향력을 가진 나라, '동급 중 일인자' 자리를 차지할 가능성이 크다. 그래도 일인자는 일인자다.

≡ 변화하는 세계

미래가 지금까지 살펴본 시나리오만큼 극적으로 전개되지 않는다 하더라도, 모든 트렌드는 2030년경 미국 패권의 몰락을 시사한다. 고문과 사찰 폭로로 워싱턴의 도덕적 권위가 땅에 떨어졌을 뿐만 아니라, 충성스러운 종속국 지배층, 치명적인 비공개 작전, 기술 혁신, 그리고 유라시아에 대한 지정학적 우위를 잃어가고 있다. 전 세계 우방국이 중국이라는 신흥 강국의 등장에 적응해나가는 가운데 미국이 800개가 넘는 해외 군사기지를 유지하는 것은 정치적으로나 경제적으로 불가능해질 것이고, 머지않아 워싱턴은 단계적 철수를 시작하지 않을 수 없다. 미국과 중국이 우주와 사이버 공간에서 경쟁에 돌입하면서 양국의 긴장이 고조되는 상황을 감안하면, 2030년의 군사 갈등은 충분히 현실적인 시나리오다. 만약 최악의 사태가 벌어져 미국이 가파른 하향곡선을 그리며 추락한다면 미국인들은 한 세대 혹은 그 이상의 경제적 궁핍을 경험하게 될 것이다.

그나마 남은 시간조차도 낭비될 공산이 크다. 2016년 대선 이후 미국 지도부는 자신들의 대외 정책이 지난 70년간 미국의 패권을 지탱해온 섬세한 균형을 손상시키고, 심지어 해체하고 있다는 사실을 깨닫지 못한 채 4년 내지 8년간 편협한 내부 지향적 시각을 고수할 가능성이 높다. 트럼프 행정부 출범 초기에 미국 국무부의 한 중견급 관리는 다음과 같이 말했다. "2차 세계대전 종전 후 영국 외무부 관리가 아마 이런 기분이었을 겁니다. '믿을 수 없다! 해가 지지 않는 제국의 해가 지다니.' … 미국은 끝났습니다. 내가 이런 말도 안 되는 상황의 일부라는 사실이 괴롭습니다."[90]

지금이라도 미국인들이 2차 세계대전 때, 혹은 냉전 시대에 그랬듯이 국내에 보다 정의로운 사회를 구현하고 해외에 보다 공정한 세상을 만들기 위해 힘을 합쳐 노력하지 말라는 법은 없다.

유럽 열강은 역사의 뒤안길로 사라졌고 미국의 헤게모니도 같은 길을 걷고 있다. 1815년부터 1914년까지 지속된 영국제국의 세기는 그 모든 억압과 착취에도 불구하고 글로벌 경제 체제와 의회 민주주의를 채택한 수십 개의 국가를 유산으로 남겼다. 이와 마찬가지로 1945년 이래 이어진 미국의 세기는 국제기구 설립, 글로벌 경제 통합, 법의 지배, 인권 향상, 민주주의의 확산, 상대적으로 평화로운 시대, 그리고 질병 및 세계 빈곤의 감소를 이끌었다.

역사의 시계는 멈추지 않는다. 미국이 자국의 이익을 보호하고 번영을 보존하며 다음에 올 패권 국가에게 안전하게 세계질서를 이행했던 영국의 선례를 따를 수 있는 시간은 이제 얼마 남지 않았다. 미국의 세기가 끝나가는 지금, 제국의 종말이 미래에 어떤 그림자를 드리울지 궁금할 따름이다.

제국의 역사와 같은 광범위한 주제를 다루는 책은 수많은 이들의 도움을 받기 마련인데, 그중 일부만 기억되고 많은 사람이 기억에서 지워진다. 혹시라도 감사 인사를 남기지 못한 모든 분에게 사과드린다. 여기서 언급된 분들도 보잘것없는 몇 마디로 충분한 감사를 전할 수 있을 리 만무하다.

이 책은 편집자 톰 엥겔하트의 요청으로 시작되었다. 지난 10년간 그는 나에게 전화를 걸어 상아탑에만 머물지 말고 내가 발견한 모든 사실을 그가 운영하는 웹사이트 '톰디스패치'에 공유하라고 권유했다. 처음에는 주저했다. 하지만 하찮아 보이는 주석이 역사가의 성실성을 입증하는 기본 조건이라고 믿는 나는 그의 웹사이트가 인터넷을 루머의 집합소에서 권위 있는 매체로 바꿔놓았다는 결론에 도달했다. 학술지에 실린 논문은 독자가 10여 명이나 될까 싶은데, '톰디스패치'에 실린 내 글은 영어, 스페인어, 프랑스어로 바뀌어 수십만 명의 독자에게 읽혔다. 그 글에 살을 붙여 이

책으로 발전시키는 과정에서 톰과 그의 동료 닉 터스Nick Turse는 신중하고 사려깊은 비판으로 깊이를 더해주었다. 그들이 제공한 아이디어와 나의 글을 읽고 의견을 보내준 전 세계의 독자들에게 깊은 감사를 전한다.

같은 기간에 나는 위스콘신대학의 동료 프란시스코 스카라노Francisco Scarano, 마이크 컬리네인Mike Cullinane, 코트니 존슨Courtney Johnson과 함께 '전환기의 제국' 연구 프로젝트에 착수했다. 이 프로젝트가 시드니, 마닐라, 바르셀로나에서 열린 국제 모임으로 발전하면서 참가자는 4개 대륙 140명의 학자로 늘어났다. 시드니대학의 워릭 앤더슨Warwick Anderson은 우리의 연구에 의학 분야의 지식을 더했다. 우리의 긴밀한 협력자인 바르셀로나 폼페우파브라대학의 호셉 프라데라Josep Fradera와 스티븐 제이컵슨Stephen Jacobson은 스페인제국사에 대한 지식을 보탰다. 나는 공동 연구를 통해 발전한 수많은 통찰 중 일부를 이 책에 빌려왔다.

1장에는 위스콘신대학 출판부에서 출간한 제국 연구 프로젝트의 결과물 『식민지의 도가니Colonial Crucible』와 『끝없는 제국Endless Empire』에 실린 내 글을 일부 수정해 수록했다. 2장의 일부는 동료 브렛 라일리Brett Reilly의 도움을 받아 2010년과 2011년에 '톰디스패치'에 게재한 글을 고쳐 썼다. 4장에서 다룬 감시국가의 기원에 관한 논의는 위스콘신대학 출판부에서 출간된 나의 또 다른 책 『미국제국의 치안 제도Policing America's Empire』에서 훨씬 자세하게 다뤘다. 이 세 권은 위스콘신대학 출판부의 편집장 그웬 워커Gwen Walker 박사 덕분에 빛을 발할 수 있었다.

3장의 내용은 2016년 10월 학술지 『사회와 역사의 비교연구『Comparative Studies in Society and History』에 쓴 논문을 대폭 수정한 것이다. 편집자 데이비드 애킨David Akin이 준 유용한 제안에 감사드린다. 6장을 구상할 때 미국이 필리핀에서 수행한 비밀작전이 글로벌 전략의 한계를 조명할 수 있을 것이라고 조언해준 필리핀대학의 에두아르도 타뎀Eduardo Tadem 교수에게도 감사를 전한다. 나의 오랜 친구인 에딜베르토Edilberto와 멜린다 드 지저스Melinda de Jesus 또한 여기에 소중한 식견을 보태주었다. 2015년 여름 스위스를 방문했을 때 아내의 삼촌인 데이비드 호브David Hove가 들려준 유라시아 대륙 횡단기는 7장에 소개했다. 여러 소재를 한 권의 책으로 묶는 과정은 에린 캔토스Erin Cantos, 조슈아 게닥트Joshua Gedacht, 브렛 라일리 등 위스콘신대학의 재능 있는 대학원생들의 도움을 받았다. 글을 쓸 때마다 내게 글쓰기의 즐거움을 가르쳐준 고등학교 때 영어 선생님 밥 클루엣Bob Cluett의 은혜를 떠올린다.

마지막으로 이 책에 담긴 견해의 다수는 나의 아내인 메리 맥코이Mary McCoy와 아침 식탁에서 『뉴욕타임스』를 읽으며 나눈 대화에서 싹텄다. 아내는 내가 생각을 발전시킬 수 있도록 도와주었을 뿐만 아니라 홀로 글을 쓰며 보낸 긴 시간 동안 나를 지탱해주었다. 한참 늦었지만 아내에게 이 책을 바친다.

위스콘신주 매디슨
2017년 3월

주

서문

1. "Edward L. Katzenbach, Jr., 55, Ex-Defense Official, Is Suicide", *New York Times*, April 24, 1974.

2. "E.L. Katzenbach, Civic Leader, Dies", *New York Times*, December 19, 1934.

3. Major Michael J. Muolo, *Space Handbook: A War Fighter's Guide to Space*. vol. 1 (Maxwell Air Force Base: Air University Press, 1998), 18; UPI, "Rocket Achieves 3 Orbits in Test", *New York Times*, February 12, 1965; UPI, "Air Force Rocket Put into 4 Orbits", *New York Times*, May 7, 1965; UPI, "Titan 3-C Orbits Satellites for Pentagon Radio Net", *New York Times*, June 17, 1966; UPI, "U.S. Plugs 8 Radio Gaps with Single Rocket Shot", *New York Times*, January 19, 1967.

4. "Edward L. Katzenbach, Jr.", *New York Times*, April 24, 1974; personal communication from E. Thomas Katzenbach, son of Edward L. Katzenbach Jr., March 6, 2017; Douglas Martin, "Nicholas Katzenbach, 90, Dies", *New York Times*, May 10, 2012.

5. E. Lawrence Katzenbach 3d, "Sonnet", *New York Times*, March 24, 1976.

6. Roy L. Swank, MD, and Walter E. Marchand, MD, "Combat Neuroses, Development of Combat Exhaustion", *Archives of Neurology and Psychiatry* 55(March 1946): 236-47.

7. See Nina S. Adams and Alfred W. McCoy, eds., *Laos: War and Revolution* (New York:

Harper & Row, 1970).

8. The 34 percent figure was cited in US Executive Office of the President, Special Action Office for Drug Abuse Prevention, *The Vietnam Drug User Returns: Final Report*(Washington, DC: US Government Printing Office, 1974), ix, 29. See also Alfred W. McCoy, *The Politics of Heroin: CIA Complicity in the Global Drug Trade*(New York: Lawrence Hill Books, 2003), 258.

9. Tom Tripodi, *Crusade: Undercover against the Mafia and KGB*(New York: Brassey's Inc., 1993).

10. Frances Stonor Saunders, *The Cultural Cold War: The CIA and the World of Arts and Letters*(『문화적 냉전: CIA와 지식인들』, 유광태, 임채원 옮김, 그린비, 2016) (New York: New Press, 1999), 136-37; David H. Price, *Cold War Anthropology: The CIA, the Pentagon, and the Growth of Dual Use Anthropology*(Durham, NC: Duke University Press, 2016), 243.

11. Saunders, *The Cultural Cold War*, 210-11, 234-41; Deborah Davis, *Katherine the Great: Katherine Graham and The Washington Post*(New York: Harcourt Brace Jovanovich, 1979), 129-31.

12. Carl Bernstein, "The CIA and the Media", *Rolling Stone*, October 20, 1977; Lance Morrow, "44 Years Later, a Washington, D.C. Death Unresolved", *Smithsonian Magazine*, December 2008, www.smithsonianmag.com/history/44-years-later-a-washington-dc-death-unresolved-93263961; Don Oberdorfer, "JFK Had Affair with Artist, Smoked 'Pot', Paper Alleges", *Washington Post*, February 23, 1976; Christopher Marquis, "Cord Meyer Jr. Dies at 80; Communism Fighter at C.I.A.", *New York Times*, March 16, 2001, www.nytimes.com/2001/03/16/us/cord-meyer-jr-dies-at-80-communism-fighter-at-cia; Graeme Zielinski, "Key CIA Figure Cord Meyer Dies", *Washington Post*, March 15, 2001, www.washingtonpost.com/archive/local/2001/03/15/key-cia-figure-cord-meyer-dies/fc90ef11-4137-4582-9f01-c7c13461e1bf/.

13. Saunders, *Cultural Cold War*, 341-42.

14. Seymour M. Hersh, "C.I.A. Aides Assail Asia Drug Charge: Agency Fights Reports That It Ignored Heroin Traffic among Allies of U.S.", *New York Times*, July 21, 1972.

15. Zielinski, "Key CIA Figure Cord Meyer Dies".

16. US Department of Justice, Federal Bureau of Investigation, New Haven, Title: Alfred William McCoy, Character: Security Matter-Communist, Field Office File #: 100207191, Date: August 14, 1972, released under Freedom of Information

Request No. 341419 of November 28, 1990.

17. James M. Markham, "The Politics of Heroin in Southeast Asia", *New York Times Book Review*, September 3, 1972, 1.

18. 존 에버링엄 특파원의 보도에 따르면 『동남아시아 헤로인의 정치학』이 출간되기 몇 주 전 에어아메리카사의 헬리콥터가 이 지역 몽족 촌장을 미국 작전기지로 압송했고, 그곳에서 그는 "미국 헬리콥터가 우리의 아편을 실어간 것이 사실이냐"고 화를 내며 물었던 "키 작고 뚱뚱한 미국인에 의해 한 시간 넘게 심문당했다." "그들이 나를 체포하러 헬리콥터를 보내거나 방 파오Vang Pao 수하의 군인을 보내 나를 쏘아 죽일 것"을 두려워한 촌장은 "그것이 사실인지 아닌지 모른다"고 대답했다. 그러자 CIA는 촌장이 "롱폿에 도착한 요원들이 수확된 아편을 미국 헬리콥터로 롱티엥[CIA 공군기지]으로 실어 나른 것과 관련된 어떠한 진술도 하지 않았다고 부인했다"는 심문 보고서를 발표했다. John Everingham, "Laotian District Chief Intimidated by CIA— Move Seen as Attempt to Discredit Writers and Publisher", Release #409, Dispatch News Service International, Washington, DC, August 15, 1972; John Everingham, "Let Them Eat Bombs", *Washington Monthly*, September 1972, 10–16, www.unz. org/Pub/WashingtonMonthly–1972sep–00010 참조.

19. US Senate, Select Committee to Study Governmental Operations with Respect to Intelligence Activities, 94th Congress, 2d Session, *Foreign and Military Intelligence, Book I: Final Report*(Washington, DC: Government Printing Office, Report No. 94–755, 1976), 205, 227–33.

20. Peter Burroughs, "David Fieldhouse and the Business of Empire", in Peter Burroughs and A. J. Stockwell, eds., *Managing the Business of Empire: Essays in Honour of David Fieldhouse*(London: Frank Cass, 1998), 7.

21. Jeff Gerth and Joel Brinkley, "Marcos Wartime Role Discredited in U.S. Files", *New York Times*, January 23, 1986.

22. Alfred W. McCoy, "Coup! The Real Story Behind the February Revolt", *Veritas*(Manila), October 1986; Alfred W. McCoy, *Closer Than Brothers: Manhood at the Philippine Military Academy*(New Haven, CT: Yale University Press, 1999), chapter 7.

23. Alfred W. McCoy, "The RAM Boys", *National Midweek*(Manila), September 21, September 28, and October 12, 1988; Alfred W. McCoy, "The RAM Boys", *Philippine Daily Inquirer*(Manila), January 1–8, 1990; Alfred W. McCoy, "Philippine Military Reformists: Specialists in Torture", *Los Angeles Times*, February 4, 1990.

24. Alfred W. McCoy, "Torture at Abu Ghraib Followed CIA's Manual", *Boston Globe*,

May 14, 2004, http://archive.boston.com/news/globe/editorial_opinion/oped/ articles/2004/05/14/torture_at_abu_ghraib_followed_cias_manual/.

25. Alfred W. McCoy, *A Question of Torture: CIA Interrogation, from the Cold War to the War on Terror*(New York: Metropolitan Books, 2006).

26. US Senate, Senate Select Committee on Intelligence, *Committee Study of the Central Intelligence Agency's Detention and Interrogation Program: Findings and Conclusions; Executive Summary*(Washington, DC: US Senate, December 3, 2014).

27. See Alfred W. McCoy, *Policing America's Empire: The United States, the Philippines, and the Rise of the Surveillance State*(Madison: University of Wisconsin Press, 2009), 16, 39.

28. US Senate, 94th Congress, 2nd Session *Final Report of the Select Committee to Study Governmental Operations with Respect to Intelligence Activities*, book 3, 3-4, 7-8, 3-16; *Final Report of the Select Committee to Study Governmental Operations with Respect to Intelligence Activities*, book 2, 5, 15-20, 67, 77, 86-89, 98-104(Washington, DC: Government Printing Office, 1976).

29. See Alfred W. McCoy, "Welcome Home, War! How America's Wars Are Systematically Destroying Our Liberties", *TomDispatch*, November 12, 2009, www.tomdispatch.com/blog/175154/.

30. See, for example, Amy Kaplan and Donald E. Pease, eds., *Cultures of United States Imperialism*(Durham, NC: Duke University Press, 1993).

31. Alfred W. McCoy and Francisco Scarano, eds., *Colonial Crucible: Empire in the Making of a Modern American State*(Madison: University of Wisconsin Press, 2009); Alfred W. McCoy, Josep Ma. Fradera, and Stephen Jacobson, eds., *Endless Empire: Spain's Retreat, Europe's Eclipse, America's Decline*(Madison: University of Wisconsin Press, 2012).

32. Henry R. Luce, "The American Century", *Life*, February 17, 1941, 61, 64.

33. Francis Fukuyama, "The End of History?", *National Interest* 16(Summer 1989): 3-18; James Atlas, "What Is Fukuyama Saying? And to Whom Is He Saying It?", *New York Times Magazine*, October 22, 1989, www.nytimes.com/1989/10/22/ magazine/what-is-fukuyama-saying-and-to-whom-is-he-saying-it.html.

34. Office of the Director of National Intelligence, National Intelligence Council, *Global Trends 2030: Alternative Worlds*(NIC 2012-001, December 2012), i-iii, 105, www.dni.gov/files/documents/GlobalTrends_2030.pdf.

35. Adam Tooze, *The Wages of Destruction: The Making and Breaking of the Nazi*

Economy(London: Penguin Books, 2007), 339, 613, 634.

36. See, for example, Will Durant and Ariel Durant, *The Lessons of History*(New York: Simon & Schuster, 1968); Ezra F. Vogel, *Japan as Number One: Lessons for America*(Cambridge, MA: Harvard University Press, 1979); Jon Woronoff, *Japan as(Anything but) Number One*(New York: M.E. Sharp, 1990).

1장

1. Joseph S. Nye Jr., *Is the American Century Over?*(『미국의 세기는 끝났는가』, 이기동 옮김, 프리뷰, 2015)(Malden, MA: Polity Books, 2015), 50, 57, 114, 125-26.

2. Henry Kissinger, *World Order*(『헨리 키신저의 세계 질서』, 이현주 옮김, 민음사, 2016)(New York: Penguin Press, 2014), 247-76, 280-84, 322-27, 374; Michiko Kakutani, "Long View of History Includes Today", *New York Times*, September 8, 2014, www.nytimes.com/2014/09/09/books/in-world-order-henry-kissinger-sums-up-his-philosophy.html; James Traub, "Book Review: 'World Order' by Henry Kissinger", *Wall Street Journal*, September 5, 2014, www.wsj.com/articles/book-review-world-order-by-henry-kissinger-1409952751.

3. H. J. Mackinder, "The Geographical Pivot of History(1904)", *Geographical Journal* 170, no. 4(December 2004): 320-21.

4. H. J. Mackinder, "The Geographical Pivot of History", *Geographical Journal* 23, no. 4(December 1904): 434-37; H. J. Mackinder, *Democratic Ideals and Reality*(『민주주의의 이상과 현실: 국제관계의 지리학』, 이병희 옮김, 공주대학교출판부, 2004)(New York: Henry Holt, 1919), 79-85.

5. Mackinder, "Geographical Pivot of History", 432-34.

6. Mackinder, *Democratic Ideals and Reality*, 67.

7. Ibid., 82, 186.

8. Mackinder, "Geographical Pivot of History", 434-36.

9. Mackinder, "Geographical Pivot of History"(December 2004 reprint), 314-16.

10. Ibid., 316-20.

11. Mackinder, "Geographical Pivot of History", 435.

12. 예를 들어, 미국 출판사 랜드맥널리앤컴퍼니Rand McNally & Company는 남북 아메리카를 중앙에 두고 유라시아 대륙을 반으로 쪼개어 가장자리에 배치한 '메르카토르 도법의 세계지도'가 실린 *Indexed Atlas of the World: Historical, Descriptive and Statistical*(시카고, 1897)을 발행했다. 약 76센티미터와 127센티미터 크기의 접이식 또는 풀다운 형태의 '랜드 맥널리의 코스모폴리탄 세계지도Rand McNally's Cosmopolitan World Map'는 20

세기 대부분의 기간 동안 미국의 교실을 장식했으며, 수백만 명의 미국 학생들에게 미대륙 중심의 세계관을 심어주었다.

13. Klaus Dodds and James D. Sidaway, "Halford Mackinder and the 'Geographical Pivot of History': A Centennial Perspective", *Geographical Journal* 170, no. 4(December 2004): 292-97.

14. Mackinder, *Democratic Ideals and Reality*, 72-73, 110-11, 165, 171.

15. Paul Kennedy, "The Pivot of History", *Guardian*, June 19, 2004, www.theguardian. com/world/2004/jun/19/usa.comment.

16. Mackinder, *Democratic Ideals and Reality*, 78-79.

17. Zbigniew Brzezinski, *The Grand Chessboard: American Primacy and Its Geostrategic Imperatives*(『거대한 체스판』, 김명섭 옮김, 삼인, 2017)(New York: Basic Books, 1998), 38-39; Edmund A. Walsh, S. J., "The Mystery of Haushofer", *Life*, September 16, 1946, 107-20; Henning Heske, "Karl Haushofer: His Role in German Politics and in Nazi Politics", *Political Geography Quarterly* 6, no. 2(1987): 135-44.

18. Karl Haushofer, *Geopolitics of the Pacific Ocean: Studies on the Relationship between Geography and History*(Lewiston, ME: Edwin Mellen Press, 2002), 2.

19. Walsh, "Mystery of Haushofer", 108, 110, 118; Heske, "Karl Haushofer", 138-39.

20. John Darwin, *After Tamerlane: The Global History of Empire since 1405*(New York: Bloomsbury Press, 2008), 469-71.

21. Halford J. Mackinder, "The Round World and the Winning of the Peace", *Foreign Affairs* 21, no. 4(1943): 595-605.

22. Alfred W. McCoy, "Circles of Steel, Castles of Vanity: The Geopolitics of Military Bases on the South China Sea", *Journal of Asian Studies* 75, no. 4(2016): 989-95.

23. Ibid., 989-90.

24. Ibid., 980, 994.

25. Darwin, *After Tamerlane*, 469.

26. "Ramstein Air Force Base in Kaiserslautern, Germany: US Military Bases in Germany", MilitaryBases.com, http://militarybases.com/ramstein-air-base-air-force-base-in-kaiserslautern-germany/.

27. Jovito Salonga, *A Journey of Struggle and Hope*(Quezon City, Philippines: Regina Publishing, 2001), 445; Nick Cullather, *Illusions of Influence: The Political Economy of United States-Philippines Relations, 1942-1960*(Stanford, CA: Stanford University Press, 1994), 79-80; Stephen Rosskamm Shalom, *The United States and the Philippines: A Study of Neocolonialism*(Philadelphia: Institute for the Study

of Human Issues, 1981), 63-66, 109-10; Alfredo Bengzon and Raul Rodrigo, *A Matter of Honor: The Story of the 1990-91 RP-US Bases Talks*(Manila: Anvil, 1997), 16-18, 41-42; Gerald R. Anderson, *Subic Bay: From Magellan to Mt. Pinatubo*(Dagupan, Philippines: Lazer, 1991), 76-89.

28. Darwin, *After Tamerlane*, 470-71.

29. Andrew Marshall, "Terror 'Blowback' Burns CIA", *Independent*, October 31, 1998, www.independent.co.uk/news/terror-blowback-burns-cia-1182087.html.

30. "Interview with Zbigniew Brzezinski", *Le Nouvel Observateur*(Paris), January 15-21, 1998, 76, www.voltairenet.org/article165889.html; Brzezinski, *The Grand Chessboard*, 38-39; Zbigniew Brzezinski, *Strategic Vision: America and the Crisis of Global Power*(『전략적 비전: 미국과 글로벌 파워의 위기』, 황성돈 옮김, 아산정책연구원, 2016)(New York: Basic Books, 2013), 130-31.

31. Kennedy, "The Pivot of History".

32. Nick Turse, "America's Secret Empire of Drone Bases: Its Full Extent Revealed for the First Time", *TomDispatch*, October 16, 2011, www.tomdispatch.com/blog/175454/tomgram%3A_nick_turse%2C_mapping_america%27s_shadowy_drone_wars; Nick Turse, "The Crash and Burn Future of Robot Warfare", *TomDispatch*, January 15, 2012, www.tomdispatch.com/archive/175489/; Eric Schmitt, "In the Skies over Iraq, Silent Observers Become Futuristic Weapons", *New York Times*, April 18, 2003, www.nytimes.com/2003/04/18/international/18PRED.html; David Cenciotti, "Future Drone's World Capital? Sigonella, Italy", *Aviationist*, February 9, 2012, http:// theaviationist.com/2012/02/09/future-drones-world-capital-sigonella-italy/; Gaynor Dumat-ol Daleno, "New Drone to Be Deployed to Guam", *sUAS News*, March 6, 2015, www.suasnews.com/2015/03/34634/new-drone-to-be-deployed-to-guam/.

33. Tyler Rogoway, "Why the USAF's Massive $10 Billion Global Hawk UAV Is Worth the Money", *Foxtrot Alpha*, September 9, 2014, http://foxtrotalpha.jalopnik.com/why-the-usafs-massive-10-billion-global-hawk-uav-was-w-1629932000; "Northrop Grumman's Global Hawk Unmanned Aircraft Sets 33-Hour Endurance Record", Space War, March 31, 2008, www.spacewar.com/reports/Northrop_Grumman_Global_Hawk_Unmanned_Aircraft_Sets_33_Hour_Flight_Endurance_Record_999.html.

34. Eric Schmitt, "Russia Expands Submarine Fleet as Rivalry Grows", *New York Times*, April 21, 2016.

35. Kyodo, "Trump Urges Japan to Pay More to Maintain U.S. Military Bases Here", *Japan Times*, May 5, 2016, www.japantimes.co.jp/news/2016/05/05/national/politics-diplomacy/trump-urges-japan-pay-maintain-u-s-military-bases/#.WCqZbHc-LuM; Jesse Johnson, "Trump Rips U.S. Defense of Japan as One-Sided, Too Expensive", *Japan Times*, August 6, 2016, www.japantimes.co.jp/news/2016/08/06/national/politics-diplomacy/trump-rips-u-s-defense-japan-one-sided-expensive/#.WCqW3Xc-LuM; Carol Morello and Adam Taylor, "Trump Says U.S. Won't Rush to Defend NATO Countries If They Don't Spend More on Military", *Washington Post*, July 21, 2016, www.washingtonpost.com/world/national-security/trump-says-us-wont-rush-to-defend-nato-countries-if-they-dont-spend-more-on-military/2016/07/21/76c48430-4f51-11e6-a7d8-13d06b37f256_story.html.

36. William Appleman Williams, *Empire as a Way of Life* (New York: Oxford University Press, 1980), 170, quoted in Andrew J. Bacevich, *American Empire: The Realities and Consequences of U.S. Diplomacy* (Cambridge, MA: Harvard University Press, 2002), 243.

37. Mark Twain, "To the Person Sitting in Darkness", *North American Review*, February 1901, 174-76.

38. William Graham Sumner, *War and Other Essays* (New Haven, CT: Yale University Press, 1911, 292, 322, 326, 331-32, 347-48.

39. "Remarks by the President in the State of the Union Address", The White House, Office of the Press Secretary, January 27, 2010, www.whitehouse.gov/the-press-office/remarks-president-state-union-address.

40. E. J. Dionne Jr., "Off-Message Biden Recasts the Obama Agenda", *Washington Post*, February 4, 2010.

41. Cullen Murphy, *Are We Rome? The Fall of an Empire and the Fate of America* (Boston: Houghton Mifflin, 2007), 1-6; Vaclav Smil, *Why America Is Not a New Rome* (Cambridge, MA: MIT Press, 2010), ix-xii.

42. Anne-Marie Slaughter, preface to Mr. Y, *A National Strategic Narrative* (Washington, DC: Woodrow Wilson Center, 2011), 2, www.wilsoncenter.org/sites/default/files/A%20National%20Strategic%20Narrative.pdf; Robert Kagan, "Not Fade Away: The Myth of American Decline", *New Republic*, January 10, 2012, www.tnr.com/article/politics/magazine/99521/america-world-power-declinism; Schuyler Null, "In Search of a New Security Narrative: National Conversation Series Launches at

the Wilson Center", *New Security Beat*, Woodrow Wilson International Center for Scholars, April 13, 2011, www.newsecuritybeat.org/2011/04/in-search-of-new-security-narrative.html.

43. Niall Fergusson, *Colossus: The Price of America's Empire*(『콜로서스: 아메리카 제국 흥망사』, 김일영, 강규형 옮김, 21세기북스, 2010)(New York: Penguin Press, 2004), 14-15.

44. Ian Tyrrell, "American Exceptionalism in an Age of International History", American Historical Review 96, no. 4(1991), 1031-35; Julian Go, "The Provinciality of American Empire: 'Liberal Exceptionalism' and U.S. Colonial Rule, 1898-1912", *Comparative Studies in Society and History* 49, no. 1(2007), 74-108.

45. Richard W. Leopold, "The Emergence of America as a World Power: Some Second Thoughts", in John Braeman, Robert H. Bremner, and Everett Walters, eds., *Change and Growth in Twentieth Century America*(New York: Harper & Row, 1966), 13-14.

46. William Appleman Williams, *The Tragedy of American Diplomacy*(New York: Dell, 1962), 24, 37-38, 43-45; Bradford Perkins, "The Tragedy of American Diplomacy: Twenty-Five Years After", *Reviews in American History* 12, no. 1(1984), 1-3; Bacevich, *American Empire*, 23-31.

47. William Appleman Williams, "Fred Harvey Harrington: Committed, Tough and Foxy Educator and Liberal", unpublished manuscripts, ca. 1985, Special Collections & Archives, Oregon State University, http://scarc.library.oregonstate.edu/coll/williams/manuscripts/page7.html; Williams, *The Tragedy of American Diplomacy*, 232-34, 244-59; Perkins, "The Tragedy of American Diplomacy", 9-11, 17 & 43.

48. Walter LaFeber, *The New Empire: An Interpretation of American Expansion, 1860-1898*(Ithaca, NY: Cornell University Press, 1963), 127-30, 218-29, 242-83, 285-300, 333-51.

49. For examples of their close collaboration, see Lloyd C. Gardner, Walter F. LaFeber, and Thomas J. McCormick, *Creation of the American Empire*, vol. 1, *U.S. Diplomatic History to 1901*(New York: Rand McNally & Co., 1973); and William Appleman Williams, Thomas McCormick, Lloyd C. Gardner, and Walter LaFeber, *America in Vietnam: A Documentary History*(New York: W. W. Norton & Company, 1989).

50. Arthur M. Schlesinger Jr., *The Cycles of American History*(Boston: Houghton Mifflin, 1986), 143; Joseph Fry, "From Open Door to World Systems: Economic Interpretations of Late Nineteenth Century American Foreign Relations", *Pacific Historical Review* 65, no. 2(1996), 278.

51. Alejandro Colas, *Empire*(Cambridge: Polity Press, 2007), 5-11, 162-78.

52. Chalmers Johnson, *The Sorrows of Empire: Militarism, Secrecy, and the End of the Republic*(『제국의 슬픔: 군국주의, 비밀주의, 그리고 공화국의 종말』, 안병진 옮김, 삼우반, 2004)(New York: Metropolitan Books, 2004), 5.

53. Bacevich, *American Empire*, 2-3, 232-33.

54. Fergusson, Colossus, 2-19.

55. Niall Fergusson, "A World without Power", *Foreign Policy*, no. 143(2004): 32-39.

56. Paul Kennedy, *The Rise and Fall of the Great Powers: Economic Change and Military Conflict from 1500 to 2000*(『강대국의 흥망』, 이왈수 외 옮김, 한국경제신문, 1997) (New York: Vintage, 1989), 528-40.

57. Paul Kennedy, "The Eagle Has Landed", *Financial Times*, February 2, 2002.

58. Michael Ignatieff, "The Burden", *New York Times Magazine*, January 5, 2003, 22-23.

59. Charles S. Maier, *Among Empires: American Ascendancy and Its Predecessors* (Cambridge, MA: Harvard University Press, 2006), 14-15, 32-33.

60. Max Boot, "American Imperialism? No Need to Run Away from Label", *USA Today*, May 6, 2003; Andrew J. Bacevich, ed., *The Imperial Tense: Prospects and Problems of American Empire*(Chicago: Ivan R. Dee, 2003), xii-xiii.

61. Max Boot, *The Savage Wars of Peace: Small Wars and the Rise of American Power*(New York: Basic Books, 2002), xx, 351-52.

62. Eliot A. Cohen, "History and the Hyperpower", *Foreign Affairs* 83, no. 4(July-August 2004): 56.

63. Schlesinger, *The Cycles of American History*, 141, quoted in Bacevich, American Empire, 30.

64. Cohen, "History and the Hyperpower", 49-63; Stockholm International Peace Research Institute, *SIPRI Yearbook, 2006: Armament, Disarmament, and International Security*(New York: Oxford University Press, 2006), 301.

65. Bacevich, *American Empire*, 244; Boot, "American Imperialism?"

66. Hannah Arendt, *The Origins of Totalitarianism*(『전체주의의 기원』, 박미애, 이진우 옮김, 한길사, 2006)(New York: Meridian, 1958), 222-66.

67. Darwin, *After Tamerlane*, 16-17.

68. Piers Brendon, *The Decline and Fall of the British Empire*(New York: Vintage Books, 2010), 605.

69. Alfred McCoy, Francisco Scarano, and Courtney Johnson, "On the Tropic of Cancer: Transitions and Transformations in the U.S. Imperial State", in Alfred W.

McCoy and Francisco Scarano, eds., *Colonial Crucible: Empire in the Making of a Modern American State* (Madison: University of Wisconsin Press, 2009), 24-26.

70. Andrew J. Bacevich, "New Rome, New Jerusalem", in Bacevich, ed., *The Imperial Tense*, 98-101.

71. Stephen Skowronek, *Building a New American State: The Expansion of National Administrative Capacities, 1877-1920* (Cambridge: Cambridge University Press, 1982), 26, 45-56; Daniel P. Carpenter, "The Multiple and Material Legacies of Stephen Skowronek", *Social Science History* 27, no. 3(2003): 465-74; Richard R. John, "Ruling Passions: Political Economy in Nineteenth-Century America", *Journal of Public Policy* 18, no. 1(2006): 1-20; Richard Franklin Bensel, *Yankee Leviathan: The Origins of Central State Authority in America, 1859-1877* (Cambridge: Cambridge University Press, 1990), 5-17.

72. McCoy, Scarano, and Johnson, "On the Tropic of Cancer", 3-33.

73. Paul Sutter, "Tropical Conquest and the Rise of the Environmental Management State: The Case of U.S. Sanitary Efforts in Panama", in McCoy and Scarano, eds., *Colonial Crucible*, 317-26.

74. Mariola Espinosa, "A Fever for Empire: U.S. Disease Eradication in Cuba as Colonial Public Health", in McCoy and Scarano, eds., *Colonial Crucible*, 288-96.

75. Ray Stannard Baker, "General Leonard Wood: A Character Sketch", *McClure's*, February 1900, 368-79.

76. James A. Field Jr., "American Imperialism: The Worst Chapter in Almost Any Book", *American Historical Review* 83, no. 3(1978): 652-53.

77. George W. Baer, *One Hundred Years of Sea Power: The U.S. Navy, 1890-1990* (『미국 해군 100년사』, 김주식 옮김, 한국해양전략연구소, 2005)(Stanford, CA: Stanford University Press, 1994), 21-22, 30-33; Theodore Roosevelt's speech to the Great White Fleet, February 1909, Theodore Roosevelt Birthplace National Historic Site, www.theodorerooseveltcenter.org/Research/Digital-Library/Record. aspx?libID=o283081.

78. Gregory Barton, "Informal Empire: The Case of Siam and the Middle East", in McCoy, Fradera, and Jacobson, eds., *Endless Empire*, 247-48.

79. Fred T. Jane, *Jane's Fighting Ships: All the World's Fighting Ships* (London: William Clowes and Sons, 1900), 68-70; Clark G. Reynolds, Navies in History (Annapolis, MD: Naval Institute Press, 1998), 104-20.

80. Niall Ferguson, *Empire: The Rise and Demise of the British World Order and the Lessons*

for Global Power(『제국: 유럽 변방의 작은 섬나라 영국이 어떻게 역사상 가장 큰 제국을 만들었는가』, 김종원 옮김, 민음사, 2006)(New York: Basic Books, 2002), 201-4; Brendon, *The Decline and Fall of the British Empire*, 98-99. 이 9만 9,000명은 영국 국방 예산으로 운용되는 정규 영국군 병사의 수다. 인도가 자금을 댄 군대까지 포함하면 영국은 약 38만 6,000명의 상비군을 거느렸다. T. A. Heathcote, "The Army of British India", in David Chandler, ed., *The Oxford History of the British Army*(Oxford: Oxford University Press, 1994), 379; *The World Almanac and Encyclopedia, 1899*(New York: Press Publishing, 1899), 342; John Darwin, email to author, August 10, 2011 참조.

81. Brendon, *The Decline and Fall of the British Empire*, xviii-xx, 660-62.

82. Ronald Robinson, "Non-European Foundations of European Imperialism: Sketch for a Theory of Collaboration", in Roger Owen and Bob Sutcliffe, eds., *Studies in the Theory of Imperialism*(London: Longman, 1972), 138-39.

83. David M. Kennedy, "The Origins and Uses of American Hyperpower", in Andrew J. Bacevich, ed., *The Short American Century: A Postmortem*(Cambridge, MA: Harvard University Press, 2012), 16, 28-29, 32; Christopher Chase-Dunn, Andrew K. Jorgenson, Thomas Reifer, and Shoon Lio, "The Trajectory of the United States in the World-System: A Quantitative Reflection", *Sociological Perspectives* 48, no. 2(2005): 233-54; William H. Branson, Herbert Giersch, and Peter G. Peterson, "Trends in United States International Trade and Investment since World War II", in Martin Feldstein, ed., *The American Economy in Transition*(Chicago: University of Chicago Press, 1980), 191; Walter LaFeber, "Illusions of an American Century", in Bacevich, *The Short American Century*, 163.

84. Kennedy, "The Origins and Uses of American Hyperpower", 33.

85. S. Gozie Ogbodo, "An Overview of the Challenges Facing the International Court of Justice in the 21st Century", *Annual Survey of International & Comparative Law* 18, no. 1(2012): 93-113.

86. G. John Ikenberry, "The Future of the Liberal World Order: Internationalism after America", *Foreign Affairs* 90, no. 3(May/June 2011): 61.

87. Elliott V. Converse III, *Circling the Earth: United States Plans for a Postwar Overseas Military Base System, 1942-1948*(Maxwell Air Force Base: Air University Press, 2005), 88, 101, 208-10.

88. Darwin, *After Tamerlane*, 470-71.

89. US Department of Commerce, *Statistical Abstract of the United States 1961*

(Washington, DC: Government Printing Office, 1961), 239-44; "U.S. Has 300 Bases on Foreign Soil", *Chicago Daily Tribune*, September 11, 1954; Walter Trohan, "U.S. Strategy Tied to World Air Superiority", *Chicago Daily Tribune*, February 14, 1955.

90. Elliott V. Converse III, *History of Acquisition in the Department of Defense*, vol. 1, *Rearming for the Cold War, 1945-1960*(Washington, DC: Historical Office, Office of the Secretary of Defense, 2012), 457-64, 490-500, 522-30; Baer, *One Hundred Years of Sea Power*, 343.

91. Ikenberry, "The Future of the Liberal World Order", 57-59.

92. John Gallagher and Ronald Robinson, "The Imperialism of Free Trade", *Economic History Review* 6, no. 1(1953): 5.

93. Arnold J. Toynbee, *America and the World Revolutions*(New York: Oxford University Press, 1962), 105-13; "U.S. Has 300 Bases on Foreign Soil", *Chicago Daily Tribune*, September 11, 1954; Trohan, "U.S. Strategy Tied to World Air Superiority", *Chicago Daily Tribune*, February 14, 1955; James R. Blaker, *United States Overseas Basing: An Anatomy of the Dilemma*(New York: Praeger Publishers, 1990), table 2.

94. Tim Weiner, *Legacy of Ashes: The History of the CIA*(『잿더미의 유산: 한국전쟁에서 이라크전쟁까지 세계 역사를 조종한 CIA의 모든 것』, 이경식 옮김, 랜덤하우스코리 아, 2008)(New York: Random House, 2008), 29-30, 39-40, 44-54, 61-70, 84-87, 92-105, 133-40, 142, 187-89, 321-22; William Rosenau, *US Internal Security Assistance to South Vietnam: Insurgency, Subversion and Public Order*(New York: Routledge, 2005), 18-26; David E. Sanger, "War President Takes on Riddles of Cyberwarfare", *New York Times*, December 18, 2016.

95. LaFeber, "Illusions of an American Century", 169-70; Dov H. Levin, "Partisan Electoral Interventions by the Great Powers: Introducing the PEIG Dataset", *Conflict Management and Peace Science*(August 2016): 1-19.

96. Weiner, *Legacy of Ashes*, 157, 322-23, 717; Samuel P. Huntington, *The Third Wave: Democratization in the Late Twentieth Century*(『제3의 물결: 20세기 후반의 민주화』, 강문구, 이재영 옮김, 인간사랑, 2011)(Norman: University of Oklahoma Press, 1991), 16-21; Robert Kagan, *The World America Made*(『미국이 만든 세계』, 이영 기 옮김, 아산정책연구원, 2015)(New York: Knopf, 2012), 23-24; John Charmley, *Churchill's Grand Alliance: The Anglo-American Special Relationship, 1940-1957*(New York: Harcourt Brace, 1995), 97.

97. Julian Go, *Patterns of Empire: The British and American Empires, 1688 to*

Present(Cambridge: Cambridge University Press, 2011), 170.

98. The World Bank, World Development Indicators, GDP(Current US$), 1987–91, http://data.worldbank.org/indicator/NY.GDP.MKTP.CD?page=5; Chase-Dunn et al., "The Trajectory of the United States in the World-System."

99. For figures on overseas bases, see Report of the Defense Secretary's Commission, *Base Realignments and Closures*(Washington, DC: Department of Defense, 1988), 15; for fighters and missiles, US Department of the Air Force, *United States Air Force Statistical Digest, FY 1998*(Washington, DC: Government Printing Office, 1999), 92; for naval strength, US General Accounting Office, *Navy Aircraft Carriers: Cost-Effectiveness of Conventionally and Nuclear-Powered Carriers*(Washington, DC: US General Accounting Office, 1998), 4.

100. "Table 3.1: Outlays by Superfunction and Function: 1940–2009", in Office of Management and Budget, *Historical Tables, Budget of the United States Government, Fiscal Year 2005*(Washington, DC: Government Printing Office, 2004), 50, www.whitehouse.gov/sites/default/files/omb/budget/fy2005/pdf/hist.pdf.

101. Dana Priest and William M. Arkin, "Top Secret America", *Washington Post*, July 18, 19, 20, and 21, 2010.

102. Scott Shane, "New Leaked Document Outlines U.S. Spending on Intelligence Agencies", *New York Times*, August 30, 2013; Barton Gellman and Greg Miller, "'Black Budget' Summary Details U.S. Spy Network's Successes, Failures and Objectives", *Washington Post*, August 29, 2013, www.washingtonpost.com/world/national-security/black-budget-summary-details-us-spy-networks-successes-failures-and-objectives/2013/08/29/7e57bb78-10ab-11e3-8cdd-bcdc09410972_story.html; Office of the Under Secretary of Defense(Comptroller)/Chief Financial Officer, *Overview: United States Department of Defense, Fiscal Year 2013 Budget Request*(Washington, DC: Department of Defense, February 2012), 1.1, comptroller.defense.gov/Portals/45/Documents/defbudget/fy2013/FY2013_Budget_Request_Overview_Book.pdf.

103. US Special Operations Command, *USSOCOM Fact Book 2015*, 12, www.socom.mil/Documents/2015%20Fact%20Book.pdf; Bob Woodward, "Secret CIA Units Playing a Central Combat Role", *Washington Post*, November 18, 2001, www.washingtonpost.com/wp-dyn/content/article/2007/11/18/AR2007111800675.html.

104. Greg Miller and Julie Tate, "CIA Shifts Focus to Killing Targets", *Washington Post*,

September 1, 2011, www.washingtonpost.com/world/national-security/cia-shifts-focus-to-killing-targets/2011/08/30/gIQA7MZGvJ_story.html; Bureau of Investigative Journalism, "Get the Data: Drone Wars", www.thebureauinvestigates.com/category/projects/drones/drones-graphs/.

105. James Risen and Eric Lichtblau, "Bush Lets U.S. Spy on Callers without Courts", *New York Times*, December 16, 2005; James Risen and Eric Lichtblau, "Extent of E-Mail Surveillance Renews Concerns in Congress", *New York Times*, June 16, 2009.

106. Thom Shanker, "San Antonio Built Community Coalition to Land Cyberwarfare Headquarters", *New York Times*, October 31, 2009; Thom Shanker and David E. Sanger, "Privacy May Be a Victim in Cyberdefense Plan", *New York Times*, June 12, 2009.

107. David Alexander, "Pentagon to Treat Cyberspace as 'Operational Domain,'" Reuters, July 14, 2011, www.reuters.com/article/2011/07/14/us-usa-defense-cybersecurity-idUSTRE76D5FA20110714.

108. Eric Schmitt and Thom Shanker, "U.S. Weighed Use of Cyberattacks to Weaken Libya", *New York Times*, October 18, 2011; David E. Sanger, "Obama Ordered Wave of Cyberattacks against Iran", *New York Times*, June 1, 2012; David E. Sanger and Mark Mazzetti, "U.S. Drew Up Cyberattack Plan in Case Iran Nuclear Dispute Led to Conflict", *New York Times*, February 17, 2016; David E. Sanger and William J. Broad, "Trump Inherits Secret Cyberwar on North Korea", *New York Times*, March 5, 2017; Joel Brenner, introduction to *America the Vulnerable: Inside the New Threat Matrix of Digital Espionage, Crime, and Warfare*(New York: Penguin Press, 2011); Ian Traynor, "Russia Accused of Unleashing Cyberwar to Disable Estonia", *Guardian*, May 16, 2007, www.guardian.co.uk/world/2007/may/17/topstories3.russia; Lolita C. Baldor, "Pentagon Takes Aim at China Cyber Threat", Associated Press, August 19, 2010, http://archive.boston.com/news/nation/washington/articles/2010/08/19/pentagon_takes_aim_at_china_cyber_threat/; Lolita C. Baldor, "U.S., China to Cooperate More on Cyber Threat", Associated Press, http://cnsnews.com/news/article/us-china-cooperate-more-cyber-threat.

109. Ann Scott Tyson, "Increased Security in Fallujah Slows Efforts to Rebuild", *Washington Post*, April 19, 2005.

110. Laura Blumenfeld, "Spurred by Gratitude, 'Bomb Lady' Develops Better Weapons for U.S.", *Washington Post*, December 1, 2007; Robert Parry, "Mobile Labs to

Target Iraqis for Death", consortiumnews.com, December 13, 2007, https://consortiumnews.com/2007/121307.html.

111. Richard Tomkins, "Biometrics Play Important Role in Afghanistan", *Human Events*, February 23, 2010, www.humanevents.com/article.php?id=35735; Richard A. Oppel Jr., "NATO Apologizes for Killing Unarmed Afghans in Car", *New York Times*, April 21, 2010.

112. *The 9/11 Commission Report: Final Report of the National Commission on Terrorist Attacks on the United States* (Washington, DC: Government Printing Office, 2004), 189-90, 210-14; Richard Whittle, *Predator: The Secret Origins of the Drone Revolution* (New York: Henry Holt, 2014), 78-80, 88-89, 98-104, 147-49, 157-61, 190-94, 243-59.

113. "Air Force Report", *Air Force News*, October 27, 2008, www.youtube.com/watch?v=ureJE68i5q4&feature=related.

114. Nick Turse, "The Drone Surge: Today, Tomorrow, and 2047," *TomDispatch*, January 24, 2010, www.tomdispatch.com/archive/175195/nick_turse_the_forty_year_drone_war.

115. Peter W. Singer, "Do Drones Undermine Democracy?", *New York Times*, January 22, 2012.

116. Elisabeth Bumiller and Thom Shanker, "War Evolves with Drones, Some Tiny as Bugs", *New York Times*, June 20, 2011.

117. HQ, USAF/XPXC, Future Concepts and Transformation Division, *The U.S. Air Force Transformation Flight Plan, 2004* (Washington, DC, 2004), 48, 53, www.iwar.org.uk/rma/resources/usaf/transformation-flight-plan-2004.pdf.

118. Air Force Space Command, *Strategic Master Plan, FY06 and Beyond* (Washington, DC, 2006), 8, 11, 36, www.wslfweb.org/docs/final%2006%20smp--signed!v1.pdf; United States Strategic Command, "Joint Functional Component Command for Space", www.stratcom.mil/factsheets/7/JFCC_Space/.

119. William J. Broad, "Surveillance Suspected as Spacecraft's Main Role", *New York Times*, May 23, 2010; Paul Rincon, "X-37B US Military Spaceplane Returns to Earth", BBC News, December 3, 2010, www.bbc.co.uk/news/science-environment-11911335; Alicia Chang, "Unmanned Air Force Space Plane Lands in Calif.", Associated Press, June 16, 2012, www.washingtontimes.com/news/2012/jun/16/unmanned-air-force-space-plane-lands-calif/.

120. Gregg Easterbrook, "Undisciplined Spending in the Name of Defense", Reuters,

January 20, 2011, http://blogs.reuters.com/gregg-easterbrook/2011/01/20/ undisciplined-spending-in-the-name-of-defense/; National Geospatial-Intelligence Agency, *Geospatial Intelligence Standards: Enabling a Common Vision*(Washington, DC: National Geospatial-Intelligence Agency, November 2006), www.fas.org/irp/agency/nga/standards.pdf; National Geospatial-Intelligence Agency, *National System for Geospatial Intelligence(NSG): Statement of Strategic Intent*(Washington, DC: National Geospatial-Intelligence Agency, March 2007), https://knxup2.hsdl.org/?abstract&did=19363; Priest and Arkin, "Top Secret America", *Washington Post*, December 20, 2010.

121. Office of the Secretary of Defense, *Military and Security Developments Involving the People's Republic of China, 2010*(Washington, DC: Department of Defense, August 2010), i, 1-3, 7, 25-26, 30, 34-37; Thom Shanker, "Pentagon Cites Concerns in China Military Growth", *New York Times*, August 17, 2010; "China Launches New Global Positioning Satellite", Reuters, July 31, 2010, www.reuters.com/article/idUSTRE67005R20100801.

122. Marc Kaufman and Dafna Linzer, "China Criticized for Anti-Missile Test", *Washington Post*, January 19, 2007.

123. Tim Prudente, "In the Era of GPS, Naval Academy Revives Celestial Navigation", *Los Angeles Times*, October 25, 2015, www.latimes.com/nation/la-na-celestial-navigation-20151025-story.html.

124. Andrew Jacobs, "China's Space Program Bolstered by First Docking", *New York Times*, November 4, 2011.

2장

1. Robert Mackey et al., "All Leaked Cables Were Made Available Online as WikiLeaks Splintered", *New York Times*, September 1, 2011.

2. Lisa Hajjar, "Suleiman: The CIA's Man in Cairo", *Al Jazeera*, February 7, 2011, www.aljazeera.com/indepth/opinion/2011/02/201127114827382865.html.

3. "Memorandum of Discussion at the 229th Meeting of the National Security Council, Tuesday, December 21, 1954",(Top Secret, Eyes Only) US Department of State, *Foreign Relations Series of the United States, 1952-1954, vol. 2, National Security Affairs, Part 2*(Washington, DC: Government Printing Office, 1984), 838.

4. "Memorandum of Discussion at the 410th Meeting of the National Security Council, Washington, June 18, 1959", in US Department of State, *Foreign Relations*

of the United States, 1958-1960. East Asia-Pacific Region; Cambodia; Laos. vol.
16(Washington, DC: Government Printing Office, 1992), 97-102; Matthew F.
Holland, *America and Egypt: From Roosevelt to Eisenhower*(Westport, CT: Praeger
Publishers, 1996), ix.

5. David D. Kirkpatrick, "Egypt Erupts in Jubilation as Mubarak Steps Down", *New
York Times*, February 12, 2011; David E. Sanger, "When Armies Decide", *New
York Times*, February 20, 2011; Jeremy M. Sharp, *Egypt: Background and U.S.
Relations*(Washington, DC: Congressional Research Service, February 26, 2016),
23.

6. Embtel 496, Embassy Manama to Embassy Baghdad, July 25, 2008, WikiLeaks
Cablegate Archive, Reference ID: 08MANAMA496, http://wikileaks.org/
cable/2008/07/08MANAMA496.html.

7. Robinson, "Non-European Foundations of European Imperialism", 138-39.

8. Brett Reilly, "Cold War Transition: Europe's Decolonization and Eisenhower's
System of Subordinate Elites", in McCoy, Fradera, and Jacobson, eds., *Colonial
Crucible*, 344-59; Frank Baldwin, "America's Rented Troops: South Koreans in
Vietnam", *Bulletin of Concerned Asian Scholars* 7, no. 4(1975): 33-40.

9. Edward Miller, *Misalliance: Ngo Dinh Diem, the United States, and the Fate of South
Vietnam*(Cambridge, MA: Harvard, 2013), 1-6; Edward Geary Lansdale, *In the
Midst of Wars: An American's Mission to Southeast Asia*(New York: Harper & Row,
1972), 154-58.

10. Lansdale, *In the Midst of Wars*, 171-76, 333-34.

11. McCoy, *The Politics of Heroin*, 155-61, 203-9.

12. US Department of Defense, *The Pentagon Papers: The Defense Department History
of United States Decisionmaking on Vietnam*, Senator Gravel Edition, vol. 1(Boston:
Beacon Press, 1971), 242-69.

13. Pierre Asselin, *Hanoi's Road to the Vietnam War, 1954-1965*(Berkeley and Los
Angeles: University of California Press, 2013), 6-7.

14. Monique Brinson Demery, *Finding the Dragon Lady: The Mystery of Vietnam's
Madame Nhu*(New York: Perseus Books Group, 2013), 1; Miller, Misalliance, 310-
11.

15. Miller, *Misalliance*, 321-23; "Interview with Lucien Conein", May 7, 1981,
Vietnam: A Television History, Open Vault, WGBH-TV, http://openvault.wgbh.
org/catalog/V_17B091E22675449F9D3E61ABF070482F.

16. Anne Blair, *Lodge in Vietnam: A Patriot Abroad*(New Haven, CT: Yale University Press, 1995), 159; David Halberstam, *The Best and the Brightest*(『최고의 인재들: 왜 미국 최고의 브레인들이 베트남전이라는 최악의 오류를 범했는가』, 송정은, 황지현 옮김, 글항아리, 2014)(New York: Random House, 1993).

17. Dan Slater, *Ordering Power: Contentious Politics and Authoritarian Leviathans in Southeast Asia*(Chicago: University of Chicago, 2010), 259-62.

18. Frank Snepp, *Decent Interval*(Lawrence: University Press of Kansas, 2002), 433-38; Evan Thomas, "The Last Days of Saigon", *Newsweek*, April 30, 2000, www.newsweek.com/last-days-saigon-157477.

19. Anand Gopal, *No Good Men among the Living*(New York: Henry Holt, 2014), 30-34.

20. William R. Polk, "Legitimation Crisis in Afghanistan", *Nation*, April 19, 2010, www.thenation.com/article/legitimation-crisis-afghanistan/.

21. Catherine Lutz and Sujaya Desai, "US Reconstruction Aid for Afghanistan: The Dollars and Sense", January 5, 2015, Watson Institute for International Studies, Brown University, http://watson.brown.edu/costsofwar/files/cow/imce/papers/2015/US%20Reconstruction%20Aid%20for%20Afghanistan.pdf.

22. "Corruption Perceptions Index 2009", Transparency International, www.transparency.org/research/cpi/cpi_2009/0/.

23. James Risen, "U.S. Inaction Seen after Taliban P.O.W.'s Died", *New York Times*, July 10, 2009; Elizabeth Rubin, "Karzai in His Labyrinth", *New York Times Magazine*, August 4, 2009, www.nytimes.com/2009/08/09/magazine/09Karzai-t.html.

24. Sabrina Tavernise and Helene Cooper, "Afghan Leader Said to Accept Runoff after Election Audit", *New York Times*, October 19, 2009, www.nytimes.com/2009/10/20/world/asia/20afghan.html.

25. Ben Farmer, "US Diplomat Claims UN Tried to Gag Him", *Telegraph*, October 4, 2009, www.telegraph.co.uk/news/6259530/US-diplomat-claims-UN-tried-to-gag-him.html.

26. "Abdullah Pulls Out of Afghan Vote", BBC News, November 1, 2009, http://news.bbc.co.uk/2/hi/south_asia/8336388.stm.

27. "Afghan President Blames UN, Other Foreigners for Vote", *Washington Post*, April 1, 2010.

28. Alissa J. Rubin, "Karzai's Words Leave Few Choices for the West", *New York Times*, April 4, 2010, www.nytimes.com/2010/04/05/world/asia/05karzai.html.

29. Alissa J. Rubin and Helene Cooper, "In Afghan Trip, Obama Presses Karzai on Graft", *New York Times*, March 28, 2010, www.nytimes.com/2010/03/29/world/asia/29prexy.html.

30. Helene Cooper and Mark Landler, "U.S. Now Trying Softer Approach to Afghan Leader", *New York Times*, April 9, 2010, www.nytimes.com/2010/04/10/world/asia/10prexy.html.

31. Rajiv Chandrasekaran, "As U.S. Assesses Afghan War, Karzai a Question Mark", *Washington Post*, December 13, 2010, www.washingtonpost.com/wp-dyn/content/article/2010/12/12/AR2010121203747.html?sid=ST201012120420.

32. Matthew Rosenberg and Carlotta Gall, "Kerry Pushes for Solutions to Afghanistan's Election Crisis", *New York Times*, July 12, 2014; Ali M. Latifi and Shashank Bengali, "Delays, Fights Marred Afghanistan's Recount", *Los Angeles Times*, August 28, 2014, www.latimes.com/world/afghanistan-pakistan/la-fg-afghanistan-election-recount-delays-20140828-story.html.

33. Mujib Mashal, "Amid Afghan Chaos, Karzai Keeps Power in Play", *New York Times*, August 6, 2016.

34. Aluf Benn, "WikiLeaks Cables Tell the Story of an Empire in Decline", *Haaretz*, December 1, 2010, www.haaretz.com/wikileaks-cables-tell-the-story-of-an-empire-in-decline-1.328145.

35. "US Embassy Cables: Bomb al-Qaida Where You Want, Yemen Tells US, but Don't Blame Us If They Strike Again", *Guardian*, December 3, 2010, www.guardian.co.uk/world/us-embassy-cables-documents/225085; "US Embassy Cables: Profile of 'Intellectually Curious' but 'Notoriously Mercurial' Gaddafi", *Guardian*, December 7, 2010, www.guardian.co.uk/world/us-embassy-cables-documents/167961; "US Embassy Cables: King Hamad and Bahrain's Relationship with the US", *Guardian*, February 15, 2011, www.guardian.co.uk/world/us-embassy-cables-documents/237626.

36. Helene Cooper, "With Egypt, Diplomatic Words Often Fail", *New York Times*, January 30, 2011.

37. Scott Anderson, "Fractured Lands", *New York Times Magazine*, August 14, 2016, 13-14; Gregory A. Barton, "Informal Empire", 256-61; Geoff Simons, *Iraq: From Sumer to Saddam* (London: Macmillan, 1994), 147-89; D. K. Fieldhouse, *Western Imperialism in the Middle East 1914-1958* (New York: Oxford University Press, 2006), 69-116, 245-336.

38. Anderson, "Fractured Lands", 23-24.

39. Bryan Denton and Michael R. Gordon, "At the Mosul Front, Smoke Screens and Suicide Bombers", *New York Times*, October 18, 2016; Tim Arango, "Flee Their City or Stay? For Mosul Residents, Both Choices Seem Bleak", *New York Times*, October 22, 2016; Robert F. Worth, "Weakened ISIS Still Able to Sow Deadly Mayhem", *New York Times*, December 26, 2016; Anderson, "Fractured Lands", 23-24, 44.

40. "US Embassy Cables: Tunisia-a US Foreign Policy Conundrum", *Guardian*, December 7, 2010, www.theguardian.com/world/us-embassy-cables-documents/217138.

41. Embtel 2543, Embassy Cairo to State, December 21, 2008, WikiLeaks Cablegate Archive, Reference ID: 08CAIRO2543, http://wikileaks.org/cable/2008/12/08CAIRO2543.html.

42. Embtel 874, Embassy Cairo to State, April 16, 2008, WikiLeaks Cablegate Archive, Reference ID: 08CAIRO783, http://wikileaks.org/cable/2008/04/08CAIRO783.html.

43. "Obama Interview: The Transcript", BBC News World Service, June 2, 2009, www.bbc.co.uk/worldservice/news/2009/06/090602_obama_transcript.shtml.

44. Hajjar, "Suleiman: The CIA's Man in Cairo."

45. Scott Shane and David D. Kirkpatrick, "Military Caught between Mubarak and Protesters", *New York Times*, February 11, 2011; Geoffey Wheatcroft, "America's Unraveling Power", *New York Times*, February 11, 2011; Scott Shane, "As Islamists Gain Influence, Washington Reassesses Who Its Friends Are", *New York Times*, July 10, 2012.

46. Anderson, "Fractured Lands", 41-42, 54; Sharp, *Egypt*, 15, 23-25.

47. Thomas L. Friedman, "Up with Egypt", *New York Times*, February 8, 2011.

48. Charlie Savage, "U.S. Diplomats Noted Canadian Mistrust", *New York Times*, December 2, 2010.

49. 09 ANKARA 1717, From: Turkey Ankara, To: Afghanistan Kabul, January 20, 2010, WikiLeaks Reference ID: 10ANKARA87_a, https://wikileaks.org/plusd/cables/10ANKARA87_a.html.

50. Scott Shane and Andrew W. Lehren, "Leaked Cables Offer Raw Look at U.S. Diplomacy", *New York Times*, November 29, 2010; "WikiLeaks: Phobias, Flamenco Dancing, and a 'Voluptuous Blonde' Nurse: Inside the Wacky World of Colonel Gaddafi", *Daily Mail*, December 8, 2010, www.dailymail.co.uk/news/

article-1336783/WikiLeaks-Colonel-Gaddafis-phobias-flamenco-dancing-voluptuous-blonde-nurse.html.

51. Deptel 37561, State to Embassy Bujumbura, April 16, 2009, WikiLeaks Cablegate Archive, Reference ID: 09STATE37561, http://wikileaks.org/cable/2009/04/09STATE37561.html.

52. Deptel 105048, State to Embassy Manama, October 8, 2009, WikiLeaks Cablegate Archive, Reference ID: 09STATE105048, http://wikileaks.org/cable/2009/10/09STATE105048.html.

53. Associated Press, "Kyrgyzstan: Ex-Leader Convicted over Crackdown", *New York Times,* July 26, 2014; Borut Grgic, "Democratic Change It's Not", *New York Times,* May 31, 2010; Mark Landler, "Clinton Moves to Ease Tensions over Key Kyrgyz Base", *New York Times,* December 3, 2010; David Trilling, "Letter from Bishkek: How Did Kurmanbek Bakiyev's Presidency Fail?", *Foreign Affairs,* April 12, 2010, www.foreignaffairs.com/articles/russia-fsu/2010-04-12/letter-bishkek.

3장

1. John Prados, *Safe for Democracy* (Chicago: Ivan R. Dee, 2006), 500-567; David Johnston, "Bush Pardons 6 in Iran Affair, Aborting a Weinberger Trial", *New York Times,* December 25, 1992.

2. Transparency International, "Plundering Politicians and Bribing Multinationals Undermine Economic Development, Says TI", press release, March 24, 2004, www.transparency.org/news/pressrelease/plundering_politicians_and_bribing_multinationals_undermine_economic_develo; Michela Wrong, *In the Footsteps of Mr. Kurtz: Living on the Brink of Disaster in Mobutu's Congo* (London: Fourth Estate, 2000), 250-55; "DR Congo War Deaths 'Exaggerated,'" BBC News, January 20, 2010, news.bbc.co.uk/2/hi/africa/8471147.stm.

3. "Afghan President's Brother, Ahmad Wali Karzai, Killed", BBC News, July 12, 2011, www.bbc.co.uk/news/world-middle-east-14118884; James Risen, "Reports Link Karzai's Brother to Afghanistan Heroin Trade", *New York Times,* October 4, 2008; Dexter Filkins, Mark Mazzetti, and James Risen, "Brother of Afghan Leader Said to Be Paid by CIA", *New York Times,* October 28, 2009.

4. Elisabetta Povoledo, "Italy Gasps as Inquiry Reveals Mob's Long Reach", *New York Times,* December 12, 2014.

5. Weiner, *Legacy of Ashes,* 321.

6. UN Office for Drug Control and Crime Prevention, *World Drug Report 2000*(Oxford: Oxford University Press, 2000), 5, 12–14, 143–48; UN International Drug Control Programme, *World Drug Report*(Oxford: Oxford University Press, 1997), 132, 162–63.

7. Lieutenant Colonel Lucien Conein(former CIA operative in Saigon), interview with author, McLean, Virginia, June 18, 1971.

8. Frederick Wakeman, *Policing Shanghai, 1927–1937*(Berkeley and Los Angeles: University of California Press, 1996), 25–39; Frank J. Prial, "Secret Group Linked to Killing of French Detective", *New York Times*, July 29, 1981.

9. Bryan Christy, "Ivory Worship", *National Geographic* 222, no. 4(October 2012): 46, 52–55; David Western, "The Undetected Trade in Rhino Horn", *Pachyderm* 11(1989), 26–28.

10. International Opium Commission, *Report of the International Opium Commission*, vol. 2(Shanghai: North-China Daily News & Herald, 1909), 44–66, 356; US Department of Commerce, Bureau of Foreign and Domestic Commerce, *Statistical Abstract of the United States 1915*(Washington, DC: Government Printing Office, 1916), 713.

11. David Musto, *The American Disease: Origins of Narcotic Control*(New Haven, CT: Yale University Press, 1973), 5; David T. Courtwright, *Dark Paradise*(Cambridge, MA: Harvard University Press, 1982), 9–28; Virginia Berridge and Griffith Edwards, *Opium and the People*(New Haven, CT: Yale University Press, 1987), 21–35, 274; UN Office on Drugs and Crime, *Bulletin on Narcotics: A Century of International Drug Control*(Vienna: UN, 2010), 54–58.

12. Ethan A. Nadelmann, "Global Prohibition Regimes", *International Organization* 44, no. 4(1990): 484–513.

13. Musto, *The American Disease*, 37–52.

14. Alan A. Block, *East Side, West Side*(New Brunswick, NJ: Transaction Publishers, 1983), 133–34; Alan A. Block, "European Drug Traffic and Traffickers between the Wars", *Journal of Social History* 23, no. 2(1989): 315–37.

15. UN Office for Drug Control and Crime Prevention, *World Drug Report 2000*, 5, 13–14, 143–48; UN International Drug Control Programme, *World Drug Report*(1997), 162–63.

16. See Alfred W. McCoy, "The Stimulus of Prohibition", in Michael K. Steinberg, Joseph J. Hobbs, and Kent Mathewson, eds., *Dangerous Harvest: Drug Plants and the*

Transformation of Indigenous Landscapes(New York: Oxford University Press, 2004),
24-111.

17. US Department of Justice, Office of Justice Program, Bureau of Justice Statistics,
    "Prisoners in 1988", *Bureau of Justice Statistics*(Washington, DC: Government
    Printing Office, 1989), 1; US Department of Justice, Office of Justice
    Programs, Bureau of Justice Statistics, *Sourcebook of Criminal Justice Statistics
    1990*(Washington, DC: Government Printing Office, 1991), 604; Ethan A.
    Nadelmann, "U.S. Drug Policy", *Foreign Policy*, no. 70(1988), 99; Adam Liptak,
    "U.S. Prison Population Dwarfs That of Other Nations", *New York Times*, April 23,
    2008; "Editorial: Thirty-Five Years of Rockefeller 'Justice,'" *New York Times*, May
    27, 2008.

18. US Cabinet Committee on International Narcotics Control, *World Opium Survey
    1972*(Washington, DC, July 1972), 7, 11, A11-15; UN Office on Drugs and
    Crime, *2008 World Drug Report*(Vienna: UNODC, 2008), 25.

19. Christopher S. Wren, "U.N. Report Says Tens of Millions Use Illicit Drugs", *New
    York Times*, June 26, 1997; UN International Drug Control Programme, *World
    Drug Report*(1997), 31, 32, 124, 132, 162-63; UN Office for Drug Control and
    Crime Prevention, *World Drug Report 2000*, 5, 13-14, 70, 143-48.

20. UN Office on Drugs and Crime, 2007 *World Drug Report*(Vienna: UNODC,
    2007), 170.

21. US Senate, 100th Congress, 2d Session, Committee on Foreign Relations,
    Subcommittee on Terrorism, Narcotics and International Operations, *Drugs, Law
    Enforcement and Foreign Policy*(Washington, DC: Government Printing Office,
    December 1988), 73-75.

22. Ibid., 75.

23. Mort Rosenblum, "Hidden Agendas", *Vanity Fair*, March 1990, 120.

24. US Senate, *Drugs, Law Enforcement and Foreign Policy*, 42-49.

25. Gary Webb, "Day One: Backers of CIA-Led Nicaraguan Rebels Brought Cocaine
    to Poor L.A. Neighborhoods in Early '80s to Help Finance War-and a Plague
    Was Born", *San Jose Mercury News*, August 18, 1996; Gary Webb, "Day Two: How
    a Smuggler, a Bureaucrat and a Driven Ghetto Teen-ager Created the Cocaine
    Pipeline, and How Crack was 'Born' in the San Francisco Bay Area in 1974", *San
    Jose Mercury News*, August 19, 1996; Gary Webb, "Day Three: The Impact of the
    Crack Epidemic on the Black Community and Why Justice Hasn't Been for All",

San Jose Mercury News, August 20, 1996. For a book-length exposition of this case, see Gary Webb, *Dark Alliance: The CIA, the Contras, and the Crack Cocaine Explosion*(New York: Seven Stories Press, 1998).

26. 내가 CIA 웹사이트에서 해당 보고서를 다운로드했던 1998년 11월 1일과 웹사이트를 재방문한 2015년 10월 12일 사이에 이 48개의 단락은 "[913~961단락 삭제]"라는 공지로 대체되었다. US Central Intelligence Agency, Office of the Inspector General, *Allegations of Connections between CIA and Contras in Cocaine Trafficking in the United States*(1)(96-0143-IG), vol. 2, *The Contra Story*, pars. 913-61, www.fas. org/irp/cia/product/cocaine2/contents.html 참조.

27. Ibid.

28. Ibid., pars. 914, 916-17, 921.

29. Ibid., par. 916.

30. Ibid., par. 922.

31. Ibid., par. 925.

32. Ibid., par. 930.

33. Ibid., par. 936.

34. Ibid., pars. 938-39, 942.

35. Ibid., par. 943.

36. Ibid., par. 927.

37. Ibid., pars. 932-33.

38. Ibid., pars. 949-50.

39. Ibid., par. 951.

40. Ibid., par. 952.

41. Ibid., par. 953.

42. Tracy L. Snell, *Correctional Populations in the United States, 1991*(Washington, DC: Government Printing Office, NCJ-147729, August 1993), 6; US Department of Justice, "Prisoners in 1988", *Bureau of Justice Statistics*, 1; US Department of Justice, *Sourcebook of Criminal Justice Statistics 1990*, 604; Nadelmann, "U.S. Drug Policy", 83-108, 99; Adam Liptak, "Inmate Count Dwarfs Other Nations'", *New York Times*, April 23, 2008; "Editorial: Thirty-Five Years of Rockefeller 'Justice.'"

43. Christopher Uggen, Ryan Larson, and Sarah Shannon, "6 Million Lost Voters: State-Level Estimates of Felony Disenfranchisement, 2016", The Sentencing Project, October 6, 2016, www.sentencingproject.org/publications/6-million-lost-voters-state-level-estimates-felony-disenfranchisement-2016/.

44. National Security Archive, "The Iran-Contra Affair 20 Years On", November 24, 2006, http://nsarchive.gwu.edu/NSAEBB/NSAEBB210/.

45. Webb, "Day One"; "Editorial: Another CIA Disgrace: Helping the Crack Flow", *San Jose Mercury News*, August 21, 1996.

46. Adam Pertman, "CIA-Dug Link Stories Outrage Blacks in L.A.", *Boston Globe*, October 6, 1996; Tim Golden, "Though Evidence Is Thin, Tale of C.I.A. and Drugs Has a Life of Its Own", *New York Times*, October 21, 1996; Michael A. Fletcher, "Black Caucus Urges Probe of CIA-Contra Drug Charge", *Washington Post*, September 13, 1996; Peter Kornbluh, "The Storm over 'Dark Alliance,'" *CJR*, January/February 1997, 33-35.

47. Roberto Suro and Walter Pincus, "The CIA and Crack: Evidence Is Lacking of Alleged Plot", *Washington Post*, October 4, 1996; Golden, "Though Evidence Is Thin"; Jesse Katz, "Tracking the Genesis of the Crack Trade", *Los Angeles Times*, October 20-22, 1996.

48. Geoff Dyer and Chloe Sorvino, "$1tn Cost of Longest US War Hastens Retreat from Military Intervention", *Financial Times*, December 15, 2014, www.cnbc.com/2014/12/15/-for-us-cost-1tn.html.

49. Joel Brinkley, "Money Pit: The Monstrous Failure of US Aid to Afghanistan", *World Affairs*, January/February 2013, www.worldaffairsjournal.org/article/money-pit-monstrous-failure-us-aid-afghanistan.

50. Michael S. Schmidt and Eric Schmitt, "U.S. Broadens Fight against ISIS with Attacks in Afghanistan", *New York Times*, February 1, 2016.

51. US Department of State, Bureau of International Narcotics Matters, *International Narcotics Control Strategy Report* (Washington, DC: Government Printing Office, 1986).

52. Lawrence Lifschultz, "Dangerous Liaison", *Newsline* (Karachi), November 1989, 49-54; David Rohde, "Warlord Rule Is Re-emerging in Some Towns", *New York Times*, November 16, 2001; James Dao, "Afghan Warlord May Team Up with Al Qaeda and Taliban", *New York Times*, May 30, 2002; Charles G. Cogan, "Partners in Time", *World Policy Journal* 10, no. 2 (1993): 76, 79.

53. US Cabinet Committee on International Narcotics Control, *World Opium Survey 1972*, 10-11, 47; US Department of State, Bureau of International Narcotics Matters, *International Narcotics Control Strategy Report, April 1994* (Washington, DC: Government Printing Office, 1994), 4; "Afghanistan", *Geopolitical Drug*

Dispatch, no. 3 (January 1992): 1, 3.

54. Mathea Falco, "Asian Narcotics", *Drug Enforcement* (February 1979): 2–3; US Cabinet Committee on International Narcotics Control, *World Opium Survey 1972,* A-7, A-14, A-17; *International Narcotics Control Strategy Report* (1994), 4; William French Smith, "Drug Traffic Today–Challenge and Response", *Drug Enforcement* (Summer 1982): 2–3; *International Narcotics Control Strategy Report 1986,* 480.

55. Pakistan Narcotics Control Board, N*ational Survey on Drug Abuse in Pakistan* (Islamabad: Pakistan Narcotics Control Board, 1986), iii, ix, 23, 308; Zahid Hussain, "Narcopower", Newsline (Karachi), December 1989, 17; UN Office for Drug Control and Crime Prevention, *World Drug Report 2000,* 78, 150.

56. *International Narcotics Control Strategy Report 1986,* 480–81.

57. US Department of State, Bureau of International Narcotics Matters, *International Narcotics Control Strategy Report* (Washington, DC: Government Printing Office, March 1988), 177–78.

58. Arthur Bonner, "Afghan Rebel's Victory Garden", *New York Times,* June 18, 1986, www.nytimes.com/1986/06/18/world/afghan-rebel-s-victory-garden-opium.html.

59. Tim Golden, "Afghan Ban on Growing of Opium Is Unraveling", *New York Times,* October 22, 2001, www.nytimes.com/2001/10/22/world/a-nation-challenged-war-and-drugs-afghan-ban-on-growing-of-opium-is-unraveling.html.

60. Kathy Evans, "The Tribal Trail", *Newsline* (Karachi), December 1989, 26.

61. Barnett R. Rubin, Testimony before the Subcommittee on Europe and the Middle East, Foreign Affairs Committee, US House of Representatives, "Answers to Questions for Private Witnesses", March 7, 1990, 18–19; James Rupert and Steve Coll, "U.S. Declines to Probe Afghan Drug Trade", *Washington Post,* May 13, 1990, www.washingtonpost.com/archive/politics/1990/05/13/us-declines-to-probe-afghan-drug-trade/f07eadd2-3d25-4dd5-9e8c-05beed819769/.

62. Lawrence Lifschultz, "Inside the Kingdom of Heroin", *Nation,* November 14, 1988, 495–96.

63. Rupert and Coll, "U.S. Declines to Probe Afghan Drug Trade."

64. *Dealing with the Demon: Part II,* directed by Chris Hilton (Sydney: Aspire Films PL, 1995). Distributed in the United States by Icarus Films, http://icarusfilms.com/new97/dealing_w.html.

65. US Department of State, Bureau of International Narcotics Matters, *International Narcotics Control Strategy Report*(Washington, DC: Government Printing Office, March 2000), 56; United Nations International Drug Control Programme, *Afghanistan: Annual Survey 2000*(Islamabad: UN, 2000), 15.

66. Tim Weiner, "A Nation Challenged: Drug Trade; with Taliban Gone, Opium Farmers Return to Their Only Cash Crop", *New York Times*, November 26, 2001, www.nytimes.com/2001/11/26/world/nation-challenged-drug-trade-with-taliban-gone-opium-farmers-return-their-only.html; Daniel Balland, "Nomadic Pastoralists and Sedentary Hosts in the Central and Western Hindukush Mountains, Afghanistan", in Nigel J. R. Allan, Gregory W. Knapp, and Christoph Stadel, eds., *Human Impact on Mountains*(Lanham, MD: Rownman & Littlefield, 1988), 265–70; Nigel Allan, "Modernization of Rural Afghanistan", in Louis Dupree and Linette Albert, eds., *Afghanistan in the 1970s*(New York: Praeger Publishers, 1974), 117–18.

67. United Nations Information Service, "Opium Production in Myanmar Declines", press release(UNIS/NAR/760), August 27, 2002, www.unis.unvienna.org/unis/en/pressrels/2002/nar760.html; United Nations International Drug Control Programme, *Strategic Study #4*(Islamabad: UN, 1999), 2; *Afghanistan: Annual Survey 2000*, 23.

68. *World Drug Report 2000*, 7–11; United Nations Office for Drug Control and Crime Prevention, *Strategic Study #3: The Role of Opium as a Source of Informal Credit*(Islamabad: UN, 1999), http://david-mansfield.tumblr.com/page/4.

69. Dexter Filkins, "A Nation Challenged: Kabul; Afghans Round Up Hundreds in Plot against Leaders", *New York Times*, April 4, 2002, www.nytimes.com/2002/04/04/international/asia/04AFGH.html.

70. Ahmed Rashid, *Taliban: Militant Islam, Oil and Fundamentalism in Central Asia*(New Haven, CT: Yale University Press, 2000), 118–20.

71. United Nations International Drug Control Programme, *World Drug Report*(1997), ii; United Nations, *Report of the International Narcotics Control Board for 1999*(New York: UN, 2000), 370–71, 49; Alain Labrousse and Laurent Laniel, "The World Geopolitics of Drugs, 1998/1999", *Crime, Law & Social Change 36*, nos. 1–2(2001): 62.

72. *Afghanistan: Annual Survey 2000*, iii; Barry Bearak, "At Heroin's Source Taliban Do What 'Just Say No' Could Not", *New York Times*, May 24, 2001, www.nytimes.com/2001/05/24/world/at-heroin-s-source-taliban-do-what-just-say-no-

could-not.html.

73. *Afghanistan: Annual Survey 2000*, 21-23; United Nations International Drug Control Programme, *Afghanistan: Annual Survey 2001* (Islamabad: UN, 2001), iii, 11, 15-17; Weiner, "A Nation Challenged", *New York Times*; David Mansfield, *A State Built on Sand: How Opium Undermined Afghanistan* (Oxford: Oxford University Press, 2016), 108-9.

74. Barbara Crossette, "Taliban Open a Campaign to Gain Status at U.N.", *New York Times*, September 21, 2000, www.nytimes.com/2000/09/21/world/taliban-open-a-campaign-to-gain-status-at-the-un.html.

75. US Department of State, Bureau of Public Affairs, Secretary Colin L. Powell, "Statement at Press Briefing on New U.S. Humanitarian Assistance for Afghans", May 17, 2001, https://2001-2009.state.gov/secretary/former/powell/remarks/2001/2928.htm.

76. R. W. Apple Jr., "A Nation Challenged: Washington Letter; Pondering the Mystery of the Taliban's Collapse", *New York Times*, November 30, 2001, www.nytimes.com/2001/11/30/us/nation-challenged-washington-letter-pondering-mystery-taliban-s-collapse.html.

77. United Nations, Office for Drug Control and Crime Prevention, *Global Illicit Drug Trends 2002* (New York: UN, 2002), 41.

78. United Nations General Assembly, *Report of the Secretary General: Emergency International Assistance for Peace, Normalcy and Reconstruction of War-Stricken Afghanistan* (56th Session, Agenda item 20 [f], December 7, 2001), 9.

79. Mansfield, *A State Built on Sand*, 109, 126-27, 137.

80. Gopal, *No Good Men among the Living*, 15-19.

81. Barnett R. Rubin, "Putting an End to Warlord Government", *New York Times*, January 15, 2002, www.nytimes.com/2002/01/15/opinion/putting-an-end-to-wa rlord-government.html; Bob Woodward, *Bush at War* (New York: Simon & Schuster, 2002), 35, 139-43, 194, 253, 298-99, 317; Bob Woodward, "CIA Led Way with Cash Handouts", *Washington Post*, November 18, 2002, www.washingtonpost.com/wp-dyn/articles/A3105-2002Nov17.html.

82. Michael R. Gordon and Steven Lee Myers, "A Nation Challenged: Reinforcements; Allies Building Force to Keep Order in a Vacuum", *New York Times*, November 16, 2001, www.nytimes.com/2001/11/16/world/nation-challenged-reinforcements-allies-building-force-keep-order-vacuum.html.

83. Rubin, "Putting an End to Warlord Government."

84. Tim Golden, "The World: A War on Terror Meets a War on Drugs", *New York Times*, November 25, 2001, www.nytimes.com/2001/11/25/weekinreview/the-world-a-war-on-terror-meets-a-war-on-drugs.html.

85. Doris Buddenberg and William A. Byrd, eds., *Afghanistan's Drug Industry* (Vienna: UN Office on Drugs and Crime, and The World Bank, 2006), 25-28, www.unodc.org/pdf/Afgh_drugindustry_Nov06.pdf.

86. James Risen, "Poppy Fields Are Now a Front Line in Afghan War", *New York Times*, May 16, 2007, www.nytimes.com/2007/05/16/world/asia/16drugs.html.

87. Ashraf Ghani, "Where Democracy's Greatest Enemy Is a Flower", *New York Times*, December 11, 2004, www.nytimes.com/2004/12/11/opinion/where-democracys-greatest-enemy-is-a-flower.html.

88. Carlotta Gall, "Another Year of Drug War, and the Poppy Crop Flourishes", *New York Times*, February 17, 2006, www.nytimes.com/2006/02/17/international/asia/17poppy.html.

89. Carlotta Gall, "Opium Harvest at Record Level in Afghanistan", *New York Times*, September 3, 2006, www.nytimes.com/2006/09/03/world/asia/03afghan.html.

90. Martin Jelsma and Tom Kramer, *Downward Spiral: Banning Opium in Afghanistan and Burma* (Amsterdam: Transnational Institute, 2005), 4-9; David Rhode and David E. Sanger, "How a 'Good War' in Afghanistan Went Bad", *New York Times*, August 12, 2007; Kirk Semple and Tim Golden, "Afghans Pressed by U.S. on Plan to Spray Poppies", *New York Times*, October 8, 2007; Anna Bawden, "US Backs Down over Afghan Poppy Fields Destruction", *Guardian*, December 7, 2007, www.theguardian.com/world/2007/dec/07/afghanistan.usa.

91. UN Office on Drugs and Crime, *Afghanistan Opium Survey 2007* (Islamabad: UNODCCP, 2007), iii-iv, 7, 39, 60, 71, 77, 86. www.unodc.org/documents/crop-monitoring/Afghanistan-Opium-Survey-2007.pdf.

92. Gretchen Peters, *How Opium Profits the Taliban* (Washington, DC: US Institute of Peace, 2009), 23, www.usip.org/sites/default/files/resources/taliban_opium_1.pdf; UN Office on Drugs and Crime, *Afghanistan Opium Survey 2008* (Vienna: UNODC, 2008), 2-3; Brian Steward, "The New Afghan Battle Plan, Bribing the Taliban", CBC News, January 27, 2010, www.cbc.ca/news/world/the-new-afghanbattle-plan-bribing-the-taliban-1.893983; "Afghanistan Crossroads: Taliban Pay vs. Afghan Forces Pay", *Afghanistan Crossroads*, CNN blog, posted

December 9, 2009, at 10:08 am, http://afghanistan.blogs.cnn.com/2009/12/09/taliban-pay-vs-afghanforces-pay.

93. Steven Lee Meyers and Thom Shanker, "Pentagon Considers Adding Forces in Afghanistan", *New York Times*, May 3, 2008, www.nytimes.com/2008/05/03/world/asia/03military.html.

94. Mansfield, *A State Built on Sand*, 100-101, 110-11, 104; UN Office on Drugs and Crime, *Afghanistan Opium Survey* 2015 (Vienna: UNODC, 2015), 12.

95. J. Edward Conway, "Analysis in Combat: The Deployed Threat Finance Analyst", *Small Wars Journal*, July 5, 2012, http://smallwarsjournal.com/printpdf/12915; US Department of Treasury, Press Center, "Fact Sheet: Combating the Financing of Terrorism, Disrupting Terrorism at Its Core", September 8, 2011, www.treasury.gov/press-center/press-releases/Pages/tg1291.aspx.

96. C. J. Chivers, "Afghan Attack Gives Marines a Taste of War", *New York Times*, February 13, 2010, www.nytimes.com/2010/02/14/world/asia/14marja.html.

97. Rob Norland, "U.S. Turns a Blind Eye to Opium in an Afghan Town", *New York Times*, March 20, 2010, www.nytimes.com/2010/03/21/world/asia/21marja.html.

98. Alissa J. Rubin, "In Marja, a Vice President Speaks with Warmth but Reaps Cool", *New York Times*, March 1, 2010, www.nytimes.com/2010/03/02/world/asia/02marja.html.

99. Alfred W. McCoy, "Can Anyone Pacify the World's Number One Narco-State? The Opium Wars in Afghanistan", *TomDispatch*, March 30, 2010, www.tomdispatch.com/blog/175225/alfred_mccoy_afghanistan_as_a_drug_war.

100. Matthew Rosenberg and Rod Norlund, "U.S. Scales Back Plans for Afghan Peace", *New York Times*, October 2, 2012, www.nytimes.com/2012/10/02/world/asia/us-scales-back-plans-for-afghan-peace.html.

101. Joseph Goldstein, "Taliban Make Gains across 3 Provinces in Afghanistan", *New York Times*, July 28, 2014, www.nytimes.com/2015/07/29/world/asia/taliban-make-gains-across-3-provinces-in-afghanistan.html.

102. James Rosen, "U.S. Inspector: Billions in Failed Programs Wasted in Afghanistan", *McClatchyDC*, September 12, 2014, www.mcclatchydc.com/news/nation-world/national/national-security/article24773107.html; Editorial, "Afghanistan's Unending Addiction", *New York Times*, October 27, 2014; Special Inspector General for Afghanistan Reconstruction, *Poppy Cultivation in Afghanistan* (Arlington, VA: Special Inspector General for Afghanistan Reconstruction, October 2014), 1-12,

www.sigar.mil/pdf/Special%20Projects/SIGAR-15-10-SP.pdf.

103. UN Office on Drugs and Crime, *Afghanistan Opium Survey 2013: Summary Findings*(Vienna: UNODC, 2013), 3-7, www.unodc.org/documents/crop-monitoring/Afghanistan/Afghan_report_Summary_Findings_2013.pdf.

104. Special Inspector General for Afghanistan Reconstruction, *Poppy Cultivation in Afghanistan*, 2.

105. 추정치 3억 2,000만 달러는 다음과 같이 계산되었다. 그레첸 피터스Gretchen Peters에 따르면 2008년에 탈레반이 전년도 유엔 추정치에 기반한 40억 달러어치의 아편에서 거둬들인 고정세율 세금은 4억 2,500만 달러였다(Peters, *How Opium Profits the Taliban*, 23; UNODC, Afghanistan Opium Survey 2008, 1 참조). 유엔의 2013년도 아프간 아편 생산량 추정치(30억 달러)에 10.6퍼센트의 탈레반 세율을 적용하면 3억 1,900만 달러가 나온다(Special Inspector General for Afghanistan Reconstruction, *Poppy Cultivation in Afghanistan*, 2 참조). 미국의 회조사국Congressional Research Service 보고서를 위한 연구에 따르면 2012년 탈레반 총소득은 4억~6억 2,000만 달러였으며, 따라서 3억 1,900만 달러의 아편 수입은 탈레반 총소득의 절반을 넘는다.(Liana Rosen and Kenneth Katzman, *Afghanistan: Drug Trafficking and the 2014 Transition*[Washington, DC: Congressional Research Service, May 2014], 1, http://fas.org/sgp/crs/row/R43540.pdf 참조)

106. Special Inspector General for Afghanistan Reconstruction, *Poppy Cultivation in Afghanistan*, 10.

107. UN Office on Drugs and Crime, *Afghanistan Opium Survey 2014: Cultivation and Production*(Vienna: UNODC, 2014), 6-7, www.unodc.org/documents/crop-monitoring/Afghanistan/Afghan-opium-survey-2014.pdf.

108. Elizabeth Chuck, "As Heroin Use Grows in U.S., Poppy Crops Thrive in Afghanistan", NBC News, July 7, 2015, www.nbcnews.com/news/world/heroin-use-grows-u-s-poppy-crops-thrive-afghanistan-n388081.

109. Joseph Goldstein, "Taliban's New Leader Strengthens His Hold with Intrigue and Battlefield Victory", *New York Times*, October 5, 2015.

110. Alissa J. Rubin, "Afghan Forces Rally in Kunduz, but Fight Is Far from Decided", *New York Times*, October 2, 2015.

111. David Jolly and Taimoor Shah, "Afghan Province Teetering to the Taliban, Draws in Extra U.S. Forces", *New York Times*, December 14, 2015.

112. Rod Nordland and Joseph Goldstein, "Afghan Taliban's Reach Is Widest Since 2001, U.N. Says", *New York Times*, October 12, 2015.

113. Mujib Mashal, "Taliban Kill at Least 22 Afghan Police Officers", *New York Times*, October 21, 2015.

114. Jolly and Shah, "Afghan Province Teetering to the Taliban."

115. Mujib Mashal and Taimoor Shah, "Last Refuge from Taliban May Prove No Refuge at All", *New York Times*, December 28, 2015; David Jolly, "U.S. to Send More Troops to Aid Afghan Forces Pressed by Taliban", *New York Times*, February 10, 2016; Mujib Mashal, "Afghan Troops Retreat under Pressure from Taliban", *New York Times*, February 20, 2016; Mujib Mashal, "Facing the Taliban and His Past, an Afghan Leader Aims for a Different Ending", *New York Times*, February 29, 2016; Rod Nordland and Taimoor Shah, "A 5th District in Helmand Province Falls to the Taliban", *New York Times*, March 16, 2016.

116. Rod Nordland, "Violence and Corruption in the World's Heroin Heartland", New York Times, April 7, 2016; Rod Nordland, "General Plants Flowers in Helmand, but Taliban Lurk", *New York Times*, April 10, 2016.

117. Mujib Mashal and Taimoor Shah, "Airstrikes Barely Holding Off Taliban in Helmand, Afghan Officials Say", *New York Times*, August 9, 2016; Mujib Mashal, "Afghanistan Forces Struggle to Hold Firm against Taliban in South", *New York Times*, August 15, 2016.

118. Mark Landler, "Obama Says He Will Slow Troop Reductions in Afghanistan", *New York Times*, July 7, 2016; Missy Ryan and Thomas Gibbons-Neff, "U.S. Widens War in Afghanistan, Authorizes New Action against Taliban", *Washington Post*, June 10, 2016, www.washingtonpost.com/news/checkpoint/wp/2016/06/09/defense-official-u-s-to-begin-striking-taliban-advise-regular-afghan-soldiers-again/.

119. UN Office on Drugs and Crime, "After Six Years on the Rise, Afghan Opium Crop Cultivation Declines: New UNODC Survey", press release, October 14, 2015, www.unodc.org/unodc/en/press/releases/2015/October/after-six-years-on-the-rise--afghan-opium-crop-cultivation-declines_-new-unodc-survey.html.

120. David Mansfield, "Where Have All the Flowers Gone? The Real Reasons for the Drop in the Poppy Crop in Afghanistan in 2015", *Alcis*, October 20, 2015, https://stories.alcis.org/where-have-all-the-flowers-gone-7de7b34e8478#.af0gf3vu8; David Mansfield, "Helmand on the Move: Migration as Response to Crop Failure", research brief, Afghanistan Research and Evaluation Unit, October 2015, www.areu.org.af/Uploads/EditionPdfs/1521E-%20Helmand%20on%20the%20Move%20Migration%20as%20a%20Response%20to%20Crop%20Failure.pdf.

121. Azam Ahmed, "Tasked with Combating Opium, Afghan Officials Profit from It", *New York Times*, February 16, 2016.

122. UN Security Council, "Report of the Analytical Support and Sanctions Monitoring Team on Specific Cases of Cooperation between Organized Crime Syndicates and Individuals, Groups, Undertakings and Entities Eligible for Listing under Paragraph 1 of Security Council Resolution 2160(2014): S/2015/79", February 2, 2015, 9-10, www.un.org/ga/search/view_doc.asp?symbol=S/2015/79.

123. Ahmed, "Tasked with Combating Opium."

124. David Mansfield, "The Devil Is in the Details: Nangarhar's Continued Decline into Insurgency, Violence, and Widespread Drug Production", *Afghan Research and Evaluation Unit Brief*, February 2016, 1-3, 6-9, 12-13.

125. UN Office on Drugs and Crime, *Afghanistan Opium Survey 2015: Executive Summary*(Vienna: UNODC, October 2015), 7, www.unodc.org/documents/crop-monitoring/Afghanistan/Afg_Executive_summary_2015_final.pdf.

126. Ahmed, "Tasked with Combating Opium."

127. UN Office on Drugs and Crime, *Afghanistan Opium Survey 2014: Socio-economic Analysis*(Vienna: UNODC, March 2015), 8, 11, www.unodc.org/documents/crop-monitoring/Afghanistan/Afghanistan_Opium_Survey_Socio-economic_analysis_2014_web.pdf.

128. Rosen, "U.S. Inspector: Billions in Failed Programs Wasted in Afghanistan."

4장

1. Alfred W. McCoy, "Welcome Home, War! How America's Wars Are Systematically Destroying Our Liberties", *TomDispatch*, November 12, 2009, www.tomdispatch.com/blog/175154/tomgram%3A_alfred_mccoy%2C_surveillance_state%2C_u.s.a.

2. James C. Scott, *Seeing Like a State: How Certain Schemes to Improve the Human Condition Have Failed*(New Haven, CT: Yale University Press, 1998), 1-3, 11-22, 24, 29-33, 44-45, 59-61, 64-72, 373.

3. G. Tilghman Richards, *The History and Development of Typewriters*(London: HMSO, 1964), 23-25; Lewis Coe, *The Telegraph: A History of Morse's Invention and Its Predecessors in the United States*(Jefferson, NC: McFarland, 1993), 89.

4. Joel D. Howell, *Technology in the Hospital: Transforming Patient Care in the Early Twentieth Century*(Baltimore, MD: Johns Hopkins University Press, 1995), 33-34, 40-42; Charles J. Austin, *Information Systems for Health Services Administration*(

『계량분석: 보건의료서비스 경영을 위한』, 박하영 옮김, 군자출판사, 2005)(Ann Arbor, MI: Health Administration Press, 1992), 13-21; F. H. Wines, "The Census of 1900", *National Geographic*, January 1900, 34-36; Friedrich W. Kistermann, "Hollerith Punched Card System Development(1905-1913)", *IEEE Annals of the History of Computing* 27, no. 1(2005): 56-66; Emerson W. Pugh, *Building IBM: Shaping an Industry and Its Technology*(Cambridge, MA: MIT Press, 1995), 1-36; "The Electric Tabulating Machine Applied to Cost Accounting", *American Machinist*, August 16, 1902, 1073-75; S. G. Koon, "Cost Accounting by Machines", *American Machinist*, March 26, 1914, 533-36; Douglas W. Jones, "Punched Cards: A Brief Illustrated Technical History", http://homepage.divms.uiowa.edu/~jones/cards/history.html; Mark Howells, "Counting the Lost Census: The Infant Stage of Modern Technology", *Ancestry* 18, no. 2(March/April 2000): 53-55.

5. Helmut Gernsheim and Alison Gernsheim, *The History of Photography from the Camera Obscura to the Beginning of the Modern Era*(New York: McGraw-Hill, 1969), 403-9.

6. Wayne A. Wiegand, *Irrepressible Reformer: A Biography of Melvil Dewey*(Chicago: ALA Editions, 1996), 14-24; Wayne A. Wiegand and Donald G. Davis Jr., *Encyclopedia of Library History*(New York: Routledge, 1994), 147-50; John Comaromi and M. Satija, *Dewey Decimal Classification: History and Current Status*(New York: Sterling Pub Private, 1988), 4-9; Leo E. LaMontagne, *American Library Classification with Special Reference to the Library of Congress*(Hamden, CT: Shoe String Press, 1961), 52-60, 63-99, 179-233.

7. Elizabeth Bethel, "The Military Information Division: Origin of the Intelligence Division", *Military Affairs* 11, no. 1(Spring 1947): 17-24.

8. Alphonse Bertillon, *Alphonse Bertillon's Instructions for Taking Descriptions for the Identification of Criminals and Others by the Means of Anthrometric Indications*(New York: AMS Press, 1977), 6, 17, 91-94; Frank Morn, *"The Eye That Never Sleeps": A History of the Pinkerton National Detective Agency*(Bloomington: Indiana University Press, 1982), 124-27; E. R. Henry, *Classification and Uses of Fingerprints*(London: HMSO, 1900), 61; Henry T. F. Rhodes, *Alphonse Bertillon: Father of Scientific Detection*(London: George G. Harrap, 1956), 71-109; Jürgen Thorwald, *The Century of the Detective*(New York: Harcourt, 1965), 20-26.

9. Donald C. Dilworth, ed., *Identification Wanted: Development of the American Criminal Identification Systems, 1893-1943*(Gaithersburg, MD: International

Association of Chiefs of Police, 1977), 1-3, 6-8, 60-68, 78-79, 82-83, 103-6, 131, 161-66; Henry, *Classification and Uses of Fingerprints*, 4-7, 61-69; Bertillon, *Alphonse Bertillon's Instructions*, 10-12; *Police Chiefs News Letter* 2, no. 3 (March 1934): 2; Police Chiefs News Letter 3, no. 7 (July 1936): 2; Richard Polenberg, *Fighting Faiths: The Abrams Case, the Supreme Court, and Free Speech* (New York: Viking Adult, 1987), 165.

10. Gamewell Fire Alarm Telegraph Co., *Emergency Signaling* (New York: Gamewell Fire Alarm Telegraph Co., 1916), chaps. 2-7; William Maver Jr., *American Telegraphy and Encyclopedia of the Telegraph: Systems, Apparatus, Operation* (New York: Maver Publishing, 1903), 440-53; Paul Ditzel, *Fire Alarm!* (New Albany, IN: Fire Buff House Publishers, 1990), 5, 16-28, 40-42; William Werner, *History of the Boston Fire Department and Boston Fire Alarm System* (Boston: Boston Sparks Association, 1974), 177-84.

11. Robert W. Little Jr. and Blaine Bruggeman, *History of the York Fire Department, 1776-1976* (Marceline, MO: Walsworth, 1976), 83; Richard Heath, *Mill City Firefighters: The First Hundred Years, 1879-1979* (Minneapolis, MN: Extra Alarm Association of the Twin Cities, 1981), 32, 45, 69-71; Ditzel, *Fire Alarm! 27;* U.S. Bureau of the Census, *Abstract of the Twelfth Census of the United States, 1900* (Washington, DC: Government Printing Office, 1904), 421-22.

12. Ronald Robinson, "Non-European Foundations of European Imperialism: Sketch for a Theory of Collaboration", in Roger Owen and Bob Sutcliffe, eds., *Studies in the Theory of Imperialism* (London: Longman, 1972), 132-33, 138-39.

13. Brian McAllister Linn, *The Philippine War: 1899-1902* (Lawrence: University of Kansas Press, 2000), 127, 191; Brian McAllister Linn, "Intelligence and Low-Intensity Conflict in the Philippine War, 1899-1902", *Intelligence and National Security* 6, no. 1 (1991): 90-96. See testimony by Colonel Arthur L. Wagner, former head of the Military Intelligence Division, in US Senate, 57th Congress, 1st Session, doc. no. 331, part 3, *Affairs in the Philippine Islands: Hearings before the Committee on the Philippines of the United States Senate* (Washington, DC: Government Printing Office, 1902), 2850-51.

14. Joan M. Jensen, *Army Surveillance in America, 1775-1980* (New Haven, CT: Yale University Press, 1991), 112; Marc B. Powe, "American Military Intelligence Comes of Age", *Military Review* 40, no. 12 (1975): 18-21; Kenneth Campbell, "Major General Ralph H. Van Deman: Father of Modern American Military Intelligence",

American Intelligence Journal 8(Summer 1987): 13; Michael E. Bigelow, "Van De-man", *Military Intelligence* 16, no. 4(1990): 38.

15. Ralph E. Weber, ed., *The Final Memoranda: Major General Ralph H. Van Deman, USA Ret., 1865-1952, Father of U.S. Military Intelligence*(Wilmington, DE: SR Books, 1988), 7-8; Linn, "Intelligence and Low-Intensity Conflict in the Philippine War", 100-108; Brian McAllister Linn, *The U.S. Army and Counterinsurgency in the Philippine War, 1899-1902*(Chapel Hill: University of North Carolina Press, 1989), 155-56.

16. Thomas H. Barry, Brigadier General US Volunteers, Chief of Staff to the Commanding General, Department of Northern Luzon, March 11, 1901, Entry 4337, RG 395, National Archives and Records Administration(hereafter, NARA).

17. Weber, *The Final Memoranda*, 8-18; John Moran Gates, *Schoolbooks and Krags: The United States Army in the Philippines, 1898-1902*(Westport, CT: Praeger Publishers, 1973), 250-51; Linn, "Intelligence and Low-Intensity Conflict in the Philippine War", 104-5; Captain R. H. Van Deman, For the Information of the Division Commander, December 9, 1901, Philippine Insurgent Records, Special Documents, Publication 254, Microreel 80, Folder 1303, NARA.

18. *Khaki and Red*, September 1927, 5-8, 9; *Khaki and Red*, September 1932, 12; *Philippines Free Press*, May 11, 1918, 3.

19. Heath Twitchell Jr., *Allen: The Biography of an Army Officer, 1859-1930*(New Brunswick, NJ: Rutgers University Press, 1974), 4-6, 19, 24, 26, 36-59, 65-67, 75-84, 86, 290.

20. McCoy, *Policing America's Empire*, 104-6, 129.

21. "Family History of M.Q."[ca. 1900], Box 7, File: 1900 Oct., Henry T. Allen Papers, Manuscript Division, US Library of Congress. 이 문서의 작성자는 "Captain Pyle, P.S."로만 표기되어 있으나, 군 기록에 따르면 프랭크 L. 파일Frank L. Pyle은 미국 제1기 병사단 D중대 병장 계급을 유지하면서 1902년 6월 27일 필리핀 스카우트 소위로 발령받았다. Military Secretary's Office, *Official Army Register for 1905*(Washington, DC: Military Secretary's Office, 1904), 359, and Hartford Beaumont, letter to Honorable Henry C. Ide, December 7, 1904, Book 21:II, Dean C. Worcester Papers, Harlan Hatcher Library, University of Michigan 참조.

22. Leonard Wood, "Diaries, 1921-27", August 15, 1923, Leonard Wood Papers, Manuscript Division, US Library of Congress.

23. Mark Twain, "Passage from 'Outlines of History'(suppressed) Date 9th Century",

in Jim Zwick, ed., *Mark Twain's Weapons of Satire: Anti-imperialist Writings on the Philippine-American War*(Syracuse, NY: Syracuse University Press, 1992), 78-79.

24. Stephen Skowronek, *Building a New American State: The Expansion of National Administrative Capacities, 1877-1920*(Cambridge: Cambridge University Press, 1982), 8-18, 39-46.

25. Theodore Kornweibel Jr., *"Seeing Red": Federal Campaigns against Black Militancy, 1919-1925*(Bloomington: Indiana University Press, 1998), 7, 184; Jeffrey M. Dorwart, *Conflict of Duty: The U.S. Navy's Intelligence Dilemma, 1919-1945*(Annapolis, MD: Naval Institute Press, 1983), 7; Charles H. McCormick, *Seeing Reds: Federal Surveillance of Radicals in the Pittsburgh Mill District, 1917-1921*(Pittsburgh, PA: University of Pittsburgh Press, 1997), 3, 12-13; Rhodri Jeffreys-Jones, *The FBI: A History*(『FBI 시크릿』, 정연희 옮김, 휴먼앤북스, 2008)(New Haven, CT: Yale University Press, 2007), 65-72.

26. *Washington Evening Star*, February 20, 1940, Personal Name Information Files: John R. White, Entry 21, RG 350, NARA; H. H. Bandholtz, "Provost Marshal General's Department", April 30, 1919, *United States Army in the World War 1917-1919: Reports of the Commander-in-Chief, Staff Sections and Services*(Washington, DC: Center of Military History, 1991), 313-28; Robert Wright Jr., *Army Lineage Series: Military Police*(Washington, DC: Center of Military History, 1992), 8-9.

27. Major General J. G. Harbord, letter to Brigadier General H. H. Bandholtz, August 31, 1921; Brig. Gen. H. H. Bandholtz, Proclamation, September 2, 1921; A Proclamation by the President of the United States, n.d.; Bandholtz, Copy Telegram No. 2, To: Adjutant General, n.d.; Minutes, Twenty-Ninth Consecutive and Fourth Biennial Convention of District No. 5, United Mine Workers of America, First Day, Pittsburg, Pa., September 6, 1921; Brigadier General H. H. Bandholtz, To: the Adjutant General, September 12, 1921, Reel 9, Harry H. Bandholtz Papers, Michigan Historical Society; Institute for the History of Technology and Industrial Anthropology, *The Battle of Blair Mountain(West Virginia): Cultural Resource Survey and Recording Project*(Morgantown, WV, 1992), 35-50; Clayton D. Laurie and Ronald H. Cole, *The Role of Federal Military Forces in Domestic Disorders, 1877-1945*(Washington, DC: Center of Military History, 1997), 320-24.

28. Joan Jensen, *The Price of Vigilance*(Chicago: Rand McNally & Co., 1968), 287-89; Harold M. Hyman, *To Try Men's Souls: Loyalty Tests in American History*(Berkeley and Los Angeles: University of California Press, 1959), 323-24; McCormick,

Seeing Reds, 202; Kornweibel, *"Seeing Red"*, 174-75; David Kahn, *The Reader of Gentlemen's Mail: Herbert O. Yardley and the Birth of American Codebreaking*(New Haven, CT: Yale University Press, 2004), 94-103; Roy Talbert Jr., *Negative Intelligence: The Army and the American Left, 1917-1941*(Jackson: University Press of Mississippi, 1991), 208-11; Ralph Van Deman, December 15, 1928, Office of Chief of Staff, Cross Reference Card, Microform 1194, RG 350, NARA; US Senate, Select Committee to Study Governmental Operations with Respect to Intelligence Activities, 94th Congress, 2d Session, *Supplementary Reports on Intelligence Activities*, book 6(Washington, DC: Government Printing Office, 1976), 105-6; Regin Schmidt, *Red Scare: FBI and the Origins of Anticommunism in the United States, 1919-1943*(Copenhagen: Museum Tusculanum Press, 2000), 324-28, 368.

29. Talbert, *Negative Intelligence*, 255-59; US Senate, 94th Congress, 2d Session, *Final Report of the Select Committee to Study Governmental Operations with Respect to Intelligence Activities*, book 2(Washington, DC: Government Printing Office, 1976), 33-38.

30. Associated Press, "Hundreds Named as Red Appeasers", *New York Times*, June 9, 1949; "Never Were or Would Be Reds, Fredric March and Wife Assert", *New York Times*, June 10, 1949; Richard Halloran, "Senate Panel Holds Vast 'Subversives' Files Amassed by Ex-Chief of Army Intelligence", *New York Times*, September 7, 1971; California Legislature, *Fifth Report of the Senate Fact-Finding Committee on Un-American Activities, 1949*(Sacramento: California State Printing Office, 1948), 411, 448-49, 488-537; Patrick McGilligan and Paul Buhle, *Tender Comrades: A Backstory of the Hollywood Blacklist*(New York: St. Martin's Press, 1997), 368-69. 방대한 공산주의자 명단이 포함된 비미활동위원회HUAC 1944년 보고서의 유명한 '부록 9'는 대중에 공개되지 않았으며, 1951년까지도 소수의 정부 조사관에게만 접근이 허용되었다. Edward L. Barrett Jr., *The Tenney Committee: Legislative Investigation of Subversive Activities in California*(Ithaca, NY: Cornell University Press, 1951), 20-22 참조.

31. Halloran, "Senate Panel Holds Vast 'Subversives' Files."

32. Talbert, *Negative Intelligence*, 270-71; Halloran, "Senate Panel Holds Vast 'Subversives' Files"; R. R. Roach to D. M. Ladd, July 13, 1945; D. M. Ladd to E. A. Tamm, October 29, 1945; Colonel F. W. Hein to Commanding Officer 115th CIC Detachment, March 8, 1951; A. H. Belmont to D. M. Ladd, November 9, 1951; Colonel H. S. Isaacson to Major General A. R. Bolling, November 27, 1951;

Director to SAC San Diego, December 11, 1951; V. P. Keay to A. H. Belmont, January 22, 1952; Santoiana to Director, January 22, 1952; SAC San Diego to Director, February 4, 1952; SAC SF to Director, n.d.; Subject: Van Deman, Ralph Henry, Files 65-37516, 94-37515, Federal Bureau of Investigation, Washington, DC.

33. Tim Weiner, *Enemies: A History of the FBI*(New York: Random House, 2013), 77, 86-90, 134-35.

34. David Burnham, "Truman's Wiretaps on Ex-New Deal Aide Cited", *New York Times*, February 1, 1986, www.nytimes.com/1986/02/01/us/truman-wiretaps-on-ex-new-deal-aide-cited.html.

35. Robin W. Winks, *Cloak and Gown 1939-1961: Scholars in the Secret War*(New York: Harvill Press, 1987), 60, 74-75, 104, 111, 113-14.

36. Ibid., 104-5.

37. James William Gibson, *Perfect War: The War We Couldn't Lose and How We Did*(New York: Random House, 1986), 305-15; Robert Lester, *A Guide to the Microfilm Edition of the Records of the Military Assistance Command Vietnam: Part 3. Progress Reports on Pacification in South Vietnam, 1965-1973*(Bethesda, MD: University Publications of America, 1990), 2-5; R. W. Komer, *Organization and Management of the "New Model" Pacification Program-1966-1969*(Santa Monica, CA: Rand Corporation, May 7, 1970), 198-204, 207-8, 243.

38. Richard A. Hunt, *Pacification: The American Struggle for Vietnam Hearts and Minds*(Boulder, CO: Westview Press, 1990), 185-86, 194-95, 197-99, 260-61; Lester, *A Guide to the Microfilm Edition of the Records of the Military Assistance Command Vietnam,* 2.

39. US Senate, 94th Congress, 2d Session, *Final Report of the Select Committee to Study Governmental Operations with Respect to Intelligence Activities*, book 3(Washington, DC: Government Printing Office, 1976), 3-4, 7-8.

40. Weiner, *Enemies*, 178, 249-50; Michael O'Brien, "The Exner File-Judith Campbell Exner, John F. Kennedy's Mistress", *Washington Monthly*, December 1999, www.highbeam.com/doc/1G1-58170292.html; Kitty Kelley, "The Dark Side of Camelot", *People Magazine* 29, no. 8(January 29, 1988), http://archive.people.com/people/archive/jpgs/19880229/19880229-750-113.jpg.

41. Ronald Kessler, *The Secrets of the FBI*(New York: Crown Publishing, 2011), 37-41.

42. Anthony Summers, "The Secret Life of J Edgar Hoover", Guardian, December 31,

2011, www.theguardian.com/film/2012/jan/01/j-edgar-hoover-secret-fbi.

43. Seymour M. Hersh, "Huge C.I.A. Operation Reported in U.S. against Antiwar Forces, Other Dissidents in Nixon Years", *New York Times*, December 22, 1974; Seymour M. Hersh, "C.I.A. Admits Domestic Acts, Denies 'Massive' Illegality", *New York Times*, January 16, 1975; John M. Crewdson, "Triumph and Defeat: The C.I.A. Record", *New York Times*, June 11, 1975; "Summary of Rockefeller Panel's C.I.A. Report", *New York Times*, June 11, 1975; John M. Crewdson, "File Said to Indicate C.I.A. Had a Man in White House", *New York Times*, July 10, 1975; Seymour M. Hersh, "Report on C.I.A. Is Praised, but Recommendations Are Called Weak", *New York Times*, June 12, 1975; Anthony Lewis, "The Teller of Truth", *New York Times*, July 10, 1975; Nicholas M. Horrock, "F.B.I. Is Accused of Political Acts for Six Presidents", *New York Times*, December 4, 1975; Nicholas M. Horrock, "C.I.A. Panel Finds 'Plainly Unlawful' Acts That Improperly Invaded American Rights", *New York Times*, June 11, 1975; Victor S. Navasky, "FBI", review of FBI, by Sanford J. Ungar, *New York Times*, March 14, 1976.

44. Hersh, "Huge C.I.A. Operation Reported"; "Text of Ford Plan on Intelligence Units and Excerpts from his Executive Order", *New York Times*, February 19, 1976; "Excerpts from Senate Intelligence Report", *New York Times*, April 29, 1976; Nicholas M. Horrock, "Senate Passes Bill to Bar Bugging in U.S. without Court Order", *New York Times*, April 21, 1978.

45. Dana Priest and William M. Arkin, "Top Secret America", *Washington Post,* July 18–21, 2010.

46. Philip Shenon, "Threats and Responses", *New York Times*, September 10, 2002; Eric Lichtblau, "Administration Plans Defense of Terror Law", *New York Times*, August 19, 2003; Eric Lichtblau, "Secret Warrant Requests Increased in 2003", *New York Times*, May 3, 2004; Eric Lichtblau, "Large Volume of F.B.I. Files Alarms U.S. Activist Groups", *New York Times*, July 18, 2005. Nat Hentoff, "Rescued by Dick Armey from Big Brother", *Washington Times*, July 29, 2002; Dan Eggen, "Under Fire, Justice Shrinks TIPS Program", *Washington Post*, August 10, 2002; Cynthia Crossen, "Early TIPS Corps Did More Harm Than Good in Hunt for Subversives", *Wall Street Journal*, October 2, 2002; Nat Hentoff, "The Death of Operation TIPS", *Village Voice*, December 18, 2002.

47. Tim Weiner, "Look Who's Listening", *New York Times*, January 20, 2002; Weiner, *Legacy of Ashes*, 482–83.

48. James Risen and Eric Lichtblau, "How the U.S. Uses Technology to Mine More Data More Quickly", *New York Times*, June 8, 2013, www.nytimes.com/2013/06/09/us/revelations-give-look-at-spy-agencys-wider-reach.html?_r=0.

49. National Security Agency, Office of Inspector General, "Working Draft", March 24, 2009, 7-13, *Washington Post*, apps.washingtonpost.com/g/page/world/national-security-agency-inspector-general-draft-report/277/.

50. James Bamford, "Every Move You Make", *Foreign Policy*, September 7, 2016, http://foreignpolicy.com/2016/09/07/every-move-you-make-obama-nsa-security-surveillance-spying-intelligence-snowden/.

51. Robert S. Mueller, III, Testimony: "FBI Oversight", US Senate Committee on the Judiciary, May 2, 2006, www.fas.org/irp/congress/2006_hr/050206mueller.html; Ellen Nakashima, "FBI Show Off Counterterrorism Database", *Washington Post*, August 30, 2006; Barton Gellman and Laura Poitras, "U.S., British Intelligence Mining Data from Nine U.S. Internet Companies in Broad Secret Program", *Washington Post*, June 7, 2013, http://articles.washingtonpost.com/2013-06-06/news/39784046_1 _prism-nsa-u-s-servers.

52. Risen and Lichtblau, "How the U.S. Uses Technology."

53. James Risen and Eric Lichtblau, "Bush Lets U.S. Spy on Callers without Courts", *New York Times*, December 16, 2005, www.nytimes.com/2005/12/16/politics/16program.html.

54. Leslie Cauley, "NSA Has Massive Database of Americans' Phone Calls", *USA Today*, May 11, 2006, http://usatoday30.usatoday.com/news/washington/2006-05-10-nsa_x.htm.

55. Gellman and Poitras, "U.S., British Intelligence Mining Data."

56. Eric Lichtblau, "In Secret, Court Vastly Broadens Powers of N.S.A.", *New York Times,* July 7, 2013; Grant Gross, "Surveillance Court Renews NSA Phone Records Program", *Computer World*, January 3, 2014, www.computerworld.com/article/2487309/government-it/surveillance-court-renews-nsa-phone-records-program.html.

57. Xan Rice, "Internet: Last Piece of Fibre-Optic Jigsaw Falls into Place as Cable Links East Africa to Grid", *Guardian*, August 17, 2008, www.theguardian.com/technology/2008/aug/18/east.africa.internet; International Telecommunications Union, "ITU Releases Latest Tech Figures & Global Rankings", press release, October 7, 2013, www.itu.int/net/pressoffice/press_releases/2013/41.aspx#.

V05902ZrXpf.

58. Floor Boon, Steven Derix, and Huib Modderkolk, "NSA Infected 50,000 Computer Networks with Malicious Software", NRC Handelsblad, November 23, 2013, www.nrc.nl/nieuws/2013/11/23/nsa-infected-50000-computer-networks-with-malicious-software.

59. On telephones, see Series R1–R12, 783, and for mail see Series R163–171 and R172–187, 804–6, in US Census Bureau, Bicentennial Edition, *Historical Statistics of the United States, Colonial Times to 1970* (Washington, DC: Government Printing Office, 1975).

60. Federal Bureau of Investigation, "A Brief History of the FBI", www.fbi.gov/about-us/history/brief-history.

61. John O. Koehler, *Stasi: The Untold Story of the East German Secret Police* (Boulder, CO: Westview Press, 2000), 8–9; Belinda Cooper, "A Nation of Spies", *New York Times*, April 25, 1999.

62. "Introverted? Then NSA Wants You", *FCW, Circuit* blog, posted by Camille Tuutti on April 16, 2012 at 12:11 pm, https://fcw.com/blogs/circuit/2012/04/fedsmc-chris-inglis-federal-workforce.aspx.

63. Charlie Savage and Scott Shane, "Top-Secret Court Castigated N.S.A. on Surveillance", *New York Times*, August 22, 2013.

64. James Risen and Laura Poitras, "N.S.A. Examines Social Connections of U.S. Citizens", *New York Times*, September 29, 2013.

65. Senator Ron Wyden, "Wyden, Udall Statement on the Disclosure of Bulk Email Records Collection Program", press release, July 2, 2013, www.wyden.senate.gov/news/press-releases/wyden-udall-statement-on-the-disclosure-of-bulk-email-records-collection-program.

66. Glenn Greenwald, "NSA Collecting Phone Records of Millions of Verizon Customers Daily", *Guardian*, June 6, 2013, www.guardian.co.uk/world/2013/jun/06/nsa-phone-records-verizon-court-order.

67. Barton Gellman and Ashkan Soltani, "NSA Infiltrates Links to Yahoo, Google Data Centers Worldwide, Snowden Documents Say", *Washington Post*, October 30, 2013, www.washingtonpost.com/world/national-security/nsa-infiltrates-links-to-yahoo-google-data-centers-worldwide-snowden-documents-say/2013/10/30/e51d661e-4166-11e3-8b74-d89d714ca4dd_story.html.

68. Steve Mansfield-Devine, "Biometrics at War: The US Military's Need for

Identification and Authentication", *Biometric Technology Today*, no. 5(May 2012): 5-6.

69. Zach Howard, "Police to Begin iPhone Iris Scans amid Privacy Concerns", Reuters, July 20, 2011, www.reuters.com/article/2011/07/20/us-crime-identification-iris-idUSTRE76J4A120110720; Nathan Hodge, "General Wants to Scan More U.S. Irises, Fingerprints", *Wired*, January 29, 2009, www.wired.com/dangerroom/2009/01/biometrics-need/.

70. Charlie Savage, "Facial Scanning Is Making Gains in Surveillance", *New York Times*, August 21, 2013.

71. Charlie Savage, "Report, Evidence Redacted, Ties Snowden to Russian Agencies", *New York Times*, December 23, 2016; Glenn Kessler, "Clapper's 'Least Truthful' Statement to the Senate", *Washington Post*, June 12, 2013, www.washingtonpost.com/blogs/fact-checker/post/james-clappers-least-untruthful-statement-to-the-senate/2013/06/11/e50677a8-d2d8-11e2-a73e-826d299ff459_blog.html?utm_term=.396004be0e7b.

72. James Bamford, "They Know Much More Than You Think", *New York Review of Books*, August 15, 2013, www.nybooks.com/articles/2013/08/15/nsa-they-know-much-more-you-think/.

73. National Security Agency, "Driver 1: Worldwide SIGINT/Defense Cryptologic Platform"(2012), in Boon, Derix, and Modderkolk, "NSA Infected 50,000 Computer Networks."

74. Glenn Greenwald, "XKeyscore: NSA Tool Collects 'Nearly Everything a User Does on the Internet,'" *Guardian*, July 31, 2013, www.theguardian.com/world/2013/jul/31/nsa-top-secret-program-online-data.

75. Nicole Perlroth, Jeff Larson, and Scott Shane, "N.S.A. Able to Foil Basic Safeguards of Privacy on Web", *New York Times*, September 6, 2013.

76. Ewen MacAskill, Julian Borger, Nick Hopkins, Nick Davies, and James Ball, "GCHQ Taps Fibre-Optic Cables for Secret Access to World's Communications", Guardian, June 21, 2013, www.guardian.co.uk/uk/2013/jun/21/gchq-cables-secret-world-communications-nsa.

77. Bamford, "Every Move You Make"; Richard Norton-Taylor, "Not So Secret: Deal at the Heart of UK-US Intelligence", *Guardian*, June 24, 2010, www.guardian.co.uk/world/2010/jun/25/intelligence-deal-uk-us-released; "Minutes of the Inauguration Meeting British Signal Intelligence Conference, 11-27 March 1946",

National Security Agency, "UKUSA Agreement Release 1940-1956", www.nsa.gov/news-features/declassified-documents/ukusa/.

78. Scott Shane, "No Morsel Too Miniscule for All-Consuming N.S.A.", *New York Times*, November 2, 2013; Ewen MacAskill and Julian Borger, "New NSA Leaks Show How US Is Bugging Its European Allies", *Guardian*, June 30, 2013, www.guardian.co.uk/world/2013/jun/30/nsa-leaks-us-bugging-european-allies; Laura Poitras, Marcel Rosenbach, Fidelius Schmid, Holger Stark, and Jonathan Stock, "How the NSA Targets Germany and Europe", *Der Spiegel*, July 1, 2013, www.spiegel.de/international/world/secret-documents-nsa-targeted-germany-and-eu-buildings-a-908609.html.

79. Simon Romero and Randal C. Archibold, "Brazil Angered over Report N.S.A. Spied on President", *New York Times*, September 3, 2013; Alissa J. Rubin, "French Condemn Surveillance by N.S.A.", *New York Times*, October 22, 2013; Alison Smale, "Anger Growing among Allies on U.S. Spying", *New York Times*, October 24, 2013; Alison Smale, "Indignation over U.S. Spying Spreads in Europe", *New York Times*, October 25, 2013; Alison Smale, Melissa Eddy, and David E. Sanger, "Data Suggest Push to Spy on Merkel Dates to '02", *New York Times*, October 28, 2013; David E. Sanger, "In Spy Uproar, 'Everyone Does It' Just Won't Do", *New York Times*, October 26, 2013; Mark Mazzetti and David E. Sanger, "Tap on Merkel Provides Peek at Vast Spy Net", *New York Times*, October 31, 2013; Joe Cochrane, "N.S.A. Spying Scandal Hurts Close Ties between Australia and Indonesia", *New York Times*, November 20, 2013; Ian Austen, "Ire in Canada over Report N.S.A. Spied from Ottawa", *New York Times*, November 29, 2013.

80. Peter Allen, "Obama in Crisis Call with French President after WikiLeaks Documents Reveal NSA Spied on Him and Two of His Predecessors", *Daily Mail*, June 23, 2015, www.dailymail.co.uk/news/article-3136659/New-WikiLeaks-documents-reveal-NSA-eavesdropping-THREE-French-presidents.html; Reuters, "NSA Tapped German Chancellery for Decades, WikiLeaks Claims", *Guardian*, July 8, 2015, www.theguardian.com/us-news/2015/jul/08/nsa-tapped-german-chancellery-decades-wikileaks-claims-merkel.

81. James Ball and Nick Hopkins, "GCHQ and NSA Targeted Charities, Germans, Israeli PM and EU Chief", *Guardian*, December 20, 2013, www.theguardian.com/uk-news/2013/dec/20/gchq-targeted-aid-agencies-german-government-eu-commissioner; James Glanz and Andrew W. Lehren, "U.S. and Britain Extended

Spying to 1,000 Targets", *New York Times*, December 21, 2013.

82. Steven Erlanger, "Outrage in Europe Grows over Spying Disclosure", *New York Times*, July 2, 2013.

83. James Bamford, *The Shadow Factory: The Ultra-Secret NSA from 9/11 to the Eavesdropping on America* (New York: Doubleday, 2008), 141-42.

84. Glenn Greenwald, *No Place to Hide: Edward Snowden, the NSA, and the U.S. Surveillance State* (『더 이상 숨을 곳이 없다: 스노든, NSA, 그리고 감시국가』, 박수민, 박산호 옮김, 모던타임스, 2014) (New York: Henry Holt, 2014), 142-43.

85. Glenn Greenwald, Ryan Gallagher, and Ryan Grim, "Top-Secret Document Reveals NSA Spied on Porn Habits as Part of Plan to Discredit 'Radicalizers,'" *Huffington Post*, November 26, 2013, www.huffingtonpost.com/2013/11/26/nsa-porn-muslims_n_4346128.html.

86. Edward Snowden, "An Open Letter to the People of Brazil", *Folha de S. Paulo*, December 16, 2013, www1.folha.uol.com.br/internacional/en/world/2013/12/1386296-an-open-letter-to-the-people-of-brazil.shtml.

87. Bamford, "Every Move You Make."

88. David Rosen, "Is Success Killing the Porn Industry", *Alternet*, May 27, 2013, www.alternet.org/sex-amp-relationships/success-killing-porn-industry.

89. "Press Releases", TopTenReviews, March 12, 2007, available at "Pornography Statistics", Family Safe Media, www.familysafemedia.com/pornography_statistics.html.

90. Danny Hakim and William K. Rashbaum, "Spitzer Is Linked to Prostitution Ring", *New York Times*, March 10, 2008; Nico Pitney, "Spitzer as Client 9: Read Text Messages from Spitzer to Prostitute", *Huffington Post*, March 28, 2008, www.huffingtonpost.com/2008/03/10/spitzer-as-client-9-read-_n_90787.html.

91. Angelique Chrisafis, "French Budget Minister Accused of Hiding Swiss Bank Account", *Guardian*, December 27, 2012, www.theguardian.com/world/2012/dec/27/french-budget-minister-swiss-account; Angelique Chrisafis, "France's Former Budget Minister Admits Lying about Secret Offshore Account", *Guardian*, April 2, 2013, www.theguardian.com/world/2013/apr/02/jerome-cahuzac-france-offshore-account?INTCMP=SRCH.

92. Alison Smale, "Surveillance Revelations Shake U.S.-German Ties", *New York Times*, August 26, 2013; David E. Sanger and Mark Mazzetti, "Allegation of U.S. Spying on German Leader Puts Obama at Crossroads", *New York Times*, October 25, 2013;

Smale, "Anger Growing among Allies."

93. Erlanger, "Outrage in Europe Grows"; Rubin, "French Condemn Surveillance."

94. Martin Shultz, "Arrival and Doorstep by Martin Schulz, President of the European Parliament, Prior to the European Council Taking Place on 24 October 2013 in Brussels", clip and transcript, TV Newsroom–European Council of the EU, http://tvnewsroom.consilium.europa.eu/video/shotlist/arrival-and-doorstep-ep-president-schulz4.

95. Simon Romero, "Brazil's Leader Postpones State Visit to Washington over Spying", *New York Times*, September 17, 2013, www.nytimes.com/2013/09/18/world/americas/brazils-leader-postpones-state-visit-to-us.html; "Brazil Will Have Its Own National-Made Secure Communications Satellite by 2016", *MercoPress*, November 29, 2013, http://en.mercopress.com/2013/11/29/brazil-will-have-its-own-national-made-secure-communications-satellite-by-2016.

96. Jonathan A. Obar and Andrew Clement, "Internet Surveillance and Boomerang Routing: A Call for Canadian Sovereignty", *TEM 2013: Proceedings of the Technology & Emerging Media Track - Annual Conference of the Canadian Communication Association*, Victoria, June 5-7, 2012, 1-8.

97. Julian E. Barnes and Nathan Hodge, "Military Faces Historic Shift", Wall Street Journal, January 6, 2012; US Department of Defense, *Sustaining U.S. Global Leadership: Priorities for 21st Century Defense* (Washington, DC: US Department of Defense, January 2012), 2-5, www.defense.gov/news/Defense_Strategic_Guidance.pdf.

98. Thom Shanker and David E. Sanger, "Privacy May Be a Victim in Cyberdefense Plan", *New York Times*, June 12, 2009.

99. Armed Forces News Service, "Gates Established US Cyber Command, Names First Commander", US Air Force, May 21, 2010, www.stratcom.mil/news/2010/161/Gates_establishes_US_Cyber_Command_and_names_first_commander/; David Alexander, "Pentagon to Treat Cyberspace as 'Operational Domain,'" Reuters, July 14, 2011, www.reuters.com/article/2011/07/14/us-usa-defense-cybersecurity-idUSTRE76D5FA20110714.

100. Eric Schmitt and Thom Shanker, "U.S. Weighed Use of Cyberattacks to Weaken Libya", *New York Times*, October 18, 2011; David E. Sanger, "Obama Order Sped Up Wave of Cyberattacks Against Iran", *New York Times*, June 1, 2012; Joel Brenner, *America the Vulnerable: Inside the New Threat Matrix of Digital Espionage,*

Crime, and Warfare(New York: Penguin Press, 2011), 102-5; Ian Traynor, "Russia Accused of Unleashing Cyberwar to Disable Estonia", *Guardian*, May 16, 2007, www.guardian.co.uk/world/2007/may/17/topstories3.russia; Lolita C. Baldor, "Pentagon Takes Aim at China Cyber Threat", Associated Press, August 19, 2010, http://archive.boston.com/news/nation/washington/articles/2010/08/19/pentagon_takes_aim_at_china_cyber_threat/; Lolita C. Baldor, "U.S., China to Cooperate More on Cyber Threat", Associated Press, May 7, 2012, http://cnsnews.com/news/article/us-china-cooperate-more-cyber-threat.

101. Shane, "New Leaked Document Outlines U.S. Spending on Intelligence Agencies."

102. Mattea Kramer and Chris Hellman, "'Homeland Security': The Trillion-Dollar Concept That No One Can Define", *TomDispatch*, February 28, 2013, www.tomdispatch.com/blog/175655/.

103. David E. Sanger, "Obama Panel Said to Urge N.S.A. Curbs", *New York Times*, December 13, 2013.

104. Bamford, "Every Move You Make."

105. Ibid.

106. MacAskill and Borger, "New NSA Leaks"; Poitras et al., "How the NSA Targets Germany and Europe"; James Bamford, "The NSA Is Building the Country's Biggest Spy Center(Watch What You Say)", *Wired*, March 15, 2012, www.wired.com/2012/03/ff_nsadatacenter/.

107. Bamford, *The Shadow Factory*, 338-39; Wolfgang Gruener, "Cray's New Supercomputer XC30 Delivers 66 TFlops/Cabinet", *Tom's Hardware*, November 12, 2012, www.tomshardware.com/news/cray-xc30-supercomputer,19014.html.

108. Bamford, "Every Move You Make."

109. Ibid.; Charlie Savage, "N.S.A. Culled Fewer Phone Records in '16: 151 Million", *New York Times*, May 3, 2017; Charlie Savage, "Fight Brews Over Warrantless Surveillance", *New York Times*, May 7, 2017

110. James Risen and Laura Poitras, "N.S.A. Report Outlined Goals for More Power", *New York Times*, November 23, 2013.

111. Sam Perlo-Freeman, Elisabeth Sköns, Carina Solmirano, and Helen Wilandh, *Trends in World Military Expenditure, 2012*(Stockholm: Stockholm International Peace Research Institute, 2013), 2; Åsa Johansson et al., "Looking to 2060: LongTerm Global Growth Prospects: A Going for Growth Report", in *OECD Economic Policy Papers, No. 3*(Paris: OECD Publishing, 2012), Fig. 10, 23.

112. International Monetary Fund, "World Economic Outlook Database", April 2011 edition, www.imf.org/external/pubs/ft/weo/2011/01/weodata/index.aspx; Mark Weisbrot: "2016: When China Overtakes the US", *Guardian*, April 27, 2011, www.theguardian.com/commentisfree/cifamerica/2011/apr/27/china-imf-econ omy-2016; Michael Mandelbaum, *The Frugal Superpower: America's Global Leadership in a Cash-Strapped Era*(New York: Public Affairs, 2010), 20, 46-52, 185.

113. Shane, "New Leaked Document Outlines U.S. Spending on Intelligence Agencies", *New York Times*, August 30, 2013.

5장

1. Ron Baer, *See No Evil: The True Story of a Ground Soldier in the CIA's War on Terrorism*(New York: Three Rivers Press, 2002), 268-69.

2. *The 9/11 Commission Report: Final Report of the National Commission on Terrorist Attacks upon the United States*(New York: W. W. Norton, 2004), 90-93.

3. Christopher Simpson, *Science of Coercion: Communication Research & Psychological Warfare, 1945-1960*(『강압의 과학: 커뮤니케이션 연구와 심리전, 1945~1960』, 정용욱 옮김, 도서출판 선인, 2009)(New York: Oxford University Press, 1994), 9.

4. Central Intelligence Agency, "Proposed Study on Special Interrogation Methods", February 14, 1952, CIA Behavior Control Experiments Collection(John Marks Donation), National Security Archive, Washington, DC[hereafter, NSA].

5. US Senate, 94th Congress, 2d Session, *Final Report of the Select Committee to Study Governmental Operations with Respect to Intelligence Activities*, book I(Washington, DC: Government Printing Office, 1976), 387-88.

6. Woodburn Heron, "The Pathology of Boredom", *Scientific American 196*(January 1957): 52-56.

7. D. O. Hebb, "This Is How It Was", Canadian Psychological Association, ca. 1980(copy provided to author by Mary Ellen Hebb).

8. Lawrence E. Hinkle Jr., "A Consideration of the Circumstances under Which Men May Be Interrogated, and the Effects That These May Have upon the Function of the Brain"(n.d., ca. 1958), 1, 5, 6, 11-14, 18, File: Hinkle, Box 7, CIA Behavior Control Experiments Collection(John Marks Donation), NSA; Lawrence E. Hinkle Jr. and Harold G. Wolff, "Communist Interrogation and Indoctrination of 'Enemies of the States': Analysis of Methods Used by the Communist State Police(A Special Report)", *Archives of Neurology and Psychiatry* 76(1956): 115-74.

9. Joseph Margulies, *Guantánamo and the Abuse of Presidential Power*(New York: Simon & Schuster, 2006), 120-25; United Press, "Officers to Study 'Brainwash' Issue", *New York Times*, August 23, 1954; United Press, "Red Tactics Spur Code for P.O.W.'s", *New York Times*, August 14, 1955; Anthony Leviero, "New Code Orders P.O.W.s to Resist in 'Brainwashing,'" *New York Times*, August, 18, 1955; Dwight D. Eisenhower, "Executive Order 10631-Code of Conduct for Members of the Armed Forces of the United States", August 17, 1955, American Presidency Project, University of California at Santa Barbara, www.presidency.ucsb.edu/ws/index. php?pid=59249.

10. "KUBARK Counterintelligence Interrogation"(July 1963), File: Kubark, Box 1: CIA Training Manuals, NSA, 87-90. KUBARK은 CIA를 의미하는 CIA 내부 용어다.

11. McCoy, *A Question of Torture*, chap. 3. To reach the figure of 46,776 Phoenix deaths, I took the total of 40,994 cited by Saigon authorities in 1971 and added 5,782 more, the difference between the US figure of 20,587 that William Colby gave in mid-1971 and the US figure of 26,369 released in 1972.

12. Central Intelligence Agency, Inspector General, "Special Review: Counterterrorism Detention and Interrogation Activities(September 2001-October 2003)", May 7, 2004, 10; Central Intelligence Agency, "Human Resources Exploitation Training Manual-1983", Box 1, CIA Training Manuals, NSA.

13. Erik Holst, "International Efforts on the Rehabilitation of Torture Victims", in June C. Pagaduan Lopez and Elizabeth Protacio Marcelino, eds., *Torture Survivors and Caregivers: Proceedings of the International Workshop on Therapy and Research Issues*(Quezon City: University of the Philippines Press, 1995), 8-14, 190-91, 291-316, 356-57.

14. US Senate, 100th Congress, 2d Session, Treaty Doc. 100-20, *Message from the President of the United States Transmitting the Convention against Torture and Other Cruel, Inhuman or Degrading Treatment or Punishment*(Washington, DC: Government Printing Office, 1988), iii-iv; Ahcene Boulesbaa, *The U.N. Convention on Torture and the Prospects for Enforcement*(The Hague: Martinus Nijhoff, 1999), 19.

15. United Nations Treaty Collection, Convention Against Torture, Status as at: 18-112016, https://treaties.un.org/Pages/ViewDetails.aspx?src=IND&mtdsg_no=IV-9&chapter=4&clang=_en.

16. *Congressional Record, Proceedings and Debates of the 103d Congress, Second Session*, vol. 140-Part I(Washington, DC: Government Printing Office, 1994), February 2, 1994, 827; Foreign Relations Authorization Act, PL 103-236, Title V, Sec. 506, 108 Stat. 463(1994), 18 USC§ 2340-2340A.

17. Richard A. Clarke, *Against All Enemies: Inside America's War on Terror*(『모든 적들에 맞서: 이라크 전쟁의 숨겨진 진실』, 황해선 옮김, 휴먼앤북스, 2004)(New York: Free Press, 2004), 24.

18. Robert G. Kaiser, "Congress-s-s: That Giant Hissing Sound You Hear in Capitol Hill Giving Up Its Clout", *Washington Post*, March 14, 2004.

19. John Yoo, "How the Presidency Regained Its Balance", *New York Times*, September 17, 2006.

20. US Senate Committee on Armed Services, 110th Congress, 2d Session, *Inquiry into the Treatment of Detainees in U.S. Custody*(Washington, DC: Government Printing Office, 2008), xiii, www.democrats.com/senate-armed-services-committee-report-on-torture; George W. Bush, The White House, Washington, For: The Vice President, "Subject: Humane Treatment of Taliban and al Qaeda Detainees", February 7, 2002, www.pegc.us/archive/White_House/bush_memo_20020207_ed.pdf.

21. Alfred W. McCoy, *Torture and Impunity: The U.S. Doctrine of Coercive Interrogation*(Madison: University of Wisconsin Press, 2012), 28-31.

22. Jane Mayer, "The Black Sites: A Rare Look Inside the CIA's Secret Interrogation Program", *New Yorker*, August 13, 2007, www.newyorker.com/reporting/2007/08/13/070813fa_fact_mayer; US Senate, *Inquiry into the Treatment of Detainees in U.S. Custody*, xiii.

23. Stephen Grey, *Ghost Plane: The True Story of the CIA Torture Program*(New York: St. Martin's Press, 2006), 87, 181, 227, 269-308; Scott Shane, "C.I.A. Expanding Terror Battle under Guise of Charter Flights", *New York Times*, May 31, 2005.

24. Douglas Jehl, "Report Warned C.I.A. on Tactics in Interrogation", *New York Times*, November 9, 2005.

25. Jay Bybee, Office of the Assistant Attorney General, "Memorandum for Alberto R. Gonzales, Counsel to the President, Re: Standards of Conduct for Interrogation under 18 U.S.C. §§ 2340-2340A", August 1, 2002, 1, www.justice.gov/olc/file/886061/download; U.S. Senate, *Inquiry into the Treatment of Detainees in U.S. Custody*, xv-xvi, xxi.

26. Jay Bybee, Office of the Assistant Attorney General, "Memorandum for John Rizzo, Acting General Counsel of the Central Intelligence Agency", August 1, 2002, 5-6, 11, 17, www.washingtonpost.com/wp-srv/nation/pdf/OfficeofLegalCounsel_Aug2Memo_041609.pdf.

27. Steven G. Bradbury, Office of Legal Counsel, "Memorandum for John A. Rizzo Senior Deputy General Counsel, Central Intelligence Agency, Re: Application of 18 U.S.C. §§ 2340-2340A to the Combined Use of Certain Techniques in the Interrogation of High Value al Qaeda Detainees", May 10, 2005, 60, www.washingtonpost.com/wp-srv/nation/pdf/OfficeofLegalCounsel_May10Memo.pdf.

28. Steven G. Bradbury, Office of the Principal Deputy Assistant Attorney General, Office of Legal Counsel, "Memorandum for John A. Rizzo Senior Deputy Counsel, Central Intelligence Agency, Re: Application of United States Obligations Under Article 16 of the Convention Against Torture to Certain Techniques That May Be Used in the Interrogation of High Value al Qaeda Detainees", May 30, 2005, 38, http://nsarchive.gwu.edu/torture_archive/docs/Bradbury%20memo.pdf.

29. Mark Mazzetti, "U.S. Says C.I.A. Destroyed 92 Tapes of Interrogations", *New York Times*, March 3, 2009.

30. Bradbury, "Memorandum for John A. Rizzo", May 10, 2005, 53-56.

31. Bradbury, "Memorandum for John A. Rizzo", May 30, 2005, 37.

32. Jan Crawford Greenburg, Howard L. Rosenberg, and Ariane De Vogue, "Sources: Top Bush Advisors Approved 'Enhanced Interrogation,'" ABC News, April 9, 2008, www.abcnews.go.com/TheLaw/LawPolitics/story?id=4583256; CIA, "Special Review", 5, 24, 45, 101.

33. US Senate, *Inquiry into the Treatment of Detainees in U.S. Custody*, xix; William J. Haynes II, General Counsel, Department of Defense, For: Secretary of Defense, "Subject: Counter-Resistance Techniques", November 27, 2002, www.washingtonpost.com/wp-srv/nation/documents/dodmemos.pdf; Mark Mazzetti and Scott Shane, "Notes Show Confusion on Interrogation Methods", *New York Times*, June 18, 2008.

34. US Senate, *Inquiry into the Treatment of Detainees*, xix; Hayes, For: Secretary of Defense, November 27, 2002; Mazzetti and Shane, "Notes Show Confusion."

35. M. Gregg Bloche and Jonathan H. Marks, "Doctors and Interrogators at Guantanamo Bay", *New England Journal of Medicine* 353, no. 1 (July 7, 2005): 7; Jonathan H. Marks, "The Silence of the Doctors", *Nation*, December 8, 2005, www.

thenation.com/article/silence-doctors/.

36. Neil A. Lewis, "Red Cross Finds Detainee Abuse in Guantánamo", *New York Times*, November 30, 2004.

37. Ricardo S. Sanchez, "Memorandum for: C2, Combined Joint Task Force Seven, Baghdad, Iraq 09335, Subject: CJTF-7 Interrogation and Counter-Resistance Policy", *Truthout*, September 14, 2003, http://truth-out.org/archive/component/ k2/item/53410:gen-ricardo-sanchez-orders-torture-in-iraq-his-memo.

38. Eric Schmitt and Carolyn Marshall, "In Secret Unit's 'Black Room,' a Grim Portrait of U.S. Abuse", *New York Times*, March 19, 2006.

39. Phil Klay, "What We're Fighting For", *New York Times*, February 12, 2017; US State Department, Canonical ID: 06KUWAIT913_a, From: Kuwait City, Kuwait, "Regional CT Strategy for Iraq and Its Neighbors: Results and Recommendations from March 7-8 COM Meeting", March 18, 2006, WikiLeaks, Public Library of US Diplomacy, wikileaks.org/plusd/cables/06KUWAIT913_a.html.

40. Terrence McCoy, "How the Islamic State Evolved in an American Prison", *Washington Post*, November 4, 2014, www.washingtonpost.com/news/morning- mix/wp/2014/11/04/how-an-american-prison-helped-ignite-the-islamic- state/.

41. Martin Chulov, "ISIS: The Inside Story", *Guardian*, December 11, 2014, www. theguardian.com/world/2014/dec/11/-sp-isis-the-inside-story.

42. Public Law 109-366, Oct. 17, 2006, Military Commissions Act of 2006, § 950v(12)(B)(i)(IV).

43. US House of Representatives, 105th Congress, 1st Session, Report 105-204, *Expanded War Crimes Act of 1997: Report Together with Dissenting Views*, July 25, 1997, 2-3.

44. Antonio Taguba, preface to Farnoosh Hāshemian, *Broken Laws, Broken Lives: Medical Evidence of Torture by U.S. Personnel and Its Impact* (Cambridge, MA: Physicians for Human Rights, June 2008), viii.

45. Scott Wilson, "Obama Reverses Pledge to Release Photos of Detainee Abuse", *Washington Post*, May 14, 2009, www.washingtonpost.com/wp-dyn/content/ article/2009/05/13/AR2009051301751.html.

46. Greg Miller, "Cheney Assertions of Lives Saved Hard to Support", *Los Angeles Times*, May 23, 2009, http://articles.latimes.com/2009/may/23/nation/na-cheney23.

47. "Statement of President Barack Obama on Release of OLC Memos", The White

House, Press Office, April 16, 2009, www.whitehouse.gov/the_press_office/ Statement-of-President-Barack-Obama-on-Release-of-OLC-Memos/.

48. Peter Baker and Scott Shane, "Pressure Grows to Investigate Interrogations", New York Times, April 21, 2009; Editorial, "How the Obama Administration Should Deal with Torture's Legacy", *Washington Post*, April 24, 2009, www.washingtonpost. com/wpdyn/content/article/2009/04/23/AR2009042303476.html.

49. McCoy, *Torture and Impunity*, 255-56.

50. Jose A. Rodriguez Jr., *Hard Measures: How Aggressive CIA Actions after 9/11 Saved American Lives*(New York: Threshold Editions, 2012).

51. US Senate Select Committee on Intelligence, *Committee Study of the Central Intelligence Agency's Detention and Interrogation Program: Executive Summary*(Washington, DC: US Senate, December 3, 2014).

52. Ibid., 49-57.

53. Mark Mazzetti and Matt Apuzzo, "C.I.A. Director Rebuts Report, Calling Interrogators 'Patriots,'" *New York Times*, December 12, 2014.

54. Sheri Fink, James Risen, and Charlie Savage, "New Details of C.I.A. Torture, and a New Clash", *New York Times*, January 20, 2017; US Senate Select Committee on Intelligence, *Committee Study of the Central Intelligence Agency's Detention and Interrogation Program: Findings and Conclusions*(Washington, DC: US Senate, December 3, 2014), 11.

55. Ibid., 3-5, 9-11; US Senate Select Committee on Intelligence, *Committee Study of the Central Intelligence Agency's Detention and Interrogation Program: Executive Summary*, 17-48, 204-9, 405-8.

56. Rebecca Gordon, "The Al-Qaeda Leader Who Wasn't: The Shameful Ordeal of Abu Zubaydah", *TomDispatch*, April 24, 2016, www.tomdispatch.com/blog/176132/; US Senate Select Committee on Intelligence, *Committee Study of the Central Intelligence Agency's Detention and Interrogation Program: Executive Summary*, 21.

57. Dick Cheney, *In My Time: A Personal and Political Memoir*(New York: Threshold Editions, 2011), 357-59.

58. Ali H. Soufan, *The Black Banners: The Inside Story of 9/11 and the War against al-Qaeda*(New York: W. W. Norton, 2011), 547; McCoy, *Torture and Impunity*, 256-59.

59. US Senate, Committee on the Judiciary, 111th Congress, 1st Session, *What Went Wrong: Torture and the Office of Legal Counsel in the Bush Administration*, Testimony

of Ali Soufan, May 13, 2009, www.judiciary.senate.gov/meetings/what-went-wrong-torture-and-the-office-of-legal-counsel-in-the-bush-administration; Soufan, *The Black Banners*, 377, 395-96.

60. Hinkle and Wolff, "Communist Interrogation and Indoctrination,'" 115-74.

61. Jason Leopold and Ky Henderson, "Tequila, Painted Pearls, and Prada-How the CIA Helped Produce 'Zero Dark Thirty,'" *Vice News*, September 9, 2015, https://news.vice.com/article/tequila-painted-pearls-and-prada-how-the-cia-helped-produce-zero-dark-thirty.

62. PBS, "Secrets, Politics, Torture", *Frontline*, May 19, 2015, www.pbs.org/wgbh/frontline/film/secrets-politics-and-torture/.

63. Jane Mayer, "The Unidentified Queen of Torture", *New Yorker*, December 18, 2014, www.newyorker.com/news/news-desk/unidentified-queen-torture.

64. Glenn Greenwald and Peter Maas, "Meet Alfreda Bikowsky, the Senior Officer at the Center of the CIA's Torture Scandals", *Intercept*, December 19, 2014, https://theintercept.com/2014/12/19/senior-cia-officer-center-torture-scandals-alfreda-bikowsky/; Center for Legitimate Government, "CIA Torture Queen Bought $825K House While Torturing Her Way to the Top", *CLG Newsletter*, December 20, 2014, www.legitgov.org/CLG-Exclusive-CIA-Torture-Queen-Bought-825K-House-While-Torturing-Her-Way-Top.

65. Jenna Johnson, "Trump Says 'Torture Works,' Backs Waterboarding and 'Much Worse,'" *Washington Post*, February 17, 2016, www.washingtonpost.com/politics/trump-says-torture-works-backs-waterboarding-and-much-worse/2016/02/17/4c9277be-d59c-11e5-b195-2e29a4e13425_story.html.

66. Matt Apuzzo and James Risen, "Donald Trump Faces Obstacles to Resuming Waterboarding", *New York Times*, November 29, 2016; Ryan Browne and Nicole Gaouette, "Donald Trump Reverses Position on Torture, Killing Terrorists' Families", CNN, March 4, 2006, www.cnn.com/2016/03/04/politics/donald-trump-reverses-on-torture/index.html.

67. Steve Benen, "Trump Sees Geneva Conventions as 'Out of Date,'" *MSNBC: The Rachel Maddow Show/The Maddow Blog*, July 27, 2016, www.msnbc.com/rachel-maddow-show/trump-sees-geneva-conventions-out-date.

68. Editorial, "Torture and Its Psychological Aftermath", *New York Times*, October 21, 2016.

69. Julie Hirschfeld Davis, "Trump Selects Loyalists on Right Flank to Fill National

Security Posts", *New York Times*, November 19, 2016; Julie Pace and Jonathan Lemire, Associated Press, "Trump Makes AG, CIA Picks", *Wisconsin State Journal*, November 19, 2016; Curis Tate, McClatchey News, "Feinstein: Pompeo 'Absolutely Wrong' about Her Report on CIA Interrogation Program", *The State*, November 18, 2016, www.thestate.com/news/politics-government/article115734493.html#2; Lindsay Wise and Bryan Lowry, McClatchey News, "CIA Nominee Mike Pompeo on Torture, Muslims, Terror, Iran, NSA Spying", *Wichita Eagle*, November 18, 2016, www.kansas.com/news/politics-government/article115646238.html.

70. Apuzzo and Risen, "Donald Trump Faces Obstacles"; Charlie Savage, "Trump Poised to Lift Ban on C.I.A. 'Black Site' Prisons", *New York Times*, January 25, 2017; Mark Mazzetti and Charlie Savage, "Leaked Order Could Revive C.I.A. Prisons", *New York Times*, January 26, 2017; "Transcript: ABC News Anchor David Muir Interviews President Trump", ABC News, January 25, 2017, www.abcnews. go.com/Politics/transcript-abc-news-anchor-david-muir-interviews-president/ story?id=45047602; M. Gregg Bloche, "When Doctors First Do Harm", *New York Times*, November 23, 2016; "Donald Trump's New York Times Interview: Full Transcript", *New York Times*, November 23, 2016, www.nytimes.com/2016/11/23/ us/politics/trump-new-york-times-interview-transcript.html.

71. Office of the Prosecutor, International Criminal Court, *Report on Preliminary Examination Activities 2016*, November 14, 2016, para. 211, p. 47, www.icc-cpi. int/iccdocs/otp/161114-otp-rep-PE_ENG.pdf.

72. Marnia Lazreg, *Torture and the Twilight of Empire: From Algiers to Baghdad*(Princeton, NJ: Princeton University Press, 2008), 3, 255-56.

73. George J. Andreopoulos, "The Age of National Liberation Movements", in Michael Howard, George J. Andreopoulos, and Mark R. Shulman, eds., *The Laws of War: Constraints on Warfare in the Western World*(New Haven, CT: Yale University Press, 1994), 205-6; T. Lightcap and J. Pfiffer, eds., *Examining Torture: Empirical Studies of State Repression*(London: Palgrave Macmillan, 2014), chap. 1.

74. Edward Peters, *Torture*(Philadelphia: University of Pennsylvania Press, 1996), 139; Adam Shatz, "The Torture of Algiers", *New York Review of Books*, November 21, 2002, 53-57.

75. Peters, *Torture*, 138-40; Shatz, "Torture of Algiers", 53-57; Henri Alleg, *The Question*(New York: G. Braziller, 1958), 54-67; Interview with Saadi Yacef, in "The Battle of Algiers: Remembering History", *The Battle of Algiers*, directed by Gillo

Pontecorvo, 1966(Criterion Collection, DVD, 2004); Paul Aussaresses, *The Battle of the Casbah: Terrorism and Counter-Terrorism in Algeria, 1955-1957*(New York: Enigma, 2002), 120-21, 126-27, 162-63.

76. "Sir Alistair Horne interview", in *The Battle of Algiers*.

77. Alleg, *The Question*, 61; "Henri Alleg interview", in *The Battle of Algiers*; Shatz, "Torture of Algiers", 57.

78. Peters, *Torture*, 138-40; "Benjamin Stora interview", in *The Battle of Algiers*.

79. Lord Parker of Waddington, Report of the Committee of Privy Counsellors *Appointed to Consider Authorised Procedures for the Interrogation of Persons Suspected of Terrorism*(London: Stationery Office, Cmnd. 4901, 1972), 3, 12, 17; S. Smith and W. Lewty, "Perceptual Isolation in a Silent Room", *Lancet* 1959, 2(September 12, 1959), 342-45; James Meek, "Nobody Is Talking", Guardian, February 18, 2005, www.theguardian.com/world/2005/feb/18/usa.afghanistan; "Lancaster Moor Hospital", www.asylumprojects.org/index.php?title=Lancaster_Moor_Hospital.

80. Sir Edmund Compton, *Report of the Enquiry into Allegations against the Security Forces of Physical Brutality in Northern Ireland Arising Out of Events on the 9th August, 1971*(London: Stationery Office, Cmnd. 4823, November 1971), para. 46; Parker of Waddington, *Report of the Committee of Privy Counsellors*, 1-3, 23-24; Piers Brendon, *The Decline and Fall of the British Empire, 1781-1997*(New York: Vintage, 2010), 563-74.

81. Parker of Waddington, *Report of the Committee of Privy Counsellors*, 1, 12; Roderic Bowen, *Report by Mr. Roderic Bowen, Q.C. on Procedures for the Arrest, Interrogation and Detention of Terrorists in Aden*(London: Stationery Office, Cmnd 3165, December 1966), 3-7, 16-24.

82. "Ireland v. The United Kingdom", No. 5310/17, European Court of Human Rights, January 18, 1978, para. 32, 34, 39, 81, 96-97, www.worldlii.org/eu/cases/ECHR/1978/1.html.

83. Ibid., para. 96.

84. Compton, *Report of the Enquiry into Allegations*, para. 1; *Times*(London), October 17, October 19, October 20, 1971.

85. Compton, *Report of the Enquiry into Allegations*, para. 46-52, 64, 92, 98; *Times*(London), November 17 and November 18, 1971, July 9, 1973.

86. *Times*(London), November 9, November 11, March 13, 1972; *Report of an Enquiry into Allegations of Ill-treatment in Northern Ireland*(London: Amnesty International,

March 1972), 36-38.

87. *Times*(London), May 14, August 27, September 3, 1976; "Ireland v. The United Kingdom", para. 102, 147, 166-67, 246; Meek, "Nobody Is Talking."

6장

1. Commission on Presidential Debates, October 22, 2012, Debate Transcript, President Barack Obama and Former Gov. Mitt Romney(R-Mass.), Lynn University, Boca Raton, Florida, www.debates.org/index.php?page=october-22-2012-the-third-obama-romney-presidential-debate.

2. Dwight D. Eisenhower, "Military-Industrial Complex Speech, 1961", http://coursesa.matrix.msu.edu/~hst306/documents/indust.html.

3. Katie Hafner and Matthew Lyon, *Where Wizards Stay Up Late: The Origins of the Internet*(New York: Simon & Schuster, 1999), 13-35.

4. Stockholm International Peace Research Institute, *SIPRI Yearbook 2011: Armaments, Disarmament and International Security; Summary*(Solna, Sweden: SIPRI, 2011), 9-11.

5. Frederick Winterbotham, *The Ultra Secret*(London: Weidenfeld and Nicolson, 1974).

6. Victor B. Anthony and Richard R. Sexton, *The United States Air Force in Southeast Asia: The War in Northern Laos, 1954-1973*(Washington, DC: Center for Air Force History, United States Air Force, 1993), 333.

7. Air Force, Headquarters, Pacific Air Forces, "Corona Harvest: USAF Force Withdrawal from Southeast Asia, 1 January 1970-30 June 1971(U)", May 31, 1972, 53-54, 76, 78, www.scribd.com/doc/51912794/USAF-Withdrawal-from-Southeast-Asia-1-JANUARY-1970-30-JUNE-1971.

8. Anthony and Sexton, *United States Air Force in Southeast Asia, 333*.

9. US Congress, *Congressional Record-Senate: May 14, 1975*(Washington, DC: Government Printing Office, 1975), 14266.

10. Anthony and Sexton, *United States Air Force in Southeast Asia*, 296-97.

11. Ibid., 336.

12. Anthony and Sexton, *United States Air Force in Southeast Asia*, 336; "Rockeye II Mark 20", US Naval Museum of Armament and Technology, China Lake, California; Greg Goebel, "CBU-2/A: 360 'BLU-3/B Pineapple'" and "CBU-46B/A: 640 'BLU-66/B Pineapple,'" in, [2.2] US Rockeye, SUU-30, & TMD Canisters, *Dumb*

Bombs & Smart Munitions, http://www.faqs.org/docs/air/twbomb.html..

13. Channapha Khamvongsa and Elaine Russell, "Legacies of War: Cluster Bombs in Laos", *Critical Asian Studies* 41, no. 2(2001): 281-306; The National Regulatory Authority for UXO/Mine Action, Lao People's Democratic Republic, "The Unexploded Ordnance(UXO) Problem and Operational Progress in the Lao PDR-Official Figures", June 2, 2010, www.nra.gov.la/resources/Official%20UXO%20 Statistic/UXO%20Sector%20Official%20Statistics%20-%20signed.pdf.

14. Mark Landler, "Obama Acknowledges Scars of America's Secret War in Laos", *New York Times*, September 6, 2016.

15. Jacob Van Staaveren, *Interdiction in Southern Laos, 1960-1968*(Washington, DC: Center for Air Force History, 1993), 255-69; "Obituary: Alfred Starbird, Retired General", *New York Times*, July 30, 1983, www.nytimes.com/1983/07/30/ obituaries/alfred-starbird-retired-general.html; HQ PACAF, Directorate, Tactical Evaluation, Project Contemporary Historical Examination of Current Operation(hereafter CHECO), "Igloo White July 1968-December 1969(U)", January 10, 1970, 1-5, www.dtic.mil/dtic/tr/fulltext/u2/a485055.pdf.

16. Andrew Cockburn, *Kill Chain: The Rise of High-Tech Assassins*(New York: Picador, 2016), 23.

17. US Congress, *Congressional Record-Senate: May 14, 1975*, 14265-66; Raphael Littauer and Norman Uphoff, eds., *The Air War in Indochina*(Boston: Beacon Press, 1972), 9-11, 168, 281; James W. Gibson, *The Perfect War: Technowar in Vietnam*(New York: Atlantic Monthly Press, 2000), 396-97; John T. Correll, "Igloo White", *Air Force Magazine*, November 2004, www.airforcemag.com/ MagazineArchive/Pages/2004/November%202004/1104igloo.aspx; CHECO, "Igloo White July 1968- December 1969(U)", 21-28.

18. Gibson, *The Perfect War*, 397; Staaveren, Interdiction in Southern Laos, 271-72; Correll, "Igloo White"; Littauer and Uphoff, The Air War in Indochina, 154; CHECO, "Igloo White July 1968-December 1969(U)", 17-19; Bernard C. Nalty, *The War against Trucks*(Washington, DC: Air Force Museums and History Program, 2005), 103.

19. CHECO, "Igloo White July 1968-December 1969(U)", 30-31; Nalty, *The War against Trucks*, 41, 85-88, 126-27, 217; Thomas P. Ehrhard, "Unmanned Aerial Vehicles in the United States Armed Services: A Comparative Study of Weapon System Innovation"(PhD diss., John Hopkins University, 2000), 162n.

20. Cockburn, *Kill Chain*, 23-24.

21. Ibid., 24; CHECO, "Igloo White July 1968-December 1969(U)", 20, 35.

22. Gibson, *The Perfect War*, 398-99; Staaveren, *Interdiction in Southern Laos*, 278.

23. Correll, "Igloo White."

24. Military History Institute of Vietnam, *Victory in Vietnam*, trans. Merle Pribbenow(Lawrence: University of Kansas Press, 2002), 320; Correll, "Igloo White."

25. Nalty, *The War against Trucks*, 294, 301-2; Cockburn, Kill Chain, 26-31.

26. Anthony and Sexton, *United States Air Force in Southeast Asia*, 106, 239.

27. Richard Whittle, *Predator: The Secret Origins of the Drone Revolution*(New York: Henry Holt, 2014), 21-22, 170-71; Ehrhard, "Unmanned Aerial Vehicles in the United States Armed Services", 413, 417-18. Greg Goebel, "The Lightning Bug Reconnaissance Drones", www.vectorsite.net/twuav_04.html#m3; US Air Force, *The US Air Force Remotely Piloted Aircraft and Unmanned Aerial Vehicle Strategic Vision*(2005), 1-2, www.af.mil/shared/media/document/AFD-060322-009.pdf.

28. Whittle, *Predator*, 22.

29. Rowe Findley, "Telephone a Star", *National Geographic*, May 1962, 638-51; Telesat, "Brief History of Satellite Communications", www.telesat.com/about-us/why-satellite/brief-history.

30. UPI, "Comsat Launches Second Lani Bird", *New York Times*, January 12, 1967; UPI, "U.S. Plugs 8 Radio Gaps with Single Rocket Shot", *New York Times*, January 19, 1967; David N. Spires and Rick W. Sturdevant, "From Advent to Milstar: The U.S. Air Force and the Challenges of Military Satellite Communications", *NASA History Homepage*, para. 65-69, history.nasa.gov/SP-4217/ch7.htm; JPL Mission and Spacecraft Library, "DSCS(Defense Satellite Communications System): Launch Facts", http://space.jpl.nasa.gov/msl/Programs/dscs.html.

31. Stephen Daggett, *Costs of Major U.S. Wars: CRS Report for Congress*(Washington, DC: Congressional Research Service, July 24, 2008), 2, www.fas.org/sgp/crs/natsec/RS22926.pdf.

32. Laura Blumenfeld, "Spurred by Gratitude, 'Bomb Lady' Develops Better Weapons for U.S.", *Washington Post*, December 1, 2007.

33. Whittle, Predator, 25-38, 40-41, 75-89; US Naval Observatory, "NAVSTAR Global Positioning System", *NAVSTAR GPS Operations*, http://tycho.usno.navy.mil/gpsinfo.html.

34. Whittle, *Predator*, 100-104.

35. Gopal, *No Good Men among the Living*, 13-14; Cockburn, *Kill Chain*, 118-20; Whittle, Predator, 232-61.

36. Cockburn, *Kill Chain*, 177; Peter W. Singer, "Do Drones Undermine Democracy?", *New York Times*, January 21, 2012, www.nytimes.com/2012/01/22/opinion/sunday/do-drones-undermine-democracy.html.

37. Christopher Drew, "For U.S., Drones Are Weapons of Choice in Fighting Qaeda", *New York Times*, March 16, 2009.

38. Cockburn, *Kill Chain*, 215.

39. Drew, "For U.S., Drones Are Weapons"; Cockburn, *Kill Chain*, 223-25.

40. Bill Roggio, "Charting the Data for US Airstrikes in Pakistan, 2004-2016", *FDD's Long War Journal*, June 16, 2016, www.longwarjournal.org/pakistan-strikes/.

41. Bureau of Investigative Journalism, "Drone Wars, Casualty Estimates", May 21, 2016, www.thebureauinvestigates.com/category/projects/drones/drones-graphs/.

42. Nick Turse, "The Drone Surge: Today, Tomorrow, and 2047", *TomDispatch*, January 24, 2010, www.tomdispatch.com/archive/175195/nick_turse_the_forty_year_drone_war.

43. "The Growing U.S. Drone Fleet", *Washington Post*, December 23, 2011, www.washingtonpost.com/world/national-security/the-growing-us-drone-fleet/2011/12/23/gIQA76faEP_graphic.html; Peter Finn, "Rise of the Drone: From Calif. Garage to Multibillion-Dollar Defense Industry", Washington Post, December 23, 2011, www.washingtonpost.com/national/national-security/rise-of-the-drone-from-calif-garage-to-multibillion-dollar-defense-industry/2011/12/22/gIQACG8UEP_story.html.

44. David Cenciotti, "Future Drone's World Capital? Sigonella, Italy", Aviationist, February 9, 2012, http://theaviationist.com/2012/02/09/future-drones-world-capital-sigonella-italy/.

45. Craig Whitlock, "U.S. Military Drone Surveillance Is Expanding to Hot Spots beyond Declared Combat Zones", *Washington Post*, July 20, 2013, www.washingtonpost.com/world/national-security/us-military-drone-surveillance-is-expanding-to-hot-spots-beyond-declared-combat-zones/2013/07/20/0a57fbda-ef1c-11e2-8163-2c7021381a75_story.html.

46. Craig Whitlock and Greg Miller, "U.S. Moves Drone Fleet from Camp Lemonnier to Ease Djibouti's Safety Concerns", *Washington Post*, September

24, 2014, www.washingtonpost.com/world/national-security/drone-safety-concerns-force-us-to-move-large-fleet-from-camp-lemonnier-in-djibouti/2013/09/24/955518c4-213c-11e3-a03d-abbedc3a047c_story.html.

47. Peter Kovessy, "Qatar Military Pilots Receiving Drone Training This Month", *Doha News*, September 4, 2014, http://dohanews.co/qatar-armed-forces-training-drone-operators/; Micah Zenko and Emma Welch, "Where the Drones Are: Mapping the Launch Pads for Obama's Secret Wars", *Foreign Policy*, May 29, 2012, http://foreignpolicy.com/2012/05/29/where-the-drones-are/.

48. Zenko and Welch, "Where the Drones Are."

49. Ibid.

50. Gaynor Dumat-ol Daleno, "New Drone to Be Deployed to Guam", *sUAS News*, March 6, 2015, www.suasnews.com/2015/03/34634/new-drone-to-be-deployed-to-guam/.

51. Cockburn, *Kill Chain*, 252-53; Turse, "The Drone Surge"; Nick Turse, "America's Secret Empire of Drone Bases: Its Full Extent Revealed for the First Time", *TomDispatch*, October 16, 2011, www.tomdispatch.com/blog/175454/tomgram%3A_nick_turse%2C_mapping_america%27s_shadowy_drone_wars; Nick Turse, "The Crash and Burn Future of Robot Warfare: What 70 Downed Drones Tell Us about the New American Way of War", *TomDispatch*, January 15, 2012, www.tomdispatch.com/archive/175489/.

52. "Unmanned Aircraft Systems", AeroVironment, Inc., www.avinc.com.

53. Michael S. Schmidt, "Air Force, Short of Drone Pilots, Uses Contractors to Fight Terror", *New York Times*, September 6, 2016; Jacek Siminski, "Nobody Wants to Fly Drones", *Aviationist*, September 6, 2013, https://theaviationist.com/2013/09/06/nobody-wants-to-fly-drones/; Pratap Chatterjee, "Are Pilots Deserting Washington's Remote-Control War? A New Form of War May Be Producing a New Form of Mental Disturbance", *TomDispatch*, March 5, 2015, www.tomdispatch.com/blog/175964/.

54. Scott Shane, "C.I.A. Is Disputed on Civilian Toll in Drone Strikes", *New York Times*, August 12, 2011.

55. Cockburn, *Kill Chain*, 248-49; Tom Engelhardt, "The US Has Bombed at Least Eight Wedding Parties since 2001", *Nation*, December 20, 2013, www.thenation.com/article/us-has-bombed-least-eight-wedding-parties-2001/.

56. Cockburn, *Kill Chain*, 1-4.

57. David S. Cloud, "Transcripts of U.S. Drone Attack", *Los Angeles Times*, April 8, 2011, http://documents.latimes.com/transcript-of-drone-attack/.

58. Cockburn, *Kill Chain*, 1–16.

59. Major General Timothy P. McHale, Memorandum for Commander, United States Forces–Afghanistan/International Security Assistance Force, Afghanistan, Subject: Executive Summary for AR15-6 Investigation, February 21, 2010, CIVCAS incident in Uruzgan Province, www.rs.nato.int/images/stories/File/April2010-Dari/May2010Revised/Uruzgan%20investigation%20findings.pdf.

60. Cockburn, *Kill Chain*, 13–16.

61. Kimberly Dozier et al., "A Question of Secrecy vs. Safety", *Wisconsin State Journal*, June 17, 2012; Pew Research Center, "Global Opinion of Obama Slips, International Policies Faulted; Drone Strikes Widely Opposed", June 13, 2012, www.pewglobal.org/2012/06/13/global-opinion-of-obama-slips-international-policies-faulted/.

62. Pew Research Center, "Global Opposition to U.S. Surveillance and Drones, but Limited Harm to America's Image; Chapter 1: The American Brand", July 14, 2014, www.pewglobal.org/2014/07/14/chapter-1-the-american-brand/.

63. Scott Shane, "Drone Strikes Reveal Uncomfortable Truth: U.S. Is Often Unsure about Who Will Die", *New York Times*, April 23, 2015, nytimes.com/2015/04/24/world/asia/drone-strikes-reveal-uncomfortable-truth-us-is-often-unsure-about-who-will-die.html.

64. Shane, "C.I.A. Is Disputed"; Charlie Savage and Scott Shane, "U.S. Makes Public the Death Toll from Airstrikes", *New York Times*, July 2, 2016.

65. Cockburn, *Kill Chain*, 245; Bryan D. "Doug" Brown, "U.S. Special Operations Command: Meeting the Challenges of the 21st Century", Joint Force Quarterly, no. 40 (2006): 38–43, www.dtic.mil/dtic/tr/fulltext/u2/a481635.pdf; Bob Woodward, "Secret CIA Units Playing a Central Combat Role", Washington Post, November 18, 2001, www.washingtonpost.com/wpdyn/content/article/2007/11/18/AR2007111800675.html.

66. US Special Operations Command, *USSOCOM Fact Book 2015*, 12, www.socom.mil/Documents/2015%20Fact%20Book.pdf; Nick Turse, "American Special Operations Forces Have a Very Funny Definition of Success", Nation, October 26, 2015, www.thenation.com/article/american-special-operations-forces-have-a-very-funny-definition-of-success/; Mark Moyar, Hector Pagan, and Wil R.

Griego, *Persistent Engagement in Colombia*(MacDill Air Force Base, Florida: JSOU Press, 2014), 29-30.

67. Edilberto C. de Jesus and Melinda Quintos de Jesus, "The Mamasapano Detour", in Paul Hutchcroft, ed., *Mindanao: The Long Journey to Peace and Prosperity*(Manila: Anvil, 2016), 160, 181.

68. De Jesus and de Jesus, "The Mamasapano Detour", 165; Philippine Senate, Committee on Public Order, "The Committee Report on the Mamasapano Incident", January 24, 2016, 1-2, 22-28, www.philstar.com/headlines/2015/03/18/1434963/document-senate-panels-report-mamasapano-clash; Arlyn dela Cruz, "SAF Chief: I Am Responsible", *Inquirer.net*, January 29, 2015, http://newsinfo.inquirer.net/668715/saf-chief-i-am-responsible.

69. David S. Cloud and Sunshine de Leon, "A Heavy Price Paid for Botched Terrorist Raid by Philippines and U.S.", *Los Angeles Times*, September 10, 2015, www.latimes.com/world/asia/la-fg-botched-terror-raid-20150910-story.html.

70. Philippine Senate, "The Committee Report on the Mamasapano Incident", 1-2, 50, 58; Moro Islamic Liberation Front Special Investigative Commission, "Report on the Mamasapano Incident"(March 2015), 1-5; De Jesus and de Jesus, "The Mamasapano Detour", 161, 165-66.

71. Committee on Public Order, "The Committee Report on the Mamasapano Incident", 94-97, 100-101; Patricia Lourdes Viray, "Senate Report Confirms US Involvement in Mamasapano Operation", *Philstar Global*, March 17, 2015, www.philstar.com/headlines/2015/03/17/1434648/senate-report-confirms-us-involvement-mamasapano-operation; Jeoffrey Maitem, "US Role in Maguindanao Operation Questioned", *Inquirer.net*, January 28, 2015, http://globalnation.inquirer.net/118067/us-role-in-maguindanao-operation-questioned; Julie S. Alipala, "US behind Oplan Exodus", *Inquirer.net*, February 16, 2015, http://globalnation.inquirer.net/118745/us-behind-oplan-exodus; "Napeñas Balked at Giving Whole Truth on US Role in Mamasapano-Poe", *GMA News Online*, March 19, 2015, www.gmanetwork.com/news/story/455541/news/nation/napenas-balkeat-giving-whole-truth-on-us-role-in-mamasapano-poe.

72. Philippine National Police, *Board of Inquiry: The Mamasapano Report*(Quezon City: Philippine National Police, 2015), 41-42, 78-79.

73. Ibid.

74. Arlyn dela Cruz, "US Drone Watched Mamsapano Debacle", *Inquirer.net*, February

8, 2015, http://newsinfo.inquirer.net/671237/us-drone-watched-mamasapano-debacle; Carmela Fonbuena, "What Is EDCA? Look at Zambo's PH-US Joint Operations", *Rappler*, May 15, 2014, www.rappler.com/nation/57985-edca-zamboanga-jsotf-joint-operations.

75. Alipala, "US behind Oplan Exodus."

76. De Jesus and de Jesus, "The Mamasapano Detour", 190; Arlyn dela Cruz, "Police Board of Inquiry: SAF Troops Killed Marwan", *Inquirer.net*, September 14, 2015, http:// newsinfo.inquirer.net/721726/board-of-inquiry-saf-troops-killed-marwan; Marlon Ramos and Nikko Dizon, "Duterte Hits Aquino on Mamasapano", *Inquirer.net*, January 25, 2017, newsinfo.inquirer.net/865165/duterte-hits-aquino-on-mamasapano.

77. Philippine National Police, *Board of Inquiry*, 88-89.

78. Cloud and de Leon, "A Heavy Price Paid."

79. David S. Maxwell, Statement, US House of Representatives, 112 Congress, 2d Session, Committee on the Armed Services, Subcommittee on Emerging Threats and Capabilities, *Understanding Future Irregular Warfare Challenges* (Washington, DC: Government Printing Office, 2012), 63-88; Randy David, "The American Role in Mamasapano", *Inquirer.net*, March 22, 2015, http://opinion.inquirer.net/83507/the-american-role-in-mamasapano.

80. Craig Whitlock and Greg Jaffe, "Obama Announces New, Leaner Military Approach", *Washington Post*, January 5, 2012, www.washingtonpost.com/world/national-security/obama-announces-new-military-approach/2012/01/05/gIQAFWcmcP_story.html?hpid=z1; US Department of Defense, *Sustaining U.S. Global Leadership: Priorities for 21st Century Defense* (Washington, DC: White House, January 2012), 5, http://archive.defense.gov/news/Defense_Strategic_Guidance.pdf.

81. Edward Helmore, "US Air Force Prepares Drones to End Era of Fighter Pilots", *Guardian*, August 22, 2009, www.guardian.co.uk/world/2009/aug/22/us-air-force-drones-pilots-afghanistan.

82. Matthew Rosenberg and John Markoff, "At the Heart of U.S. Strategy, Weapons That Can Think", *New York Times*, October 26, 2016.

83. 미국은 비준하지 않은 1919년 파리협약의 최종 프랑스어 원문 제1조는 체약국이 "*la souveraineté complète et exclusive sur l'espace atmosphérique au-dessus de son territoire*"를 인정한다고 명시했다. 이것은 영어로 "complete and exclusive sovereignty over

the air space abcve its territory"라는 좁은 의미로 번역되었다(이 문구는 한국어로 "그 영역상의 공간에 있어서 완전하고 배타적인 주권"으로 번역되었다-옮긴이). 이와 대조적으로 미국을 비롯한 세계 거의 모든 국가가 비준한 1944년 시카고 국제민간항공조약에서 영어 버전은 동일한 문구를 그대로 사용한 반면 프랑스어 문구는 "espace atmosphérique"가 "espace aérien"으로 변경되었다. 그러나 두 조약 모두 '공간'이 끝나고 '우주'가 시작되는 지구 대기의 1만 킬로미터 높이 지점을 구체적으로 명시하지 않았다. 마찬가지로 '우주 공간에 관한 유엔 선언UN Declaration on Outer Space'도 공간이나 대기권이 끝나고 '우주'가 시작되는 지점을 명시적으로 규정하지 않았다. League of Nations, "No. 297, Convention Relating to the Regulation of Aerial Navigation, Signed at Paris, October 13, 1919", www.worldlii.org/int/other/LNTSer/1922/99. html; "Convention on International Civil Aviation-Doc 7300, Signed at Chicago on 7 December 1944", www.icao.int/publications/pages/doc7300.aspx; and United Nations General Assembly, "1962(XVIII). Declaration of Legal Principles Governing the Activities of States in the Exploration and Use of Outer Space", December 13, 1963, www.un-documents.net/a18r1962.htm 참조.

84. US Air Force, "Defense Satellite Communications System", November 23, 2015, www.af.mil/AboutUs/FactSheets/Display/tabid/224/Article/104555/defense-satellite-communications-system.aspx.

85. Barry R. Posen, "Command of the Commons: The Military Foundation of U.S. Hegemony", *International Security* 28, no. 1(2003): 8-9.

86. Jo Becker and Scott Shane, "Secret 'Kill List' Proves a Test of Obama's Principles and Will", *New York Times*, May 29, 2012; Greg Miller, "Plan for Hunting Terrorists Signals U.S. Intends to Keep Adding Names to Kill Lists", *Washington Post*, October 23, 2012, www.washingtonpost.com/world/national-security/plan-for-hunting-terrorists-signals-us-intends-to-keep-adding-names-to-kill-lists/2012/10/23/4789b2ae-18b3-11e2-a55c-39408fbe6a4b_story.html.

87. Mark Prigg, "Pentagon Reveals Plans to Mount Laser Weapons on High-Flying Drones to Blast Ballistic Missiles Out of the Sky", *Daily Mail*, January 20, 2016, www.dailymail.co.uk/sciencetech/article-3409105/Pentagon-reveals-plans-mount-laser-weapons-high-flying-drones-blast-ballistic-missiles-sky.html.

88. Jason Sherman, "'Innovative' UAV Demo in Alaska Precursor to Autonomous Swarming Project", *Inside Defense*, June 25, 2015, https://insidedefense.com/daily-news/innovative-uav-demo-alaska-precursor-autonomous-swarming-project; Dr. William B. Roper Jr., "Statement before the Subcommittee on Emerging Threats

and Capabilities", US Senate, Armed Services Committee, April 12, 2016, www.
armed-services.senate.gov/imo/media/doc/Roper_04-12-16.pdf.

89. Christopher Drew, "Under an Unblinking Eye", *New York Times*, August 3, 2011;
Cockburn, *Kill Chain*, 179-81, 255.

90. Cockburn, *Kill Chain*, 253-54, 256; Kimberly Dozier, "Iran Puts U.S. Drone
on Television", *Wisconsin State Journal*, December 9, 2011; David Fulghum and
Bill Sweetman, "U.S. Air Force Reveals Operational Stealth UAV", *Aviation Week*,
December 4, 2009, www.aviationweek.com/aw/; Northrop Grumman, Electronic
Systems, "AESA Radar: Revolutionary Capabilities for Multiple Missions", www.
es.northropgrumman.com/solutions/aesaradar/assets/review_aesa.pdf.

91. Cockburn, Kill Chain, 256; Scott Peterson, "Exclusive: Iran Hijacked US Drone,
Says Iranian Engineer", *Christian Science Monitor*, December 15, 2011, www.
csmonitor.com/World/Middle-East/2011/1215/Exclusive-Iran-hijacked-US-
drone-says-Iranian-engineer.

92. Cockburn, *Kill Chain*, 254; Amy Butler and Bill Sweetman, "Secret New UAS
Shows Stealth, Efficiency Advances", *Aviation Week*, December 6, 2013, http://
aviationweek.com/defense/secret-new-uas-shows-stealth-efficiency-advances;
"Secret New Stealth Drone Exposed", CNN, December 12, 2013, www.youtube.
com/watch?v=eflyLrqjI8g; "RQ-180", Deagel.com, October 18, 2015, www.deagel.
com/AEWandC-ISR-and-EW-Aircraft/RQ-180_a002915001.aspx.

93. Nidhi Subbaraman, "X-47B Navy Drone Completes First Ever Unmanned Carrier
Landing", NBC News, July 10, 2013, www.nbcnews.com/technology/x-47b-navy-
drone-take-first-stab-unmanned-carrier-landing-6C10591335; "X-47B Historic
Drone Carrier Landing", YouTube, www.youtube.com/watch?v=kw3m7bqrQ64;
James Drew, "UCLASS Reborn as US Navy Spy-Tanker", *Flight Global*, February
11, 2016, www.flightglobal.com/news/articles/uclass-reborn-as-us-navy-spy-
tanker-421844/; Sandra I. Erwin, "Navy Halts Funding for Northrop Grumman's
Carrier-Based Combat Drone", *National Defense Magazine*, February 10, 2016,
www.nationaldefensemagazine.org/blog/Lists/Posts/Post.aspx?ID=2083; Sam
LaGrone, "It's Official: 'MQ-25A Stingray' U.S. Navy's Name for First Carrier
UAV", *USNI News*, July 15, 2016, https://news.usni.org/2016/07/15/official-mq-
25a-stingray-title-navys-first-carrier-uav.

94. NASA/Dryden Flight Research Center, "Helios Prototype Solar Aircraft
Lost in Flight Mishap", *Science Daily*, July 1, 2003, www.sciencedaily.com/

releases/2003/06/030630111917.htm; Aurora Flight Sciences, "DARPA Selects Aurora for Vulture Program", defense-aerospace.com, April 14, 2008, www.defense-aerospace.com/article-view/release/93255/aurora-wins-darpa-contract-for-vulture-program.html.

95. "Blackswift Test Bed Hypersonic Technology Vehicle(HTV-3)", *GlobalSecurity.org*, www.globalsecurity.org/space/systems/x-41-htv-3.htm.

96. Thom Shanker, "Brief Test of Military Aircraft Said to Yield Much Data", *New York Times*, August 12, 2011; Defense Advanced Research Projects Agency, "Hypersonic Vehicle Advances Technical Knowledge", www.defense-aerospace.com/articles-view/release/3/127911/bipartisan-consensus-seen-on-selecting-new-defense-cuts.html.

97. "Darpa Refocuses Hypersonics Research on Tactical Missions", *Aviation Week*, July 8, 2013, http://aviationweek.com/awin/darpa-refocuses-hypersonics-research-tactical-missions; "AFRE(Advanced Full Range Engine Program) Envisions Hybrid Propulsion System Paving the Way to Routine Reusable Hypersonic Flight", Defense Advanced Projects Research Agency, June 24, 2016, www.darpa.mil/news-events/2016-06-24.

98. Sebastian Anthony, "Lockheed Unveils SR-72 Hypersonic Mach 6 Scramjet Spy Plane", *ExtremeTech*, November 6, 2013, www.extremetech.com/extreme/170463-lockheed-unveils-sr-72-hypersonic-mach-6-scramjet-spy-plane; "Meet the SR-72", Lockheed Martin, November 1, 2013, www.lockheedmartin.com/us/news/features/2015/sr-72.html.

99. William J. Broad, "Surveillance Suspected as Main Role of Spacecraft", *New York Times*, May 23, 2010; Brian Weeden, "X-37B Orbital Test Vehicle Fact Sheet", Secure World Foundation, November 23, 2010, https://swfound.org/media/1791/swf_x-37b_otv_fact_sheet_updated_2012.pdf; US Air Force, "X-37B Orbital Test Vehicle Fact Sheet", April 17, 2015, www.af.mil/AboutUs/FactSheets/Display/tabid/224/Article/104539/x-37b-orbital-test-vehicle.aspx.

100. Paul Rincon, "X-37B US Military Spaceplane Returns to Earth", BBC News, December 3, 2010, www.bbc.co.uk/news/science-environment-11911335; Alicia Chang, "Unmanned Air Force Space Plane Lands in Calif.", *Washington Times*, June 16, 2012, www.washingtontimes.com/news/2012/jun/16/unmanned-air-force-space-plane-lands-calif/.

101. Posen, "Command of the Commons", 12-14.

102. Edward Cody, "China Confirms Firing Missile to Destroy Satellite", *Washington Post*, January 24, 2007, www.washingtonpost.com/wp-dyn/content/article/2007/01/23/AR2007012300114.html; Marc Kaufman and Josh White, "Navy Missile Hits Satellite, Pentagon Says", *Washington Post*, February 21, 2008, www.washingtonpost.com/wp-dyn/content/article/2008/02/20/AR2008022000240.html.

103. Defense Advanced Research Projects Agency, "F-6 System", www.darpa.mil/Our_Work/TTO/Programs/System_F6.aspx,/; DARPATech, DARPA's 25th Systems and Technology Symposium, August 8, 2007, Anaheim, California, Teleprompter Script for Dr. Owen Brown, Program Manager, Virtual Space Office, archive.darpa.mil/DARPATech2007/proceedings/dt07-vso-brown-access.pdf.

104. "Lockheed Martin MUOS Satellite Tests Show Extensive Reach in Polar Communications Capability", Lockheed Martin, January 31, 2014, www.lockheedmartin.com/us/news/press-releases/2014/january/131-ss-muos.html; Space and Naval Warfare Systems Command Public Affairs, "Counting Down to Launch: 5th MUOS Satellite Poised to Complete Constellation", Navy News Service, www.globalsecurity.org/space/library/news/2016/space-160622-nns01.htm.

105. US Strategic Command, "USSTRATCOM Space Control and Space Surveillance", January 2014, www.stratcom.mil/factsheets/11/Space_Control_and_Space_Surveillance/.

106. Defense Advanced Research Projects Agency, "Space Surveillance Telescope", www.darpa.mil/Our_Work/TTO/Programs/Space_Surveillance_Telescope_(SST).aspx; David Szondy, "DARPA Ready to Deliver Telescope to Watch the Skies for Space Debris", *New Atlas*, December 11, 2013, www.gizmag.com/sst-delivery/30063/.

107. Cockburn, *Kill Chain*, 169-76.

108. Andrew Tarantola, "To Test a Satellite Dock, the NRL Built a 37-Ton Air Hockey Table", Gizmodo, August 7, 2012, http://gizmodo.com/5932150/to-test-a-satellite-dock-the-nrl-built-a-37-ton-air-hockey-table; B. E. Kelm et al., "FREND: Pushing the Envelope of Space Robotics", *Space Research and Satellite Technology*(2008), 239-41, www.nrl.navy.mil/content_images/08Space_Kelm.pdf.

109. US Naval Research Laboratory, "NRL Engineers to Lead Payload Development for Robotic Servicing of Geosynchronous Satellites", April 11, 2106, www.nrl.navy.mil/media/news-releases/2016/NRL-Engineers-to-Lead-Payload-

Development-for-Robotic-Servicing-of-Geosynchronous-Satellites.

110. DARPATech, DARPA's 25th Systems and Technology Symposium.

111. Gregg Easterbrook, "Undisciplined Spending in the Name of Defense", Reuters, January 20, 2011, http://blogs.reuters.com/gregg-easterbrook/2011/01/20/ undisciplined-spending-in-the-name-of-defense/; National Geospatial-Intelligence Agency, *Geospatial Intelligence Standards: Enabling a Common Vision*(November 2006), www.fas.org/irp/agency/nga/standards.pdf.

112. Edward Wong, "China Launches Satellite in Bid to Lead Quantum Research", *New York Times*, August 17, 2016; Elizabeth Gibney, "Chinese Satellite Is One Giant Step for the Quantum Internet", *Nature*, July 27, 2016, www.nature.com/news/ chinese-satellite-is-one-giant-step-for-the-quantum-internet-1.20329.

113. Mike Wall, "China Launches New Rocket, Prototype Crew Capsule", *Space.com*, June 27, 2016, www.space.com/33283-china-new-rocket-launch-crew-capsule. html; Paul Mozur and John Markoff, "Is China Outsmarting America in Artificial Intelligence?", *New York Times*, May 28, 2017.

114. A&E Network, "Secrets of Hitler's Wonder Weapons", History Channel, aired September 19, 2003, www.youtube.com/watch?v=I3V01IW9ImQ.

7장

1. US National Intelligence Council, *Global Trends 2030: Alternative Worlds* (Washington, DC: National Intelligence Council, NIC 2012-001, December 2012), iii, 2, 98.

2. Ling Huawei, "What Should China Buy with Its $3.9 Trillion Reserves?", *Market Watch*, June 17, 2014, www.marketwatch.com/story/what-should-china-buy-with-its-39-trillion-reserves-2014-06-17.

3. Nelson Schwartz and Quoctrung Bui, "Hurt by Free Trade and Moving to Extremes", *New York Times*, April 26, 2016; Office of the United States Trade Representative, "U.S.-China Trade Facts", https://ustr.gov/countries-regions/ china-mongolia-taiwan/peoples-republic-china.

4. For a widely read discussion of this distinction, see Hannah Arendt, *The Origins of Totalitarianism*(『전체주의의 기원』, 박미애, 이진우 옮김, 한길사, 2006)(New York: Meridian, 1958), 222-66.

5. Mackinder, "The Geographical Pivot of History", 434.

6. Brzezinski, *The Grand Chessboard*, 31-35.

7. Tracy Powell and Peter Rutimann, "From Peking to Paris", *Automobile Quarterly* 47, no. 4(2007): 101–6.

8. Markus Rauh, "Old-Timer Rally from Beijing to Paris", *AODialogue* (January 2008): 12–16, www.aofoundation.org/documents/4_oldtimerrally.pdf; Peter Rutimann, "Peking to Paris, 100 Years Later", *Automobile Quarterly* 47, no. 4(2007): 107–10.

9. "China Boasts World's Largest Highspeed Railway Network", *Xinhua*, January 30, 2015, http://news.xinhuanet.com/english/photo/2015-01/30/c_133959250.htm; Gerald Olivier et al., "Chinese High-Speed: An Evaluation of Traffic", *International Railway Journal*, February 1, 2015, www.highbeam.com/doc/1G1-402875735. html; "China's Fastest High Speed Train 380A Rolls Off Production Line", *Xinhua*, May 27, 2010, http://news.xinhuanet.com/english2010/sci/2010-05/27/c_ 13319787.htm.

10. Sarwant Singh, "China High-Speed Rail Juggernaut, While Most of US Stands and Waves-but Not Elon Musk(Part 1)" *Forbes*, July 17, 2014, www.forbes.com/sites/ sarwantsingh/2014/07/17/china-high-speed-rail-juggernaut-while-most-of-us-stands-by-and-waves-but-not-elon-musk-part-1/.

11. "Eurasian Land Bridge: Via Container Trains from Europe to China and Back", DB Schenker, May 31, 2012, www.dbschenker.com/ho-en/news_media/press/ corporate-news/news/2728098/china_train.html; Keith Bradsher, "Hauling New Treasure Along the Silk Road", *New York Times*, July 20, 2013, www.nytimes. com/2013/07/21/business/global/hauling-new-treasure-along-the-silk-road. html.

12. Allport Cargo Services, "China to Germany Freight Train Makes Maiden Journey", August 6, 2013, http://allportcargoservices.com/retailnews/allport-knowledge/regulatory-news/china-to-germany-freight-train-makes-maiden-journey/801621580; Raushan Nurshayeva, "Kazakhs Launch 'Silk Road' China-Europe Rail Link", Reuters, June 10, 2013, www.reuters.com/article/2013/06/10/ us-kazakhstan-railway-idUSBRE9590GH20130610; Nicholas Brautlecht, "Germany Plans to Expand Chinese Rail Link as Xi Visits Duisburg", *Bloomberg Technology*, March 28, 2014, www.bloomberg.com/news/articles/2014-03-28/ germany-plans-to-expand-chinese-rail-link-as-xi-visits-duisburg.

13. Agence France-Presse, "Russia and China Want to Build the Longest High Speed Railroad in the World to Connect Them", *Business Insider*, October 17, 2014, www.

businessinsider.com/afp-china-russia-mull-high-speed-moscow-beijing-rail-line-report-2014-10.

14. "China's Xi Jinping Agrees $46bn Superhighway to Pakistan", BBC News, April 20, 2015, www.bbc.com/news/world-asia-32377088; Saleem Shahid, "Gwadar Port Inaugurated", *Dawn*, March 21, 2007, www.dawn.com/news/238494/gwadar-port-inaugurated-plan-for-second-port-in-balochistan-at-sonmiani.

15. "China Coming Down the Tracks", *Economist*, January 20, 2011, www.economist. com/node/17965601?story_id=17965601; "Fears for Little Laos under China's Kunming-to-Singapore Rail Vision", *Global Construction Review*, January 22, 2014, www.globalconstructionreview.com/sectors/fears-little-laos-under-chinas-kunming-singapore-r/.

16. "Kazakhstan-China Oil Pipeline Opens to Operation", *Xinhua*, July 12, 2006, http://eng.caexpo.org/index.php?m=content&c=index&a=show&c atid=10021&id=60094; "CNPC Announces Kenkiyak-Kumkol Section of Kazakhstan-China Oil Pipeline Becomes Operational", *Your Oil and Gas News*, July 15, 2009, www.youroilandgasnews.com/cnpc+announces+kenkiyak-kumkol+section+of+kazakhstan-china+oil+pipeline+becomes+operational_35798. html.

17. Raushan Nurshayeva and Shamil Zhumatov, "Update 3-China's Hu Boosts Energy Ties with Central Asia", Reuters, December 12, 2009, http://uk.reuters.com/ article/2009/12/12/china-kazakhstan-idUKGEE5BB01D20091212?sp=true; "Construction of Third Branch of Uzbekistan-China Gas Pipeline Completed", Trend News Agency, December 23, 2014, http://en.trend.az/casia/ uzbekistan/2346917.html.

18. Eric Meyer, "With Oil and Gas Pipelines, China Takes a Shortcut through Myanmar", *Forbes*, February 9, 2015, www.forbes.com/sites/ ericrmeyer/2015/02/09/oil-and-gas-china-takes-a-shortcut/; "The Uncertain Future of the Sino-Myanmar Pipeline", *Global Intelligence*, August 5, 2013, www. stratfor.com/analysis/uncertain-future-sino-myanmar-pipeline.

19. Eric Watkins, "China, Russia Agree on Loans for ESPO Pipeline Spur", *Oil & Gas Journal*, February 17, 2016, www.ogj.com/articles/2009/02/china-russia-agree-on-loans-for-espo-pipeline-spur.html; Aibing Guo, "CNPC to Start Laying Second China-Russia Oil Pipeline in June", *Bloomberg*, May 12, 2016, www. bloomberg.com/news/articles/2016-05-12/cnpc-to-start-laying-second-china-

russia-oil-pipeline-in-june-io48uk3h; Zhang Yu and Lyu Chang, "China-Russia Oil Pipeline Fuels Trade", *ChinaDaily.com.cn*, August 19, 2016, www.chinadaily. com.cn/business/2016-08/19/content_26530568.htm.

20. "Russia Signs 30-Year Gas Deal with China", BBC News, May 21, 2014, www.bbc. com/news/business-27503017.

21. Jane Perlez, "Rush to Join China's New Asian Bank Surprises All, Even the Chinese", *New York Times*, April 3, 2015; Saibal Dasgupta, "Asian Infrastructure Investment Bank Opens in Beijing", Voice of America, January 16, 2016, www.voanews. com/content/asian-infrastructure-development-bank-opens-beijing/3149401. html; Editorial, "China's Trillion-Dollar Foreign Policy", *New York Times*, May 18, 2017; Jessica Meyers, "China's Belt and Road Forum Lays Groundwork for a New Global Order", *Los Angeles Times*, May 15, 2017, www.latimes.com/world/asia/la-fg-china-belt-road-20170515-story.html; Tom Phillips, "EU Backs Away from Trade Statement in Blow to China's 'Modern Silk Road' Plan", *Guardian*, May 15, 2017, www.theguardian.com/world/2017/may/15/eu-china-summit-bejing-xi-jinping-belt-and-road.

22. Hans M. Kristensen, "China SSBN Fleet Getting Ready-but for What?", Federation of American Scientists, April 25, 2014, http://fas.org/blogs/security/2014/04/chinassbnfleet/.

23. Rupert Wingfield-Hayes, "China's Island Factory", BBC News, September 9, 2014, www.bbc.co.uk/news/special/2014/newsspec_8701/index.html.

24. Jim Sciutto, "Exclusive: China Warns U.S. Surveillance Plane", CNN Politics, September 15, 2015, www.cnn.com/2015/05/20/politics/south-china-sea-navy-flight/; "China Lodges Complaint with U.S. over Spy Plane Flight", Reuters, May 25, 2015, www.reuters.com/article/2015/05/25/us-southchinasea-china-usa-complaint-idUSKBN0OA0DY20150525.

25. "China's Xi Jinping Agrees $46bn Superhighway to Pakistan"; Jeremy Page, "Beijing Agrees to Operate a Key Port, Pakistan Says", *Wall Street Journal*, May 23, 2011, www.wsj.com/articles/SB10001424052702303654804576339323765033308; Ridzwan Rahmat, "PLAN to Deploy Range of Warships in Indian Ocean, Says China's Defence Ministry", *IHS Jane's Defence Weekly*(Singapore), January 29, 2015, http:// worldaffairsroc.org/news.cfm?story=499&school=0; Andrew Jacobs and Jane Perlez, "U.S. Wary as Chinese Base Rises as a Neighbor in Africa", *New York Times*, February 26, 2017.

26. Editorial, "Pushback in the South China Sea", *New York Times*, May 30, 2015; Javier C. Hernández, "China: U.S. Blamed for Regional Rifts", *New York Times*, July 30, 2015; Derek Watkins, "What China Has Been Building in the South China Sea", *New York Times*, October 27, 2015, nytimes.com/interactive/2015/07/30/world/asia/what-china-has-been-building-in-the-south-china-sea.html; Jane Perlez, "U.S. Admiral Assails China's 'Unilateral' Actions at Sea", *New York Times*, December 16, 2015; Max Fisher and Sergio Peçanha, "What the U.S. Gets for Defending Its Allies and Interests Abroad", *New York Times*, January 15, 2017; Jeff Himmelman, "A Game of Shark and Minnow", *New York Times Magazine*, October 27, 2013; Ho Binh Minh, "South China Sea: Vietnam Protests after China Lands Plane on Disputed Spratlys", *Sydney Morning Herald*, January 3, 2016, www.smh.com.au/world/south-china-sea-vietnam-protests-after-china-lands-plane-on-disputed-spratlys-20160103-glyd3t.html; "Island Building", Asia Maritime Transparency Initiative, http://amti.csis.org/island-tracker/.

27. Michael Forsythe, "Missiles Deployed on Disputed South China Sea Island, Officials Say", *New York Times*, February 17, 2016; Lucas Tomlinson and Yonat Frilling, "China Sends Surface-to-Air Missiles to Contested Island in Provocative Move", Fox News, February 16, 2016, www.foxnews.com/world/2016/02/16/exclusive-china-sends-suface-to-air-missiles-to-contested-island-in-provocative-move.html#.

28. Michael Forsythe and Jane Perlez, "South China Sea Buildup Strengthens Beijing's Claims", *New York Times*, March 10, 2016.

29. David E. Sanger and Rick Gladstone, "Photos Raise Questions on China's Promise Not to Militarize Disputed Islands", *New York Times*, August 10, 2016; Helene Cooper, "U.S. Demands Return of Drone Seized by China", *New York Times*, December 17, 2016; Jane Perlez and Matthew Rosenberg, "China Agrees to Return U.S. Naval Drone Seized Off Philippines", *New York Times*, December 18, 2016.

30. Simon Denyer, "By 2030, South China Sea Will Be 'Virtually a Chinese Lake,'" Study Warns", *Washington Post*, January 20, 2016, www.washingtonpost.com/news/worldviews/wp/2016/01/20/by-2030-south-china-sea-will-be-virtually-a-chinese-lake-u-s-study-warns/; Mike Yeo, "Analysis: Chinese Aircraft Carrier Program Progressing Substantially into the New Year", *DefenseNews*, January 31, 2017, defensenews.com/articles/analysis-chinese-aircraft-carrier-program-progressing-substantially-into-the-new-year.

31. U. Rashid Sumaila and William W. L. Cheung, *Boom or Bust: The Future of Fish*

in the South China Sea(Vancouver: OceanAsia Project, University of British Columbia, 2015), 1–3, www.admcf.org/wordpress/wp-content/uploads/2015/11/FishSCSea03_11-FINAL-FINAL.pdf; John W. McManus, Kwang-Tsao Shao, and Szu-Yin Lin, "Toward Establishing a Spratly Islands International Marine Peace Park: Ecological Importance and Supportive Collaborative Activities with an Emphasis on the Role of Taiwan", *Ocean Development & International Law* 41, no. 3(2010): 273, http://dx.doi.org/10.1080/00908320.2010.499303.

32. Michael Fabinyi and Neng Liu, "The Social Context of the Chinese Food System: An Ethnographic Study of the Beijing Seafood Market", *Sustainability* 8, no. 3(2016): figure 1, www.mdpi.com/2071-1050/8/3/244/htm; *Fish to 2030: Prospects for Fisheries and Aquaculture*(Washington, DC: World Bank Report No. 83177-GLB, 2013), vii, 3, www.fao.org/docrep/019/i3640e/i3640e.pdf.

33. Simon Funge-Smith, Matthew Briggs, and Weimin Miao, *Asia-Pacific Fishery Commission(APFIC) Regional Overview of Fisheries and Aquaculture in Asia and the Pacific 2012*(Bangkok: Food and Agriculture Organization of the United Nations, Regional Office for Asia and the Pacific, 2012), 11, 26; Rodger Baker, "Fish: The Overlooked Destabilizer in the South China Sea", Stratfor, February 12, 2016, 4–6, www.stratfor.com/analysis/fish-overlooked-destabilizer-south-china-sea; Simon Denyer, "How China's Fishermen Are Fighting a Covert War in the South China Sea", *Washington Post*, April 12, 2016, www.washingtonpost.com/world/asia_pacific/fishing-fleet-puts-china-on-collision-course-with-neighbors-in-south-china-sea/2016/04/12/8a6a9e3c-fff3-11e5-8bb1-f124a43f84dc_story.html.

34. "China's BeiDou Satellite System Expected to Achieve Global Coverage by 2020", *Xinhua*, December 27, 2013, http://news.xinhuanet.com/english/china/2013-12/27/c_133001847.htm; "DSCS-1", Federation of American Scientists, https:// fas.org/man/dod-101/sys/land/wsh/82.pdf.

35. David Sanger, David Barboza, and Nicole Perlroth, "China's Army Seen as Tied to Hacking against U.S. Order", *New York Times*, February 19, 2013.

36. Mackinder, "The Geographical Pivot of History", 436.

37. "Venezuela's Chavez Calls Obama 'Ignoramus,'" Reuters, March 22, 2009, www.reuters.com/article/2009/03/22/us-venezuela-obama-idUSTRE52L19G2009032?feedType=RSS&feedName=topNews&rpc=22&sp=true/Venezuela's.

38. Chris McGreal, "John McCain and Lindsey Graham Attack Obama Ahead of Final Debate", *Guardian*, October 22, 2012, www.theguardian.com/world/2012/oct/22/

mccain-graham-obama-foreign-policy.

39. Glenn Foden, "Cartoon: Obama's Criticism of Walker on Foreign Policy", *Daily Signal*, April 10, 2015, http://dailysignal.com/2015/04/10/cartoon-obamas-criticism-of-walker-on-foreign-policy/.

40. "Carter: Obama's Foreign Policy Accomplishments 'Have Been Minimal,'" Fox News Insider, July 1, 2015, http://insider.foxnews.com/2015/07/01/jimmy-carter-president-obamas-foreign-policy-accomplishments-have-been-minimal.

41. Jose A. DelReal, "An Incomplete List of Everyone Donald Trump Insulted in and after the Debate", *Washington Post*, August 7, 2015, www.washingtonpost.com/news/post-politics/wp/2015/08/07/an-incomplete-list-of-everyone-donald-trumpinsulted-in-and-after-the-debate/.

42. Jeffrey Goldberg, "The Obama Doctrine", *Atlantic*, April 2016, www.theatlantic.com/magazine/archive/2016/04/the-obama-doctrine/471525/.

43. Amy Belasco, *Troop Levels in the Afghan and Iraq Wars, FY2001-FY2012: Cost and Other Potential Issues*(Washington, DC: Congressional Research Service, July 2009), 14, www.fas.org/sgp/crs/natsec/R40682.pdf.

44. Mark Landler, "U.S. Troops to Leave Afghanistan by End of '16", New York Times, May 28, 2014; Belasco, *Troop Levels in the Afghan and Iraq War*, 12.

45. Goldberg, "The Obama Doctrine."

46. Ibid.

47. "Remarks by President Obama at the University of Yangon", November 19, 2012, The White House, Office of the Press Secretary, www.whitehouse.gov/the-press-office/2012/11/19/remarks-president-obama-university-yangon.

48. Weiner, *Legacy of Ashes*, 87.

49. Dan Roberts and Julian Borger, "Obama Holds Historic Phone Call with Rouhani and Hints at End to Sanctions", *Guardian*, September 28, 2013, www.theguardian.com/world/2013/sep/27/obama-phone-call-iranian-president-rouhani.

50. Hillary Clinton, "America's Pacific Century", *Foreign Policy*, October 11, 2011, http://foreignpolicy.com/2011/10/11/americas-pacific-century/.

51. "Remarks by President Obama and President Xi Jinping in Joint Press Conference", November 12, 2014, The White House, Office of the Press Secretary, www.whitehouse.gov/the-press-office/2014/11/12/remarks-president-obama-and-president-xi-jinping-joint-press-conference.

52. Azam Ahmed and Julie Hirschfeld Davis, "U.S. and Cuba Reopen Long-Closed

Embassies", *New York Times*, July 21, 2015.

53. Goldberg, "The Obama Doctrine"; Josh Lederman and Michael Weissenstein, "In Cuba, Obama Calls for Burying 'Last Remnant' of Cold War", Associated Press, March 22, 2016, http://elections.ap.org/content/cuba-obama-calls-burying-last-remnant-cold-war.

54. Goldberg, "The Obama Doctrine."

55. Alfred W. McCoy, "The Geopolitics of American Global Decline: Washington Versus China in the Twenty-First Century", *TomDispatch*, June 7, 2015, www.tomdispatch.com/post/176007/.

56. Ibid.

57. Peter Baker, "A Barely Veiled Pitch on China's Turf", *New York Times*, July 30, 2015.

58. Center for Strategic and International Studies, "What Does China Really Spend on Its Military?", *China Power*, http://chinapower.csis.org/military-spending/.

59. Susan George, foreword to Manuel Pérez-Rocha, *The Transatlantic Trade and Investment Partnership [TTIP]: Why the World Should Beware*(Washington, DC: Institute for Policy Studies, May 2015), 6–7, www.ips-dc.org/wp-content/uploads/2015/06/TTIP-BEWARE-june2015.pdf.

60. conomist Intelligence Unit, *Foresight 2020: Economic, Industry, and Corporate Trends*(March 2006), 8–9, http://graphics.eiu.com/files/ad_pdfs/eiuForesight2020_WP.pdf.

61. European Commission, "EU Position in World Trade", October 2, 2014, http://ec.europa.eu/trade/policy/eu-position-in-world-trade/.

62. Gordon Lubold, "Has the White House Bungled a Historic Africa Summit?", *Foreign Policy*, July 9, 2014, http://foreignpolicy.com/2014/07/09/has-the-white-house-bungled-a-historic-africa-summit/.

63. Baker, "A Barely Veiled Pitch on China's Turf."

64. Kevin Granville, "The Trans-Pacific Partnership Trade Deal Explained", *New York Times*, May 11, 2015.

65. Alan Rappeport, "Elizabeth Warren Knocks Obama over Trade Deal Transparency", *New York Times*, April 22, 2015.

66. Dan Kaufman, "Which Side Are You on, Hillary?", *New York Times*, March 13, 2016.

67. Jonathan Weisman, "Trade Accord, Once Blocked, Nears Passage", *New York Times*, June 24, 2015.

68. International Monetary Fund, "4. Report for Selected Country Groups and Subjects", World Economic Outlook Database, April 2014, www.imf.org/external/pubs/ft/weo/2014/01/weodata/weorept.aspx?pr.x=46&pr.y=16&sy=2014&ey=2014&sort=country&ds=.&br=1&c=998&s=NGDPD%2CPPPGDP&grp=1&a=1.

69. European Commission, *Transatlantic Trade and Investment Partnership: The Economic Analysis Explained*(September 2013), 7, http://trade.ec.europa.eu/doclib/docs/2013/september/tradoc_151787.pdf.

70. Jane Perlez and Chris Buckley, "Injecting Risk in China Ties", *New York Times*, January 25, 2017; Andrew Walker, "TTIP: Why the EU-US Trade Deal Matters", BBC News, May 13, 2015, www.bbc.com/news/business-32691589; Andrew Walker, "TTIP: Are US-Europe Trade Talks Tanking?", BBC News, August 29, 2016.

71. Richard Falk, "Henry Kissinger: Hero of Our Time", *Millennium: Journal of International Studies* 44, no. 1(2015): 156-57, http://mil.sagepub.com/content/early/2015/07/05/0305829815594038.abstract?rss=1.

72 Georg Wilhelm Friedrich Hegel, *Introduction to the Philosophy of History*(Indianapolis: Hackett, 1988), 31, 69.

73. Root's long and distinguished public service career is detailed in the 1,149 pages of Philip C. Jessup's laudatory biography, *Elihu Root*(New York: Dodd, Mead, 1938).

74. Richard W. Leopold, *Elihu Root and the Conservative Tradition*(Boston: Little, Brown, 1954), 12-19.

75. Warren Zimmermann, *First Great Triumphs: How Five Americans Made Their Country a World Power*(New York: Farrar, Straus and Giroux, 2002), 129-31, 134-42.

76. Stephen Skowronek, *Building a New American State: The Expansion of National Administrative Capacities, 1877-1920*(Cambridge: Cambridge University Press, 1982), 26, 45-56.

77. Zimmermann, *First Great Triumphs*, 148, 411-12, 417; Leopold, *Elihu Root and the Conservative Tradition*, 24-46.

78. William J. Johnston, "The Pan-American Conference and the Cuban Crisis", New York Times, September 23, 1906; Leopold, *Elihu Root and the Conservative Tradition*, 53-69; Frederick W. Marks, *Velvet on Iron: The Diplomacy of Theodore Roosevelt*(Lincoln: University of Nebraska Press, 1979), 203; Jessup, Elihu Root, vol. 1, 1845-1909, 474-92; Vredespaleis [Peace Palace, The Hague, Netherlands],

Verede Door Recht, www.vredespaleis.nl/.

79. Leopold, *Elihu Root and the Conservative Tradition*, 67, 161–64; "Elihu Root-Biographical", nobelprize.org, www.nobelprize.org/nobel_prizes/peace/laureates/1912/root-bio.html.

80. Courtney Johnson, "Understanding the American Empire: Colonialism, Latin Americanism, and Professional Social Science, 1898–1920", in Alfred W. McCoy and Francisco Scarano, eds., *Colonial Crucible: Empire in the Making of the Modern American State* (Madison: University of Wisconsin Press, 2009), 175–90; Jessup, Elihu Root, vol. 2, 1905–1937, 416–17, 486–93.

81. Brzezinski, *The Grand Chessboard*, 38.

82. Andrew Marshall, "Terror 'Blowback' Burns CIA", *Independent*, October 31, 1998, www.independent.co.uk/news/terror-blowback-burns-cia-1182087.html; "Interview with Zbigniew Brzezinski", *Le Nouvel Observateur*, January 15–21, 1998, 76, www.globalresearch.ca/articles/BRZ110A.html; Brzezinski, *The Grand Chessboard*, 38–39; Brzezinski, *Strategic Vision*, 130–31.

83. "Interview with Zbigniew Brzezinski", *Le Nouvel Observateur*.

84. Brzezinski, *The Grand Chessboard*, 35, 39.

85. Barack Obama, *Dreams from My Father: A Story of Race and Inheritance*(『내 아버지로부터의 꿈: 버락 오바마 자서전』, 이경식 옮김, 랜덤하우스코리아, 2007)(New York: Three Rivers Press, 2005), x, 23–25.

86. "Remarks by President Obama to the Australian Parliament", The White House, Office of the Press Secretary, November 17, 2011, www.whitehouse.gov/the-press-office/2011/11/17/remarks-president-obama-australian-parliament.

87. Brzezinski, *The Grand Chessboard*, 123–25.

88. "We're Back: America Reaches a Pivot Point in Asia", *Economist*, November 17, 2011, www.economist.com/node/21538803.

89. Stephen Collinson, "Obama's Pivot to Nowhere", CNN Politics, June 16, 2015, www.cnn.com/2015/06/16/politics/obama-trade-china-asia-pivot/.

90. Fareed Zakaria, "Whatever Happened to Obama's Pivot to Asia?", *Washington Post*, April 16, 2015, www.washingtonpost.com/opinions/the-forgotten-pivot-to-asia/2015/04/16/529cc5b8-e477-11e4-905f-cc896d379a32_story.html.

91. "Australia and the American 'Pivot to Asia'", Australian Centre on China in the World, Australian National University, July 2015, http://aus.thechinastory.org/archive/australia-and-the-american-pivot-to-asia/.

92. Javier C. Hernández and Floyd Whaley, "Philippine Supreme Court Approves Agreement on Return of U.S. Troops", *New York Times*, January 13, 2016; Floyd Whaley, "Eye on China, U.S. and Philippines Ramp Up Military Alliance", *New York Times*, April 13, 2016; Tina G. Santos, "PH, Chinese Naval Vessels in Scarborough Shoal Standoff", *Philippine Daily Inquirer*, April 11, 2012, http://globalnation. inquirer.net/32341/ph-chinese-naval-vessels-in-scarborough-shoal-standoff; "US, Philippines Sign Military Deal to Counter Chinese Aggression", *Australian*, April 28, 2014, www.theaustralian.com.au/news/world/us-philippines-sign-military-deal-to-counter-chinese-aggression/story-e6frg6so-1226898560016; Lance M. Bacon, "U.S. Negotiating to Rotate Troops to 8 Philippine Bases", *Navy Times*, April 28, 2015, www.navytimes.com/story/military/pentagon/2015/04/28/ us-negotiating-troop-rotation-philippines-catapang-china-base-troops/26512301/; Republic of the Philippines, Department of Foreign Affairs, "Q&A on the Enhanced Defense Cooperation Agreement", *Official Gazette*, April 28, 2014, www.gov.ph/2014/04/28/qna-on-the-enhanced-defense-cooperation-agreement/.

93. Vince Scappatura, "The US 'Pivot to Asia,' the China Spectre and the Australian-American Alliance", *Asia-Pacific Journal* 12, Issue 36, no. 3(September 6, 2014), http://apjjf.org/2014/12/36/Vince-Scappatura/4178/article.html.

94. Statement of Admiral Jonathan Greenert, US Navy Chief of Operations, *Report to the Senate Armed Services Committee*, March, 27, 2014, 1-5, 20, www.armed-services.senate.gov/imo/media/doc/Greenert_03-27-14.pdf; Chuck Hagel, "The US Approach to Regional Security", The IISS Shangri-La Dialogue: The Asia Security Summit, International Institute for Strategic Studies, Singapore, June 1, 2012, www.iiss.org/en/events/shangri%20la%20dialogue/archive/shangri-la-dialogue-2013-c890/first-plenary-session-ee9e/chuck-hagel-862d.

95. Goldberg, "The Obama Doctrine."

96. Peter Goodman, "More Jobs, but Not for Everyone", *New York Times*, September 29, 2016.

97. Binyamin Appelbaum, "Little-Noticed Fact about Trade: It's No Longer Rising", *New York Times*, October 31, 2016.

98. Alison Smale, "Austria Rjects Far Right in Test of Trump's Effect", *New York Times*, December 5, 2016; Alissa J. Rubin, "A New Wave of Popular Fury May Crash Down in 2017", *New York Times*, December 6, 2016; Pankaj Mishra, "The Globalization

of Rage", *Foreign Affairs* 95, no. 6(November/December 2016): 46-54; Walker, "TTIP: Are US-Europe Trade Talks Tanking?"

99. Jackie Calmes, "Pacific Trade Pact Finds Few Friends on Hustings", *New York Times*, September 2, 2016; Amy Chozick,"Hillary Clinton Opposes Obama's Trans-Pacific Trade Deal", *New York Times*, October 7, 2016; Kevin Zeese and Margaret Flowers, "The TPP Is Dead: The People Defeat Transnational Corporate Power", Global Research, November 12, 2016, www.globalresearch.ca/the-tpp-is-dead-the-people-defeat-transnational-corporate-power/5556548.

100. William Maudlin, "Obama Administration Gives Up on Pacific Trade Deal", *Wall Street Journal*, November 11, 2016, www.wsj.com/articles/obama-administration-gives-up-on-pacific-trade-deal-1478895824.

101. US Senate, Committee on Foreign Relations, 113th Congress, 2d Session, *Re-Balancing the Rebalance: Resourcing U.S. Diplomatic Strategy in the Asia-Pacific Region*(Washington, DC: Government Printing Office, April 17, 2014), 2-3.

102. David C. Gompert, Astrid Stuth Cevallos, and Cristina L. Garafola, *War with China: Thinking Through the Unthinkable*(Santa Monica: RAND Corporation, 2016), iii-iv.

103. Andrew R. C. Marshall and Manuel Mogato, "Philippine Death Squads Very Much in Business as Duterte Is Set for Presidency", Reuters, May 26, 2016, www.reuters.com/article/us-philippines-duterte-killings-insight-idUSKCN0YG0EB.

104. Sheena McKenzie and Kevin Liptak, "After Cursing Obama, Duterte Expresses Regret", CNN Politics, September 6, 2016, www.cnn.com/2016/09/05/politics/philippines-president-rodrigo-duterte-barack-obama/.

105. Carole E. Lee, "Obama Nixes Meeting after Rodrigo Duterte Lobs an Insult", *Wall Street Journal*, September 6, 2016, www.wsj.com/articles/obama-may-cancel-meeting-with-philippine-president-rodrigo-duterte-1473090231.

106. Associated Press, "Philippines to Suspend Joint Exercises and Patrols with US Military", *Guardian*, October 7, 2016, www.theguardian.com/world/2016/oct/07/philippines-suspend-joint-exercises-duterte-anti-us-rhetoric.

107. Barbara Demick and Tracy Wilkinson, "Philippine President Duterte: 'I Announce My Separation from the United States,'" *Los Angeles Times*, October 20, 2016, www.latimes.com/world/asia/la-fg-philippines-us-20161020-snap-story.html; "President Duterte Speech at Philippine China Trade & Investment Forum Beijing China, October 20, 2016", YouTube, www.youtube.com/

watch?v=pKUHjTWnqaA; Jane Perlez, "Presidents of Philippines and China Agree to Reopen Talks on Disputed Sea", *New York Times*, October 21, 2016.

108. Demick and Wilkinson, "Philippine President Duterte."

109. Ted P. Torres, "Third Highest Worldwide, OFW Remittances Seen to Hit $29.7B in 2015", *Philstar Global*, December 27, 2015, www.philstar.com/business/2015/12/27/1536499/third-highest-worlwide-ofw-remittances-seen-hit-29.7-b-2015; "Infographic: Where $26.92B of OFW Remittances Come From", *GMA News Online*, June 9, 2015, www.gmanetwork.com/news/story/500918/money/infographic-where-26-92b-of-ofw-remittances-come-from.

110. "Global Indicators Database: Opinion of the United States", Pew Research Center, www.pewglobal.org/database/indicator/1/survey/all/.

111. Leon Wolff, *Little Brown Brother: How the United States Purchased and Pacified the Philippines* (New York: Doubleday, 1961), 360; Marianne Hirsch, "The Generation of Post Memory", *Poetics Today* 29, no. 1 (2008): 103-28.

112. Gordon L. Rottman, *World War II Pacific Island Guide: A Geo-Military Study* (Westport, CT: Greenwood Press, 2002), 318; David Joel Steinberg, *Philippine Collaboration in World War II* (Ann Arbor: University of Michigan Press, 1967), 113-14.

113. Alfredo Bengzon and Raul Rodrigo, *A Matter of Honor: The Story of the 1990-91 RP-US Bases Talks* (Manila: Anvil, 1997), 19-21.

114. Roberto D. Tiglao, "The Consolidation of the Dictatorship", 50-52; Emmanuel S. De Dios, "The Erosion of Dictatorship", 75-78; Ma. Serena Diokno, "Unity and Struggle", 152-58, 168-70; and A. de Dios, "Intervention and Militarism", 270-72, all in Aurora Javate-De Dios et al., eds., *Dictatorship and Revolution: Roots of People's Power* (Manila: Conspectus, 1988).

115. De Jesus and de Jesus, "The Mamasapano Detour", 159-95.

116. Richard C. Paddock, "Trump Partner Is Philippines' New Trade Envoy to U.S.", *New York Times*, November 10, 2016; Republic of the Philippines, Department of Foreign Affairs, Subject: Phone Call of the President with the POTUS, Date 02 May 2017, *Intercept*, May 23, 2017, theintercept.com/2017/05/23/read-the-full-transcript-of-trumps-call-with-philippine-president-rodrigo-duterte/.

117. James Przystup and Tatsumi Yuki, "The Foreign Policy of Abe Shinzo: Strategic Vision and Policy Implementation", ASAN Forum, February 5, 2015, www.

theasanforum.org/the-foreign-policy-of-abe-shinzo-strategic-vision-and-policy-implementation/.

118. Martin Fackler, "Amid Chinese Rivalry, Japan Seeks More Muscle", *New York Times*, December 17, 2013, www.nytimes.com/2013/12/18/world/asia/japan-moves-to-strengthen-military-amid-rivalry-with-china.html; "Japan Cabinet Approves Landmark Military Change", BBC News, July 1, 2014, www.bbc.com/news/world-asia-28086002; Ankit Panda, "US, Japan Agree to New Defense Guidelines", *Diplomat*, April 28, 2015, http://thediplomat.com/2015/04/us-japan-agree-to-new-defense-guidelines/.

119. Julie Hirschfeld Davis and Michael R. Gordon, "U.S. and Japan Tighten Military Cooperation", *New York Times*, April 28, 2015; Linda Sieg and Kaori Kaneko, "Japan's Abe Says TPP Would Have Strategic Significance If China Joined", Reuters, October 6, 2015, www.reuters.com/article/us-trade-tpp-abe-idUSKCN0S004920151006.

120. Reiji Yoshida, "Basics of the U.S. Military Presence", *Japan Times*, March 25, 2008, www.japantimes.co.jp/news/2008/03/25/reference/basics-of-the-u-s-military-presence/#.WCY45Hc-LuM.

121. Victor Cha, "The Unfinished Legacy of Obama's Pivot to Asia", *Foreign Policy*, September 6, 2016, www.foreignpolicy.com/2016/09/06/the-unfinished-legacy-of-obamas-pivot-to-asia/.

122. Motoko Rich, "Concerned about Security and Trade, Abe Scrambles for Meeting with Trump", *New York Times*, November 11, 2016; Motoko Rich and Jonathan Soble, "Trump and Shinzo Abe to Meet to Discuss Japan Security and Trade", *New York Times*, November 17, 2016; Motoko Rich, "Prime Minister's Visit with Trump Provides Relief to the Anxious Japanese", *New York Times*, February 14, 2017; "Abe Warns TPP Impasse Would Shift Focus to China-Inclusive Trade Pact", *Japan Times*, November 15, 2016, www.japantimes.co.jp/news/2016/11/15/business/economy-business/abe-warns-tpp-impasse-shift-focus-china-inclusive-trade-pact/#.WDTew6IrLjA; "Japan PM Is First Foreign Leader to Meet Trump", BBC News, November 17, 2016, www.bbc.com/news/world-asia-37946613; Reuters, "After New York Meeting, Abe Confident Trump Can Be Trusted", *Japan Times*, November 18, 2016, www.japantimes.co.jp/news/2016/11/18/national/politics-diplomacy/new-york-talks-abe-confident-can-build-trust-based-ties-trump/#.WDDoq3c-LuN; Steve Holland and Kiyoshi Takenaka, "Japan's PM

Abe Meets Trump, Say Confident Can Build Trust", Reuters, November 18, 2016, www.reuters.com/article/us-usa-trump-japan-idUSKBN13C0C8.

123. Jane Perlez, "A Contentious Call Strains an Alliance", *New York Times*, February 3, 2017; Choe Sang-Hun, "In South Korea Race, One Topic Eclipses Others: Trump", *New York Times*, May 5, 2017; Choe Sang-Hun, "Missile Defense Cost Jolts South Korea Race", *New York Times*, April 29, 2017; Choe Sang-Hun, "Moon Jae-in Declares Victory in South Korea Presidential Election", *New York Times*, May 9, 2017.

124. Reilly, "Cold War Transition", 344-59.

125. Piers Brendon, *The Decline and Fall of the British Empire*(New York: Vintage Books, 2010), xviii-xx, 660-62.

8장

1. William Roger Lewis, *Ends of British Imperialism: The Scramble for Empire, Suez, and Decolonization*(London: I. B. Tauris, 2006), 455.

2. US National Intelligence Council, *Global Trends 2025: A Transformed World* (Washington, DC: Government Printing Office, November 2008), vi, 97, www.dni. gov/files/documents/Newsroom/Reports%20and%20Pubs/2025_Global_Trends_ Final_Report.pdf.

3. US National Intelligence Council, *Global Trends 2030: Alternative Worlds*(Washington, DC: National Intelligence Council, December 2012), iii, x-xi, 61, 63, 98, www.dni.gov/index.php/about/organization/global-trends-2030.

4. "Remarks by the President in State of the Union Address", January 27, 2010, The White House, Office of the Press Secretary, www.whitehouse.gov/the-press-office/ remarks-president-state-union-address.

5. E. J. Dionne Jr., "Off-Message, Biden Recasts the Obama Agenda", *Washington Post*, February 4, 2010, www.washingtonpost.com/wp-dyn/content/ article/2010/02/03/AR2010020302913.html.

6. Mark Murray, "Poll: Clear GOP Advantage Ahead of Midterms", NBCNews. com, September 7, 2010, www.nbcnews.com/id/38996574/ns/politics/#. V6JKFGVlzDM.

7. Lale Kemal, "New Questions about Turkey's Secret Military Exercise with China", Atlantic Council, October 6, 2010, www.atlanticcouncil.org/blogs/natosource/ new-questions-about-turkeys-secret-military-exercise-with-china; Phil

Mercer, "Australia, China Conduct Live-Fire Naval Exercise in Yellow Sea", Voice of America, September 24, 2010, www.voanews.com/content/australia-china-conduct-live-fire-naval-exercise-in-yellow-sea-103780194/126679.html.

8. Sewell Chan, Sheryl Gay Stolberg, and David E. Sanger, "Obama's Economic View Is Rejected on World Stage, China, Britain and Germany Challenge U.S., Trade Talks with Seoul Fail, Too", *New York Times*, November 12, 2010; David Gergen, "Is America Losing Its Influence?", CNN, November 12, 2010, http://edition.cnn.com/2010/OPINION/11/12/gergen.america.economy/.

9. US National Intelligence Council, *Global Trends 2030*, xii-xiv, 110-33.

10. Ibid., vii-xii.

11. G. John Ikenberry, "The Future of the Liberal World Order: Internationalism after America", *Foreign Affairs* 90, no. 3 (May/June 2011): 66.

12. Robert Kagan, *The World America Made* (New York: Knopf, 2012), 58.

13. Brzezinski, *Strategic Vision*, 44-45.

14. Chan, Stolberg and Sanger, "Obama's Economic View Is Rejected on World Stage", *New York Times*, November 12, 2010.

15. Helene Cooper, "U.S. Leverage Is Limited as Greek Debt Drama Dominates G-20 Meeting", *New York Times*, November 4, 2011.

16. Tom Engelhardt, "It's a $cam! The American Way of War in the Twenty-First Century", *TomDispatch.com*, November 12, 2015, www.tomdispatch.com/blog/176068/.

17. Tim Arango, "U.S. Plans to Cut Its Staff by Half at Iraq Embassy", *New York Times*, February 8, 2012.

18. Peter Baker, "Trump Says America's NATO Allies Aren't Paying Their Fair Share. Is That True?", *New York Times*, May 28, 2017; Alison Smale and Steven Erlanger, "Wary of Trump, Merkel Says U.S. Is Less Reliable", *New York Times*, May 28, 2017.

19. Kagan, *The World America Made*, 92-93; Courtney Johnson, "Alliance Imperialism and Anglo-American Power after 1898: The Origins of Open-Door Internationalism", in McCoy, Fradera, and Jacobson, eds., *Endless Empire*, 122-35.

20. Akira Iriye, "Toward Transnationalism", in Andrew J. Bacevich, ed., *The Short American Century: A Postmortem* (Cambridge, MA: Harvard University Press, 2012), 141; Brzezinski, Strategic Vision, 115-19.

21. Ikenberry, "The Future of the Liberal World Order", 57-58, 61-68.

22. Michael Hardt and Antonio Negri, *Empire*(『제국』, 윤수종 옮김, 이학사, 2001)

(Cambridge, MA: Harvard University Press, 2000), xi–xvii, 179–90, 214–18, 325–48, 393–403; Michael Hardt and Antonio Negri, *Multitude: War and Democracy in the Age of Empire*(『다중: 제국이 지배하는 시대의 전쟁과 민주주의』, 정남영, 서창현, 조정환 옮김, 세종서적, 2008)(New York: Penguin Press, 2005), xii–xiii, 30–32, 59–61, 129–38, 163–76; Brzezinski, *Strategic Vision*, 115–16; US National Intelligence Council, *Global Trends 2035: Paradox of Progress*(Washington, DC: National Intelligence Council, January 2017), 10, 24, dni.gov/index.php/about/organization/national-intelligence-council-global-trends.

23. Mike Davis, *Planet of Slums*(『슬럼, 지구를 뒤덮다: 신자유주의 이후 세계 도시의 빈곤화』, 김정아 옮김, 돌베개, 2007)(London: Verso, 2007), 151, 199, 205–6.

24. Brzezinski, *Strategic Vision*, 76–77; US National Intelligence Council, *Global Trends 2035*, 54.

25. Jeffry A. Frieden, "From the American Century to Globalization", in Bacevich, ed., *The Short American Century*, 156.

26. Dominic Wilson and Roopa Purushothaman, *Global Economics Paper No. 99: Dreaming with BRICs: The Path to 2050*(New York: Goldman Sachs, October 1, 2003), 9–10, 21; Dominic Wilson and Anna Stupnytska, *Global Economics Paper No. 153: The N-11: More Than an Acronym*(New York: Goldman Sachs, March 28, 2007), 8, www.chicagobooth.edu/~/media/E60BDCEB6C5245E59B7ADA7C6B1B6F2B.pdf.

27. David Barboza, "China Overtakes Japan to Become No. 2 Global Economic Power", *New York Times*, August 16, 2010.

28. Louis Uchitelle, "Is Manufacturing Falling Off the Radar?", *New York Times*, September 11, 2011.

29. International Monetary Fund, "World Economic Outlook Database", April 2011 edition, www.imf.org/external/pubs/ft/weo/2011/01/weodata/index.aspx; Mark Weisbrot, "2016: When China Overtakes the US", *Guardian*, April 27, 2011, www.guardian.co.uk/commentisfree/cifamerica/2011/apr/27/china-imf-economy-2016.

30. Doug Bolton, "US? China? India? The 10 Biggest Economies in 2030 Will Be…", *Independent*, April 15, 2015, www.independent.co.uk/news/business/us-china-india-the-10-biggest-economies-in-2030-will-be-10178587.html.

31. Andrew Soergel, "America's Days Are Numbered as the World's Top Economy", *U.S. News & World Report*, December 28, 2015, www.usnews.com/news/

articles/2015-12-28/americas-days-are-numbered-as-the-worlds-top-economy.

32. World Intellectual Property Organization(WIPO), "WIPO Patent Report: Statistics on Worldwide Patent Activity", http://data.worldbank.org/indicator/IP.PAT. RESD.

33. The World Bank, "Table 5.13: World Development Indicators; Science and Technology", http://wdi.worldbank.org/table/5.13.

34. Robert D. Atkinson and Scott M. Andes, *The Atlantic Century: Benchmarking EU & U.S. Innovation and Competiveness*(Washington, DC: The Information Technology and Innovation Foundation, February 2009), 2, www2.itif.org/2009-atlantic-century.pdf?_ga=1.68285841.1897444338.1470266663.

35. Ashlee Vance, "Chinese Wrest Title from U.S.: Fastest Supercomputer, by Far", *New York Times*, October 28, 2010; John Markoff, "China Crowds Top Computer List", *New York Times*, June 21, 2016.

36. Organisation for Economic Cooperation and Development, Programme for International Student Assessment(PISA), "Results from PISA 2012: United States", www.oecd.org/pisa/keyfindings/PISA-2012-results-US.pdf.

37. US National Intelligence Council, *Global Trends 2030*, 98–99; Stephanie Simon, "PISA Results: 'Educational Stagnation'", *Politico*, December 3, 2013, www.politico.com/story/2013/12/education-international-test-results-100575.

38. Tamar Lewin, "Once in First Place, Americans Now Lag in Attaining College Degrees", *New York Times*, July 23, 2010.

39. Klaus Schwab, *The Global Competitiveness Report 2012-2013*(Geneva: World Economic Forum, 2012), 361, http://reports.weforum.org/global-competitiveness-report-2012-2013/; Klaus Schwab, *The Global Competitiveness Report 2014-2015*(Geneva: World Economic Forum, 2014), 379, www.weforum.org/reports/global-competitiveness-report-2014-2015/.

40. Stuart Anderson, "The Importance of International Students to America", *NFAP Policy Brief*(Arlington, VA: National Foundation for American Policy, July 2013), www.nfap.com/pdf/New%20NFAP%20Policy%20Brief%20The%20Importance%20of%20International%20Students%20to%20America,%20July%202013.pdf.

41. James Clay Moltz, "Russia and China: Strategic Choices in Space", in Damon Coletta and Frances T. Pilch, eds., *Space and Defense Policy*(London and New York:

Routledge, 2009), 277, 281.

42. Thomas L. Friedman, "Can't Keep a Bad Idea Down", *New York Times*, October 27, 2010; Members of the 2005 "Rising above the Gathering Storm" Committee, *Rising above the Gathering Storm, Revisited: Rapidly Approaching Category 5*(Washington, DC: National Academies Press, 2010), 5, www.nap.edu/catalog/12999/rising-above-the-gathering-storm-revisited-rapidly-approaching-category-5.

43. United Nations Development Program, "Human Development Index 2007 and Its Components", in *Human Development Report 2009*, http://hdr.undp.org/sites/default/files/reports/269/hdr_2009_en_complete.pdf, "Economy 〉 GINI Index: Countries Compared", www.nationmaster.com/graph/eco_gin_ind-economy-gini-index.

44. Jahnke, "Who Picks Up the Tab for Science", *BU Today*(Boston University, 2015), www.bu.edu/research/articles/funding-for-scientific-research/.

45. American Association for the Advancement of Science, "Trends in Federal R&D, FY 1976-2017", www.aaas.org/sites/default/files/DefNon%3B.jpg; American Institute of Physics, "Report: U.S. Global Lead in R&D at Risk as China Rises", February 1, 2016, www.aip.org/fyi/2016/report-us-global-lead-rd-risk-china-rises.

46. Rohini Hensman and Marinella Correggia, "US Dollar Hegemony: The Soft Underbelly of Empire", *Economic and Political Weekly* 40, no. 12(March 19, 2005): 1093-95.

47. Sewell Chan, "Seismic Shift in Cash Clout", *New York Times*, October 10, 2010.

48. Michael Hudson, "Washington Cannot Call All the Shots", *Financial Times*, June 14, 2009, www.ft.com/cms/s/0/e9104e82-58f7-11de-80b3-00144feabdc0.html #axzz4GNjgozZs.

49. Nicole E. Lewis, "China's Foreign Exchange Reserves: Unintentional Means to a Strategic End", *Huffington Post*, January 13, 2010, www.cfr.org/china/chinas-foreign-exchange-reserves-unintentional-means-strategic-end/p21189.

50. Hudson, "Washington Cannot Call All the Shots."

51. Neil Irwin, "China's Choices as Its Currency Becomes More Global", *New York Times*, December 1, 2015.

52. US National Intelligence Council, *Global Trends 2030*, xii, 105.

53. Posen, "Command of the Commons", 8-9.

54. Nicholas D. Kristof, "As China Looks at World Order, It Detects New Struggles Emerging", *New York Times*, April 21, 2016; Denyer, "By 2030, South China Sea

Will Be 'Virtually a Chinese Lake.'"

55. Mandelbaum, *The Frugal Superpower*, 20, 46-52, 185; US National Intelligence Council, *Global Trends 2030*, 99.

56. Stephen Jacobson, "Imperial Ambitions in an Era of Decline: Micromilitarism and the Eclipse of the Spanish Empire, 1858-1923", in McCoy et al., eds., *Endless Empire*, 74-91.

57. Andrew Jacobs and Jane Perlez, "U.S. Wary as Chinese Base Rises as a Neighbor in Africa", *New York Times*, February 26, 2017; Jane Perlez, "China to Raise Military Spending, Though Less Than in Recent Years", *New York Times*, March 5, 2017; US Department of Defense, Press Operations, "Department of Defense(DoD) Releases Fiscal Year 2017 President's Budget Proposal", February 9, 2016, www.defense. gov/ News/News-Releases/News-Release-View/Article/652687/department-of-defense-dod-releases-fiscal-year-2017-presidents-budget-proposal.

58. Mark Landler, "Offering to Aid Talks, U.S. Challenges China on Disputed Islands", *New York Times*, July 24, 2010; Peter Ford, "China and the US Battle to Assert Presence in South China Sea", *Christian Science Monitor*, August 17, 2010, www. csmonitor.com/World/Asia-Pacific/2010/0817/China-and-the-US-battle-to-assert-presence-in-South-China-Sea.

59. Kristensen, "China SSBN Fleet Getting Ready."

60. Wingfield-Hayes, "China's Island Factory."

61. Permanent Court of Arbitration, *In the Matter of the South China Sea Arbitration before an Arbitral Tribunal Constituted under Annex VII to the United Nations Convention on the Law of the Sea between the Republic of the Philippines and the People's Republic of China*, "Award", PCA Case 2013-19, July 12, 2016, 68-77, 116-17, www.pcacases.com/pcadocs/PH-CN%20-%2020160712%20-%20Award. pdf; Jane Perlez, "Panel Rejects China's Claims in Sea Dispute", *New York Times*, July 13, 2016; Zhiguo Gao and Bing Bing Jia, "The Nine-Dash Line in the South China Sea: History, Status, and Implications", *American Journal of International Law* 107, no. 1(2013): 103-4.

62. Jane Perlez, "Chinese Lease of Australian Port Troubles U.S.", *New York Times*, March 20, 2016; Jane Perlez, "2 U.S. Carriers Sail in Western Pacific in Show of Force", *New York Times*, June 19, 2016.

63. Office of the Secretary of Defense, *Military and Security Developments Involving the People's Republic of China, 2010*(Washington, DC: Department of Defense, August

2010), i, 1-3, 7, 25-26, 30, 34-37.

64. David Sanger, David Barboza, and Nicole Perlroth, "China's Army Seen as Tied to Hacking against U.S. Order", *New York Times*, February 18, 2013; David E. Sanger, "Cyberthreat Posed by China and Iran Confounds White House", *New York Times*, September 16, 2015; David E. Sanger, "U.S. and China Seek Arms Deal for Cyberspace" *New York Times*, September 20, 2015.

65. "China Launches New Global Positioning Satellite", Reuters, July 31, 2010, www. reuters.com/article/idUSTRE67005R20100801; "China's Homegrown Navigation System to Have 35-Satellite Constellation by 2020", China Daily, June 16, 2016, www.chinadaily.com.cn/china/2016-06/16/content_25732439.htm.

66. Edward Wong, "China Launches Satellite in Bid to Lead Quantum Research", *New York Times*, August 17, 2016

67. Broad, "Surveillance Suspected as Spacecraft's Main Role."

68. Gompert, Cevallos, and Garafola, *War with China*, 38-39.

69. Carl Bergquist, "Air Force Wargaming Institute Hosts CSAF Wargame", Air University Public Affairs, Maxwell Air Force Base, October 29, 2009, www.maxwell. af.mil/News/Display/tabid/10067/Article/421016/air-force-wargaming-institute-hosts-csaf-wargame.aspx; Lara Seligman, "Air Force Nuclear War Game Tests Future Bomber Fleet", *Defense News*, December 18, 2015, www.defensenews. com/story/defense/air-space/air-force/2015/12/18/air-force-nuclear-war-game-tests-future-bomber-fleet/77515594/.

70. US National Intelligence Council, *Global Trends 2035*, 221.

71. David Szondy, "DARPA Ready to Deliver Telescope to Watch the Skies for Space Debris", *New Atlas*, December 11, 2013, http://newatlas.com/sst-delivery/30063/.

72. John Markoff and David Barboza, "Researchers Spy on Computer Spies", *New York Times*, April 5, 2010; David E. Sanger and Peter Baker, "Obama Limits When U.S. Would Use Nuclear Arms", *New York Times*, April 6, 2010.

73. James Drew, "US Navy Descoping Stealth Requirement for Stingray Tanking UAV", *FlightGlobal*, March 11, 2016, www.flightglobal.com/news/articles/us-navy-descoping-stealth-requirement-for-stingray-t-423039/.

74. Leonard David, "Mystery Mission: Air Force's X-37B Space Plane Nears 1 Year in Orbit", *Space.com*, May 10, 2016, www.space.com/32839-x37b-military-space-plane-one-year-mission-otv4.html.

75. "Navy Hits Satellite with Heat-Seeking Missile", *Space.com*, February 20, 2008,

www.space.com/5006-navy-hits-satellite-heat-seeking-missile.html.

76. Brendan McGarry, "Air Force Getting Closer to Testing Hypersonic Weapon, Engineers Say", *Military.com*, May 19, 2015, www.military.com/daily-news/2015/05/19/air-force-getting-closer-to-testing-hypersonic-weapon.html.

77. Lt. Col. Mark E. Harter, "Ten Propositions Regarding Space Power: The Dawn of a Space Force", *Air & Space Power Journal*, Summer 2006, www.au.af.mil/au/afri/aspj/airchronicles/apj/apj06/sum06/harter.html.

78. Intergovernmental Panel on Climate Change, *Climate Change 2014: Synthesis Report; Summary for Policymakers* (November 11, 2013), 4, 8, 83, http://ar5-syr.ipcc.ch/topic_summary.php.

79. Ibid., 65-73.

80. David Abel, "Climate Change Could Be Even Worse for Boston Than Previously Thought", *Boston Globe*, June 22, 2016, www.bostonglobe.com/metro/2016/06/22/climate-change-could-have-even-worse-impact-boston-than-previously-expected/S6hZ4nDPeUWNyTsx6ZckuL/story.html.

81. US National Intelligence Council, *Implications for US National Security of Anticipated Climate Change* (Washington, DC, September 21, 2016), 3, 5, www.dni.gov/index.php/newsroom/reports-and-publications/214-reports-publications-2016/1415-implications-for-us-national-security-of-anticipated-climate-change; US National Intelligence Council, *Global Trends 2035*, 8, 170-72, 211.

82. US National Intelligence Council, *Implications for US National Security of Anticipated Climate Change*, 7-13; Justin Gillis, "For Third Year, the Earth in 2016 Set Heat Record", *New York Times*, January 19, 2017.

83. US National Intelligence Council, *Implications for US National Security of Anticipated Climate Change*, 11-13.

84. "Remarks by President Obama at the First Session of COP21", Paris, France, November 30, 2015, The White House, Office of the Press Secretary, www.whitehouse.gov/the-press-office/2015/11/30/remarks-president-obama-first-session-cop21.

85. Jonathan Corum, "A Sharp Increase in 'Sunny Day' Flooding", *New York Times*, September 3, 2016; Jeff Goodell, "Goodbye, Miami", *Rolling Stone*, June 20, 2013, www.rollingstone.com/politics/news/why-the-city-of-miami-is-doomed-to-drown-20130620.

86. US Army Corps of Engineers, Directorate of Civil Works, *Coastal Risk Reduction*

and Resilience: Using the Full Array of Measures (September 2013), 1-2, www.corpsclimate.us/docs/USACE_Coastal_Risk_Reduction_final_CWTS_2013-3.pdf; US Army Corps of Engineers, "Southwest Coastal Louisiana, Coastal Storm Damage Risk Reduction/Ecosystem Restoration", March 30, 2016, www.usace.army.mil/Missions/Civil-Works/Project-Planning/Civil-Works-Review-Board/sw_coastal/.

87. Union of Concerned Scientists, "Overwhelming Risk: Rethinking Flood Insurance in a World of Rising Seas", August 2013 (revised February 2014), www.ucsusa.org/sites/default/files/legacy/assets/documents/global_warming/Overwhelming-Risk-Full-Report.pdf.

88. Mireya Navarro, "Weighing Sea Barriers as Protection for New York", *New York Times*, November 7, 2012, www.nytimes.com/2012/11/08/nyregion/after-hurricane-sandy-debating-costly-sea-barriers-in-new-york-area.html; Michael Fitzgerald, "How Boston Is-and Should Be-Preparing for Rising Seas", *Boston Globe*, April 4, 2014, www.bostonglobe.com/magazine/2014/04/04/how-boston-and-should-preparing-for-rising-seas/8mF4YVWgAMzDGQexMF35FK/story.html; Joe Joyce, "Boston Developers Plan for Rising Sea Level", CBS Boston, November 18, 2011, http://boston.cbslocal.com/2011/11/18/boston-developers-plan-for-rising-seal-level/; CoreLogic, "CoreLogic Storm Surge Analysis Identifies More Than 6.8 Million US Homes at Risk of Hurricane Storm Surge Damage in 2016", June 1, 2016, www.corelogic.com/about-us/news/corelogic-storm-surge-analysis-identifies-more-than-6.8-million-us-homes-at-risk-of-hurricane-storm-surge-damage-in-2016.aspx.

89. Brian Clark Howard, "Worst Drought in 1,000 Years Predicted for American West", *National Geographic*, February 12, 2015, http://news.nationalgeographic.com/news/2015/02/150212-megadrought-southwest-water-climate-environment/; William deBuys, "Phoenix in the Climate Crosshairs", *TomDispatch*, March 14, 2013, www.tomdispatch.com/blog/175661/william_debuys_exodus_from_phoenix.

90. Julia Ioffe, "The State of Trump's State Department", *Atlantic*, March 1, 2017, www.theatlantic.com/international/archive/2017/03/state-department-trump/517965/.

대전환 2030 미국 몰락 시나리오

2019년 11월 8일 1판 1쇄
2019년 12월 6일 1판 2쇄

지은이   앨프리드 맥코이
옮긴이   홍지영

편집   이진 강변구 이창연
디자인   홍경민
제작   박흥기
마케팅   이병규 양현범 이장열
홍보   조민희 강효원

인쇄   한승문화사
제책   J&D바인텍

펴낸이   강맑실
펴낸곳   (주)사계절출판사
등록   제406-2003-034호
주소   (우)10881 경기도 파주시 회동길 252
전화   031-955-8588, 8558
전송   마케팅부 031-955-8595 편집부 031-955-8596
홈페이지   www.sakyejul.net
전자우편   skj@sakyejul.co.kr
블로그   skjmail.blog.me
페이스북   facebook.com/sakyejul
트위터   twitter.com/sakyejul

ISBN 979-11-6094-516-4 03340

이 도서의 국립중앙도서관 출판예정도서목록(CIP)은 서지정보유통지원시스템
홈페이지(http://seoji.nl.go.kr)와 국가자료공동목록시스템(http://www.nl.go.kr/kolisnet)에서
이용하실 수 있습니다. (CIP제어번호: CIP2019040495)